天津商业大学租赁学院系列丛书

华信经管 创优 系列·融资租赁

融资租赁导论

刘辉群　韦颜秋　王进军○编　著

Introduction to Financial Leasing

电子工业出版社

Publishing House of Electronics Industry

北京·BEIJING

内 容 简 介

本书由天津商业大学租赁学院从事融资租赁相关课程教学的教师与长期从事融资租赁实务的专家合作编写而成，分别对融资租赁理论与政策、融资租赁实务操作、融资租赁经营管理三个体系进行了系统的阐述。该书以融资租赁原理为基础，不仅论述了国内外融资租赁行业发展环境及发展动态，更有融资租赁业务实务操作和融资租赁企业管理的经验介绍，力求做到理论与实务相结合、宏观政策研究与微观企业经营相结合。除了内容上与时俱进以外，各章都配有"本章提要""本章结构图""学习目标""思考与练习"，以帮助学生归纳、提炼核心知识点，并通过练习加以巩固。

本书适合作为金融学、会计学、财务管理、工商管理、国际贸易学等相关专业学生学习融资租赁课程的指导书，也可作为融资租赁从业人员的参考书和培训资料。此外，对于融资租赁感兴趣的读者，以及涉及融资租赁业务的企业财务人员和管理人员，本书也能够提供有益的参考。

图书在版编目（CIP）数据

融资租赁导论 / 刘辉群，韦颜秋，王进军编著. — 北京：电子工业出版社，2017.8
ISBN 978-7-121-32599-1

I. ①融… II. ①刘… ②韦… ③王… III. ①融资租赁—高等学校—教材 IV. ①F830.8

中国版本图书馆 CIP 数据核字 (2017) 第 210561 号

策划编辑：王二华
责任编辑：王二华　　　　特约编辑：侯学明
印　　刷：北京虎彩文化传播有限公司
装　　订：北京虎彩文化传播有限公司
出版发行：电子工业出版社
　　　　　北京市海淀区万寿路 173 信箱　　邮编：100036
开　　本：787×1 092　1/16　印张：17　字数：452 千字
版　　次：2017 年 8 月第 1 版
印　　次：2024 年 6 月第 6 次印刷
定　　价：48.00 元

作者简介

　　刘辉群，副教授、硕士生导师、经济学博士。现为天津商业大学租赁学院院长助理、中国融资租赁研究与教育中心副主任，入选"天津市131创新型人才培养工程第二层次""天津市中青年骨干教师培养计划"和天津商业大学首批"青年英才百人计划"，澳大利亚查理斯特大学访问学者。主要从事跨国公司与外国直接投资、国际贸易理论与政策、融资租赁等方面的教学和研究工作。主持教育部人文社科青年基金项目2项、教育部人文社科重点基地重大项目子课题2项、天津社科规划项目2项、天津市政府决策咨询项目等8项。出版《国际直接投资的就业效应研究》《设备租赁》等著作和教材10余部。在《中国软科学》《国际贸易问题》《Journal of Chinese Foreign Trade Studies》《Journal of Chinese Marketing》《Advances in Global Business Research》等国内外学术期刊公开发表80余篇论文。荣获"安子介国际贸易研究奖"优秀著作三等奖、天津市教育系统优秀调研成果二等奖等多项奖励。

前　言

现代融资租赁业自 20 世纪 50 年代在美国诞生以来，在全世界获得了年均 20% 的增长速度。作为一种将"融资"与"融物"结合为一体的新型融资手段、投资方式、贸易方式和特殊的信用形式，融资租赁已发展成为连接金融、贸易和工业生产的桥梁，成为与银行、证券、保险、信托并驾齐驱的行业，被誉为金融业的"第五大支柱产业"和"朝阳产业"。

我国融资租赁业的发展与西方发达国家相比，起步比较晚，是在借鉴了西方发达国家融资租赁业的经验的基础上发展起来的。我国融资租赁业始于 20 世纪 80 年代末。改革开放后，为扩大国际经济技术合作与交流，开辟利用外资的新渠道，吸收和引进国外的先进技术和设备，1980 年中国国际信托投资公司引进租赁方式。1981 年 4 月第一家合资租赁公司中国东方租赁有限公司成立，同年 7 月，中国租赁公司成立。这些公司的成立，标志着中国融资租赁业的诞生。在 30 多年的发展历程中，道路虽然曲折，但是总体发展速度较快，行业实力也不断壮大，为促进我国经济的发展做出了贡献。

近几年来，我国融资租赁业继续快速发展，企业数量和注册资金均呈大幅增长的态势。据中国租赁联盟和天津滨海融资租赁研究院统计，截至 2017 年 3 月底，全国融资租赁企业（不含单一项目公司、分公司、子公司和收购海外的公司）总数约为 7626 家，比 2016 年年底增加 490 家；行业注册资金约合 27 637 亿元人民币，比 2016 年年底增加 2068 亿元，增长 8.1%；全国融资租赁合同余额约 55 400 亿元人民币，比 2015 年年底增加约 2100 亿元，增长 3.9%。在国内经济持续面临下行压力的背景下，中国的融资租赁业逆势上扬，在支持实体经济和基础设施建设等领域发挥了重要作用。在天津、上海、广州等城市，融资租赁业已成为当地经济增长的一个强力支撑。特别是一批重点企业在推动金融创新和行业发展中做出了贡献。

与我国融资租赁业的高速增长态势相比，行业发展所需的专业技术人才、管理人才数量明显不足。人才的短缺导致部分企业不能有效开展业务，制约了行业的发展。据初步估计，未来五年，随着我国租赁业的迅速发展，整个行业对融资租赁人才的需求在 20 000 人左右。纵观国内外融资租赁业人才培养模式，高校无疑成为融资租赁人才培养的重要主体。在国外高校中，特别是融资租赁行业发达国家的高校中，在商学院开设融资租赁课程已经成为一种常态。比如，美国许多商学院都独立开设融资租赁的课程，没有独立开设的也都在 *Corporate Finance* 中设有 2~3 章关于融资租赁的内容。澳大利亚 Kurtin 大学开设了不动产管理课程，其中 2 章是关于租赁融资的内容。德国科隆大学商学院为适应社会对融资租赁人才的需求，也独立开设了融资租赁课程。应该说，国外融资租赁行业发展成熟度高，对融资租赁行业的认知度也高，融资租赁人才的需求较大，致使国外高校加强了融资租赁人才的培养，陆续开设融资租赁相关的课程。在国内高校中，开设融资租赁课程的高校正在逐渐增多。早在 20 世纪 90 年代，我国高校大部分将租赁与信托合并为一门课程，作为金融学专业的主修课程，如中国人民大学、上海财经大学、中央财经大学和华中政法大学等高校。进入 21 世纪，融资租赁在中国迎来了新的发展，部分高校开始将租赁和信托分设，单独开设融资租赁课程，如对外经济贸易大学金融学和国际贸易学专业、北京大学经济学院的在职研究生班和兰州商学院金融专业，都单设融资租赁课程。

值得一提的是，天津高校在融资租赁人才培养上已走在全国的前列。为满足天津和整个行业发展对人才的迫切需求，向融资租赁行业提供人才和智力支持，2012 年 6 月天津商业大学与中国国际商会租赁委员会、天津市租赁行业协会三方联合成立中国融资租赁研究与教育中心，同年 8 月天津商业大学租赁学院正式成立，成为国内高等院校中第一所租赁学院，近五年来，共计为社会输送融资租赁人才 300 余人。此外，南开大学从 2013 年起正式开办融资租赁在职研究生班，至今已招收两届学员，培养了融资租赁高层次人才达到 100 余人，受到国家教育部的充分肯定和租赁业的广泛好评。

2014 年，天津商业大学租赁学院与电子工业出版社签署《校社品牌推广暨战略合作协议书》，合作出版融资租赁精品译著、教材和培训用书，打造天津商业大学融资租赁专业品牌，建立国内特色鲜明的融资租赁课程体系和立体化教学资源。本书即是经过系列教材编委会遴选出来的其中一本。在编写过程中，我们在借鉴国内外优秀同类教材的基础上，结合教学工作实践，融入自己的认识和理解。与其他同类教材相比，本教材的特色主要体现在以下几个方面。

第一，内容全面，体系完整。本教材体系简明扼要，分别对融资租赁理论与政策、融资租赁实务操作、融资租赁经营三个体系进行了系统的阐述。

第二，理论与实务相结合、宏观政策研究与微观企业经营相结合。当前，对于融资租赁的研究主要分为两类：融资租赁理论和具体操作。但是，当我们懂得了融资租赁的理论和概念、学会了融资租赁的操作和方法之后，是否就能够经营好融资租赁公司呢？不一定！因为在这两者之间，还存在着一个"如何经营"的问题。在现实的经营中，还会遇到一些具体问题。这些问题的产生，既不是理论有误，也不是操作不当，而是还有一些这两者之外的实践问题没有得到真正的解决。而正是这些问题，长期困扰着融资租赁公司，使融资租赁公司的经营与发展困难重重，举步维艰。

第三，反映了融资租赁行业发展的最新变化。本教材在保留本学科知识全面性的基础上，及时跟进国内外融资租赁行业发展环境及发展动态的最新变化。

第四，全书框架的编排突出了内容的内在逻辑关系，阐述、分析力求简明扼要，各章都配有"本章提要""本章结构图""学习目标""思考与练习"，以帮助学生归纳、提炼本章的核心知识点，并通过练习加以巩固。

本教程是由天津商业大学租赁学院从事融资租赁相关课程教学的教师与长期从事租

赁实务的专家合作完成的。天津商业大学租赁学院刘辉群副教授负责全书的统稿、校稿。编写成员及具体分工为：刘辉群和覃峥负责前言，第 1、2 章；刘辉群、吴冰柔负责第 3、5 章；韦颜秋负责第 4、6 章；刘辉群、张露露负责第 7 章；刘辉群、卢韦负责第 8 章；李文华负责第 9 章；蒙大斌负责第 11 章；王进军负责第 10、12、13、14、15 章。

感谢天津商业大学教务处计宏伟处长(教授)为本书出版提供的大力支持。感谢天津商业大学租赁学院为本书的翻译工作提供了良好的软环境和硬件环境。感谢天津渤海租赁有限公司副总经理刘皓、嘉实(厦门)融资租赁公司原总裁王进军参与编写并提供大量素材。感谢海航资本控股有限公司执行董事长刘小勇、天津市租赁行业协会会长杨海田对本书提供的中肯建议。感谢天津商业大学 2016 级 MPAcc 融资租赁方向研究生姜材、王浩凛、任宇尘、张璐璐、吴冰柔、卢韦、覃峥等同学，他们在资料收集、格式编排等方面做了大量工作。感谢电子工业出版社王二华编辑为本系列教材出版付出的辛苦劳动，我们合作高效又愉快。

本书适合作为金融学、会计学、财务管理、工商管理、国际贸易学等相关专业学生学习融资租赁课程的指导书，也可作为融资租赁从业人员的参考书和培训资料。此外，对于融资租赁感兴趣的读者，以及涉及融资租赁业务的企业财务人员和管理人员，本书也能够提供有益的参考。

由于我们的水平有限，译释不当之处在所难免，在此恳请各位读者多提意见与建议，以备将来修改再版使用。意见与建议请发到以下电子邮箱：85810197@qq.com。

刘辉群

2017 年 8 月

目 录

第一章
概　述

本章提要

　　租赁是个历史范畴，私有制是租赁产生的基础。传统租赁和融资租赁是租赁最基本的两种类型。融资租赁作为一门学科，它的研究对象是不同主体之间的融资与融物活动。通过研究这些融资与融物活动的产生、发展过程、交易形态以及交易结果、利益产生和分配，揭示这种经济活动的特点和规律。融资租赁的研究对象和体系可简单分为融资租赁的内涵和融资租赁的外延两个层次，其具体内容可表现为五个方面，即融资租赁市场、与融资租赁市场相关的法律、税收、会计和监管。

本章结构图

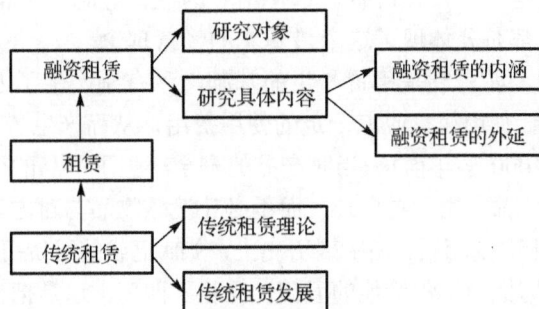

学习目标

● 重点理解并掌握融资租赁的研究对象和研究内容。
● 掌握融资租赁与传统租赁的区别。
● 了解租赁市场的要素构成。

第一节　租赁及租赁市场

一、租赁的定义

介绍"租赁"历史、解释"租赁"定义的文章和书籍太多了。但是，对"租赁"的定义，往往都只是从其外在形式去解释。其实要想了解租赁的真正内涵，就必须从租赁的各个角度去研究、分析租赁。

从单纯文字上解释："租"，即在不占有的条件下的使用；"赁"，即支付使用成本所需的租金。"租赁"，即是一种以一定费用借贷实物的经济行为，出租人将自己所拥有的某种物品交与承租人使用，承租人由此获得在一段时期内使用该物品的权利，但物品的所有权仍保留在出租人手中。承租人为其所获得的使用权需向出租人支付一定的费用（租金）。因此，从租赁交易所具有的最本质的特征的角度来分析，租赁可以分别从出租人和承租人两个角度来定义，即租赁是出租人在一定时期内转移一项物（财产）的使用和收益的权利，以获得相应租金收入的行为；或者，租赁是承租人以支付租金为代价，以获得在一定时期内对一项物的使用和收益的权利的行为。

从行业特征来表述：行业特征，即自己行业独有，而其他行业没有，或难以具备的性质。"两权分离"，应该是所有租赁共有的一种行业特征。因为无论是什么样的租赁，都不可能脱离开"两权分离"这个最基本的行业特征，否则，就不能称其为"租赁"了。从经营实质上理解，租赁就是一种"轻占有，重使用"的经营理念。无论是原始的实物出租，还是现代的融资租赁，都充分体现了这个最基本的经营理念。

租赁是个历史范畴，私有制是租赁产生的基础，私有制产生了人们对物品的所有权，人们根据所有权暂时出让使用权，收取一定的使用费用，从而产生了租赁。租赁历史悠久，可追溯到原始社会（约4000多年前）。当时产品的剩余产生了产品的交换，而在很多场合下人们需要频繁交换闲置物品，用后再归还，而不必让渡该物品与对方。这种仅仅涉及物品使用权的交换，是最原始形态的租赁。在中国历史上，文献记载的租赁可追溯到西周时期。《卫鼎（甲）铭》记载，邦君厉把周王赐给他的五田，出租了四田。这是把土地出租的例子。随着生产力的发展，租赁活动的领域和范围不断扩大，形式和内容也更加多样化。

二、租赁市场的要素构成

租赁市场的要素构成可分为基本要素和相关要素。

（一）基本要素

租赁市场的基本要素指租赁市场必不可少的要素，主要包括作为主体的出租人和承租人，以及作为客体的租赁对象，也就是租赁交易的标的物。

1. 出租人

出租人是租赁交易的基本当事人之一，是出租给承租人租赁物件的出资购买者和所有者。这是出租人的两个最基本的特征。

2. 承租人

承租人是租赁交易中与出租人相对应的另一当事人，是租赁物件的使用者和租金的支付者。一般来讲，世界各国对承租人几乎没有任何限制，任何单位或个人只要在法律许可的范围内交纳租金，均可成为承租人。从承租人的法律属性分析，租赁交易中的承租人既可以是法人，也可以是自然人。但是，这不等于两种属性的承租人适合于所有的租赁形式。在多数情况下，特定的租赁形式会有特定属性的承租人。

3. 租赁对象

这是租赁交易的载体，也称租赁物件。根据租赁物件的价值构成和投资回收方式的不同，租赁交易的物件可以分为两种不同的类型：不动产和动产。不动产，包括土地、厂房和房屋等；动产，包括用于生产经营的机械设备、飞机、船舶等大型运输工具等。

4. 租赁期限

租赁期限是承租人合法享有租赁对象使用权的有效期限。融资租赁中的租赁期限是指融资租赁公司与承租人签订的"融资租赁合同"中所规定的租赁期限。一般来说，由于融资租赁的融资性质，融资租赁的租期是和设备的使用年限密切相关的，原则上和物件的使用寿命(折旧年限)相同。

5. 租赁费用

租赁费用即租金，是承租人获得在租期内租赁物品的使用权而支付的代价。

(二)相关要素

随着租赁市场的不断发展和深化，租赁基本要素在与其他一些交易主体组合之后派生出了一些新的租赁交易形式。在这些派生出的租赁交易形式中的租赁基本要素以外的参加者或其他一些标的物等，就构成了租赁的相关要素，如融资租赁交易中的供货商，转租赁中的转租人，杠杆租赁中的物主出租人、物主受托人，厂商租赁中的厂商出租人等。

三、租赁的功能

1. 租赁对承租人的有利之处

租赁业务的蓬勃发展，说明了租赁比拥有某项财产更为有利。对承租人而言，租赁具有以下优点。

① 租赁开辟了新的融资渠道，对广大中小企业而言具有特殊意义。承租人可以借助租赁保留银行贷款额度和紧缺的现金资源，增强企业营运资金的灵活运用能力。

② 可以按固定利率进行全额融资。租赁不要求承租人立即支付现金，有助于缓解处于发展期的企业的资金紧张问题；此外，租金固定，有助于防止资金成本的增加，避免通货膨胀风险；租金固定便于计算投资报酬率，有助于承租人快速完成投资决策。

③ 灵活性。租赁协议限制条款较少，租赁方式灵活。富有创造精神的出租人可以结合承租人的特殊需要签订租赁协议。例如，可以约定等到设备开始运转、具有生产能力之后才开始支付租金，而且还可以不要求以取得的新设备向主要贷款人作抵押，承租人可以避免再去签订成本昂贵的再贷款协议。

④ 有助于加速机器设备更新。对于设备淘汰更新快的企业而言，租赁为机器设备快

速升级创造了便利条件。在多数情况下，承租人把残值风险转移给了出租人，减少了设备过时陈旧的风险。

⑤ 租赁资格审核程序简便，申请批准速度快，有助于承租人把握商机。

⑥ 有利于修饰财务报表。采用经营租赁时，租金作为营业费用处理，避免为购置设备而增加大笔负债，可以有效地防止资产负债率上升。

⑦ 不用增加资本去购置设备，有利于保持股权分布的稳定性。

2. 租赁对出租人的有利之处

① 利息收入。租赁也是一种理财方式，通常情况下租赁利息较银行贷款利息高，因此，租赁公司、金融机构发展租赁交易更具有吸引力。

② 纳税利益。杠杆型租赁(Leveraged Lease)就是一种纳税导向型租赁(Tax Oriented Lease)。例如，波音公司把一架飞机卖给一位富有的投资者，尽管该投资者不需要这架飞机，但他可以把这架飞机租给一家外国航空公司，该航空公司不能利用纳税利益，而该投资者则可以从中获得纳税利益。在这一交易中，波音公司销售了它的产品，投资者(出租人)获得了纳税利益，外国航空公司(承租人)则以一种较优惠的方式获得了它所需要的飞机。

③ 高残值。在租赁期满租赁财产返还给出租人的情况下，如果其实际价值远高于最初签订契约时的预计残值时，会给出租人带来大额利润。

就设备制造企业而言，租赁有利于其开拓产品市场，扩大产品销售，并减少销售风险。因为有资金雄厚、信誉较高的租赁公司投资，一方面，能使那些需要设备而缺乏资金的企业以分期支付租金的方式尽快发挥设备的效能，扩大产品市场，增加厂家销售；另一方面，也大大提高了生产厂家按时收回货款的保险度。

最后，对于整个国民经济而言，由于租赁实现了所有权与使用权的分离，使企业真正意识到经济利益的获取在于对生产资料的使用而不是占有，从而淡化了其强烈的生产资料占有欲望，有利于控制固定资产投资规模；还可以使企业在生产设备严重落后而技术改造资金又严重不足的情况下，绕过资金难关，达到加速技术改造的目的。

四、租赁的特点

租赁有独特的信用方式，既具有信用的一般特征，也具有其自己的特点。

1. 所有权与使用权相分离

这一特点与银行信用类似，但银行信用只是资金形态上的分离，而租赁信用则是在资金与实物相结合基础上的分离。租赁的发展丰富了所有权与使用权分离的形式。

2. 融资与融物相结合

这一特点将金融信贷和物资信贷结合在一起，使专营租赁业务的专业公司或兼营租赁业务的机构具有银行和贸易公司的双重职能。它们使买卖、提供劳务和融资得以同时进行，这就使得整个社会的融资渠道和交易方式多样化，从而有助于打破形形色色的、程度不同的垄断，推动各机构之间的相互竞争，提高工作效率。

3. 租金分期归流

承租人交付租金的次数和金额由承租人和出租人具体商定。

4. 交易方式灵活方便

分期付租解决了承租人一次性支付能力不足的困难；租赁期限届满时，承租人在留购、续租和退还标的物给物主之间的选择权又满足了其短期使用设备的条件，从而使租赁得以顺利完成。

五、租赁市场的基本类型

根据基本交易结构及其基本功能的不同，可以将租赁分为两种最基本的类型，即传统租赁和融资租赁。这是租赁市场(亦称租赁业)的最基本的分类。

1. 传统租赁

(1)传统租赁的含义

传统租赁是指出租人将自己原有的财产，或根据其对市场需求的判断而购进的具有相对通用性物件，通过不断出租给不同承租人使用而逐步收回租赁投资并获得相应利润的一种租赁类型。

(2)传统租赁的基本交易结构

传统租赁的基本交易结构如图 1.1 所示。

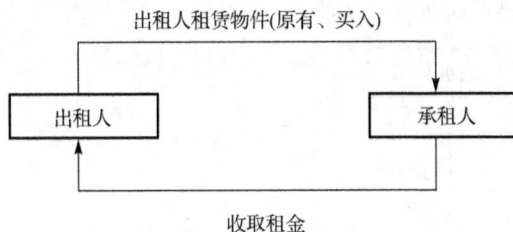

图 1.1　传统租赁的基本交易结构

(3)传统租赁的基本特征

根据上述传统租赁的定义和交易结构，我们可以归纳出传统租赁具有如下基本特征。

① 承租人的目的及交易期限。传统租赁交易以满足承租人对租赁物件的短期、临时需要为目的，所以租期较短。

② 租赁投资的决策人。传统租赁交易中，由出租人行使租赁投资的决策权，作为出租人购买租赁物件的过程是一独立行为，一般与承租人无关。这种做法符合交易的一般规律，即一项投资行为的投资人、决策人与出资人是统一的，这在传统租赁交易中就是出租人。

③ 可解约性。租赁交易中的可否解约性是指在租赁合约有效期内，承租人是否有权以退还租赁物件为条件而提前终止合同，并不再支付未到期的租金。上述两个特征决定了传统租赁交易中承租人拥有提前终止合同的权利，即承租人可根据本身的需要，在租赁交易到期之前，经过一定的手续提前终止合同。

④ 非全额清偿性。传统租赁的第一、第二特征决定了，传统租赁是非全额清偿的。出租人的投资回收来源于不同的承租人在每一租期内所交纳的租金之和。反之，如果承租人在租赁物件报废之前收回的租金之和小于其租赁投资总额，那么就意味着出租人要承担租赁物件过时的风险和租赁投资的风险。

⑤ 全方位服务。传统租赁交易中，出租人有义务向承租人提供关于租赁物件的相关

服务，如对租赁物件的维护与保养，或在需要情况下的注册登记等。

⑥ 退租或续租两种选择权。这是由第一、第二特征延伸的特征，即租期结束后，承租人对租赁物件只会选择退租(当其不再需要时)或续租(当其仍需继续使用时)。由交易内在本质所决定，承租人不可能选择留购，或者说，所有权是不会转让的。

2. 融资租赁

(1)融资租赁的含义

融资租赁是指出租人根据承租人对租赁物件的特定要求和对供货人的选择，出资向供货人购买租赁物件，并租给承租人使用，承租人则分期向出租人支付租金，在租赁期内租赁物件的所有权属于出租人所有，承租人拥有租赁物件的使用权。租期届满、租金支付完毕并且承租人根据融资租赁合同的规定履行完全部义务后，对租赁物的归属没有约定的或者约定不明的，可以协议补充；不能达成补充协议的，按照合同有关条款或者交易习惯确定，仍然不能确定的，租赁物件所有权归出租人所有。

从交易的角度界定，融资租赁是指出租人对承租人所选定的租赁物件，进行以为其融资为目的的购买；然后，再以收取租金为条件，将该租赁物件中长期地出租给该承租人使用。

(2)融资租赁的基本交易结构

融资租赁的基本交易结构如图1.2所示。

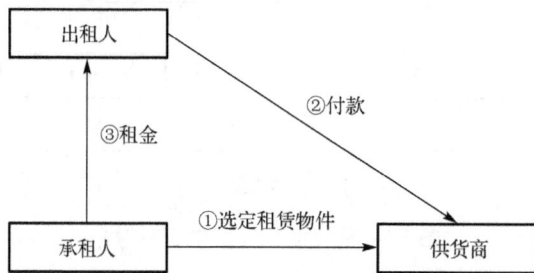

图1.2　融资租赁的基本交易结构

(3)融资租赁的基本特征

① 至少三方当事人、两个合同。一项融资租赁交易至少由三方当事人，即承租人、出租人和供货商，并通过至少两个合同，即贸易合同和租赁合同有机组成。不同的融资租赁交易形式，参与交易的当事人及相应的合同有可能增加，如杠杆租赁中的债权人与投资人等。还有的融资租赁形式看上去只有两个当事人，这是当事人身份发生重叠的结果，如厂商租赁中的出租人与供货商集厂商于一身。

② 承租人选定拟租赁物件，由出租人出资购买。由承租人选定拟租赁的物件，这就意味着由承租人来行使投资决策权，但由出租人来承担租赁投资的出资人的义务。这种租赁交易中租赁投资决策人与出资人的分割，是融资租赁不同于传统租赁的根本所在，并且还是决定融资租赁其他一些特征的基本出发点。

③ 不可解约性。在融资租赁交易中，因租赁物是出租人完全按照承租人的要求，向其指定出卖人购买的，租赁物的名称、品质、规格等内容完全由承租人自主选定，甚至有些租赁物可能是为承租人订制的。在融资租赁交易中，出租人并非资产的管理者，而是资金的提供者，出租人不承担租赁物上可能产生的任何风险，如质量瑕疵、权利瑕疵、毁损

灭失等风险，如果赋予承租人解除合约的权利，出租人既面临资金占用损失，又将承担租赁物无法处置的风险，这有悖融资租赁交易中"融资"的本质。因此，在融资租赁合约中，未征得出租人同意，承租人不允许以任何借口或理由随意解除合约。

④ 中长期融资。融资租赁以满足承租人对资金融通的需要为目的。出租人只负责按承租人的要求购买租赁物件，以融物的形式给予承租人提供融资的便利。而融资租赁中的租赁物件以设备为主，设备的法定折旧年限都在 1 年以上，所以，所有融资租赁交易的绝对期限也肯定在 1 年以上，属中长期融资。表 1.1 是传统租赁与融资租赁特征的比较。

表 1.1　传统租赁与融资租赁特征比较

	传 统 租 赁	融 资 租 赁
1. 承租人的目的	短期，临时使用	中长期融资
2. 租赁投资决策权	出租人	承租人
3. 是否全方位服务	是	不是
4. 租金与租赁投资回收之间的关系	非全额清偿	全额清偿
5. 出租人的风险	资产风险	信用风险
6. 期末租赁物件所有权的处理方式	退租	以名义价格转移或续租
7. 会计处理	表外	表外
8. 可否解约	可以	不可以

第二节　融资租赁的研究对象及内容

融资租赁是现代租赁市场中重要的交易形式，也是本教材研究的重点和核心。为更完整准确地理解和把握融资租赁，首先要认识和掌握融资租赁的研究对象及内容。

一、融资租赁的研究对象

融资租赁作为一门学科，它的研究对象是不同主体之间的融资与融物活动。通过研究这些融资与融物活动的产生、发展过程、交易形态以及交易结果、利益产生和分配，揭示这种经济活动的特点和规律。总结融资租赁市场发达国家的发展历程，融资租赁的研究对象和体系可简单分为融资租赁的内涵和融资租赁的外延两个层次，其具体内容可表现为五个方面，即融资租赁市场、与融资租赁市场相关的法律、税收、会计和监管，如图 1.3 所示。

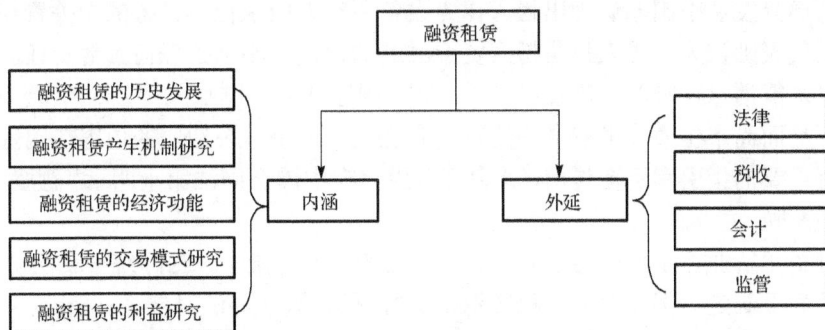

图 1.3　融资租赁研究体系图

二、融资租赁研究的具体内容

(一)融资租赁的内涵

融资租赁的内涵是以融资租赁市场为研究对象,目的是揭示融资租赁产业存在和发展的一般规律;融资租赁市场由租赁市场的基本要素和相关要素及这些要素的有机组合而形成的各种各样的租赁交易形式组成。具体而言,融资租赁的内涵就是对融资租赁交易中的当事人(主要是出租人和承租人)、融资租赁交易的各种租赁资产以及他们在进行交易时所形成的各种交易方式(即租赁产品)的认识过程。通过对这些租赁交易形式形成的原因、每种租赁交易形式的具体内容、交易结构及其主要特征、各种租赁交易形式的区别与联系等方面的问题进行分析研究,旨在发现存在于租赁市场发展过程中的一般规律,进而指导新的融资租赁实践。这也是本课程要加以重点阐述和研究的内容。

(二)融资租赁的外延

融资租赁的外延则是以租赁市场为基础,从与租赁市场发展密切相关的、但又不同的外部因素的角度对租赁市场的再认识。总结各国的租赁实践,与租赁市场发展密切相关的外部因素主要是四个方面,即与租赁市场相关的法律、税收、会计和监管。通常,这四个方面以法律、法规或政府政策等形式实现对租赁市场的规范。所以,这四个方面又被称为租赁的法律基础,或称法律框架,也称政策框架。

1．融资租赁法律

融资租赁法律建设,是融资租赁行业健康发展的保障,也是一个国家、一个地区、一个城市最基本的投资环境。

(1)国际层面的法律法规

在国际融资租赁发展进程中,有两个专门针对融资租赁行业法律规范的国际性条约,在各国开展融资租赁活动和立法工作中发挥了重要的指导、借鉴和示范作用。这两个国际性条约分别是《国际融资租赁公约》和《租赁示范法》,均由国际统一司法协会主持起草,中国政府作为该协会成员单位由商务部门派员参与了起草工作。

《国际融资租赁公约》全称为《国际统一私法协会国际融资租赁公约》(以下简称《公约》),于1988年5月28日在加拿大首都渥太华签订。中国代表参加了《公约》文本的起草审议工作,并在最后文本上签了字。由于在《公约》的某些内容上存在较大分歧,特别是中国和大部分发展中国家认为出租人作为设备所有人应承担对设备的相关责任,而英、美、日等国代表则认为出租人只是扮演资金融通的角色,不承担任何其他责任。这一根本性分歧最终未能消除,所以,开放签字后,许多国家并未批准加入《公约》,而《公约》则因批准国不足而尚未生效。虽然《公约》没有生效,但是《公约》的内容在国际融资租赁实践中具有重要的指引和示范作用,其中许多内容在中国合同法第十四章"融资租赁合同"中也有较多反映。

随着融资租赁业在全球的迅速发展,在《公约》的基础上,国际统一私法协会自2006年4月起又着手制定一部专门的《租赁示范法》,供各国在立法时参考。《租赁示范法》起草工作历时两年多,先后两次经国际统一私法协会的政府专家委员会讨论,并经国际统一私法协会常务理事会修改审定后，于 2008 年 7 月授权分发各国政府再次征求意见。2008 年 11 月 10 日至 13 日，国际统一私法协会全体代表大会及政府专家委员会联席会议在罗马举行，会议审议并正式通过了《租赁示范法》，成为各国立法参照的范本。

(2) 国家层面的法律法规

以德国、法国为代表的大陆法系国家都有完备、经典的民法典，一般以民法典中已有的规定去适用和解释新出现的经济现象，对融资租赁也不例外，因此大陆法系国家基本没有专门调整融资租赁的法律法规。加拿大魁北克省本属大陆法系，但受《公约》的影响，其"民法典"列专章对融资租赁予以规范，是大陆法系的一个例外。英美法系国家通常采取判例法的形式调整民事法律关系，没有专门的融资租赁民事法。虽然美国法律中规定了租赁，但是将租赁视为一种附抵押权的担保，与我国对租赁的认定有距离，所以暂且不讨论。倒是一些融资租赁发展较晚的国家总结了发展较早的国家的经验，制定了租赁法规，例如，韩国制定了完备的租赁业促进法，包含融资租赁的定义等属于民事法律范畴的内容。简言之，世界各国或因有完备民法体系而不需要再对融资租赁专门立法，或宥于民法的成熟和完美而失于保守，不再有创新的尝试，融资租赁这种新的交易方式在大多数国家没有被专门立法所调整了。

2. 融资租赁税收政策

世界各国融资租赁行业的最初起步及成熟在相当程度上都依赖于政府的税收优惠政策。如果没有政府的税收优惠等一系列扶持政策，融资租赁业就不会有如此快速的发展。各国融资租赁的发展情况是不一致的，融资租赁行业的税收政策也存在差异。主要的税收优惠政策包括以下几方面。

(1) 承租方在税法上鼓励使用加速折旧法

世界融资租赁发达的国家对于融资租赁业务中所涉及的折旧计提问题，通常采取会计制度与税收法规相一致的原则。也就是说，如果承租企业在会计上采用加速折旧法计提折旧，那么在税法上也采用相同的方法，这就不需要经过纳税调整，而使账面价值和计税基础保持一致，从而获得延迟纳税的好处。

加速折旧政策的核心在于当租赁期限短于设备寿命期限时，按照其租赁期限计提折旧，这样公司在创业的前几年就会获得较多的折旧抵税，从而降低税负，起到促进行业发展的作用。而实质上，加速折旧法与平均年限法计提的折旧总数额相等，只不过前者将大部分折旧提前计提，在经营前几年获得较高的折旧扣除额，缴纳较少的企业所得税，由此获得延期纳税的好处，有利于初建公司的资金流动。

(2) 承租方的租金可税前抵扣

国际上对融资租赁业务计提折旧的会计主体通常分为出租人和承租人两种。属于由出租人计提融资租赁固定资产折旧的国家有美国、加拿大、日本、澳大利亚、新加坡；属于由承租人计提融资租赁固定资产折旧的国家有中国和韩国。

由此可见，在融资租赁发达的国家，会计准则的主要思想是融资租赁的租赁风险与收益统一由出租人承担，这也是由于发达国家融资租赁发展到一定的成熟阶段，市场竞争愈发激烈所致。因此西方国家通常由出租人借记融资租赁固定资产，并通过加速折旧在前期抵扣更多的税款，获得延迟纳税的好处；而承租人的租金处理方式与经营性租赁相同，即租金可在税前扣除，降低期末的企业所得税税负水平，达到双方均获得税收优惠收益的效果。

（3）出租方实施投资抵免政策

对于出租企业，西方以美国为首的很多国家在融资租赁公司创建之初都采取了大力的投资抵免制度。由于提供融资租赁服务的出租企业可以将从投资抵免中获得的好处以低租金的形式转移给承租企业，使租赁双方均从投资抵免的制度中获得收益。尤其是在承租企业处于亏损状态、需要更新设备扭转不利的经营情况、但是又没有充足的资金支付全额的固定资产时，可以与出租企业签订融资租赁协议，只需要用小部分资金按月支付租金就可以获得固定资产的使用权。税法上对融资租赁公司实施投资抵免的税收优惠政策，并将抵免的部分以低租金形式让利给承租企业，使其改善经营环境，整体上促进经济发展。

（4）出租方实行减值减税政策

减值减税政策是按照一定的比例逐年减记资产账面价值的减税。国际上使用过该政策的国家有英国。英国的融资租赁业起步于20世纪60年代，发展于70年代，融资租赁额一直处于西欧国家首位，对英国的工业发展起到了重要作用。英国在1986年时终止了"头年减税"优惠政策，改为"减值减税"，并将减值减税的比例设定为25%，且仅适用于机器设备和厂房投入的当年，不包括船舶和某些汽车，不适用于已经享受头年减税优惠政策的企业，减税额在以后年度账面上冲销。

（5）出租方计提租赁风险准备金

世界上融资租赁发达的国家在会计和税法上针对提供融资租赁服务的出租企业有着完善的租赁风险准备金计提制度。由于承租企业有很大一部分是中小型企业，生产经营业绩不稳定，不能按时支付租金，造成了出租企业的坏账，给出租企业带来很大的损失，降低了融资租赁的吸引力。因此，很多国家都对出租企业建立了完善的准备金计提制度，每月按较高的比例提取坏账准备，不但可以降低企业所得税税负，也减少了营业风险。

（6）通过税收鼓励融资租赁促进中小型企业发展

中小型企业面临着融资难的现状，而在发达国家融资租赁的初衷就是改善中小型企业的经营环境，国际上通过融资租赁税收方面的优惠促进中小型企业发展，取得了不错的成效。

（7）采取杠杆租赁获得税收收益

国际上融资租赁的形式多种多样，在众多融资租赁方式中，最受发达国家欢迎的是杠杆租赁这种新型融资租赁方式。杠杆租赁产生于20世纪70年代末的美国，是一种高级融资租赁形式，在融资租赁过程中有贷款方的参与。相对于传统的涉及三方的融资租赁形式，杠杆租赁除了涉及供货方、出租方、承租方，还涉及贷款方，适用于高度资本密集型的长期融资租赁。贷款方专门为出租方提供贷款，使其能够全额支付购买金额。通过杠杆租赁，出租方从供货方处购买固定资产时只需要支付自身的一部分资金，通常为购买价款的20%～40%，其余的款项以购入的固定资产或租金为抵押进行贷款获得。在该项资产出租后，以收取的租金偿还贷款。出租方仅用少量的资金就推动了大额的融资租赁业务，所以称为杠杆租赁。

杠杆租赁对于承租方来说与传统租赁方式没有区别，但是对出租方的影响是很大的，主要表现为以下三方面：第一，出租方在取得设备时不用付出很高的金额，只需少量租金并以该物品或租金做担保即可获得租赁物；第二，杠杆租赁的形式并不影响税收抵免或者加速折旧的税收优惠政策，付出了少量的资金却仍然可获得同样的税收优惠，使出租方有大量的流动资金；第三，杠杆租赁不可避免地会涉及贷款利息，而贷款利息可在出租方作为财务费用税前列支，这又进一步降低了出租方的企业所得税支出。美国是较早使用杠杆租赁的国家，目前杠杆租赁也成为了美国最主要的融资租赁方式，通常用于购置卫星通信设备、飞机、轮船等价格较高的商品。

3. 融资租赁会计准则

企业通过租赁形式进行表外融资已经成为一种非常普遍的现象。但是，对于财务报表使用者来说，通过租赁方式进行表外融资，掩盖了企业的重要财务信息。投资人、债权人、审计师、监管机构等外部信息使用者，在此情况下，都很可能被误导。因此，各国通过会计准则对表外融资做了严格的界定，明确融资租赁交易的判定条件，其意图主要是降低租赁交易表外融资的影响。

2016 年 1 月 13 日，国际会计准则理事会(IASB)发布了最新版的国际会计准则《租赁》并宣布这一版本将于 2019 年 1 月 1 日生效。此前，美国财务会计标准委员会(FASB)也已发布其最新版的美国会计准则，该准则将比 IASB 准则提前 15 天，即于 2018 年 12 月 15 日生效。新版国际租赁会计准则最大的特征是，明确将所有租赁资产全部计入资产负债表，针对承租人提出的经营租赁与融资租赁在会计计量上不再进行区分，而对出租人的经营租赁与融资租赁的会计处理则与现行准则基本保持一致。

2006 年我国颁布了《企业会计准则第 21 号——租赁》，对租赁分类、相关术语、会计处理进行了更为详细合理地规定，在租赁相关的基本概念、各类型租赁的会计处理原则以及披露等方面均有了明确的规定提高了会计信息的充分性和可靠性，这一准则一直沿用至今。随着我国租赁业务的发展，对相关会计信息的相关性和可靠性的需求也在不断提高，然而，在有关规定和实务操作中仍存在一些问题，需做出进一步改进。

4. 融资租赁业市场监管

融资租赁业市场管理分为市场准入、市场运营、市场退出三个主要环节。

(1)市场准入制度

目前国际上对融资租赁企业的市场准入制度主要可以分为登记制和审批制两种。登记制是指企业可以直接开展融资租赁业务，无需经过前置审批部门的审批。审批制是指企业开展融资租赁业务需要取得前置审批部门的批准或取得经营资质。

中国对融资租赁采取需要审批的市场准入制度，审批机关有中国银行业监督管理委员会(以下简称银监会)和中华人民共和国商务部(以下简称商务部)两个部门。作为非银行金融机构的金融租赁公司由银监会负责审批，且最低注册资本为 1 亿元人民币或等值的自由兑换货币，注册资本为实缴货币资本。除金融租赁公司以外的融资租赁公司(包括外商投资融资租赁公司及内资融资租赁试点企业)由商务部负责审批，其中外商投资融资租赁的最低注册资本为 1000 万美元。内资融资租赁试点企业由商务部审批并经商务部、国家税务总局联合确认，且最低注册资金应达到 17 000 万元人民币。

从世界范围看，各国对融资租赁行业实行着不同的监管制度，有的国家实行严格监管制度，有的国家实行宽松监管制度。在中国，由于实行"谁审批，谁监管"的办法，监管的方法和力度各有不同，一般看来，金融租赁企业的监管政策和监管机构比较完备，但过于严格，商务部的内资和外商企业监管政策和机构尚不够完备，显得过于宽松。从长远看，中国必须建立起统一的监管体制，实行适度监管的模式。

(2)市场运营制度

市场运营制度包括资产登记制度、资产交易制度和资金拆借制度。

① 资产登记制度。融资租赁物权登记制度是出租人控制风险的重要途径。如果没有在登记机构办理登记，出租人将无法对抗支付了合理对价的善意抵押权人或受让人。因此，只有建立具有法律效力的登记公示制度，才能确保健康公平的融资租赁行业的生态环境，维护交易各方的安全。

中国融资租赁物权登记采取了分别登记制。具体登记机关有四个，分别是运输工具登记部门、工商行政管理部门、公证部门和中国人民银行征信中心。中国人民银行征信中心于2009年7月上线运行了融资租赁登记公示系统，可以登记公司租赁物上的权利状况，但与前述三个登记管理部门不同，征信中心的融资租赁公示系统缺少法律规定的支持，尚不具备对抗善意第三人的效力，建立一个具有法律效能的独立融资租赁登记和征信系统势在必行。

② 资产交易制度。所谓资产交易实际上是资产所有权的变更，即资产所有权交易，是指资产所有者将其资产所有权全部或者部分有偿转让的一种经济活动。整体交易指把占有权、使用权、收益权、处分权作为特定的产权整体进行交易。部分交易指对"四权"中的任何一项权利或任意几项权利的组合进行交易。

当前，在北京、上海、天津等地的金融资产交易机构中，也设立了相应的融资租赁产权交易业务，但由于融资租赁的产权与信贷资产等产权相比具有许多不同特点，在交易规则中这些特点并未得以体现，因此，运转至今交易量都不大。实践证明，建立独立的融资租赁产权交易所或交易中心也已势在必行。

③ 资金拆借制度。同业拆借是租赁企业处理资金急需、解决资金来源的一个重要途径。2011年开始，几乎所有已经开业的金融租赁公司都先后进入了拆借市场。而商务部审批和监管的内资与外商融资租赁公司至今还被排斥在市场之外。其实内资和外资融资租赁企业尽管由商务部审批和监管，也同样属于金融行业，应该继续争取进入拆借市场，同时，也可筹建一家由各融资租赁企业自愿参加、股份制、自助式的资金拆借市场。

(3)市场退出制度

建立健全市场退出制度，更好地规范公司退出市场行为，维护市场运行秩序，依法妥善审理公司退出后的事宜，不仅是行业正常发展的保障，在维护和促进经济社会和谐稳定方面，也具有重要的现实意义。市场退出制度包括风险评估制度、破产保护制度、兼并重组制度和清算制度。

① 风险评估制度。风险评估制度主要包括以下内容。

● 对出租人或承租人经营风险的定性判断。包括对公司背景、行业风险和营运风险进行权威的经常性评估。

● 对出租人或承租人财务风险的定性和定量判断，包括财务数据反映出来的经营风险、财务弹性。

● 如果一个融资租赁的还款来源依赖于一个具体的经营项目，还需要分析项目的市场前景、销售安排、采购安排、项目现金流量的预测和压力测试。

② 破产保护制度。破产保护是由利害关系人提出申请，在法院的主持和利害关系人的参与下，对无法清偿到期债务但又有挽救可能的债务人，进行生产经营上的整顿和债权

债务关系上的清理，以期摆脱财务困境，重获生产经营能力的法律程序。破产保护制度是现代破产制度中的最新发展成果，也是目前世界各国公认的挽救企业、预防破产最有力的法律制度之一。

③ 兼并重组制度。对于经营管理处于困境但并非绝境的企业来说，不一定出了问题都要走关闭或破产的道路，对于处于困境的原经营者来说，走兼并和重组之路，也是退出市场的一种表现形式，与破产相比，往往是更正确的选择。

④ 清算制度。建立健全清算制度，更好地规范公司退出市场行为，维护市场运行秩序，依法妥善审理公司强制清算案件，对维护和促进经济社会和谐稳定，具有重要的现实意义。

思考与练习

1. 什么是租赁？它是怎么产生的？
2. 租赁市场的基本要素包括哪些？具体是什么含义？
3. 租赁的特点和功能有哪些？
4. 试述传统租赁和融资租赁的联系与区别。
5. 什么是融资租赁研究的内涵？具体指什么？
6. 什么是融资租赁研究的外延？具体指什么？

第二章
融资租赁的产生与发展

本章提要

　　虽然租赁的历史是很长的，但是，现在人们普遍最关心的融资租赁产生于20世纪50年代初期。经过60多年的历史发展，世界融资租赁市场格局发生了重大变化。本章主要阐述世界融资租赁的产生与发展，以及中国融资租赁的产生与发展两个问题。

本章结构图

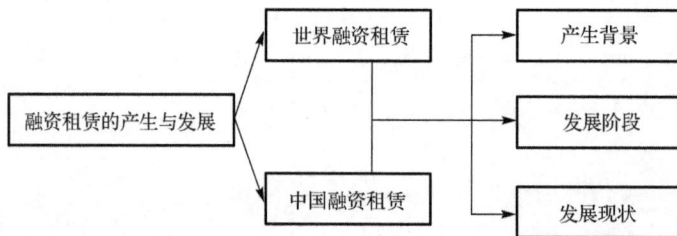

学习目标

● 重点掌握世界和中国融资租赁发展现状。
● 掌握世界和中国融资融资租赁发展历程。
● 了解世界和中国融资租赁产生的背景。

第一节　世界融资租赁的产生与发展

一、世界融资租赁产生背景

现代融资租赁产生于第二次世界大战(以下简称二战)之后的美国。二战以后，美国工业化生产出现过剩，生产厂商为了推销自己生产的设备，开始为用户提供金融服务，即：以分期付款、寄售、赊销等方式销售自己的设备。由于所有权和使用权同时转移，资金回收的风险比较大，于是，有人开始借用传统租赁的做法，将销售的物件所有权保留在销售方，购买人只享有使用权，直到出租人融通的资金全部以租金的方式收回后，才将所有权以象征性的价格转移给购买人。这种方式被称为"融资租赁"。1952年美国成立了世界第一家融资租赁公司——美国租赁公司(现更名为美国国际租赁公司)，开创了现代租赁的先河。

虽然融资租赁从产生至今仅有60多年的历史，但是，由于其所具有的独特的优点，使其迅速得到许多国家企业家的认可。20世纪60年代初，融资租赁业务首先由美国扩展到西欧、日本和澳洲；20世纪70年代初开始在东南亚等国家和地区出现；20世纪80年代初被中国作为利用外资的形式而引进；从20世纪90年代起开始在东欧地区的新兴市场经济国家应用。如今，融资租赁业务几乎遍及世界各地，类型繁多的租赁公司如雨后春笋般涌现。也正是由于融资租赁的出现，使古老的租赁业焕发出新的生命力。从20世纪70年代起，融资租赁业务开始跨越国界，国际租赁成为租赁发展的新趋势。为开展国际租赁业务，发达国家的大的出租人纷纷在国外设立分支机构，建立合资企业。这些行为又有力地促进了各国对外贸易和海外投资的发展。

二、世界融资租赁市场发展阶段

如果我们把世界融资租赁市场作为一个整体来考察，就会发现，融资租赁从产生至今的60多年间，经历了一个从低级向高级不断发展的进程。这一发展的过程，大致可分为五个阶段。

(一)简单融资租赁阶段

这是融资租赁从无到有的阶段。融资租赁业的出现，从根本上改变了传统租赁业的夕阳产业的地位。而传统租赁与金融产业的结合，也使得金融产品的属性发生了显著的变化，使其不仅具有以货币为交易载体的属性，还具有了以实物为交易载体的属性。尽管这一阶段的融资租赁产品与原有的金融产品的差异主要表现在形式上，但正是这种形式的变化，为融资租赁今后从实质上区别于原有的金融产品的发展奠定了基础。融资租赁的发展使融资租赁这一概念在产生之初和发展之后的内涵不尽相同。为了区分不同阶段下的融资租赁的内涵，现在人们常常在反映产生之初的融资租赁概念前加上"简单"二字，即简称融资租赁。

(二)灵活、变通的融资租赁阶段

融资租赁发展过程的第二阶段是灵活、变通的租赁阶段，这一阶段反映着租赁业对不断增加的竞争所做出的相应调整。虽然这一阶段的租赁仍是一种以融资为主要目的的租赁，但随着竞争的深化，出租人感到他们必须使业务专门化。一种方法就是将租赁朝着满足承租人对现金流量需要的方向发展。结果，租赁周期在这一阶段上的一个特点便是一些灵活的、创造性的租赁结构的产生，如杠杆租赁等。租期结束时，除允许承租人以象征性价格留购租赁资产外，还提供残值选择权。这种具有残值选择权租赁结构的推出，使融资租赁交易与传统的贷款方式更加不同。同时，有关租赁的税收与会计管理制度的颁布，为租赁周期的下一阶段——经营性租赁的出现创造了条件。

(三)经营性租赁阶段

融资租赁发展过程的第三阶段是经营性租赁的产生。促成一国租赁市场进入这一阶段，主要需要三个条件：第一，该国融资租赁市场已经发展到一定程度，由于出租人竞争的加剧，迫使出租人通过开展承担更大风险的经营性租赁来提高竞争力；第二，租赁会计准则的颁布；第三，该国正在形成或已经具备二手货市场，以此来满足出租人管理租赁资产残值风险的需要。经营性租赁的最基本的特征是非全额清偿性，并由此派生出租期期末租赁资产所有权处置方式的多样性，包括退租、按公平市价留购和续租。此外，出租人的盈利点也从单一的租赁利息收益变为基本租期内的利息收益加上租期结束时处置租赁资产残值时所可能的资产溢价收益及为承租人提供全方位服务时的服务收益等。由于经营性租赁对资产风险管理的需要，经营性租赁的资产类型主要包括各种类型的交通工具、计算机和办公用品等存在着较高的技术过时的风险、二手市场较发达的设备。

(四)租赁创新阶段

融资租赁发展过程的第四阶段是创新租赁产品的出现。这种租赁产品的创新，主要是已有的融资租赁的各种形式与金融创新有机结合的产物，如专门投资于租赁交易的投资基金、与项目融资相结合的项目租赁、与债权证券化相结合的租赁证券化和与风险投资相结合的风险租赁等。这一阶段的主要特点是出租人通过寻求更低成本的资金来源、提高租赁资产的流动性等方式，来进一步提高出租人的竞争力。

(五)成熟租赁市场阶段

融资租赁发展过程的第五阶段是一国租赁市场进入成熟期。租赁成熟期的一个基本标志是租赁渗透率基本不变，并保持在30%左右，租赁市场趋于饱和。此时，租赁产品几乎变成了商品，租赁产品之间的差异变得很小。出租人开始通过加快办理租赁业务手续和提供资金融通的速度、提高对顾客服务的水平、加强内部管理、降低费用、增加收入等手段来保持盈利。出租人之间的兼并和收购成为租赁业进入成熟期后的自然产物。

三、世界融资租赁业发展现状

衡量世界融资租赁业的发展程度，本书主要采用世界融资租赁交易的规模与增长率、融资租赁交易的国别分布和融资租赁市场的租赁渗透率三大指标体系。

(一)世界融资租赁交易的规模与增长率

世界融资租赁交易的规模与增长率从总量上说明了世界租赁业的发展程度。从历史来看，世界融资租赁交易规模总体上呈增长态势。根据怀特克拉克集团《2017 年全球租赁业发展报告》的数据①，从 1980 年至 2015 年，世界融资租赁交易额从 636 亿美元增加到 10 053 亿美元，增长了约 15.8 倍，如图 2.1 所示。融资租赁的迅速发展，促进了设备制造业的增长，带动了经济的发展，也拉动了设备制造业的技术更新。

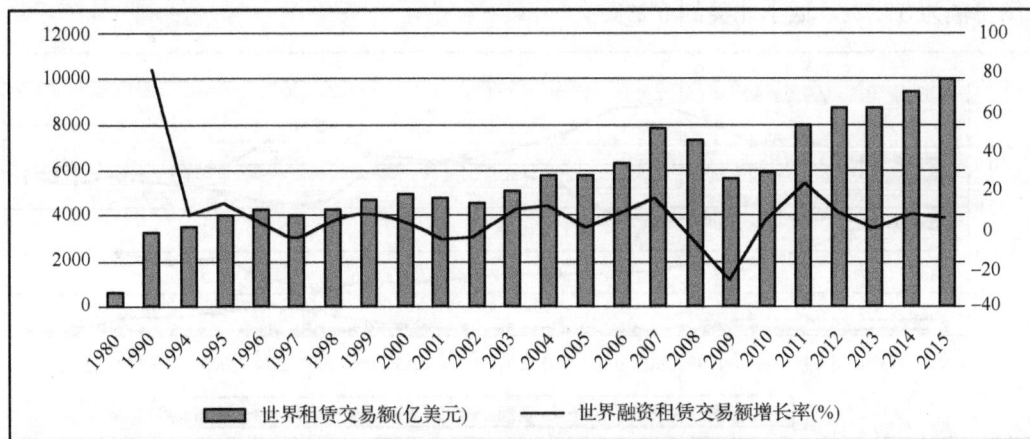

图 2.1　1980～2015 年世界租赁交易规模与增长率

资料来源：White Clarke Group. Global Leasing Report 2017 [M]. World Leasing Yearbook，2017.

历史上世界租赁交易规模出现绝对下降的年份有 1992 年、1993 年、1997 年、2001 年、2002 年、2008 年和 2009 年。从世界融资交易规模增长率来分析，1980 年至 2013 年期间，共出现四轮增长率下降的时期，其中下降最为严重的是 2009 年，当年世界租赁交易规模为 5574 亿美元，较前一年的 7327 亿美元下降了 23.93%。造成这一现象的主要原因是 2008 年美国次贷危机所引发的全球性金融危机，这一危机使世界经济进入了低速增长期，社会投资规模的下降波及融资租赁业，这是这一时期融资租赁交易规模及增长率双下降的根本原因。而 1997 年世界租赁交易规模下降的主要原因是东南亚金融危机的发生。当时，东南亚金融危机造成许多西欧的大陆国家以及没有与美元挂钩的东南亚国家的货币都出现了大幅贬值，贬值幅度多在 10%～15% 之间。扣除这些因素，世界租赁交易规模的实际增长率为零，即没有下降。2009 年以来，是世界经济金融危机后的恢复性增长阶段，租赁交易规模正在缓慢回升。

(二)世界融资租赁交易的国别分布

世界融资租赁交易的国别分布可以说明国别的差异与租赁发展之间的关系。由于世界各国的经济发展水平相差悬殊，其发展融资租赁业的起步不一。融资租赁起源于发达国家，但迅速为发展中国家所借鉴并得到广泛应用。因此，世界各国的融资租赁业分布十分不均匀，从区域来看，北美洲和欧洲的融资租赁世界市场份额之和超过了 70%。如图 2.2 所示，1994～2005 年，北美洲的市场份额一直保持在 40% 以上；2005 年以来有所下降，略低于

---

① 《世界租赁报告》由怀特克拉克集团和年报编委会联合编制。怀特克拉克集团出版的全球租赁业发展报告已有 30 多年的历史，报告根据全球市场数据，提供国际租赁行业业务规模、地区增长水平、市场渗透率、GDP 渗透率和市场占有率等数据，以期帮助租赁市场从业者捕捉最新、最全的行业信息。

40%；2013 年北美洲的融资租赁交易规模达到 3351 亿美元，市场份额为 37.9%，居世界第一。欧洲融资租赁市场规模在 2005 年首次超过了北美洲，达到 2396 亿美元，略高于同期北美洲的 2367 亿美元，市场份额为 41.2%；2007 年欧洲融资租赁市场份额达到顶峰，市场份额为 51.4%，之后开始有所下降；2013 年欧洲的融资租赁交易规模为 3336 亿美元，市场份额为 37.7%，低于北美洲 0.2%。

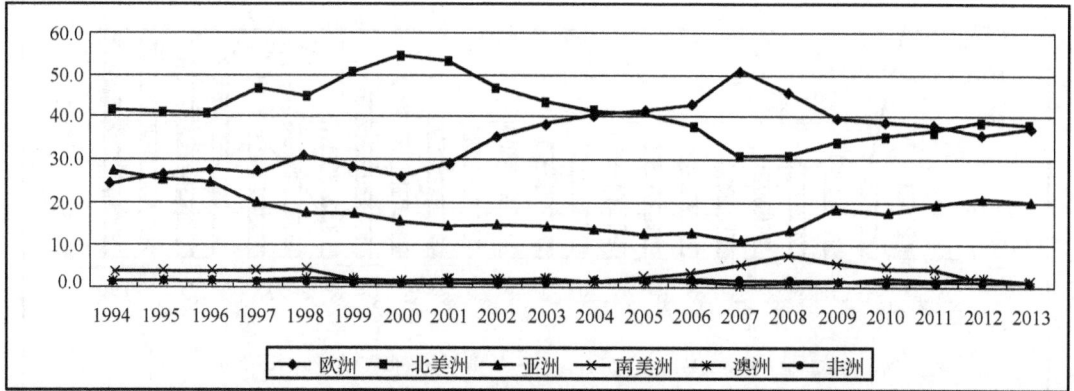

图 2.2　1994～2013 年世界各州租赁交易规模的份额(%)

资料来源：White Clarke Group. Global Leasing Report 2015 [M]. World leasing yearbook，2015.

亚洲是世界第三大融资租赁市场，市场份额维持在 10%～30% 之间。2013 年亚洲的融资租赁市场交易规模为 1773 亿美元，世界市场份额为 20.1%，其中主要是中国和日本的贡献：2013 年，中国的融资租赁市场交易规模为 889 亿美元，日本融资租赁市场交易规模为 672.6 亿美元，中国和日本的市场交易规模占亚洲的 88%。而南美洲、澳洲和非洲的世界融资租赁市场份额尚不足 7%，其中非洲最低。2013 年，南美洲、澳洲和非洲的融资租赁交易规模分别是 180 亿美元、125 亿美元、75 亿美元，世界市场份额分别为 2%、1.4%、0.8%。

从国别来看，少数西方发达国家在世界融资租赁业中占有超过 80% 的绝大部分比重，而众多的发展中国家只占有很小的比重。根据 2015 年融资租赁交易规模排序，美国、中国、英国、德国、日本名列前五位。租赁规模前 50 名的国家和地区如表 2.1 所示。

表 2.1　2015 年世界融资租赁市场规模前 50 名的国家和地区

排　名	国　家	年交易额(十亿美元)	2014～2015 年增长率(%)
1	美国	374.35	11.10
2	中国	136.45	25.55
3	英国	87.13	14.01
4	德国	63.82	8.42
5	日本	60.84	8.94
6	法国	30.92	9.93
7	澳大利亚	30.85	0.01
8	加拿大	26.21	3.40
9	瑞典	18.22	12.05
10	意大利	17.67	12.52

排　名	国　家	年交易额(十亿美元)	2014～2015 年增长率(%)
11	瑞士	13.79	5.25
12	波兰	12.56	16.37
13	韩国	11.39	8.10
14	中国台湾	10.62	9.80
15	丹麦	9.04	24.06
16	俄罗斯	8.69	−19.85
17	土耳其	7.69	−9.85
18	西班牙	7.64	19.93
19	墨西哥	7.19	32.00
20	哥伦比亚	6.14	21.00
21	挪威	6.12	−2.39
22	奥地利	6.09	5.90
23	荷兰	5.95	21.27
24	芬兰	5.06	3.71
25	比利时	5.05	11.14
26	捷克	4.11	20.34
27	南非	3.10	−1.16
28	秘鲁	2.70	4.00
29	斯洛伐克	2.46	17.60
30	巴西	2.43	−38.57
31	葡萄牙	2.36	20.85
32	伊朗	2.14	17.00
33	智利	1.81	−20.95
34	罗马尼亚	1.68	18.47
35	埃及	1.37	159.00
36	匈牙利	1.30	13.50
37	尼日利亚	1.20	27.39
38	立陶宛	1.17	51.42
39	马来西亚	1.15	−15.61
40	斯洛文尼亚	1.12	44.61
41	摩洛哥	1.04	5.80
42	爱沙尼亚	1.02	7.61
43	保加利亚	0.87	20.41
44	拉脱维亚	0.76	28.78
45	阿根廷	0.73	27.00
46	新西兰	0.37	0.01
47	塞尔维亚	0.34	7.86
48	乌兹别克斯坦	0.23	3.00
49	印度	0.19	2.65
50	希腊	0.17	−2.80
	总计	1005.30	

资料来源：White Clarke Group. Global Leasing Report 2017 [M]. World Leasing Yearbook，2017.

(三)世界融资租赁市场的租赁渗透率

租赁渗透率说明一国融资租赁市场的深化程度。第一种计算租赁渗透率的方法是融资租赁交易发生额与社会设备投资总额之比，用公式表示为：

$$租赁渗透率 = \frac{融资租赁交易额}{社会设备投资总额} \times 100\% \qquad (2.1)$$

租赁渗透率的含义是在一国社会设备投资总额中，通过融资租赁方式取得的设备所占的比重。因此，一国的租赁渗透率越高，说明该国融资租赁市场越发达。

与世界融资租赁交易规模相对应，一般而言，一国的融资租赁交易规模越大，该国的租赁渗透率也就越高。表 2.2 选择了一些有代表意义的国家，所反映的租赁渗透率情况与这一结论基本吻合。

表 2.2　1994～2013 年全球各国融资租赁市场渗透率比较(%)

国家 年份	美国	日本	德国	韩国	英国	法国	意大利	加拿大	澳大利亚	瑞士
1994	28.7	8.9	10.9	26.2	15.8	13.0	13.1	14.0	21.8	20.0
1995	28.1	9.4	11.5	30.0	17.9	15.2	16.8	15.9	22.3	27.0
1996	30.9	9.5	13.3	26.5	24.0	15.2	16.8	16.1	20.0	28.0
1997	30.9	8.9	13.6	28.3	19.2	12.4	10.9	15.7	25.0	28.0
1998	30.9	9.2	14.7	13.1	15.0	17.0	12.3	22.0	25.0	20.0
1999	30.0	9.5	15.1	2.8	15.9	15.7	12.4	22.0	25.4	17.5
2000	31.7	9.1	14.8	2.4	13.8	9.2	12.3	22.5	20.0	12.9
2001	31.0	9.2	13.5	1.6	14.4	13.7	10.4	22.0	20.0	9.2
2002	31.1	9.3	9.8	3.9	15.3	12.9	8.6	20.2	20.0	13.0
2003	31.1	8.7	21.7	4.4	14.2	15.4	7.6	22.0	20.0	11.6
2004	29.9	8.7	15.7	5.6	9.4	9.0	11.4	23.3	20.0	12.7
2005	26.9	9.3	18.6	7.7	14.5	11.7	15.1	23.9	20.0	11.8
2006	27.7	9.3	23.6	9.4	12.7	11.0	15.2	22.0	18.0	11.8
2007	26.0	7.8	15.5	10.2	11.6	12.0	11.4	22.0	14.2	14.3
2008	16.4	7.2	16.2	10.5	20.6	12.2	16.9	19.6	10.0	19.4
2009	17.1	7.0	13.9	4.4	17.6	3.1	10.0	14.0	10.0	17.5
2010	17.1	6.3	14.3	4.8	18.5	10.5	13.1	15.1	12.0	19.2
2011	21.0	6.8	14.7	8.7	19.8	11.1	12.3	20.8	27.5	18.2
2012	22.0	7.2	5.8	8.5	23.8	12.8	10.0	20.8	27.5	24.6
2013	22.0	9.8	16.6	8.1	31.0	12.5	9.4	32.0	40.0	24.4

资料来源：White Clarke Group. Global Leasing Report 2015 [M]. World Leasing Yearbook，2015：12.

美国既是融资租赁的发源地，又始终在规模和业务发展水平上处于最领先的地位。早在 1987 年，美国的租赁渗透率就达到了 31.5%，并一直保持在 30% 左右，2013 年为 22%。这一水平标志着美国租赁市场已经进入了饱和阶段。

日本一直以来是世界上融资租赁市场前五大的国家。然而，从表 2.2 所反映的租赁渗透率来看，日本的数字却远远低于其他租赁市场规模小于它的国家。造成这种看上去矛盾的原因是日本租赁渗透率的计算方法与世界其他国家不同。日本在计算租赁渗透率时，以社会投资额做分母。由于社会投资包括房屋土地投资和设备资产投资两部分，这加大了分母的规模，导致了其计算出的租赁渗透率较低。2013 年，日本的租赁渗透率为 9.8%。但从实质上看，日本的租赁发展水平并不低。

澳大利亚从经济规模角度看，属于小国经济，从而导致其融资租赁交易规模占世界融资租赁市场份额并不大。但是，澳大利亚是世界融资租赁市场发达国家之一，从其租赁渗透率来看，早在 1980 年就达到了 25% 的成熟租赁市场的标准，并长期维持在这一水平。2013 年，澳大利亚的租赁渗透率为 40%，远远超过其他国家，成为全世界租赁渗透率最高的国家。

韩国是一个新兴市场经济国家，其租赁业在 20 世纪 70 年代中期才开始起步，但其租赁渗透率从 1991 年起就领先于许多租赁市场发达的欧洲国家，直到 1997 年东南亚金融危机发生之前，一直都保持较高的水平。2013 年，韩国的租赁渗透率为 8.1%，略低于日本。

第二种计算租赁渗透率的方法是将融资租赁交易发生额与国内生产总值(GDP)进行对比，我们把它称为 GDP 渗透率。之所以选择 GDP 作为分母，是因为 GDP 包含更多的信息，融资租赁相关率也反应出融资租赁投资对 GDP 的贡献。用公式表示为：

$$\text{GDP 渗透率} = \frac{\text{融资租赁交易额}}{\text{GDP}} \times 100\% \tag{2.2}$$

表 2.3 是世界融资租赁市场规模前 10 大国融资租赁相关率的比较。可以看出，世界融资租赁市场交易规模与租赁相关率并不对应。世界融资租赁市场交易规模大的国家，其租赁相关率并不一定高，如 2013 年世界融资租赁交易规模最大的市场美国，其租赁相关率为 1.92%，居世界排名第 13 位。而世界租赁相关率最高的国家爱沙尼亚在 2013 年的租赁相关率高达 5.91%，位列第一，但其融资租赁交易规模远低于其他国家。

表 2.3 2011～2013 年世界融资租赁市场规模前 10 大国融资租赁相关率比较

国家\年份	2013 租赁相关率(%)	2013 名次	2012 租赁相关率(%)	2012 名次	2011 租赁相关率(%)	2011 名次
美国	1.92	13	1.49	19	1.75	20
中国	1.11	26	0.79	35	1.25	31
德国	2.01	12	1.92	12	2.15	11
英国	2.67	4	2.09	11	0.94	35
日本	1.11	27	1.06	29	1.38	26
法国	1.25	21	0.92	30	1.64	21
俄罗斯	1.22	23	1.08	28	0.98	34
瑞士	2.19	9	2.14	9	2.46	5
意大利	0.87	31	0.91	32	1.77	19
加拿大	0.71	38	1.15	27	1.36	28

资料来源：White Clarke Group. Global Leasing Report 2015 [M]. World Leasing Yearbook, 2015：14.

第二节 中国融资租赁的产生与发展

我国融资租赁业的发展与西方发达国家相比，起步比较晚，是在借鉴了西方发展融资租赁业经验的基础上发展起来的。我国融资租赁业始于我国20世纪80年代末的改革开放。改革开放后，为扩大国际经济技术合作与交流，开辟利用外资的新渠道，吸收和引进国外的先进技术和设备，1980年中国国际信托投资公司引进了租赁方式。1981年4月第一家合资租赁公司中国东方租赁有限公司成立，同年7月，中国租赁公司成立。这些公司的成立，标志着中国融资租赁业的诞生。在30多年的发展历程中，道路虽然曲折，但是总体发展速度较快，行业实力也不断壮大，为促进我国经济的发展做出了贡献。

依据监管部门和审批机构不同，我国从事融资租赁业务的企业主要有以下三种类型。第一种，金融租赁企业，属于非银行金融机构类的金融租赁公司，现由中国银监会监管。第二种，外资租赁企业，现由商务部监管。第三种，内资租赁企业，2004年3月，融资租赁立法项目启动后，商务部进行了内资融资租赁公司试点工作。从1981年发展至今，我国融资租赁行业发展历程主要经历三个阶段。第一阶段为1981～1996年期间，我国融资租赁行业经历了从初创到迅速发展时期。但由于监管、法律、税收和财会准则不健全，自1997年开始融资租赁行业风险全面爆发，大量租赁公司面临严重的经营危机。第二阶段为2001～2006年期间，我国的租赁行业进入了整顿期，随着各项制度的完善以及新《金融租赁公司管理办法》(见附录C)的颁布，融资租赁行业重新起航。第三阶段为2007年至今，国内融资租赁业进入跨越式增长时期。

一、融资租赁企业数量

近几年来，我国融资租赁企业数量有了巨大的增长。根据中国租赁联盟、天津滨海融资租赁研究院编写的《2017第一季度中国融资租赁业发展报告》显示，2006年全国融资租赁企业数量为80家。而截至2017年3月底，全国融资租赁企业(不含单一项目公司、分公司、子公司和收购的海外公司)总数约为7626家，是2006年的近100倍。企业数量的快速增长，表明了我国融资租赁行业进入了一个繁荣时期。

截至2017年3月底，全国金融租赁公司63家，内资试点租赁公司217家，外资租赁公司7346家(不含7家已经被注销的外资租赁公司，它们是华联国际租赁(天津)有限公司、嘉银融资租赁(江苏)有限公司、大连瑞海融资租赁有限公司、安科融资租赁(中国)有限公司、华商国际租赁(天津)有限公司、华浦国际租赁有限公司、西南国际租赁有限公司)。由此可见，我国融资租赁公司数量上还是以外资租赁公司为主，内资试点租赁公司次之。

2016年有12家金融租赁公司成立，7家金融租赁公司获批筹建(见表2.4)。随着2014年3月新的《金融租赁公司管理办法》落地，将主要出资人制度调整为发起人制度，明确符合条件的五类机构均可作为发起人设立金融租赁公司后，越来越多的城市商业银行(以下简称城商行)、农村商业银行(以下简称农商行)开始踏足融资租赁行业。在城商行参股设立的19家金融租赁公司中，2016年成立的最多，达9家；在农商行参股的7家金融租赁公司中，2015年成立的最多，为3家(如图2.3所示)。

表 2.4 2016 年新增金融租赁公司（按成立时间排序）

企 业 名 称	省 份	注册资本(万元)	成 立 时 间
河南九鼎金融租赁股份有限公司	河南	100 000	2016/3/23
山东通达金融租赁有限公司	山东	100 000	2016/6/6
广融达金融租赁有限公司	上海	50 000	2016/6/15
中铁建金融租赁有限公司	天津	240 000	2016/6/27
佛山海晟金融租赁股份有限公司	广东	200 000	2016/6/28
贵阳贵银金融租赁有限责任公司	贵州	200 000	2016/7/15
福建海西金融租赁有限责任公司	福建	70 000	2016/7/9
浙江稠州金融租赁有限责任公司	浙江	100 000	2016/9/14
天银金融租赁有限公司	天津	100 000	2016/10/14
徐州恒鑫金融租赁股份有限公司	江苏	150 000	2016/10/14
四川天府金融租赁股份有限公司	四川	100 000	2016/12/8
甘肃兰银金融租赁股份有限公司	甘肃	50 000	2016/12/9

资料来源：零壹融资租赁研究中心

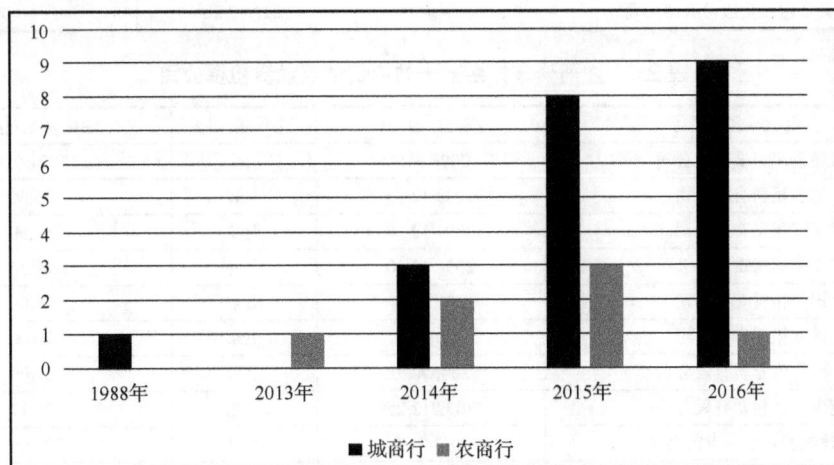

图 2.3 城商行、农商行参股的金融租赁公司成立数量(家)

资料来源：零壹融资租赁研究中心

二、融资租赁企业注册资本

从注册资本看，截至 2017 年 3 月底，全国融资租赁公司注册资本已达 27 637 亿元人民币，是 2006 年公司注册资本 571 亿元的 48.4 倍。融资租赁公司注册资本的增加，反映了租赁公司整体实力在不断增强。

在全部 63 家金融租赁公司中，国银金融租赁的注册资本居首为 126.4 亿元；其次为工银金融租赁，注册资本 110 亿元；建信金融租赁有限公司注册资本排第三，为 80 亿元(见表 2.5，此表列出了注册资本前十名的金融租赁公司)。

在全部 217 家内资试点融资租赁公司中，天津渤海租赁有限公司注册资本最高，且在全部融资租赁公司中注册资本居于首位。2016 年 12 月 29 日，天津渤海租赁有限公司完成工商信息变更，注册资本由 218.7 亿元增至 221.01 亿元；浦航租赁有限公司注册资本排名第二，为 76.60 亿元；长江租赁有限公司排名第三，注册资本 67.90 亿元。以上 3 家内资租赁公司均为海航资本集团旗下的融资租赁公司，注册资本共计 365.51 亿元，占内资租赁公司注册资本总额的 25.82%（见表 2.6，此表列出了注册资本排名前十的内资试点融资租赁公司）。

表2.5 注册资本前十名的金融租赁公司

企　业　名　称	省　　份	成立时间	注册资本（万元）
国银金融租赁有限公司	广东	1984/12/25	1 264 288
工银金融租赁股份有限公司	天津	2007/11/26	1 100 000
建信金融租赁有限公司	北京	2007/12/26	800 000
兴业金融租赁有限责任公司	天津	2010/8/30	700 000
交银金融租赁有限责任公司	上海	2007/12/20	700 000
招银金融租赁有限公司	上海	2008/3/28	600 000
昆仑金融租赁有限责任公司	重庆	2010/7/21	600 000
民生金融租赁股份有限公司	天津	2008/4/2	509 500
太平石化金融租赁有限责任公司	上海	2014/10/14	500 000
华融金融租赁股份有限公司	深圳	2011/12/28	500 000

表2.6 注册资本排名前十的内资试点融资租赁公司

企　业　名　称	成立时间	注　册　地	注册资本（亿元）
天津渤海租赁有限公司	2008/9/27	天津	221.01
浦航租赁有限公司	2009/12/25	上海	76.60
长江租赁有限公司	2004/12/30	天津	67.90
中航国际租赁有限公司	2004/12/30	上海	49.36
国信租赁有限公司	2015/3/2	山东	36.00
国泰租赁有限公司	2007/8/7	山东	30.00
上海电气租赁有限公司	2006/4/20	上海	30.00
庞大乐业租赁有限公司	2009/12/25	河北	29.17
中建投租赁股份有限公司	2011/1/20	北京	26.68
中车投资租赁有限公司	2008/9/27	北京	23.00

在全部 7346 家外资融资租赁公司中，中金国际融资租赁（天津）有限公司注册资本居首，达 145.99 亿元，且在全部三类融资租赁公司中仅次于天津渤海租赁有限公司（221.01 亿元）排名第二；远东国际租赁有限公司次之，注册资本 125.76 亿元；郎丰国际融资租赁（中国）有限公司排名第三，注册资本 103.84 亿元。以上也是仅有的 3 家注册资本超百亿的外资融资租赁公司。注册资本排名前 15 的外资融资租赁公司累计注册资本为 1227.99 亿元，占外资融资租赁公司注册资本总额的 5.28%（见表 2.7）。

表2.7 注册资本排名前 15 的外资融资租赁公司

企　业　名　称	省　　份	成立日期	注册资本（亿元）
中金国际融资租赁（天津）有限公司	天津	2016/3/21	145.99
远东国际租赁有限公司	上海	1991/9/13	125.76
郎丰国际融资租赁（中国）有限公司	广东	2016/5/12	103.84
平安国际融资租赁有限公司	上海	2012/9/27	93.00
山东晨鸣融资租赁有限公司	山东	2014/2/21	77.00

企 业 名 称	省 份	成 立 日 期	注册资本(亿元)
中航国际租赁有限公司	上海	1993/11/5	74.66
中垠融资租赁有限公司	上海	2014/5/20	70.60
国信融资租赁(深圳)有限公司	广东	2016/4/26	69.22
慧海国际融资租赁(中国)有限公司	广东	2016/4/8	69.22
上海金昊阳融资租赁有限公司	上海	2015/12/11	69.22
中源融资租赁(深圳)有限公司	广东	2016/6/11	69.22
中安航天博宇融资租赁有限公司	广东	2016/11/17	69.22
荣达国际融资租赁(中国)有限公司	广东	2016/1/12	69.22
珠海禾丰融资租赁有限公司	广东	2007/10/17	65.00
芯鑫融资租赁有限责任公司	上海	2015/8/27	56.80

三、融资租赁业务总量

从业务总量来看，截至 2017 年 3 月底，全国融资租赁公司业务总量已达 55 400 亿元人民币，是 2006 年公司业务总量 80 亿元的 692.5 倍。融资租赁公司业务总量的巨大增长，反映出我国融资租赁市场巨大，也使得我国成为世界融资租赁的第二大市场。

截至 2017 年 3 月底，全国金融租赁公司业务总量 21 180 亿元人民币，内资租赁公司业务总量 16 900 亿元人民币，外资租赁公司业务总量 17 320 亿元人民币。由此可见，我国融资租赁公司数量虽以外资租赁公司为主，但为数不多的金融租赁公司的业务总量却位居之首，这间接表明我国金融租赁公司数量少，业务量大，从事的都是租赁大项目；而外资租赁公司数量多，业务量少，主要服务于中小企业的中小项目。

四、融资租赁企业地区分布

从地区分布看，63 家金融租赁公司分别分布于 24 个省、市、自治区，天津、上海仍是金融租赁公司分布最多的地区，天津成立 9 家，上海共注册 7 家，江苏、广东分别成立 5 家、4 家，浙江、北京分别成立 3 家，重庆、山东、湖北、河南、河北、安徽、甘肃各成立 2 家，其他地区均成立 1 家。贵州、福建、四川均为首次设立金融租赁公司。

217 家内资试点融资租赁公司分布于全国 28 个省、市、自治区。其中，成立于天津的内资租赁公司最多，共计 30 家；其次为北京，共 28 家；山东与上海次之，均为 18 家；广州、贵州、海南、黑龙江、吉林、内蒙古、宁夏、青海、山西、陕西、云南这 11 个地区均有 1 家。

7346 家外资融资租赁公司分布于全国 31 个省、市、自治区。其中广东省成立的外资融资租赁公司数量最多，共 2401 家；其次为上海，共 1918 家；天津成立 1164 家排名第三，福建成立 609 家，江苏成立 215 家。广东、上海、天津三个地区的外资融资租赁公司共计 5483 家，占全国外资融资租赁公司总数的 74.06%。

五、融资租赁业务领域

从业务领域看，融资租赁公司目前主要服务的业务领域涵盖：航空、航运、大型装备、工程机械、医疗行业、教育文化、三农、能源行业（含新能源）、绿色环保、车辆与轨道交通、城镇公用事业等。

综上所述，我国融资租赁业无论从行业实力还是从业务量上都有了大幅的提高，显示出了我国融资租赁业的良好发展前景。但是，也应该看到，尽管我国租赁业取得了长足发展，但与国际上成熟市场国家相比，目前我国的融资租赁业仍处于初级阶段，其整体规模、融资租赁市场渗透率以及对国内生产总值的贡献等方面，与发达国家相比还有相当大的差距。根据《2017年世界租赁报告》统计，2015年我国租赁市场渗透率只有4%，远远低于欧美国家15%～30%的平均水平。随着中国经济实力的增强和经济地位的提升，中国融资租赁业务的规模和业务量难以与之相匹配。而欧美国家的发展实践表明，成熟的、发达的融资租赁业务会适应经济发展需要而促进国民经济的发展，滞后的融资租赁业务会制约经济的发展。随着我国财税制度改革步伐的不断加快，不断完善我国以流转税、所得税及税收优惠等税收法律制度为主导的融资租赁税收法律体系，为我国融资租赁业的发展提供了制度保障，促进我国融资租赁业进入更快的发展时期。

思考与练习

1．融资租赁怎么产生的？
2．试述世界融资租赁市场发展的五个阶段。
3．试述当前世界融资租赁市场发展的特征。
4．试述中国融资租赁市场的发展历程。
5．结合我国融资租赁业发展现状，谈谈当前我国融资租赁业处于发展周期的什么阶段？

第三章
融资租赁的基本理论

本章提要

融资租赁的产生和发展有其自身发展的必然性、合理性和规律性。本章更多地从经济学的视角，概述当前存在的融资租赁基本理论，包括税率差别理论、债务替代理论、代理成本理论和破产成本理论、租赁发展周期理论、四大支柱学说。

本章结构图

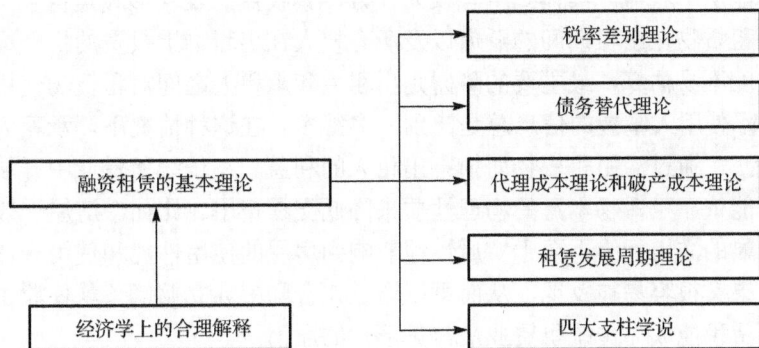

学习目标

● 重点掌握融资租赁的税率差别理论、发展周期理论和四大支柱学说。
● 掌握融资租赁在经济学上的合理性。
● 了解债务替代理论、代理成本理论和破产成本理论。

第一节　融资租赁在经济学上的合理解释

新制度经济学的理性选择模型，强调个体单位总是在一定的约束条件下追求目标函数的极大化。理想的约束条件是市场交易不受限制、完全信息以及完备界定的私人产权三者同时成立。但现实的市场经济条件不可能是理想的，交易也不可能在"无摩擦"的情况下达成，这就产生了交易费用。交易费用作为市场机制运行的成本，降低了资源配置的效率。

一般来说，交易费用是个人交换资产的产权和确立排他性权利的费用。在现代法治社会中，产权的确立和交换一般是通过合同进行的，因此马修斯(1986)更具体地解释了交易费用的含义：交易费用，包括事前准备合同和事后监督及强制合同执行的费用，与产生费用不同，它是履行一个合同的费用。

合同就是市场交易的一种基本的制度安排。按照新制度经济学的基本理论，制度是内生的，本身不能增加资源禀赋，但可以协调利益关系，降低交易成本，调动市场主体的积极性，从而影响经济发展的方向、速度和效率。也就是说，不同的制度安排对应着不同的交易费用，选择或创造适当的制度安排就有可能降低交易费用，从而提高资源配置的效率。

传统租赁是一种将所有权与使用权分离的制度安排，与使用权局限于所有权相比，这种制度安排大大促进了资源更有效的配置。在这种安排中，交易达成的前提是使所有权人和使用权人都能从中获益。具体到所有权人一方，其收益的表现形式是租金，租金数额必须至少能弥补租赁物在出租期间的贬值以及所有权人在出租物上投资的机会成本。其中租赁物的贬值程度不易估算，最主要的障碍是出租人和承租人之间对租赁物使用情况的信息不对称——实际使用人掌握的信息总是比别人多得多。在这种情况下，承租人自然倾向于"机会主义行为"，通过滥用租赁物而损害出租人的利益。在传统租赁业中开展比较普遍的业务，往往只能依靠租赁物本身的物理性质来降低交易费用。比如，房屋一般是比较坚固耐用的，不明显的滥用行为不至于实质性地影响到房屋的使用性能和使用寿命，而明显的滥用行为的后果又很容易被发现，从而可以通过在合同中订立赔偿条款使业主得到补偿。这就是房屋租赁税能成为传统租赁业最常见形式的原因。

融资租赁的出现，其经济学上的意义就在于大大降低了租赁的交易费用，从而使租赁业务的适用范围得到极大的扩展。融资租赁降低交易费用的机制在于租赁期届满时，对租赁财产的处理方式有三种：留购、续租或退回。如若选择留购，则承租人往往只需支付一点象征性的名义价格就可以获得租赁财产的所有权。在留购和续租的情况下，使用人滥用租赁财产的激励显然没有短期租赁那么大，因为他的目的是要长期地使用或永久地拥有这项财产，所以势必会对该财产妥善使用和保管。如果合同期满承租人选择退回，因为融资租赁的租赁期间一般设定为基本上等于出租物的整个寿命期，实际上已经把滥用财产所造成的损失转嫁到承租人一方，因而对承租人的滥用行为产生了有效的制约。

就长期租赁而言，融资租赁确实是比传统租赁更优的制度安排，有利于当事人用最少的资本投入实现利润的最大化，对使用者和所有者来说都是一种最大的节约，是一种资源的有效配置，最大限度地避免了资源浪费。

大多数理论在研究时对现有资本市场的假设往往是完美的，认为没有交易成本、没有信息的获取成本且每个人都可获得信息、没有破产成本、没有税收。完美的资本市场意味着金融市场上存在能够满足融资人不同需要的各种金融工具。在这些假设的金融市场完全竞争的情况下，出租企业和借款人会以相同的方式评估一家公司的借款和租赁债务，因而导致租赁成本等于借款成本，公司选择租赁还是选择借款购买并无差异。现实中，资本市场不完善，此时，借款和租赁这两种金融工具的评估方法可能就会不一样。交易成本和信息成本等各项市场不完善因素的存在，以及代理冲突如逆向选择的存在，导致了税率差别、债务代理及代理成本等融资租赁理论的产生。

第二节　税率差别理论

税率差别理论认为，融资租赁之所以存在的最主要原因是承租人和出租人能从融资租赁资产那里得到不同程度的税收收益。在其他因素不变的情况下，所获得的税收利益越大，越有利于融资租赁行为的发生。在实践中，融资租赁资产的税收收益主要是指资产在折旧期内计提的折旧所带来的避税收益。不同税负的企业之间开展融资租赁业务，由于融资租赁资产可以在税前计提折旧，因此高税负企业就可以获得较大的税收收益；同时，高税负企业会将融资租赁资产折旧所带来的税收收益以融资租赁租金的形式部分转让给低税负企业。这样一来由于开展了融资租赁业务，不同税负的企业都获得了税收收益。因此，决定融资租赁存在价值的不是税收本身，而是不同企业实现税收收益能力的不同。这些不同可以归纳为：第一，企业间不同的税率；第二，企业过去和现在不同的应税所得水平；第三，可选择低额税带来的不同影响。

将税率差别理论的核心思想具体化就是：企业购买固定资产和通过融资租赁取得固定资产在税收处理上是不同的，这导致了企业采取不同的方式进行固定资产投资所承担的税收负担是不同的。高税负的企业作为承租企业，对租入的固定资产计提折旧，并通过折旧抵税降低税负；而低税负的企业作为出租企业，通过租出固定资产获得租金，双方均可从融资租赁行为中获得应有的利益，达到共赢的局面。

部分研究者及其研究成果支持了税率差别理论。Barclay 和 Smith（1995）研究揭示，实际税率较高的企业更愿意选择融资租赁方式获得固定资产。Sharpe 和 Nguyen（1995）通过构造两个代理变量来表示企业的税收状态。一个是税收与税前收益之比，另外一个则是名义变量。如果财务报表有对税收损失的揭示，则名义变量赋值为 1；反之则为 0。实证结果表明变量是显著相关的，所以税收收益更低的企业更倾向于采用融资租赁。Lasfer 和 Levis（1998）的研究揭示，相对于不存在融资租赁的企业，运用融资租赁的企业有着更高的税负；但该研究同样表明，对于小规模企业来说，税收并不是一个影响企业是否采用融资租赁的重要因素。由于小企业的会计账户内没有大比例的税负，也没有高额的应付税金，因此，小企业采用融资租赁更多考虑的是成长机会。

不支持税率差别理论的学者认为税收无法决定是否发生融资租赁行为。Finucane（1988）的研究表明，某企业的税收负担水平与融资租赁之间没有显著的关系。Mehran、Taggart 和 Yermack（1999）通过对大量的企业数据进行估计，将企业所得税率与递延所得税和息税前收益的比值作为指标，同样得到税收因素与融资租赁不显著相关的结论。Grahanetal（1997）通过计算边际有效企业所得税率并在只考虑融资性租赁（从税的角度来看，其更接近于节税融资租赁）的情况下进行了研究。结果显示，当边际税率从 0 上升到 46% 时，经营性融资租赁和企业价值的比值减少了 19%，融资性租赁与企业价值的比值减少了 7%。对此的解释是过少的样本量和较短的样本期间造成了这样的结果。

可以看出，以上关于融资租赁税率差别理论的研究并不是所有的成果都支持该理论。

第三节　债务替代理论

债务替代理论认为，融资租赁是企业借款融资的一种替代形式。换言之，融资租赁和借款筹资是固定的、契约式的义务，是资金市场上两种不同的融资工具。对于企业来说，两者都是可以采取的融资方式。通常，企业需要的总融资额在事先是基本明确的，企业融资租赁增加的结果必然是借款筹资的减少。假如企业总的负债能力是确定的，那么不管是借款债务还是融资租赁都会减少企业的负债能力。

在探讨融资租赁和税收相关的同时，金融理论界也存在融资租赁是企业借款筹资的一种替代手段的说法。Myers、Dill 和 Bautista（1976），Franks 和 Hodges（1978）认为融资租赁和长期负债有着相同的共性：固定性和契约性，而融资租赁的增加意味着企业借款的减少。Mukherjee（1991）对财富 500 强企业的财务主管做了相关调查，结果显示，几乎一半人认为融资租赁和借款是可以相互替代的，剩余的一半人认为融资租赁和借款是相互独立或是相互补充的。Marston 和 Hams（1991）进行了样本调查，观察某一个样本在相同一段时间内发生的融资租赁和借款的变化，结论是二者呈负相关关系，这解释了融资租赁和借款是相互替代的。

与此同时，也存在着一些相反的观点，有关学者认为融资租赁与借款这两个变量存在正相关关系：Bowman（1980）通过对数家美国企业的财务数据分析，发现存在高额负债的企业也存在融资租赁；Ang 和 Peterson（1984）曾经进行过托宾分析，主要对象为融资租赁与借款的比例，以及其他相关变量，经测定，二者之间呈正相关关系；Finucane（1988）除了再次用托宾分析证明了融资租赁与借款的正相关关系外，还特别提出航空业和零售业更愿意选择融资租赁方式获得固定资产。

第四节　代理成本和破产成本理论

代理成本和破产成本理论认为，代理成本和破产成本是融资租赁产生的主要原因。代理关系广泛存在于现代社会经济活动中，代理关系可以定义为：有一人或数人（委托人）与另一代表委托人进行工作的人（代理人）签订或明或暗的合同。在代理理论中，个人被假设为谋求自身利益最大化者，因而代理人不会总以委托人的最大利益而行动。同样，当企业向外部投资者融入资金以后，两者就形成了委托-代理关系。外部投资者的目的是收回本金并获得比较稳定的报酬，企业筹资的目的是用它扩大经营，投入有风险的生产经营项目，两者的目标并不一致。虽然外部投资者知道借出资金是有风险的，并且已经把这种风险的相应报酬纳入考虑范围、体现在未来的报酬中，但是，筹资合同一旦成为事实，资金到了企业，外部投资者就失去了控制权，企业可能为了自身利益而伤害外部投资者的利益。如为了提高公司利润，向更多的外部投资者筹资，使原有借入资金的风险增加，从而损害原有外部投资者的利益。

相比借款而言，融资租赁能够更好地避免这类现象的发生。同时，如果承租人经营不景气导致破产，在进行破产清算时，出租人所处的情况要比借款者更好一些。融资租赁以租赁设备本身作为担保物，一般不需要额外的担保或抵押，对财产的所有权确保了出租企业的安全，出租人拥有被租赁资产的所有权，承租人违约时，出租人可收回租赁资产，损失较小。而借款人即使有资产保证，在债务违约时，贷款人想取得资产也非常困难并且成本较高。由于融资租赁方式有避免事前破产成本的好处，出租人可以通过降低融资租赁支出的方式将其中部分好处转移给承租人，这也是代理成本和破产成本理论认为融资租赁存在的原因。

Krishnan 和 Moyer（1994）假定在拥有所有担保债务优点的同时，融资租赁相比其他的普通债务来说能够减少破产成本。在这种考虑之下，融资租赁将被更多具有破产风险的企业所采用。研究发现，当某个企业存在着破产风险时，相比为该企业提供借款来说，通过融资租赁向其出租固定资产面临的风险会更小，因此面对破产风险程度较高的承租企业，更应该采取融资租赁方式。Sharp 和 Nguyen（1995）分析了融资租赁和经营性租赁的商业成本，得出了以下结论：外部融资费用越高的企业越偏向于选择融资租赁形式。Smith 和 Wakeman（1985）对各种影响融资租赁/购买决策的敏感性因素进行了分析，结果表明，税收政策在判断潜在承租企业和出租企业上具有重要作用。

第五节　租赁发展周期理论

正像其他经济活动一样，融资租赁这一经济领域中的新生事物也经历了从简单到复杂、从幼稚到成熟、从单一到多样化的发展阶段。为了便于了解融资租赁活动的基本规律，特别是掌握国际上的融资租赁交易及世界不同地区、不同国家融资租赁的发展动态，作为国际租赁业权威学者世界租赁大会理事、国际金融公司租赁顾问阿曼伯（Amembal）先生经过深入研究，将租赁发展分为六大阶段，他的这一分法已为国际租赁业所普遍接受，被称为"租赁周期理论"。

根据该理论，租赁被分成两个大的类别：出租服务和融资租赁。在经过简单的出租服务阶段以后，进入简单的融资租赁阶段，随后是融资租赁的发展历程。因此，大部分学者认为，就融资租赁的发展而论，应该是五个发展阶段。具体的阶段如图3.1所示。Amembal认为，在不同的发展阶段，租赁体现了不同的特点。

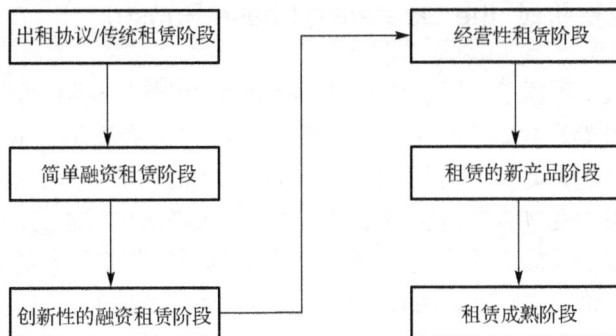

图 3.1　租赁的发展周期

一、出租协议阶段（Rental）

出租协议阶段即传统租赁阶段，在该阶段，租赁体现出以下明显特点：①跨越多世纪的历史；②期限短（通常少于 12 个月）。

二、简单融资租赁阶段（the Simple Finance Lease）

Amembal 先生认为，对于世界上几乎每一个国家来说，这一时期的租赁第一次以区别于传统租赁的形式，作为真正的租赁产品出现。这一产品始终以承租人利用租赁作掩护而实施购买行为为其特色。实际上，租赁仅仅是一种融资手段，即在租赁期满时，承租人已经全部支付租金后，以名义上的货价购买了租赁设备。在这一阶段融资租赁体现了以下特点：①承租人的意愿是最终购买；②出租人的意愿是资产不要返还；③租赁协议是不可撤销的；④全额清偿的（不依赖余值）；⑤定额支付（不是为了满足承租人对现金流的需求）；⑥净租赁（非全面服务），其中出租人只提供融资，而不提供任何其他服务。

三、创新性的融资租赁阶段（the Creative Finance Lease Phase）

在这一阶段，随着市场的不断扩大以及竞争的日益激烈，出租人开始设计多种融资租赁方式，同时为承租人提供租赁期满后的多种选择。比如，租金支付方式更加灵活，承租人可根据现金流量来安排支付，由均等付租到等差、等比递增或等差、等比递减或不均等付租等多种选择方式。Amembal 认为，这一时期许多国家的租赁产业获得了巨大发展，具有很大的市场占有率和渗透力。同时，许多设备制造商也开始建立他们自己的租赁公司，税务部门、行政管理机关以及会计部门都意识到租赁的重要意义，开始对该行业制定各种原则、规章以鼓励它更快发展。例如，世界上著名的通用电气财务公司（GE Capital）、IBM公司、AT&T 资本公司、兰克施乐国际租赁公司和贝尔太平洋三环租赁公司都是世界上著名的附属于大的制造商的租赁公司。Amembal 将这一阶段的特点概括为：①竞争激烈；②出租人的创造性，诸如各种不同的期末处理，以及租赁协议的方式设计；③提供附加的服务；④设立自己的出租人（专属公司）。

本阶段租赁出现了最高的增长率，不过利率"大战"导致许多出租人失败。

四、经营性租赁阶段（the Operating Lease Phase）

这里的经营性租赁不同于我国会计准则中所提到的经营性租赁。这里所提到的经营性租赁是指具有融资租赁基本交易性（承租人选定设备，中长期融资），但出租人又在一定程度上承担了所有权风险并提供一定服务的一种特殊形式的融资租赁。Amembal 认为，在经营性租赁阶段，承租人变得非常精明和专业，他们不仅考虑租赁本身，而是认为租赁作为非常具有活力的融资工具被广泛接受了。因此，租赁合同的条款不再是出租人单方起草了，承租人要与之讨价还价。实际上，很多情况下承租人坚持由他们自己的法律顾问起草合同来控制租赁交易。特别应当提到的是，这一阶段经营性租赁迅速发展的主要原因是其能给承租人带来一些特殊的经济功能，如表外融资、降低租期内的租金、免去报废资产的处理、避免技术过时风险和出租人的全方位服务等。其基本特点包括：①由于竞争加剧、跨国承租人的要求、发达二手市场的开拓、会计准则的变动等原因导致产品的引入；②产品的特点通常是全面服务，资产通常返还，出租人有余值风险；③承租人越发成熟。

五、租赁的新产品阶段（the New Products Phase）

竞争的日趋激烈、出租人经营方式的日益创新以及技术转让交易的不断增长都推动租赁产业进入了新的发展阶段。在这一阶段，租赁交易变得非常复杂，包含着复杂的最终选择条款、提前终止的选择权、设备翻新和升级、技术更新以及类似的许多新的内容。这一阶段产生了许多新的产品，如证券化（Securitization）、风险租赁（Venture）和综合租赁（Synthetic Leases）。

六、租赁成熟阶段（the Maturity Phase）

融资租赁进入成熟期后，业内出现了产业的稳固联合，这种联合是通过兼并、合并、合资、股票操作（Equity Roll-ups）等形式进行。这是因为这一阶段的市场竞争更加激烈，租赁公司的收益减少，市场渗透率逐渐稳定，租赁的数量增长几乎与经济的全面增长同步，业内开始"大鱼吃小鱼"，大的租赁联合体重新寻求市场定位，而竞争能力弱、服务水平差、资金薄弱的企业则要退出市场。进入成熟期的国家，其租赁业开始迈出国门，开拓跨国业务，国际融资租赁交易蓬勃发展。主要特点为：①收购兼并使大者更大；②市场渗透率趋于平稳；③竞争加剧；④毛利下降；⑤强调增值；⑥集中于联盟或合营。

尽管上述六个发展阶段一般都适合世界各国的情况，但应指出，首先，这种阶段区别的方法是针对每一个国家的整个租赁业而言的，而不是对所有的从业者都适用；其次，每一个阶段都不是绝对的，例如美国，尽管它的租赁业已进入成熟期，但许多租赁公司仍为客户提供简单的融资租赁，有些公司则专营经营性租赁，还有一些公司在经营综合性租赁。值得注意的是，当新兴市场进入成熟期时，从简单租赁到成熟租赁的时间跨度变得越来越短。毫无疑问，这是市场传播、技术更新速度越来越快的必然结果。

第六节　四大支柱学说

Amembal 先生在进行了多年的租赁理论与实践研究后，提出了融资租赁的四大支柱学说。这一学说全面、深刻地概括了融资租赁业发展的本质要求和基础，为各国融资租赁政策、法律、法规的制定与实践提供了可供借鉴的重要经验，已获得国际租赁界、租赁法研究学者的广泛认可。

Amembal 指出，随着租赁业的诞生，赢得对支持和影响该行业的四大支柱的深刻理解就非常重要。它们是法律的、直接税的、金融会计的以及行政法规的支柱。这四大支柱之间——特别是法律、直接税以及行政法规之间的细微差别可能对融资租赁公司的数量、增长以及市场渗透率方面产生积极或消极的影响。

一、法律的支柱（the Legal）

Amembal 认为，融资租赁在世界范围内之所以获得如此大的成功，其中的原因之一是，

"出租人作为租赁设备所有人而比只拥有间接权益的债权人享有更多的一整套权利。"而且他认为:"这些权利的优越程度取决于一国内的法律条文以及司法环境、租赁合同条款和条件、市场文化等因素。"

的确,融资租赁的迅猛发展以及在整个经济领域的突出作用令各国的法学专家和立法者始料不及。但是,从 20 世纪 80 年代以来,经过各国政府和法学研究者的不断努力,一些发达国家已经逐步建立起了一整套调整融资租赁的法律体系,如融资租赁合同、税收以及会计处理等法律法规,并在探讨形成国际融资租赁统一法方面取得了成功的尝试。

二、直接税的支柱(the Direct Tax)

税收优惠被认为是现代租赁业发展的动力源泉之一。从直接税的观点分析,税收政策的关键在于是出租人还是承租人有权提取设备的折旧。这一点是非常关键的,特别是对于那些新兴租赁市场的国家更是如此。对于这些国家来说,出租人有权提取折旧,而承租人则可以降低租金,因为租赁使承租人比直接购买人能更快地得到税收优惠,因为这些国家鼓励租赁业发展。对此,阿曼波指出:"不幸的是,在一些租赁业新兴国家,如哥斯达黎加、印度尼西亚、尼日利亚以及墨西哥等国都制定了承租人在融资租赁中提取折旧的税收法规。这一方法不利于租赁业的发展。一些国家还制定了区分融资租赁与经营性租赁的金融财务监督法规。但不幸的是,这些国家没能完全掌握这样的事实,即税收和金融财务的法规是同时为了两个不同的目的,因此,这两方面的法规应当是不同的。"

当然,在成熟市场国家,租赁业的发展就不仅仅依靠税收优惠了,它涉及多个方面,如现金流量、财务报告、税收以及其他便利条件。

三、金融会计支柱(the Financial Accounting)

从金融会计的角度看,有两种截然不同的方法:形式上的与实质上的(Form and Substance)。形式上,融资租赁应当与经营租赁享有同等待遇,而且对承租人的融资可以平衡资产负债表。实质上,融资租赁是一项被承租人资本化了的交易。总的来说,整个世界正在向"实质"迈进。金融会计的目的在于为股东、潜在投资者以及债权人提供有意义的信息。实质上,融资租赁与贷款同属一类,应当同样以金融会计的目的来加以看待。

然而,金融会计规则并不一定等同于为税收目的而制定的会计规则。特别是在那些新兴市场,"形式"上的方法对于税收政策来讲显得更有意义(出租人为了税收优惠可以在一项融资租赁交易中提取折旧),而对于金融会计来说应当采用"实质"上的方法(承租人为了会计方面的目的,可用此方法使融资租赁资本化)。

Amembal 先生主张在融资租赁的会计处理上采用实用主义观点,同时主张为了税收目的、会计目的等不同目的而采取"形式上"或"实质上"的会计处理方法,但根本目的只有一个,就是使出租人和承租人都能从融资租赁交易中获取利益,从而推动整个租赁业的发展。

四、行政法规支柱（Regulatory）

Amembal 先生这里提到的行政法规主要指对融资租赁业进行监督和管理的行政法规。在这一领域，并不是所有国家都对融资租赁业有专门的监管和规范，特别是在那些像澳大利亚、德国、英国以及美国等发达、成熟的租赁市场更是如此。而在新兴市场国家，情况是多变的，但一般对融资租赁业都有准入及监管程序。Amembal 认为，如果只有像少量资本金这样的限制的话，那么准入制度就是良好的。这样的要求会保持该行业的兴旺及生命力。监管法规至少应采取超然监督（Off-site Supervision）的适当形式，要求租赁公司遵循诸如资产负债限制、长期使用规则以及单一客户披露等谨慎准则。这些法规不应过于苛刻，特别是当租赁机构未被允许吸收个人存款的情况下，这些准则应有助于该行业作为金融手段而存在。Amembal 认为，当租赁处于发展阶段时，保持一种健康的、有信用的状态是至关重要的，这将使客户对该行业产生信心。

第七节 简要述评

租赁周期理论为我们描述了租赁行业的发展轨迹或者发展方向。这一理论对我国的融资租赁发展所具有的实际借鉴意义在于，我们首先需要明确目前所处的发展阶段，并以此制定相应的政策，并且政策需要随着租赁的发展而及时做出调整。但对从事租赁业的经营实体而言，其积极意义远不限于此，对他们来说，后一些阶段的创新形式和新产品，为他们目前的业务创新提供了有益的思路。

融资租赁业四大支柱学说是在全面考察融资租赁产生、发展的经济背景以及融资租赁本身的功能、交易特点、成功经验的基础上探索出的重要理论学说，它不但在理论上具有开拓性意义，而且对指导各国规范和发展融资租赁业，乃至国际融资租赁业的统一化进程都具有十分重要的实践意义。

在融资租赁作用机理形成的三种理论中，本书更加肯定税率差别理论。主要原因是在融资租赁的发展过程中，税收政策起到了至关重要的作用，尤其是税收优惠对融资租赁的影响。税收优惠在融资租赁的发展中起到了积极的推进作用。一方面，出租公司可以通过税收优惠政策适当降低税负，吸引更多的企业从事融资租赁业务，繁荣整个行业的发展；另一方面，承租公司也会享受到税收优惠带来的益处，使其更加偏向采取融资租赁方式投资固定资产。当融资租赁的整体发展壮大时，会有更多的企业投入到融资租赁行业中，也会有更多的企业通过融资租赁方式更新技术设备。无论是对于出租方还是承租方，都会获得更大的收益，税源也会大大增加。税收优惠政策的采用并不一定会使财政收入减少，反而通过融资租赁促进经济发展而增加税源，增加财政收入。给予融资租赁税收优惠政策表明了政府对融资租赁行为的认可，也是对整个经济发展取向的一种激励。采取融资租赁方式获得固定资产的承租人涉及了各行各业，而提供融资租赁服务的出租人由于竞争的激烈，必将会把从税收优惠中获得的好处分给承租人，达到社会经济资源的最优配置。因此，给予融资租赁行为更多的税收优惠，实际上是国家在经济领域内拉动内需、鼓励投资、刺激经济发展的一种整体行为。只有规范融资租赁的税收政策，并配合一定的税收优惠，才可以促使更多的企业选择这种更有利的融资方式，从而促进融资租赁业的发展。

思考与练习

1．试从经济学的角度，分析融资租赁的优势。

2．什么是融资租赁的四大支柱？

3．融资租赁的创新阶段和成熟阶段各有什么特点？

4．融资租赁在降低企业税负方面，可采用哪些举措？

5．结合我国融资租赁业发展现状，谈谈当前我国融资租赁行业处于发展周期的什么阶段？

6．简述融资租赁作用机理形成的三种理论。

第四章
融资租赁的经济功能

本章提要

本章从宏观、微观两个层面，探讨融资租赁的经济功能。通过本章的学习，能够对融资租赁与经济的发展关系有清晰的认识，对融资租赁业如何推动经济社会发展有较为全面的了解，进一步探寻融资租赁业今后的发展方向。

本章结构图

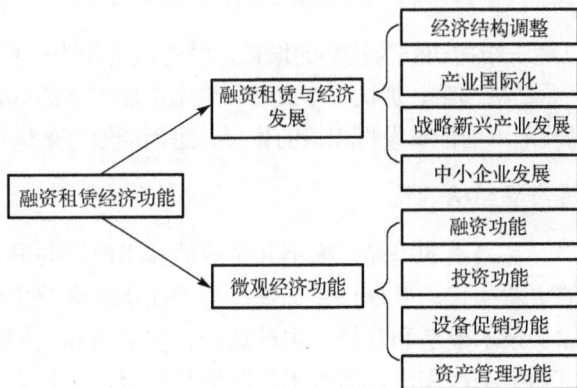

学习目标

● 重点理解并掌握融资租赁与社会经济发展的关系。

● 掌握融资租赁可在哪些方面推动经济发展。

● 了解融资租赁业的四大功能。

第一节 融资租赁与经济发展

纵观世界发达经济国家，其融资租赁业的发展与本国的经济发展无一例外都是相互促进的。一方面，国家经济的飞速发展需要融资租赁这种特殊金融工具的强有力支持。随着经济的发展，需要大量金融资本投资于本国的实体产业，而传统银行的信贷规模早已无法满足这种巨大的资本需求。这就为融资租赁这种以"融物"的形式达到"融资"目的的创新型金融工具提供了广阔的发展空间。另一方面，随着融资租赁在国家各个实体产业的相继渗透，大量资本被精准地投资到了本产业的核心固定资产上，满足了产业发展的巨大融资需求，从而促进了整个国家的经济发展。

中国融资租赁业根据国家产业政策指向，直接投资于产业核心固定资产，在经历初创、迅猛发展、清理整顿后，中国融资租赁业逐渐走向健康发展的轨道，有力地促进了中国实体经济的发展，正在成为实体经济的第二资金渠道。融资租赁具有有利于金融业回归到与实体产业相结合的特征，比如，中国三农发展中的农业机械设备的引进、水利设备的引进、飞机、船舶的引进以及机械设备进出口。通过融资租赁这种创新的金融工具，使得资金高效、快速、直接地投资到了这些实体产业的核心固定资产中，能有效控制资金走向，实现了完美的产融结合，直接服务于实体经济，促进了实体经济的快速发展。

一、融资租赁促进经济结构调整

现代经济增长是以经济结构调整为核心的增长，融资租赁作为一种充分发挥资金效益、优化资源配置、促进产业结构调整、加快资本流动和资本市场发展的有效手段，在融通资金、促进产业升级以及贸易流通方面能够发挥积极的作用，进而能够有效地促进经济结构调整。

(一)融资租赁促进产品结构调整

产品结构的优化，产品档次的提高，离不开企业的技术改造与升级。随着科学技术的高速发展，机器设备的更新换代速度也日益加快，为了在市场竞争中保持优势，企业必须不断更新自身技术，加快技术改造和升级，生产适合科技发展和人们需求的产品，只有这样才能在竞争激烈的市场中不被淘汰。而技术的改造与升级，往往需要大量的资金。因企业资金有限，常常在维持正常生产运营和产品结构优化等方面，面临两难选择：如果企业将有限的资金用于维持正常的生产运营，则必然会影响产品结构的优化；而如果企业将资金投入到产品结构优化中，则势必会影响正常的生产。

企业采用融资租赁的方式，可以突破此类限制。融资租赁可以使企业只需以少量资金，即在定期支付一定租金的基础上，就拥有生产所需设备设施的使用权，极大地节省了企业对设备设施的购入成本，并且也达到了企业更新生产设备的目的，同时又能保障企业维持正常生产甚至扩大生产所需的资金要求，可以促进企业产品质量和生产效率的提高，促进产品结构调整，增强其在同行业中的竞争力，加快企业发展。

(二)融资租赁促进产业结构调整

融资租赁业的发展与产业技术革命是相伴而生的。从国际融资租赁行业的发展历程看，融资租赁业的产生与第三次科技革命息息相关。在融资租赁行业解决企业因技术革命而缺乏资金问题的同时，也通过这些企业本身对落后产能的淘汰以及市场的竞争加快了产业技术革命进程，极大地促进了产业结构调整，从而催生了对融资租赁的进一步需求。

生产过程中对设备租赁的需求过程，往往是生产结构、技术结构的调整过程，进而形成新的产业结构。在一定时期内，某一行业租赁设备的多少，在一定程度上反映了投入该行业的资金及技术状况，从而影响到该行业的发展和在整个国民经济中的地位，进而影响到产业结构。在产业政策的引导下，采用融资租赁的方式，能够克服引进设备的自发性和盲目性，因此，将国家的宏观经济发展目标，尤其是与设备投资相联系的经济目标与融资租赁业有机地结合在一起，是市场经济手段干预经济的一个有效措施，能够有效地促进产业结构的合理化调整。

在中国产业结构转型升级的过程中，在调整落后产能方面，融资租赁公司也发挥了较为精准的作用。同样是为客户融资购买设备，租赁公司与银行信贷相比更能落实产能调整政策。租赁公司在采购产能相关租赁物时，可以拒绝采购与政策相违背的设备，而银行则无法介入购买环节。因此，融资租赁对促进中国产业结构调整有重要的作用。

(三)融资租赁促进区域经济结构调整

区域经济结构是指一个区域内各经济单位之间的内在经济、技术、制度等组织联系和数量关系，是影响区域经济增长的重要因素之一，它决定了区域资源配置的基本模式。因此，当前中国的区域经济结构调整与产业经济结构调整一样，已经上升到国家战略的层面。

由于自然的和历史的原因，中国各地区的经济结构发展极不平衡，调整转型是必然的选择，而区域经济结构的调整离不开金融的支持。融资租赁作为兼具融资与融物功能的重要金融工具，在促进国内区域经济结构调整方面，能够充分发挥重要的境内跨地区市场开发功能，促使部分产业资本从东部发达地区向中西部落后地区转移，在这一转移过程中，通过融资租赁，既可以消化东部地区资本的产能过剩，又能弥补广大中西部地区资金相对短缺、资本形成不足的劣势，实现促进中西部地区经济快速发展的目标，最终促使国内区域经济结构平衡发展。

二、融资租赁促进产业国际化

在欧美发达国家，大型机械设备制造商15%～30%的机械设备，都是通过融资租赁方式销售到世界各地的。因此，融资租赁在促进产业国际化方面，具有重要的作用和意义。

(一)融资租赁推动产品出口

融资租赁在扩大企业产品出口、服务海外工程承包、拓展海外市场等方面也具有一定的优势——有利于企业充分利用国际国内两个市场、两种资源，提高中国的国际竞争力。商务部《关于"十二五"期间促进融资租赁业发展的指导意见》明确指出：鼓励制造商采用融资租赁方式开拓国际市场，发展跨境租赁，扩大出口份额；引导融资租赁企业加强与海外施工企业合作，开展施工设备的海外租赁，积极参与国外基础设施建设；支持有实力的企业开展跨境兼并重组。

国际租赁公司通过机械设备的进口租赁和出口租赁交织进行，全面发挥了融资租赁的独有优势，为中国经济的发展做出了巨大的贡献。在这方面，中国的中联重科融资租赁公司就将扩大机械设备出口与引进国外先进机械设备完美地结合起来，成为了中国的标杆型国际化融资租赁企业。到 2011 年上半年，中联重科通过融资租赁实现的产品销售所占比重已经超过了 50%。另外，中联重科融资租赁公司已先后在澳大利亚、俄罗斯、美国、巴西、印度及欧盟等国家和地区建立了子公司并开展融资租赁服务，以支持中联重科的海外市场战略。2009 年 4 月，中联重科融资租赁(澳大利亚)有限公司在澳大利亚布里斯班签订了标的物为 43 米中联泵车、合同金额 70 多万澳元的第一笔融资租赁合同，这是来自中国本土的融资租赁公司在海外签订的首笔融资租赁合同。2011 年上半年，中联重科融资租赁(俄罗斯)有限责任公司积极参与了俄罗斯联邦道路修建以及远东地区天然气管道等相关大型工程项目建设。其间，与俄罗斯客户成功签署了一大批设备的融资租赁合同，其中涉及了中联重科集团 5 大事业部产品(混凝土机械、工程起重机械、土方机械、建筑起重机械、路面机械)，创造了中联重科产品进入俄罗斯市场以来单一客户最大采购量纪录。

(二)融资租赁促进产业国际化

产业的国际化发展，既表现在把握经济全球化的新特点，积极探索合作新模式，在更高层次上参与国际合作，从而提升产业的自主发展能力与核心竞争力，也表现在支持企业开拓和利用国际市场，提升企业适应国际市场的能力，增强企业国际竞争力，不断拓展产业的国际化发展空间。

融资租赁凭借其集融资和融物为一体的特性，对支持企业拓展国际市场，提升国际竞争力有重要的作用，能够带动产业的国际化发展。以机械设备租赁为例，近年来，中国机械设备在全球市场的受欢迎度不断提升，但也出现了一些较为严重的发展瓶颈，比如，产品技术含量不高、售后服务跟不上，以及贸易壁垒不断增多等，而融资租赁则能够很好地解决以上问题。通过融资租赁，可以采用在国外建分公司的方式，将国产机械设备租赁给外国用户，并在当地即时快速地做好售后服务，扩大机械产品对外出口销路，促进中国机械设备出口贸易。由此可见，融资租赁对于提高中国机械行业的生产技术水平、增强机械设备的竞争力和促进机械设备进出口贸易发展等都具有极为重要的作用。此外，利用融资租赁促进机械设备出口，能有效地避开反倾销诉讼及其他国际贸易壁垒，免除机械设备出口的后顾之忧。

三、融资租赁促进战略新兴产业发展

全球经济发展的经验表明，战略新兴产业是新兴科技和金融、工业、商业的深度融合，既代表着科技创新的方向，也代表着产业发展的方向，在科技革新力量的推动下，一批又一批新兴产业在战胜重大经济危机的过程中孕育和成长，并以其特有的生命力成为新的经济增长点，成为摆脱经济危机的辅助力量，并在危机过后，推动经济进入新一轮繁荣。中国下一轮的经济增长，战略性新兴产业有很大的发展空间，融资租赁业在促进战略性新兴产业发展中，能够发挥重要作用。

(一)融资租赁促进战略新兴产业的形成

战略性新兴产业来源于基础研究和原始创新，其发展过程严格遵循着科技创新成果产业化的基本规律，不确定性是战略性新兴产业形成期最突出、最典型的本质特征。新兴战略产业的逐步形成过程，首先是重大的新技术应用推动原来不同产业之间的技术扩散，促进技术融合，而技术融合则能够使不同产业之间的技术性进入壁垒逐渐消失，使不同产业间的技术边界趋于模糊，促进新一波的产业融合，进而使以前独立的技术创新变异所引发的多项技术创新整合，形成革命性的新产品，并使之不断完善，最终推动新的产业变革。

在战略新兴产业的形成阶段，产品开始得到应用，市场得以初步开发，但技术还不成熟，主流产品和商业模式还未形成。从事战略性新兴产业的企业在发展初期，往往很难获得金融机构的信贷支持，究其主要原因在于：一是新兴技术及其商业模式存在巨大的风险，银行出于控制风险考虑而不愿提供信贷支持；二是高新技术企业往往规模较小，有专利技术但缺少固定资产，导致难以从银行获得抵押贷款；三是企业在初创阶段往往没有盈利记录或缺少良好信用历史，又难以找到合适的担保人，因而也难以获得担保贷款。另外，现有法律规定金融机构对高新技术企业的信贷支持只能要求固定利率，即收益是固定的，这导致其在承担新兴技术创新成果产业化高风险的同时，无法实现与高风险相对等的高收益，从而降低了金融机构对高新技术企业的信贷积极性。而融资租赁由于其自身的优势，恰好能够为发展战略新兴产业的初创企业提供所需资金，有利于把资金精准地引入战略新兴产业，从而促进战略新兴产业的形成。

（二）融资租赁助力战略新兴产业的发展

发展战略性新兴产业需要靠技术创新成果的支撑，需要把技术创新成果产业化、市场化、规模化，并具有参与国际竞争的能力。目前，中国正处于工业化中期阶段，工业占经济比重超过 50%，其中高耗能、高排放行业在工业中占有相当比重，许多工业生产制造环节还在使用落后设备和技术。由此可见，战略新兴产业具有广阔的发展空间。

以新能源汽车为例，近段时间新能源汽车已然呈现"爆发式"增长。截至 2014 年年底，全国 25 个试点城市节能与新能源汽车总保有量 2 万余辆。各地都制定了"十二五"期间新能源汽车的规模目标。2011 年 7 月，中国普天、交银租赁、五洲龙、比亚迪正式签署深圳大运会新能源车示范运行融资租赁合同，合同涉及新能源车 1133 辆，占大运会新能源示范车的半数以上。该合同的签署标志着深圳在新能源车的应用推广和商业模式探索方面走在了全国最前列，为新能源车的产业化、技术革新、商业模式、合作模式提供了宝贵的经验。

四、融资租赁促进中小企业发展

中小企业是中国国民经济和社会发展的重要力量，发挥着推动国民经济发展，增强经济抗波动能力的重要作用。但是，由于中小企业自身存在基础薄弱、信誉差、经营风险大、偿债能力低等制约因素，其融资具有需求量少、次数频繁、信息不对称等特点，使得中小企业融资成为世界性的难题。而融资租赁作为一种新的融资方式，则可以突破传统融资方式的限制，使中小企业筹集到所需资金，促进中小企业的发展。

作为中国近年来发展较快的一个朝阳产业，融资租赁由于有物权作保证，可以解决中小企业缺少抵押物的难题，帮助其获得设备投资的融资，为解决中小企业融资难问题提供了新的途径和新渠道，因此备受社会关注。2009 年《国务院关于进一步促进中小企业发展的若干意见》针对中小企业融资难的问题明确提出："完善创业投资和融资租赁政策，大力发展创业投资和融资租赁企业。发挥融资租赁、典当、信托等融资方式在中小企业融资中的作用。"在促进中小企业发展方面，融资租赁有以下三方面作用。

第一，有效降低信息不对称程度。融资租赁中的出租人对承租人的财务、经营等信息的披露要求不高。出租人考虑项目可行性的因素主要有：承租人的诚信程度、投资项目的市场前景、技术发展速度等。这些信息基本外部化，容易获得，出租人在对这些信息做出技术分析后，就可以判断项目的可行性。此外，由于融资租赁的设备通常具有特定用途，出租人变更其用途没有任何经济意义。可见，融资租赁可以为那些信用度低的中小企业提供更多的融资机会。

第二，降低中小企业融资条件和成本。融资租赁公司不像银行那样看重企业的业绩、财务实力和抵押担保品，他们更看重租赁物使用过程中产生的现金流是否足够支付租金。由于租赁公司在租赁期内拥有租赁物的所有权和收回租赁物后翻新、处置租赁物的能力，所以融资租赁往往不需要承租人安排信用担保，与申请银行贷款的烦琐程序相比，融资租赁手续简便、时效性强、拾遗补缺的优势更为突出。此外，融资租赁可以降低中小企业的融资成本，减轻税负负担。对承租人而言，在投资初始阶段只要支付少量的租金就可以获得租赁资产，并投入运营，大大缓解了企业进行大额投资带来的资金压力。

第三，提高中小企业的经营效率。融资租赁的融资更具有项目融资的色彩，具有受国家产业政策指引、直接投资于相关产业核心固定资产的特性。融资租赁把融资和融物（采购）两个程序合二为一，减少了许多中间环节，尤其是利用租赁公司直接操作的特性，规避了许多企业自身直接采购必须走的报批立项等烦琐的流程，从而提高了企业的工作效率，使之能专注于企业自身的经营。

第二节　融资租赁的微观经济功能

本节将从理论的高度，分别从交易各方当事人微观主体的角度，探讨融资租赁能够如此发展的内在动因，即建立在融资租赁各种具体形式基础之上的融资租赁的一般功能。

一、融资功能

随着银行及金融市场的发展，企业越来越多地通过各种金融工具获得外源融资，满足企业扩大生产经营规模、调整生产结构等方面的投资需要。融资租赁产生之前，企业可依赖的外源融资渠道主要是银行贷款、企业债券和发行股票等。而融资租赁产生之后，具有原有的各种融资方式所不具备的独特功效。根据世界融资租赁发展的全过程，把各种融资租赁形式作为融资租赁的整体来考察，就能明白租赁融资的独特功效。

（一）融资租赁是一种特殊的融资手段

融资租赁是一种以实物为载体的融资手段，租赁公司运用自有资金和以此为基础而筹集到的资金，按承租人的要求，为其购买选定的设备，并长期地出租给该承租人使用。融资租赁产生之后，对承租企业而言，利用融资租赁而实现的租赁融资，使其在原有的融资方式之外，又多了一条新的、可供选择的融资渠道。所以，租赁融资是承租人扩大投资、进行技术改造的有效筹资渠道。这就是融资租赁所具备的最基本的功能——融资功能。

当出租人不仅经营本币业务，也经营外币业务时，承租人还多了一条筹集外汇资金的渠道。对于外汇短缺的大多数发展中国家的企业而言，由于国家对外汇的控制和管制以及由于在国际金融市场上筹集外汇资金时，要求借款人有较高的驾驭国际金融市场的能力，对于为数众多的中小企业来说，通过国际金融市场获得外汇资金，几乎是一件不可能的事情。因此，当一国的出租人能够为本国企业提供外汇租赁时，对于那些需要用外汇从发达国家购买具有先进技术设备的企业而言，其所起到的积极作用，远远超过了单纯地增加了一条融资渠道的作用。

与银行贷款相比较，在信用保障和债权回收的确定依据方面，同样作为债权人的出租人和银行，有着不同的处理方法。在银行放贷的过程中，银行关注的焦点是借款人现有的资产规模和财务比率及历史信用记录。在采取抵押贷款方式时，存在着对抵押资产的苛刻要求，这就在很大程度上将中小企业排除在发放贷款的范围之外。而融资租赁则与此不同，融资租赁由原来与银行相同的风险控制方式，即要求承租人提供信用担保或其他资产抵押，改为直接控制租赁资产的变现。所以，出租人在评价承租企业的资信状况时，主要关注的不是企业的过去和现在，而是未来的现金流，省去了承租人对抵押资产的评估及办理抵押的烦琐手续，并以此来作为其债权回收的保证。与发行企业债券和股票相比，融资租赁几乎不存在利用资本市场融资所需的条件，所以没有"门槛"的限制。加之租赁公司一般人员较少，没有大机构的那种烦琐的部门之间的往来，出租人对承租人的申请一般反应迅速，具有融资便捷的特征。同时，融资租赁是由出租人100%地出资购买租赁设备，从这个意义上讲，租赁融资具有100%融资的特征。

(二)融资租赁使折旧政策更具灵活性

企业为提升竞争力而对设备进行的投资，必须通过折旧计入产品的生产成本，通过产品的逐步销售而实现投资的回收。这是保证企业可持续投资的基本条件。折旧的提取目的是使投资人通过折旧，收回原始投资。折旧的提取与回收，从微观经济角度讲，是保证一个企业维持简单再生产的基本前提条件；从宏观经济角度讲，是使社会经济运行在实现了简单再生产的前提下进行扩大再生产的保证。盈利状况良好的企业通过固定资产折旧，有助于整个社会对企业固定资产折旧的补偿，顺畅地在全社会范围内实现固定资产的更新改造。如果企业因出现经营亏损而使提取的折旧不能通过销售活动得到足额补偿，那么企业在固定资产上垫支的投资就不可能得到充分补偿，长期下去，企业在固定资产上的简单再生产将难以维持，企业的长期发展将会缺乏后劲。

利用融资租赁，可在两方面增加折旧政策的灵活性：一是折旧资产的会计确认，进而是折旧提取人的确定；二是折旧期限长短的确定。融资租赁的出现与发展，使得租赁设备的所有者、使用者和租赁资产的会计确认者之间的组合复杂化，根据各种形式的融资租赁交易中投资风险承担者的不同，在租赁资产的会计确认上，可以分成确认在承租人资产负债表上的融资租赁和确认在出租人资产负债表上的经营性租赁，这两种不同会计处理将形成两种完全不同的财务结果，从而给当事人带来不同的利益。当承租人需要增加资产规模时，可与出租人达成符合会计角度的融资租赁标准的租赁安排。这样，则该项资产应该在承租人的资产负债表上加以确认，由承租人予以资本化(因此，也被称之为资本性租赁)。

此时，承租人租赁负债增加，融资租入资产同时增加。当承租人期望降低负债比率时，通过出租人承担租赁投资风险，使得租赁资产交易的安排符合会计角度的经营性租赁标准。这样，根据租赁会计准则的规定，该项租赁资产应该确认在出租人的资产负债表上。根据一项资产不应重复进行会计确认的原则，确认在出租人资产负债表上的资产，就不再在承租人的资产负债表上确认，于是，承租人获得了表外融资的效果。在这种情况下，承租人财务报表中关于该项租赁交易就主要体现在其损益表上的租金费用，而在资产负债表上，既没有租入资产，也没有相应的负债。同时，由于资产与负债规模的同时减小，还可导致承租人一系列财务比率的改变。例如，对于那些按资产回报率来分红的企业经理人而言，资产规模的减小，使同样利润水平的资产回报率提高，从而有利于其收入的增加。

二、投资功能

在租赁市场较为成熟的国家，随着融资租赁形式的日益多样化，融资租赁还为投资人提供了许多新的投资手段。例如，投资人可以投资于租赁基金、购买租赁证券化时的信托凭证和参与杠杆租赁等，投资于这些融资租赁工具，可以使投资人在不参与租赁经营的条件下进入融资租赁市场，并同时获取融资租赁和金融创新给投资人带来的回报。

(一)杠杆投资的节税功效

上面内容涉及纳税能力弱的企业如何通过租赁融资来获得政府的投资税收优惠问题，但是，如果对这一问题再做进一步分析，我们又可发现新的问题。第一，如果出租人也没有足够的吸收投资税收优惠的能力时，上述解决问题的思路就会受到阻碍。投资税收抵免(Investiment Tax Credit，ITC)的政策效应就又受到了抑制。第二，在现实经济生活中确实还存在着这样的群体，他们有投资能力，并且由于ITC政策的存在，使他们具有了为获得投资税收优惠而投资的愿望，但是，他们却因生产经营、市场等多种因素的制约而无法在本领域扩大投资规模。在ITC政策下，这些投资人是潜在投资人。对于这些投资人而言，通过什么方式可以使其由潜在的投资人变为现实的投资人，从而增加其社会投资规模变得非常迫切。杠杆租赁恰恰可以有效地解决上述两方面的问题，既满足这部分投资人的需求，又有效解决出租人应税能力有限的制约。

首先,潜在投资人通过参与杠杆租赁为杠杆租赁提供设备购置款项的20%～40%资金，而成为杠杆租赁中的投资人。只要出租人将该租赁交易的安排构建成符合本国税务部门制定的节税租赁的标准，这一杠杆租赁就变成节税型的杠杆租赁，于是，这些杠杆租赁投资人就成为符合税收抵免要求的出租人，从而获得了申请投资税收抵免的资格。在这些潜在投资人变为现实投资人从而具有了申请投资税收抵免资格的同时，还带来了吸收税收优惠能力的扩大，从而解决了单一出租人税收消化能力有限的障碍。

其次，还有一个更关键的问题需要分析，即这些节税杠杆租赁交易中的投资人应该以多大数额作为其计算税收抵免的投资基数，是其实际投资额的20%～40%，还是全部租赁投资总额？从形式上看，应该以其实际投资额为计算基数，因为这是投资人的实际出资数额。但是，若从ITC政策目标的实质的角度分析，ITC的目的是促进社会投资总额的增加，而就杠杆租赁而言，其实际贡献的投资额是杠杆租赁投资总额。于是，实施ITC政策国家的实践是以租赁投资总额作为这部分投资人计算投资税收抵免的基数。其结果是，对于这部分投资人而言，他们以较少的投资获得了按较多的投资计算出的免税额，从而给他们带来了免税的杠杆效应。较快的现金回流，还能使这部分投资人在投资初期就能收回其大部分投资，从而降低投资风险。

(二)投资人参与实业投资的新手段

首先，投资人通过投资租赁基金、通过委托租赁或杠杆租赁的租赁形式，通过作为机构投资人出租人，采用多种租赁形式参与承租企业的投资，达到了间接投资实业的目的，使投资人在证券投资之外，又多了一条新的投资渠道。其次，租赁投资可以使投资人的资金投向具有可控性，还可满足投资人有针对性投资的需求，如只为特定行业的承租企业融资。再次，避免参与实业投资所要求的企业管理，而是将资金交给具有专业技能的租赁公司进行专业化的租赁运作，特别是对于那些只有资金而没有管理技能的投资人而言，有效地降低了投资风险。最后，通过出租人对投资人资金的汇集，有利于其进入垄断性强的行业，规避了实业投资中投资规模起点的限制。

三、促销功能

机械设备，又称资本货物、资本品等，主要指不是直接消费，而是用于产品的生产和加工的物品。自工业化革命以来，资本品在生产力发展中起到了越来越重要的作用，其自身销售规模也越来越大。融资租赁与资本货物的"4P"战略存在内在相关性，融资租赁已成为发达国家资本货物营销战略中的重要组成部分。

(一)融资租赁在缓解资金压力和产权处置上提供便利

出租人在计算租金时，可以对租出的设备预留一部分残值，等到租期结束时再做处理。这样，出租人在计算租金时，就是以租赁设备原价扣除残值后的数额作为计算租金的基数，即小于设备的全部价款，与用户利用分期付款方式时的偿还相比，有利于缓解承租人在租期内支付租金的压力。

在科技高速发展、设备陈旧风险加大、市场竞争日趋激烈的情况下，企业越来越充分地认识到，固定资产带给企业的实际利益源于使用而非拥有。因此，取得租赁设备的所有权不再成为承租人的主要目的。经营性租赁让承租人拥有了退租、续租和留购的选择权，恰好可以满足承租人的这种需要。当租期结束时，如果市场上已经出现了比该租赁设备更先进的同类产品，则选择退租，从而有利于其及时更新更先进的、更能提高企业竞争力的设备；当租期结束时，如果市场上没有具有更先进技术的同类产品问世，则承租人仍可选择续租或留购，以满足其正常的生产经营需要。所以，这种只有物权融资才具有的租期期末所有权处置的灵活性，使融资租赁业中的这一特殊形式——经营性租赁，成为比分期付款更有竞争力的促销手段。因此，经营性租赁在给承租人(用户)提供融资便利的同时，还使承租人对租赁物件的所有权拥有更灵活的选择。

(二)融资租赁带动资本货物制造厂商的市场外延

市场外延的含义是指销售厂家通过本次交易，为本次交易以外的交易创造条件，使本次交易的买卖双方在本次交易的基础之上，又成交了新的交易。设备制造厂家利用租赁促销时可实现两种情况的市场外延。一种是带动销售厂家向买方销售与租赁设备相关的辅料、耗材，如计算机制造厂商以租赁方式推销主机时，可以带动计算机外置设备的销售，还可带动墨盒、硒鼓等耗材的销售，再如医疗设备制造商利用租赁推销医疗设备时，可带动许多一次性消耗材料的销售。另一种情况是让租赁厂商获得市场优先的便利。众所周知，市场经济也是信息的经济，谁先获得了信息，谁也就把握住了商机。在租期内，厂商需要不断地与客户联系，从而与客户保持良好、密切的关系，这有利于租赁厂商及时掌握承租企业的技术更新信息，为进一步推销本企业产品创造机会。

（三）融资租赁规避国际贸易中的关税、技术等壁垒

融资租赁具有规避出口国技术壁垒的作用。对于每一个主权国家，出于保护本国国际竞争力的目的，都有严格的出口限制或管制。这种限制无可厚非，而对于出口厂家而言，则处在一种两难的境地，希望找到用户、扩大销售、提高市场份额，但又不能不遵守国家的法令、法规。利用融资租赁进行促销则可有效地解决上述矛盾。由于租赁物件的所有权始终属于出租人，租期结束时，租赁物件所有权处置的主动权也在出租人一方。这样，只要厂商出租人与承租企业签订一条不改变租赁设备所有权的条款，就可以达到既将本企业生产的设备交付给用户使用，通过满足用户需要而扩大了市场份额，又不违反国家的法令、法规这样一举两得的目的。例如，我国民航总局在 20 世纪 80 年代中期从美国购买的波音飞机，其中所需要的导航设施，都采用的是租赁形式。

融资租赁具有规避进口国关税壁垒的作用。为了保护本国的民族工业，世界上绝大多数国家都曾经采用过对进口货物征收关税的措施。随着 1995 年世界贸易组织（WTO）的建立，关税措施开始受到越来越多的限制。但是，当一国利益与他国利益发生重大冲突时，运用关税措施来保护本国利益，永远是一国政府最简便易行的手段。实施关税措施隐含着一个基本前提，即货物的所有权在国际交易中发生了转移，由国外的所有者转移到国内的所有者。在跨国租赁交易（即承租人与出租人分属不同法律体制时的租赁交易）中，对于如何征收关税，就产生了如下的问题：第一，应该在何时征收关税，是在租赁物件的报关环节，是在租期结束后，还是在租赁物件由国外的出租人向国内的承租人转移所有权的时候？第二，与上一问题相联系，以什么作为跨国租赁物件关税的计算基数，是租赁物件的原值（如 CIF 价格），还是租赁物件转移所有权时的残值的重置价格？对这个问题的做法，一般可分成两种：一种是在租赁物件的进口报关环节以租赁物件的原价或应付租金（此时，应付租金以原价为基础计算）为基数，一次性或每次对外支付租金时支付；另一种是在租期结束时，以转移租赁物件的所有权时的重置价格为计算关税的基数。显然，两种做法对承租人实际利益的影响是完全不同的。在前一种情况下，跨国租赁中进口国承租企业所支付的关税额与一般贸易进口关税额基本相同；而在后一种情况下，进口国承租企业实际支付的关税额就会小于同一设备采用贸易进口时的关税额，从而使承租企业获得了降低关税税负的利益。

四、资产管理功能

资产管理一般指的是从实物和财务两个角度的管理问题。实物的资产管理，主要是指对企业各种物化资产的管理，如原材料、产成品和包括企业所拥有、使用的设备和土地、

厂房在内的各种固定资产。资产管理的目的是要加速资产周转、从资产周转中获得利润等。资产管理的着重点在于对各类资产周转率以及利用质量和变现质量进行分析与管理。财务角度资产管理主要涉及流动资产管理(可细化为现金管理、债权管理、存货管理)、对外投资管理、固定资产管理以及无形资产管理等。进行资产管理的最基本的目的是维持企业经营活动、投资活动的顺畅进行。

融资租赁与企业资产管理的内在联系主要表现在：首先，融资租赁是货币资产和实物资产的有机结合，借助融资租赁的不同形式，既可实现由货币资产向实物资产的顺向转变，又可实现由实物资产向货币资产的逆向转变。这种借助一种交易实现资产形态转变的功效，使其非常符合资产管理的需要。其次，融资租赁关于租赁物件的所有权和所有权处置(亦及物权)的灵活性，赋予了实物资产管理更多的选择便利。

(一)运用售后回租增强流动性

售后回租在不改变企业对设备使用的条件下实现资产由流动性较差的物化资产向流动性最强的现金资产的转变，即变现功能。从资产管理的流动性和收益性的角度来考察，二者之间的一般规律是，收益来源于对资产的使用，因此，被物化到某一形态的资产，其流动性自然降低。企业要维持经营与投资活动的顺畅进行，除了要保持两种资产结构比率适度外，还要增加将流动性弱的物化资产转变为流动性强的现金资产的途径。售后回租恰好在这两种资产形态之间架起了一条转换的通道。

售后回租是一个完整的交易，出售是形式，融资才是本质。所以，租赁使这种看上去有悖常理的安排成为合理安排。通过售后回租，承租企业形式上改变了企业实物资产在会计上的结构。承租企业出售其自有设备的环节，在法律上变更了该资产的所有者，将原来属于自己的资产转让给了出租人，使出租人成了该资产的法律所有权人。但是，实质上，承租企业是通过改变其原有的财务结构而获得现金(即资金的融通)的。换言之，出租人是以承租企业租回该项资产为前提条件而实施购买的。承租企业的租赁就意味着未来的租金偿付。

(二)提高资源配置效率

对于机构投资人而言，其在进行企业兼并重组过程中，经常会面临对收购和兼并的企业进行的资产整合问题。对于这类资产的处置，除了传统的转让和资产互换手段外，还可以通过租赁的手段。特别是对于那些需要该项闲置资产，却无足够资金购买的企业，通过租赁方式，则可将这种资产的置换变为现实。

从微观效应分析，对承租人而言，由出租人对资产进行管理，体现在实物资产的管理上，就是由出租人来提供集约化的维修、保养、登记注册和报废处理等关于设备的专业化服务，省去了单个企业专门管理时相对较高的成本支出。体现在会计资产的管理上，这种由出租人提供关于租赁设备专业服务的租赁只能是经营性租赁，因此，这部分资产在会计上也应确认在出租人的资产负债表上，于是承租人还实现了表外融资的功效。对出租人而言，租赁公司在开展经营性租赁业务时，也就意味着租赁公司在承担着租赁物件所有权的风险。因此，出租人首先要具备对租期结束时租赁物件重置市场价值的判断能力。其次，对于承担人选择退租后的租赁物件，出租人还要有再处置的能力。如果出租人处理得当，出租人不仅可以从租赁收益中获得回报，还可从对收回租赁物件的再处理过程中获得投资回报。例如，世界上一些专业经营飞机租赁的出租人，在采用经营性租赁方式时，因飞机在日常运营中必须始终保持良好状态，租期结束时，飞机的市场重置价值往往高于其账面未提完的折旧，这样，出租人在租期结束再处置这些飞机时，还可获得处置这些飞机的既得收益，这也是投资回报的具体体现。

从宏观效应分析，通过租赁公司对租赁资产的专业化管理，能提高整个社会资产利用率，降低设备资产使用成本。通过出租人实现的设备专业化管理与设备资源的整合，能提高社会资产使用效率。

思考与练习

1. 融资租赁对发展实体经济有怎样的促进作用？
2. 融资租赁是如何促进产业结构调整的？
3. 融资租赁对推动产品出口有哪几方面的作用？
4. 融资租赁在促进战略新兴产业的形成方面起到哪些作用？
5. 请简述融资租赁的四大功能。
6. 请简述融资租赁是如何促进产业国际化的，并举例说明。
7. 请论述如何看待经济社会发展是融资租赁业发展的动力。

第五章
融资租赁的业务模式

本章提要

　　融资租赁业作为一种新型金融产业，可按不同的标准细分为多种不同的业务模式。从最基本的直接融资租赁，可以演变出多种模式，如转融资租赁、售后租回融资租赁、杠杆融资租赁、委托融资租赁、托拉斯融资租赁等。本章重点介绍融资租赁的各种业务模式。

本章结构图

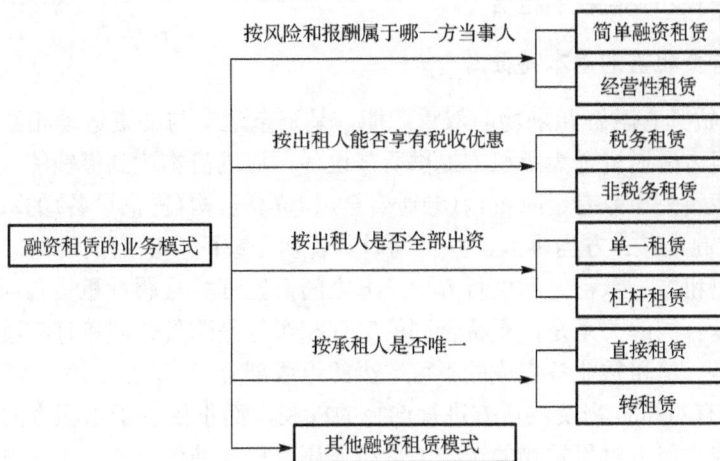

学习目标

● 重点掌握各种融资租赁模式的定义、特点与交易结构。

● 掌握各种融资租赁模式的联系与区别。

● 了解不同融资租赁业务模式的实质及划分依据。

融资租赁的业务模式，实际上就是融资租赁实质的具体表达形式。所以，对融资租赁实质的不同理解，就会产生出不同的业务模式。融资租赁的业务模式，既是对融资租赁实践的总结，也是对融资租赁概念的理解。因此，不同的融资租赁模式，既体现了对融资租赁的不同理解，也反映出不同融资租赁理念的实践过程。

第一节　简单融资租赁和经营性租赁

在一项融资租赁业务中，涉及的当事人是多方的，其中最主要的当事人为出租人和承租人，那么在一项租赁资产的转移中，通过划分其与资产所有权有关的风险和报酬属于哪一方当事人，可以将该融资租赁业务划分为简单融资租赁和经营性租赁。

一、简单融资租赁

(一)定义

简单融资租赁也称金融租赁，是指出租人根据承租人提供的租赁物件的规格及所同意的条款(或承租人直接参与订立的条款)，与供货商签订供货合同，并与承租人签订租赁合同；在租赁期内，出租人对租赁物件享有所有权，承租人以支付租金为条件对租赁物件享有占有权、使用权和受益权的租赁。

(二)简单融资租赁的基本特征

① 融资租赁具有融资和融物的双重职能，是资金运动与物资运动相结合的形式。融资租赁是由出租方融通资金为承租方提供所需设备，通过借物达到借钱的效果，使融资与融物相结合。租赁公司兼有金融机构(融通资金)和贸易机构(提供设备)的双重职能。

② 融资租赁具有三方当事人，并且同时具备两个或两个以上的合同。融资租赁的三方当事人包括出租方、承租方和供货方，三方之间需签订并且履行租赁合同与购货合同。租赁合同与购货合同的关系是，租赁合同的签订和履行是购货合同签订与履行的前提，购货合同的履行是一笔租赁业务完成的不可缺少的组成部分。

③ 承租方有对租赁物及供货方进行选择的权利，而不依赖于出租方的判断和决定。出租方不能干涉承租方对租赁物的选择，承租方还有权选择供货方。出租方也不对承租方的选择所造成的后果承担责任。

④ 在租赁期间，租赁物的所有权归出租方，但承租方享有使用权，财产的所有权与使用权呈分离状态。

⑤ 出租方在一个较长的租赁期间内，通过收取租金来收回全部投资，即租金采用分期支付的形式。租赁期是一个连续的、不间断的期间，加之融资租赁的承租人的特定性和租赁物件的被指定性，决定了租赁合同的不可解约性。

⑥ 租赁期满后，承租方对租赁物件有按合同规定决定如何处置的权利。

(三)简单融资租赁的业务程序

简单融资租赁的业务程序如图 5.1 所示。

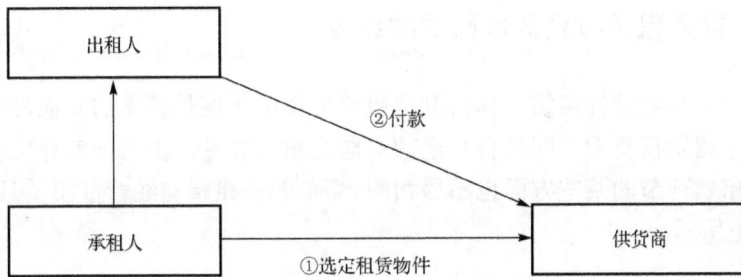

图 5.1　简单融资租赁的业务程序

二、经营性租赁

(一)定义

经营性租赁亦称非全额清偿的融资租赁，即出租人根据承租人对租赁资产和供货商的选择，在购买了该租赁资产并中长期地出租给该承租人使用时，通过在计算承租人应付租金时预留残值的方式,使其从该承租人那里收回的租金小于其租赁投资额的一种租赁安排。由于在这种交易安排下，出租人更要通过对租赁资产残值的处理才有可能收回其全部租赁投资，所以，经营性租赁又被认为是一类基于租赁资产残值的租赁产品。

(二)经营性租赁的基本业务程序

经营性租赁的基本业务程序如图 5.2 所示。

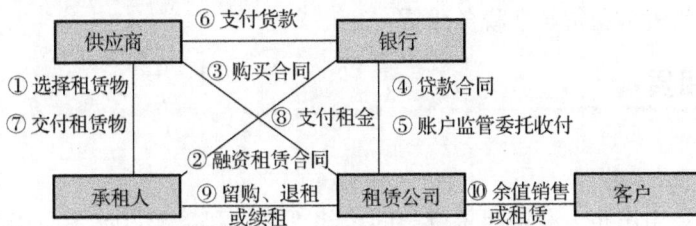

图 5.2　经营性租赁的基本业务程序

经营性租赁的基本业务程序详细介绍如下：
① 承租人选择供货商和选择租赁物；
② 承租人和融资租赁公司签订《融资租赁合同》；
③ 融资租赁公司和供货商签订《买卖合同》，购买租赁物向供货商支付货款；
④ 融资租赁公司在资本市场上筹集资金(银行贷款)作为货款；
⑤ 贷款银行对账户进行监管并委托收付；
⑥ 贷款银行将货款支付给供货厂商；
⑦ 供货商向承租人交付租赁物；
⑧ 承租人按期支付租金；
⑨ 租赁期满，承租人履行全部合同义务，按约定退租、续租或留购；
⑩ 若承租人退租，由出租人进行租赁物的余值处理，如在二手设备市场上出租或出售租赁物件。

三、简单融资租赁与经营性租赁的比较

简单融资租赁与经营性租赁，作为融资租赁分类中一组最基本的对应形式，其根本的不同点是租金与租赁投资额之间是否有全额清偿关系。并且，由这一差异所决定，还使得这两种形式在租赁环节的某些方面也不尽相同。简单融资租赁与经营性租赁具有不同特征，其区别如表 5.1 所示。

表 5.1　传统租赁、融资租赁与经营性租赁特征比较

项　　　目	简单融资租赁	经营性租赁
1. 承租人的目的	中长期融资	中长期融资
2. 租赁投资决策权	承租人	承租人决定和出租人的否决权
3. 是否全方位服务	不是	是或不是
4. 租金与租赁投资回收之间的关系	全额清偿	非全额清偿
5. 出租人的风险	信用风险	信用风险+资产风险
6. 期末租赁物件所有权的处理方式	以名义价格转移或续租	退租或公平市价续租和转移给承租人
7. 会计处理	表外	表内
8. 可否解约	不可	不可

第二节　税务租赁与非税务租赁

一项经济业务必定会涉及税收问题，而当今企业为了获得更高的利益，可以通过一些合理的方式获取政府的税收优惠，因此按出租人能否作为投资人享有税收优惠，可以将一项租赁业务划分为税务租赁与非税务租赁。

一、税务租赁

(一)定义

税务租赁是指由出租人获得租赁资产的全部"税收利益"(Tax Benefit)的租赁安排。也就是说，在税务租赁交易下，出租人被税务部门认定为租赁资产税收利益的所有者。此时，由出租人来确认租赁资产的税务上的折旧，并有资格享受租赁资产的折旧利益，或加速折旧利益；如果该国还实施有投资减税等投资税收优惠政策，那么由投资税收政策而形成的利益，则归出租人所有。

(二)税务租赁的特点

税务租赁的主要做法与直接融资租赁基本相同，其特点主要是：因租赁物件在承租人的项目中起着重要作用，该物件购买时在税务上又可取得政策性优惠，优惠部分可折抵部分租金，使租赁双方分享税收好处，从而吸引更多的出资人。税务租赁一般用于国家鼓励的大中型项目的成套设备租赁。在发达国家，因工业化已发展到一定程度，税收的好处逐步被取消，因而使用这种做法的越来越少。

(三)税务租赁必须符合的条件

① 出租人必须对资产拥有所有权。

② 租赁期满后，出租人不得无偿享有租赁资产的期末残值。

③ 租赁合同开始时，预计租赁期末资产的公平市价不得低于设备成本的15%~20%。

④ 租赁期末，租赁资产的有效寿命为其原寿命的20%。

⑤ 出租人的投资至少占设备成本的20%。

⑥ 租期不超过30年。

⑦ 出租人可以从所得租金中获得相当于投资金额的7%~10%的报酬。

(四)税务租赁实现的基本途径

从世界各国租赁市场的实践看，关于租赁资产的所得税税收利益主要体现在折旧费用的税前抵扣和投资税收优惠的抵免两个方面，所以，税务租赁的基本实现途径也就是以由出租人享有租赁资产折旧资源的租赁安排和由出租人获得投资税收优惠而实现的。

1. 以折旧资源转移为基础的税务租赁

(1)折旧资源与应税能力及对租赁交易的影响

从融资租赁的交易角度讲，对于出租人而言，其主观上并不愿意承担租赁投资的风险。因此，如果没有利益的驱动，出租人在开展融资租赁交易时，一般是希望以租金的方式收回其全部租赁投资。对于承租人而言，无论是哪一种租赁形式，其都是租赁设备的主要使用者。同样，如果没有利益的驱动，承租人也都希望获得租赁资产的全部使用价值，包括租期内的使用价值和租期结束时的残值。如果承租人占有了租赁资产的全部使用价值，租赁资产的折旧利益自然应该归承租人所有。

当承租人因规模小、出现亏损等原因而导致其应税能力较弱，而出租人却有较强的应税能力时，出于税收利益的考虑，租赁交易的当事人常常会把他们之间的交易安排成税务租赁，也就是通过满足本国税务部门税务租赁的条件，而将租赁资产的折旧资源转移给出租人。于是，以折旧资源转移为基础的税务租赁就出现了。

(2)以折旧资源转移为基础的税务租赁的效应

以折旧资源转移为基础的税务租赁所产生的效应，对出租人和承租人的影响是不同的。对于出租人而言，任何一个单个的出租人，其应税能力都是有限的。因此，如果单个地考虑一个出租人的实力，其开展税务租赁的竞争优势是十分有限的。然而，如果一个出租人是某一母公司的子公司，而母公司是实力雄厚、规模巨大的银行或大型企业时，综合考虑出租人和母公司的应税能力，这一效应就变得十分可观了。因此，出租人在开展税务租赁交易时，通常是通过与出租人的母公司合并报表消化承租人所转让的折旧资源。

由于租期不一定等于租赁设备的法定折旧年限，因此，对于承租人而言，在税务租赁下，尽管其让渡了租赁资产的折旧资源，但却可以通过与出租人协商确定或长或短的租期的安排，使承租人能够实现在其所需要的期限内摊销租赁的租金费用的目的。

当承租人与出租人商定的租期短于租赁设备的法定耐用年限时，承租人在相对较短的期间内将反映着租赁资产大部分价值的租金以费用的项目全部计入了成本，使承租人在较短的期限内弥补了租赁资产的支出，相当于获得了加速折旧、延迟纳税的好处。同时，承租人较快地收回了投资，还有效地避免了因技术过时而造成的投资风险。反之，当承租人与出租人商定的租期长于租赁设备的法定耐用年限时，承租人在相对较长的期间内将租金以费用的项目计入成本，对于承租人而言，可降低费用成本，相对提高盈利水平，同时，还可减少现金流支出的压力等。所以，以租赁设备法定折旧年限为标准，租期的相对期限的长短，改变了承租人实际摊销费用的时间，从而对承租人产生了不同的财务效果。

2. 以投资税收抵免政策为基础的税务租赁及其效应

(1)投资税收抵免政策产生的含义

投资税收抵免(Investment Tax Credit，ITC)政策是一国为解决投资需求不足而采取的一种扩张性的财政政策。投资税收抵免政策就是政府把税收减免优惠与投资人增加投资有机结合在一起的一种通过政府免税来刺激私人增加投资的宏观经济政策。简言之，政府通过以投资为基础的税收减让鼓励投资人增加投资，以此来拉动社会投资需求的增加。

ITC 政策的基本内容是政府制定出一个投资税收抵免的比率，允许投资人根据其投资支出总额，运用该比率计算出投资人在相应的纳税年度可申请免税的数额。但是，投资人可申请的免税数额并不等于其实际可享受的税收优惠。因为，该投资人实际可获得的因投资而带来的税收优惠程度，还取决于该投资人在相应纳税年度根据其盈利水平和适用税率计算出的应纳税额。只有当该投资人应纳税额大于其可抵免数额时，投资人才能充分享受到本国政府所给予的投资税收优惠。

(2)融资租赁交易下的租赁投资与 ITC 政策的关系

ITC 是一种鼓励投资的税收优惠政策，该优惠只应给予投资人。由于融资租赁的租赁投资行为中投资人的三重身份——投资决策人、出资人和投资风险承担人，在出租人和承租人之间，因交易安排的不同而形成不同的组合，所以需要在承租人与出租人之间做出判定。

秉承上述税务租赁与非税务租赁的基本理念，如果出租人符合税务当局"投资人"的判定标准，则由出租人享有这一政策优惠；反之，如果一项租赁投资中出租人不符合本国税务当局"投资人"的判定标准，那么，该项租赁投资中的投资人必然是承租人，则由承租人享有这一政策优惠。

二、非税务租赁

(一)非税务租赁的定义

根据税务租赁的定义与特点，若在一项租赁业务中，投资税收抵免政策的受益人是承租人，那么这项交易就不属于税务租赁，而是非税务租赁。非税务租赁与税务租赁是相对的。

(二)非税务租赁与税务租赁的联系

投资税收抵免政策的作用机制需要一个前提条件，即投资人若要获得 ITC 的现实利益，必须拥有足够的应税能力(或称吸收税收优惠的能力)。否则，即使这类投资人用自有资金，或通过各种筹资渠道(如银行贷款)获得了投资资金，并且实施了投资行为，但如果没有应纳税收，就没有因投资而可供抵免的税收，也就无法充分地获得 ITC 政策所赋予投资人的免税优惠，那么，投资行为就无法对投资人产生任何实际的税收优惠的效益。再有，如果投资人的投资不属于实业投资，也无申请免税的资格。因此当承租人作为投资人但却无法满足实现税收优惠的条件时，则为非税务租赁。

在有 ITC 政策的条件下，如果拟投资的企业有足够的吸收税收优惠的应税能力，那么通过银行贷款等其他融资方式扩大投资规模和采用非税务租赁方式扩大投资规模的抵免效果基本相同。非税务租赁，仅为企业增加了一条融资渠道。

但是，在有 ITC 政策的条件下，对于需要扩大投资但自身又没有吸收投资税收优惠能力的亏损企业或盈利较低不能充分吸收投资税收优惠的企业来说，租赁与非租赁的融资方式相比较，对筹资企业的实际筹资成本是不同的。因为，通过贷款而形成的投资，其投资税收的抵免人只能是借款企业，又由于其没有或吸收税收优惠的能力不足，而无法获得政府给予投资人的税收优惠，使得其实际的筹资成本不可能低于银行的贷款利率水平。而通过税务租赁，承租人以出租人申请投资税收的抵免的形式来进行投资，而出租人可通过降低租金的方式与承租人分享其可获得的投资税收抵免的优惠，从而有效地克服了承租人因应税能力低而无法获得 ITC 优惠的障碍。此外，还有一种更极端的组合：一个拟投资的企业，拥有充足的自有投资资金，换言之，其根本不需要融资，但由于没有足够的吸收税收优惠的能力，其宁可选择将自有资金通过租赁公司开展税务租赁的方式而分享出租人的税收抵免。于是，以 ITC 政策为基础的税务租赁的出现，成为债权融资的一种新形式。

第三节　单一租赁和杠杆租赁

一、单一租赁

单一租赁是指出租人在一项租赁交易中，其用于购置设备的投资全部都是出租人自己出资的。出租人一般是通过和承租人预先商定的租金和投资折旧抵免来获得投资回报的。单一租赁是人们熟悉的融资租赁的基本方式和传统做法。

二、杠杆租赁

(一)杠杆租赁的定义

杠杆租赁是相对于单一租赁而言的，是融资租赁的一种特殊方式，又称平衡租赁或减租租赁，即由贸易方政府向设备出租者提供减税及信贷刺激，而使租赁公司以较优惠条件进行设备出租的一种方式。它是目前较为广泛采用的一种国际租赁方式，是一种利用财务杠杆原理组成的租赁形式。

杠杆租赁(Leveraged Lease)又称第三者权益租赁(Third-party Equity Lease)、融资租赁，是介于承租人、出租人及贷款人间的三边协定；是由出租人(租赁公司或商业银行)本身拿出部分资金，然后加上贷款人提供的资金，来购买承租人所欲使用的资产，并交由承租人使用；而承租人使用租赁资产后，应定期支付租赁费用。通常出租人仅提供其中 20%～40%的资金，贷款人则提供 60%～80%的资金。

租赁公司既是出租人又是借资人，既要收取租金又要支付债务。这种融资租赁形式由于租赁收益一般大于借款成本支出，出租人借款购物出租可获得财务杠杆利益，故被称为杠杆租赁。

(二)杠杆租赁的条件

① 具备真实租赁的各项条件；

② 出租人必须在租期开始和租赁有效期间持有至少 20% 的有风险的最低投资；

③ 租赁期满租赁物的残值必须相当于原设备有效寿命的 20%，或至少还能使用一年；

④ 承租人行使合同规定的购买选择权时，价格不得低于这项资产当时的公平市场价格。中国租赁市场还不是很发达，在实践中，租赁的形式多为典型的融资租赁和出售回租，杠杆租赁的作用还没有发挥出来。

(三)杠杆租赁的优点

① 某些租赁物过于昂贵，租赁公司不愿或无力独自购买并将其出租，此时，杠杆租赁往往是这些物品唯一可行的租赁方式。

② 美国等资本主义国家的政府规定，出租人所购用于租赁的资产，无论是靠自由资金购入的还是靠借入资金购入的，均可按资产的全部价值享受各种减税、免税待遇。因此，杠杆租赁中出租人仅出一小部分租金却能按租赁资产价值的 100% 享受折旧及其他减税、免税待遇，这大大减少了出租人的租赁成本。

③ 在正常条件下，杠杆租赁的出租人一般愿意将上述利益以低租金的方式转让一部分给承租人，从而使杠杆租赁的租金低于一般融资租赁的租金。

④ 在杠杆租赁中，贷款参与人对出租人无追索权，因此，它较一般信贷对出租人有利，而贷款参与人的资金也能在租赁物上得到可靠保证，比一般信贷安全。杠杆租赁的对象大多是金额巨大的物品，如民航客机等。

(四)杠杆租赁的基本业务程序

杠杆租赁的基本业务程序如图 5.3 所示。

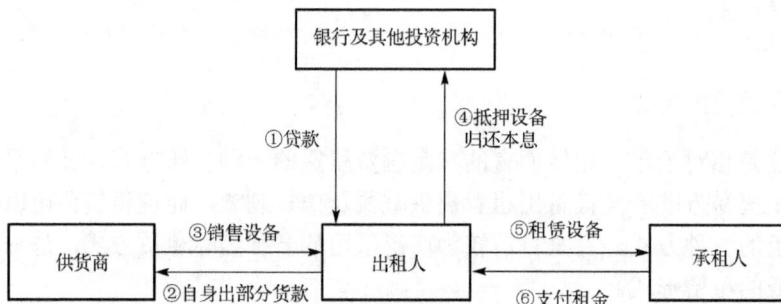

图 5.3 杠杆租赁的基本业务程序

三、单一租赁与杠杆租赁的比较

单一租赁与杠杆租赁的比较如表 5.2 所示。

表 5.2　单一租赁与杠杆租赁的比较

项　　目	单 一 租 赁	杠 杆 租 赁
参与当事人	出租人、承租人、制造商	物主出租人、物主受托人、承租人、债权人、合同受托人、制造商、经纪人、担保人
资金来源	出租人	20%~40%由物主出租人垫付，60%~80%来源于债权人贷款
合同文本	购买合同、租赁合同	参加协议、购买协议、转让协议、物主信托协议、合同信托协议、租赁合同
项目规模	较小	较大

第四节　直接租赁与转租赁

融资租赁的形式有很多种，按一项融资租赁业务涉及的承租人是否唯一，可将其划分为直接租赁和转租赁。

一、直接租赁

(一)直接租赁的定义

直接租赁，简而言之，是指出租人用自有资金或在资金市场上筹措到的资金购进设备，直接出租给承租人的租赁，即"购进租出"。详细来说，直接租赁是指租赁公司用自有资金、银行贷款或招股等方式，在国际或国内金融市场上筹集资金，向设备制造厂家购进用户所需设备，然后再租给承租企业使用的一种融资租赁方式。这种直接租赁方式，是由租赁当事人直接见面，对三方要求和条件都很具体、很清楚。直接租赁方式没有时间间隔，出租人没有设备库存，资金流动加快，有较高的投资效益。

(二)直接租赁的基本业务程序

直接租赁的简要流程如图 5.4 所示。

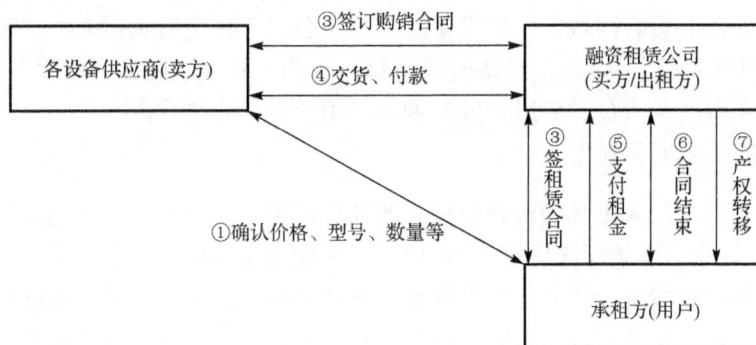

图 5.4　直接租赁的简要流程

直接租赁的基本业务程序详细介绍如下。

1. 选择租赁设备及其制造厂商

承租企业根据项目的计划要求，确定所需引进的租赁设备，然后选择信誉好、产品质量高的制造厂商，并直接与其谈妥设备的规格、型号、性能、技术要求、数量、价格、交货日期、质量保证和售后服务条件等。如果承租人对市场行情缺乏了解，也可由租赁公司代为物色租赁设备和制造厂商。

2. 申请委托租赁

承租人首先要选择租赁公司，主要是了解租赁公司的融资能力、经营范围、融资费率等有关情况。选定租赁公司之后，承租人提出委托申请，填写租赁申请表或租赁委托书交给租赁公司，详细载明所需设备的品种、规格、型号、性能、价格、供货单位、预定交货期以及租赁期限、生产安排、预计经济效益、支付租金的资金来源等事项。租赁公司经审核同意后，在委托书上签字盖章，表明正式接受委托。

3. 组织技术谈判和商务谈判，签订购货合同

在租赁公司参与的情况下，承租人与设备厂商进行技术谈判，主要包括设备造型、质量保证、零配件交货期、技术培训、安装调试以及技术服务等方面。同时，租赁公司与设备厂商进行商务谈判，主要包括设备的价款、计价币种、运输方式、供货方式等方面。承租人与设备厂商签订技术服务协议，租赁公司与设备厂商签订购货合同。

4. 签订租赁合同

租赁公司与承租人签订租赁合同，租赁合同的主要内容包括：租赁物件、租赁物件的所有权、租赁期限、租金及其变动、争议仲裁以及租赁双方的权利与义务等。租赁合同的签订表明承租人获得了设备的使用权，而设备的所有权仍属于租赁公司。

5. 融资及支付货款

租赁公司可用自有资金购买设备，但如果其资金短缺，则可以通过金融机构融通资金，或从金融市场上筹集资金直接向供货厂商支付设备货款及运杂费等款项；也可由租赁公司先将款项提供给承租单位，用于预付货款，待设备到货收到发票后，再根据实际货款结算，转为设备租赁。

6. 交货及售后服务

供货厂商按照购货合同规定，将设备运交租赁公司后转交给承租人，或直接交给承租人。承租人向租赁公司出具"租赁设备验收清单"，作为承租人已收到租赁设备的书面证明。供货厂商应派工程技术人员到厂进行安装调试，由承租企业验收。

7. 支付租金及清算利息

租赁公司根据承租人出具的设备收据开始计算起租日。由于一些事先无法确定的费用（如银行费用、运费及运输保险费等），租赁公司在支付完最后一宗款项后，按实际发生的各项费用调整原概算成本，并向用户寄送租赁条件变更书。承租企业应根据租赁条件变更通知书支付租金。租赁公司再根据同金融机构签订的融资合同以其租赁费等收入偿还借款和支付利息。

8. 转让或续租

租赁期届满后，租赁公司按合同规定或将设备所有权转让给承租人，或收取少量租金继续出租。若转让设备所有权，则租赁公司必须向承租人签发"租赁设备所有权转让书"证明该租赁设备的所有权已归属承租人所有。

二、转租赁

(一)转租赁的定义

转租赁是指以同一物件为标的物的多次融资租赁业务。在转租赁业务中，上一租赁合同的承租人同时又是下一租赁合同的出租人，成为转租人。转租人从其他的出租人处租入租赁物件再转租给第三人，转租人以收取租金差价为目的。租赁物品的所有权归第一出租人。

(二)转租赁的基本业务程序

转租赁的基本业务程序如图 5.5 所示。

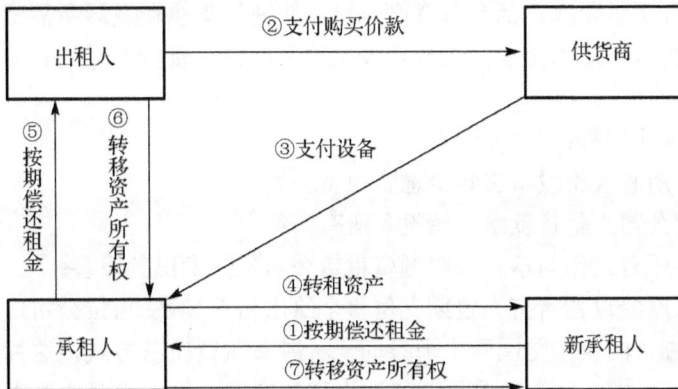

图 5.5　转租赁的基本业务程序

(三)租约规定

租赁届满，租赁资产的所有权转移给承租人，而用包含有承租人以廉价购买租赁资产的选择权，原承租人可以任何方式转移该资产。至于转租究竟属于何种性质，则由新租约的特点决定，可根据一定的标准加以归类，然后或作经营性租赁处理，或作销售式融资租赁、直接融资租赁处理。

若原租约不符合以上两个条件，但符合融资租赁应具备的其他两个条件，即租赁期长于或等于租赁资产预计经济寿命的 75%，或最低租赁付款额的现值高于或等于租赁资产公允价值的 90%，原承租人也可以经营性租赁、直接融资租赁和销售式融资租赁等方式转租新租约不可包含所有权将转移或允许承租在租期届满时以名义价款购入租赁资产的条款。

若原租约属经营性租赁性质，转租也只能是经营性租赁。无论在哪种租赁方式下，原租赁下尚未摊销的租赁资产余额，一般应作为新租赁的租赁资产的成本处理。

第五节　其他主要交易形式

融资租赁在中国是一个新兴的行业。它是设备融资模式、设备销售模式、投资方式的创新，不仅在各交易主体之间实现新的权责利平衡，为客户提供了新的融资方法，而且成为交易主体优势互补、配置资源的机制和均衡税务的理财工具。随着融资租赁的发展，融资租赁公司的业务模式也逐渐增多，除了以上章节提到的几种交易形式，还存在其他更多的交易模式。本章选取售后回租、委托租赁、风险租赁和销售式租赁这几种业务模式来做简单的介绍。

一、售后回租

售后回租是承租人将自制或外购的资产出售给出租人，然后向出租人租回并使用的租赁模式。租赁期间，租赁资产的所有权发生转移，承租人只拥有租赁资产的使用权。双方可以约定在租赁期满时，由承租人继续租赁或者以约定价格由承租人回购租赁资产。

这种方式有利于承租人盘活已有资产，可以快速筹集企业发展所需资金，顺应市场需求。适用于流动资金不足的企业；具有新投资项目而自有资金不足的企业；持有快速升值资产的企业。

售后回租的操作流程：

① 原始设备所有人将设备出售给融资租赁公司；

② 融资租赁公司支付货款给原始设备所有人；

③ 原始设备所有人作为承租人向融资租赁公司租回卖出的设备；

④ 承租人即原始设备所有人定期支付租金给出租人(融资租赁公司)。

售后回租也称"回租"是国际上通行的一种融资租赁交易方式，这种方式在我国也已被广泛采用。在实务中，回租交易同直接融资租赁交易一样，也是由买卖交易和租赁交易这两项互为条件、不可分割的交易构成的。也就是说，先是由融资性租赁公司以买入人的身份同作为出卖人的企业订立买卖合同(或称"所有权转让协议")，购买企业自有的某实物财产(在《金融租赁公司管理办法》中规定为"固定资产"，在《国际融资租赁公约》中规定为"不动产、厂场和设备")。在该买卖合同中，该融资性租赁公司的责任是支付买卖合同项下货物的价款，其权利是取得该货物的所有权。

与此同时，该融资性租赁公司又以出租人的身份同作为承租人的该企业订立融资租赁合同，将上述买卖合同项下的货物作为租赁物出租给该企业。在该融资租赁合同中，出租人的责任是，在规定的租赁期间内，向承租人转让该租赁物的占有、使用和通过使用收益的排它的权利，其权利是收取租金。

为使回租交易得以合法成立，首先，被出售的货物必须是该企业自己既有的，而且未曾向任何人抵押的财产，当然，更不能是正在作为诉讼标的的财产或已列入企业破产财产的财产。为了确认这一点，通常需要通过某种确认产权的程序，例如，该财产所有权的公证等。其次，作为企业的固定资产，其出售还需要有一定的批准程序。例如，对于国有企业而言，需有相应的国有资产管理部门的批准。

上述买卖交易的价格由买卖双方商定，但通常都必须有一个合理的、不违反会计准则的定值依据作为参考，例如，该财产的账面残值或经合格的资产评估机构评估的公允价值等。

由于回租中的出售和租入是同时发生的，所以不存在通常货物买卖中的物的流动。从法律上讲，认定某项交易是以回租方式进行的融资租赁交易的依据，不仅是上面说的契约性文件，而且还包括对该项交易的公证和在我国的物权立法完善后的公示程序。法官通常根据生效的契约性文件认定某项交易为回租交易。在特定情况下，他们还要根据承租人对该资产的会计处理方法，尤其是根据是否办理了公证的程序，来把回租交易同变相拆借区别开来。

就会计处理而言，在进行回租之前，某实物财产在企业的财务报表中是其固定资产的一部分；在进行回租之后，该实物财产从其固定资产中扣除，其固定资产的价值相应减少。与此同时，由于取得了出售价款，该企业的流动资产中的现金或银行存款相应增加，该增加值同上述固定资产的减少值基本上是相等的。

融资租赁项下的租入资产，列为"融资租赁项下的固定资产"。该资产的价值成为该企业总资产的一部分，可依财政部和国家计委的特别规定提取折旧。与之对应的是在该企业的负债栏内增加一笔应付租金。

售后回租的基本流程如图 5.6 所示。

案例：2008 年 11 月 24 日，武汉地铁集团与工银金融租赁公司签署了融资租赁合同，为武汉市城市轨道建设获得了额度为 20 亿元的建设资金。武汉地铁集团将轨道交通 1

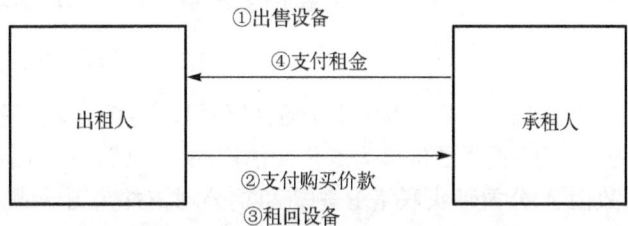

图 5.6　售后回租的基本流程

号线部分设备和车辆资产，出让给工银租赁公司，3 年内可根据需要提款 20 亿元，同时向工银租赁公司租赁以上资产。租赁期内，工银租赁只享有以上资产的名义所有权，不影响其正常运营，城市轨道建成后，在武汉地铁集团付清全部租金并支付资产残余价值后，可重新取得所有权。这是我国 2008 年内采用租赁方式进行轨道交通基础设施建设的金额最大的一次合作。

二、委托租赁

委托租赁是拥有资金或设备的人委托非银行金融机构从事融资租赁，第一出租人同时是委托人，第二出租人同时是受托人。出租人接受委托人的资金或租赁标的物，根据委托人的书面委托，向委托人指定的承租人办理融资租赁业务。在租赁期内租赁标的物的所有权归委托人，出租人只收取手续费，不承担风险。这种委托租赁的一大特点就是让没有租赁经营权的企业，可以"借权"经营。

根据《金融租赁公司管理办法》第三章第一条第(三)款的规定，即金融租赁公司"可接受法人机构委托租赁资金"，可见金融租赁公司是可以以受托人身份同委托人订立信托合同的，只要该委托人是法人。信托合同在受《中华人民共和国合同法》总则调整的同时，优先由《中华人民共和国信托法》调整。

规范的委托租赁，是一种完全合法的信托活动。把委托租赁视为变相拆借，是不适当的。这里面丝毫没有借贷的概念，当然更谈不上"变相"与否。之所以出现了委托租赁这一用语，仅仅是为了说明，在此类业务中出租人所运用的资金的来源具有特殊性，因此出租人既不承担此类资金运用的风险，也不享有此类资金运用的利益。一般企业利用租赁的所有权与使用权分离的特性，享受加速折旧、规避政策限制。

委托租赁的基本流程如图 5.7 所示。

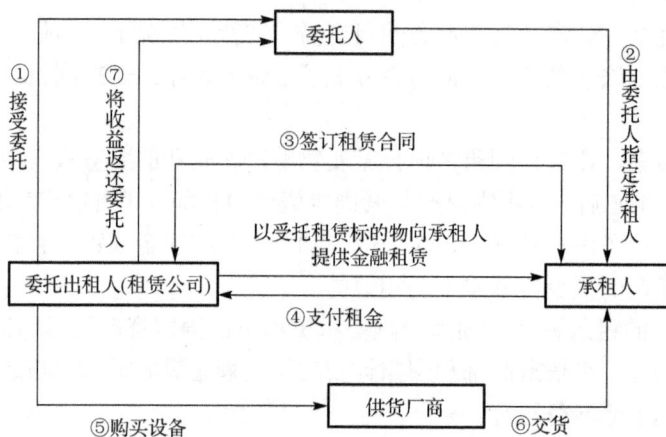

图 5.7　委托租赁的基本流程

案例：A 公司为 C 厂商的母公司，委托 B 融资租赁公司为 C 厂商办理融资租赁业务，该厂要购买账面价值为 5 亿元的产品生产线，欲以融资租赁方式替代银行贷款进行融资，故由 A 公司牵头联络 B 融资租赁公司，并为 B 租赁公司提供资金为 C 厂商融资购入该生产线，之后按照《资金协议》的规定，B 公司扣除相应的手续费用后，将 C 厂向其支付的租金交付给 A 公司。在这种情况下，租赁公司只是相当于中介，该租赁物件不计入租赁公司的资产负债表，收取的手续费仅以其他营业收入的形式计入利润表中。与该租赁物件相关的资产风险和信用风险均不由租赁公司承担。

三、风险租赁

出租人以租赁债权和投资方式将设备出租给承租人，以获得租金和股东权益收益作为投资回报的租赁交易。在这种交易中，租金仍是出租人的主要回报，一般为全部投资的 50%；其次是设备的残值回报，一般不会超过 25%，这两项或有租金是指金额不固定、以时间长短以外的其他因素（如销售量、使用量、物价指数等）为依据计算的租金。采用或有租金方式还租的优点是，是承租人免去在定时定量还租模式下信用记录不良的忧虑，使出租人和承租人的关系由单纯的债权、债务关系，转变为有共同利益的伙伴关系。

风险租赁的租金收益相对比较安全可靠，其余部分按双方约定，在一定时间内以设定的价格购买承租人的普通股权。这种业务形式为高科技、高风险产业开辟了一条吸引投资的新渠道。出租人将设备融资租赁给承租人，同时获得与设备成本相对应的股东权益，实际上是以承租人的部分股东权益作为租金的新型融资租赁形式。同时，出租人作为股东可以参与承租人的经营决策，增加了对承租人的影响。风险租赁为租赁双方带来了一般融资租赁所不能带来的好处，从而满足了租赁双方对风险和收益的不同偏好。

1. 对承租人的有利之处

① 较好的融资渠道。风险租赁的承租方是风险企业，这些企业因为经营历史短，资金缺乏，银行一般不愿意贷款，所以其融资渠道较少，再加上一般渠道的融资成本较高，所以风险租赁就成了这些企业的一种重要的融资手段。

② 转移风险。风险租赁将股东权益的部分风险转移给出租人，即使出租人的股东权

益不能获得收益，出租人也无权要求其他的补偿。如果采用抵押贷款，银行往往要求以公司全部资产做抵押，一旦公司无力按期偿还贷款，公司的生存将难以保证。而风险租赁中的租金支付义务，只是以所租设备做"担保"，承租方面临的风险相对较小。

③ 提高投资回报率。公司管理者的报酬往往基于投资回报率，而利用风险租赁将相对减少公司投资额，从而提高回报率，进而使管理者获得较高的报酬。

④ 较少的控制。与传统的风险投资相比，风险租赁出资人不寻求对投资对象资产及管理的高度控制，即使向风险企业派出代表进入董事会，也不谋求投票权，这使得一部分公司偏好于风险租赁。

2. 对出租人的有利之处

尽管服务于风险企业存在一定风险，但出租人可以获取足够的好处以弥补风险。

① 较高的回报。如果承租人经营良好，出租方可以得到股东权益的溢价收益，比一般的租赁交易收益要高 5%～10%，甚至更高。

② 处理收益的灵活性。出租方从承租方那里获得的认股权，一旦承租方经营成功并上市，出租方既可以将其卖出获得变现，也可以持有股票获得股票收益。

③ 即使承租方破产，出租方也可以从出租设备的处置中获得一定的补偿。况且，一般风险租赁出租人不止一个，某一承租方的破产不会给出租方带来十分巨大的、难以承受的损失。

④ 扩大了出租人的业务范围，增强其竞争力和市场份额。

案例：北京宣爱智能模拟技术有限公司(以下简称宣爱智能)是一家生产高端驾驶模拟器的高新技术企业，由于模拟器价值不菲，民用销售市场一直难以打开。2013 年，中关村科技租赁有限公司以风险租赁模式为宣爱智能提供 1 亿元融资租赁总授信，为宣爱智能开创了新的"合作经营-分账模式"；宣爱智能以出租服务的方式将模拟器铺到各大驾校，驾校按照使用模拟器的人数给宣爱智能支付服务费用。该模式大大促进了宣爱智能高端驾驶模拟器在民用市场的全面推广，此前其模拟器的销售量仅为 30 台，在中关村科技租赁有限公司为其提供了 1300 万元的资金支持之后，宣爱智能就已经与下游客户签订了 2000 台模拟器的收益分成合同。

四、销售式租赁

销售式租赁是生产商或流通部门通过自有或控股的租赁公司采取融资租赁方式促销自己产品的方式。这些租赁公司依托母公司能为客户提供维修、保养等多方面的服务。出卖人和出租人是密切联系的关联公司，但属于两个独立法人。厂商以促销为目的，承租方最终拥有租赁设备的所有权，这种租赁方式形式上类似于分期付款。

在采取融资租赁方式推销产品时，同样具备两个合同、三方当事人的基本法律特征。在销售式租赁中，租赁公司作为一个融资、贸易和信用的中介机构，自主承担租金回收的风险。通过综合的或专门的租赁公司采取融资租赁方式，配合制造商促销产品，可减少制造商应收账款和三角债的发生，有利于分散银行风险，有利于促进商品流通。

例如，开发商将竣工验收简装后的商品房直接出租给购房者，约定在租赁期间购房者向开发商缴纳租金，租赁期限届满后购房者取得所承租房屋的所有权。开发商因为出租物业而形成的稳定现金流，可采用资产证券化或向商业保理公司转让应收账款的方式，一次性回笼租赁期间的全部租金，已达到出售房屋的商业目的。

五、结构化共享式租赁

结构化共享式租赁又称"分成租赁"或"变动租金租赁"。结构化共享式租赁是指出租人根据承租人对供货商、租赁物的选择和指定，向供货商购买租赁物，提供给承租人使用，承租人按约支付租金。其中，租金是按租赁物本身投产后所产生的现金流为基础进行的测算和约定，是出租人和承租人共享租赁项目收益的租赁方式。租金的分成包括购置成本、相关费用(如资金成本)，以及预计项目的收益水平由出租人分享的部分。

结构化共享式租赁适用于通信、港口、电力、城市基础设施项目、远洋运输船舶等合同金额大、期限较长，且有较好收益预期的项目。同时，结构化共享式租赁也符合《企业会计准则第 21 号——租赁》中对融资租赁的确认标准。比如，租赁期在设备使用寿命的75%以上。因此，虽然结构化共享式租赁既有租赁的性质又有投资的性质，但是，根据相应法规标准判别，结构化共享式租赁应该属于融资租赁。

还有另一种结构化共享式租赁，出租人以租赁债权和投资方式将设备出租给特定的承租人，出租人获得租金和股东权益作为投资回报的一项租赁交易。简而言之，就是出租人以承租人的部分股东权益作为租金的一种租赁形式。

结构化共享式租赁与传统融资租赁的区别如表 5.3 所示。

表5.3 结构化共享式租赁与传统融资租赁的区别

内　　容	结构化共享式租赁	简单融资租赁
租赁对象	项目中的设备	设备
租赁动机	最终使项目获得成功	最终取得设备
融资方式	银团贷款、战略投资人融资、投资银行提供可转换债券融资等；资金可循环使用	出租人向银行借长期贷款或短期贷款；资金不循环使用
还租方式	在双方商定的日期，以或有租金的方式还租	期限固定，本金金额固定，利息部分浮动，但利差固定
综合运用金融工具	可转换债券，股票的发行和上市	很少用其他金融工具
资金的安全性	不需要第三方提供担保，但有完备的推却措施	要求第三方提供担保
监管和服务	自始至终提供服务或作为服务中介，包括项目的商业计划、组织机构、经营模式、品牌、人力资源、财务咨询等	对承租人的经营情况和财务状况作一般了解，没有服务方面的硬性规定

案例：中国进出口银行和韩国进出口银行于 2014 年 7 月签署协议，联合向民生金融租赁股份有限公司(以下简称民生金融租赁)提供贷款，贷款期限 12 年，总金额约 2.95 亿美元。该项贷款用于支持民生金融租赁旗下子公司在韩国大宇船厂订造的 3 艘 18400TEU集装箱船，船舶预计将于 2015 年下半年陆续交付，船舶交付后由民生金融租赁租赁给全球第二大班轮公司地中海航运(MSC)使用。

思考与练习

1．融资租赁与经营租赁的区别有哪些？

2．税务租赁与非税务租赁操作上的区别有哪些？

3．杠杆租赁面临的风险有哪些？

4．如何比较风险租赁与股权融资？

5．融资租赁还能有哪些其他的业务创新模式？

第六章
融资租赁市场的主体与客体

本章提要

    融资租赁市场的一个重要特征,就是通过将租赁资产中长期地出租给承租人使用,从而获得融资的效果。就市场结构而言,融资租赁市场类似于其他各种类型市场交易,其构成也应包括租赁市场的主体和客体两个部分。融资租赁市场主体主要包括出租人、承租人和其他当事人;融资租赁市场客体主要指的是租赁资产或者租赁物件包括固定(设备)资产和无形资产两大类。

本章结构图

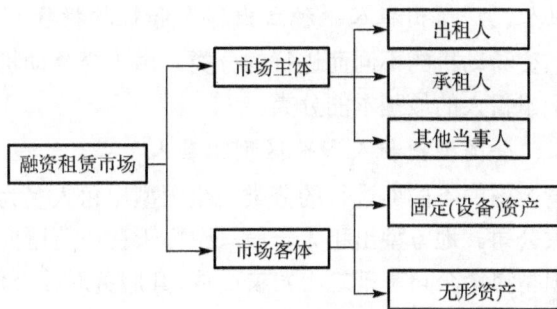

学习目标

● 重点理解并掌握融资租赁市场主体与客体的概念。
● 掌握融资租赁市场中租赁资产的种类有哪些。
● 了解当今主要的租赁资产如飞机、汽车、船舶等。

第一节　融资租赁市场主体

融资租赁无疑是推动融资租赁市场发展的最重要力量，出租人也呈现出多类型、多模式的特点：首先是市场主体投资过程中依据自身优势和主营业务特点，为了经济发展的需要而参与到融资租赁业；其次是为了满足承租人的各种需要，出租人为了更好地适应市场激烈的竞争，对资金、客户、货源或服务方式等多种资源进行整合，以服务于一个细分的市场。承租人在租赁市场中主要以法人为主，在分类上依据不同的角度包括不同类型。

一、出租人

出租人是租赁市场的经营者，从组织形式来看，从事融资租赁业务的出租人必须采取法人的形式。由于投资人从事融资租赁业务目的不同，出租人的交易动机、出租人经营范围、出租人经营对象等也呈现不同特征，因此，对出租人构成可进行进一步的细分。

(一)一般性分类

1. 附属类出租人与独立出租人

这是根据出租人与其投资入主营业务之间存在相关关系的不同而进行的分类。附属类出租人是指依附于投资人的主营业务，以服务于投资人主营业务为主要目的而开展融资租赁业务的出租人。独立的出租人不需要以服务投资人的主营业务为目标，是专门从事融资租赁业务的出租人。

2. 金融机构出租人、厂商出租人、独立出租人和机构投资人出租人

这是根据投资人的交易动机的不同而进行的分类。由于交易动机决定着市场的发展方向，所以，这也是关于出租人的最基本的分类。

3. 跨国型出租人、全国型出租人和地区型出租人

这是按出租人经营范围的不同而进行的分类。全国型出租人多为业务能力强、资力雄厚、业务覆盖面广的大公司。地方型出租人一般只致力于在小范围内为本地企业服务。跨国型出租人一般在全国型租赁公司基础之上发展而成，其服务对象不仅包括本国的承租人，还可包括外国的承租人。飞机租赁市场上服务于各国航空公司的飞机租赁公司，多为国际性的出租人。

4. 综合租赁公司和专业租赁公司

这是按出租人经营租赁设备的范围进行的分类。根据一家租赁公司所经营租赁设备种类的多寡，出租人有综合租赁公司和专业租赁公司之分。综合租赁公司一般指租赁公司没有自己的专门产品，因此，其经营的设备范围非常广泛，完全根据客户需要而决定，只要是客户选择的，出租人就负责去购买。所以，这类出租人所经营的设备几乎包括各种类型和各个行业所使用的设备。它们以为用户提供长期融资及有关的贸易服务为主，常带有"一揽子"的性质。专业租赁公司则一般局限于某个产业、部门或领域，以出租自己企业生产的专门设备或出租特定类型的设备为主，这类公司所提供的服务通常带有较强的技术专业性，需要专门的技术人才。它们在为用户提供融资便利的同时，还提供一些与本部门产品

相关的、需具备高度专业技术维修等方面的服务。

两种不同的经营理念，内含着融资租赁发展的历史必然。在简单融资租赁阶段，经营融资租赁业务的出租人多为综合性的租赁公司。因为，为承租人提供资金融通是出租人的唯一目的，出租人尚未形成对租赁资产管理的意识，当时也不具备管理资产的必要性。随着融资租赁市场的发展，融资租赁的物权融资特征不断得到深化，此时，对租赁资产残值的管理，即尽可能获得设备的溢价收益，尽可能避免遭受设备贬值的损失，就成为出租人不得不关注的问题，融资租赁开始进入经营性租赁阶段。在这种情况下，只有专业性的租赁公司，通过引进专业技术人员，才能较好地实现这一目标。因此，经营性租赁业务的出租人、厂商类出租人多属于专业性的租赁公司。

5. 其他类型的出租人机构

(1) 租赁经纪人

租赁经纪人或称经销商是租赁市场的代理人。其凭借灵活的经营推销能力、广泛的销售网点，承办大出口商或制造商委托的租赁业务。租赁经纪人也是租赁市场的中介人，其本身不经营租赁业务，只代表出租人或承租人寻找交易对象，促成或安排租赁交易，或者提供租赁咨询，从中收取佣金或咨询费。租赁经纪人是租赁市场不可缺少的组成部分。

(2) 租赁行业协会

租赁行业协会是各种不同类型的出租人为了互通情报，协调行动，减少竞争，控制并发展租赁市场所成立的具有地区性的、全国性的或国际性的租赁组织。如20世纪60年代中期美国、法国、意大利、荷兰等国家银行成立的总部设于卢森堡的国际租赁协会；1968年成立的全欧跨国租赁协会；1972年，西欧一些国家成立的租赁俱乐部；1973年，英国、美国、意大利、原西德和加拿大等国有关银行联合组成的东方租赁控股公司；1982年成立的亚洲租赁协会。这些协会在加强各国租赁协会之间的联系，增进彼此之间的合作与相互了解，共同研究融资租赁的有关问题上做出了有益的贡献。

(二) 按投资人目的不同进行的分类

1. 附属于设备制造厂商类出租人

附属于设备制造厂商类出租人，也称辅助销售型租赁公司。发达国家的大工业制造商，如机械制造、电子计算机等行业的企业为扩大本企业产品的销售，通过在本企业内部设立租赁部或租赁子公司，与其他租赁公司形成战略联盟，经营本企业产品的国内外租赁业务，以扩大销售或出口。国际上，比较著名的厂商出租人有通用电气财务公司(GE Capital)和专做飞机租赁的通用电气金融航空服务公司(GE Capital Aviation Services，简称GECAS)，美国的国际商用机器公司(IBM)也设有自己的租赁子公司。这类出租人开展租赁业务的主要目的是运用融资租赁的各种形式所具有的金融支持、租赁设备所有权处置的灵活性等独特优势，来提升本企业产品的综合竞争力，以此来扩大本企业的销售，提高本企业产品的市场份额。

这类出租人在进行具体的租赁交易安排时，常常最大限度地发挥其自身与租赁设备的内在联系的优势，例如，提供对租赁设备的维修、保养、供应配件、消耗材料等方面的服务，允许用户在合同到期时选择退租等。以卡特彼勒公司为例，该公司是一家成立于美国的、拥有 100 年历史的、生产建筑施工机械的跨国公司。在其企业组织体系中，除了与一般的生产企业相同外，还拥有一个再制造中心。该中心的基本任务是对于承租人用户退还的设备进行检修和再加工，在确保质量的前提下对这些产品进行再销售。企业这样做可以得到两大好处，一是有利于控制本企业产品的二手市场，二是可以满足不同消费层次用户的需求。

2. 金融机构类出租人

金融机构类出租人是指银行、保险公司、财务公司等金融机构，利用其资金优势而直接承揽融资租赁业务时所具有的出租人身份，或是为了参与融资租赁业务而设立的附属于银行等金融机构的租赁部或租赁子公司。

银行等金融机构参与融资租赁业务，经历了一个由间接提供资金到直接经营融资租赁业务的发展过程。由于融资租赁业务要以雄厚的资金实力作为基础，所以，融资租赁一经产生就给银行等金融机构提供了一个新的业务范围。以美国为例，20 世纪 50 年代融资租赁产生的时候，根据《格拉斯法案》的规定，美国金融业实行分业经营的模式，加之在融资租赁产生之初，人们对融资租赁的金融属性认识还不充分，那时的美国银行不能直接开展融资租赁业务，只能通过为其他出租人提供资金而间接进入融资租赁领域，如为厂商出租人的租赁促销提供资金再融通。20 世纪 60 年代初，在融资租赁的理论与实践中，人们发现，融资租赁的简单形式与银行贷款没有本质区别，于是，美国的金融监管放松了银行开展融资租赁业务的限制，一些大银行首先被允许开办融资租赁业务，从而使银行直接成为出租人。美国花旗银行就是较早开办融资租赁业务的银行之一。但是，随着融资租赁的不断发展，特别是经营性租赁出现以后，由于银行是金融服务机构，不能将由信贷资金形成的资产确认在自己的资产负债表上，因此，失去了在这一方面的竞争优势。于是，一方面是存在着市场的需求，另一方面是政府逐渐放宽对金融业的管制，一些银行又纷纷投资成立专门的租赁公司，通过为用户提供更多样化的服务来求得发展。

总之，金融机构出租人直接或间接参与融资租赁业务的目的是为其金融资本寻找更广阔的业务空间和更多的发展渠道。

3. 独立型出租人

独立型出租人是为适应这一新型行业而产生的、专门从事融资租赁业务、并以租赁业务的收入为其主要收入来源的公司。它既可直接从事融资租赁业务，也可主要扮演租赁经纪人的角色，如日本的奥力士公司，其前身就是专业从事融资租赁业务的日本东方租赁有限公司。

这种类型的出租人在开展融资租赁业务时，主要是利用其娴熟的租赁技术及其对与租赁相关的会计、税收制度的透彻理解，通过构建融资租赁交易平台，将融租赁交易中潜在的各方利益，通过融资租赁的具体交易形式变成现实利益并使其最大化。节税杠杆租赁交易中的出租人是最典型的事例。

为了避免概念的混淆，笔者特别指出，绝大多数经营传统租赁业务的出租人也都属于独立出租人范畴，但其交易经营的范围，往往以地区为界；其经营设备往往为特定的类型；其公司组织形式，可以是单个企业，也可以是连锁经营，如美国著名的赫兹汽车租赁公司等。在租赁市场的实践中，既有只从事融资租赁业务的独立出租人，或只从事传统租赁业务的独立出租人，也有兼营这两种租赁业务的独立出租人。

不同类型租赁公司的优势各有不同(见表6.1),由于融资租赁行业是资本密集型行业,资金使用的杠杆率较高对资金来源和风险管控要求较高,而这也是其竞争优势的重要来源。因此,虽然各国银行在金融体系中的重要性不尽相同,对银行综合化经营的监管也时有变化,但银行类融资租赁公司往往依托母行在资金与风险管控、客户资源及销售网络上的优势,占据稳定的市场份额;专业厂商类融资租赁公司往往是制造类企业产品销售和拓展的主要渠道并在客户和专业资产管理方面具有突出的优势,独立型租赁公司往往依托该国发达的金融体系和监管规范,依托特定客户资源提供制造、咨询、融资资产管理等综合服务。

表6.1　不同类型融资租赁公司的优势

融资租赁公司的优势	独立型出租人	金融机构类出租人	专业厂商类出租人
资金优势	弱	强	中
客户资源及销售网络	强	强	强
专业的产品和资产管理能力	中	中/弱	强
跨领域产品服务组合优势	强	弱	弱/中

(三)按照监管条例和机构差别进行划分

按照监管条例和机构差别进行划分,目前,我国主要有三类主体,分别是由银监会监管的金融租赁公司,由商务部监管的外商投资融资租赁公司以及由商务部和国家税务总局监管的内资融资租赁试点企业。

二、承租人

(一)融资租赁交易中的承租人以法人为主

根据对各国租赁市场的实践观察,在融资租赁交易中,从承租人的法律属性角度看,承租人既可是法人,也可是自然人。一个较为普遍的规律是,绝大部分关于融资租赁数据的统计、政策的适用和融资租赁交易的经济分析,都是建立在法人承租人基础上的。个别国家用法律的形式对承租人的法律属性进行了规定,如法国的《融资租赁管理条例》规定,融资租赁交易中的承租人只能是法人。大多数国家虽然没有明确规定,但事实上,融资租赁交易中的承租人多为法人。

(二)承租人按组织类型和规模的市场细分

根据承租人法人实体是否以盈利为目标,可分为以盈利为经营目标的企业实体(通常称为工商企业)和不以盈利为目标的事业单位(通常称为政府部门和相关机构)。毫无疑问,工商企业是承租人最主要的组成部分。但政府部门和相关机构也是可以成为承租人的。政府部门及其相关机构,一般实行预算管理,其运行所需要的资金由财政拨款解决,这使其似乎不可能成为具有债务人性质的承租人,但是,对于那些为社会提供服务,可以通过收费来弥补经营开支的事业单位来说,由于其有稳定的现金流,从而可以弥补其投资支出的开支,所以,也具有了成为承租人的可能。医疗设备租赁中的公立医院,就属于这类承租人。

企业规模的大小是工商企业筹资过程中的一个重要制约因素,尤其是为数众多的中小企业,由于其资产规模、管理水平等方面的制约,使其在资本市场上筹资时常常面临着诸多的困境。而融资租赁业务产生之后，出租人自身规模和实力的制约和融资租赁交易的特征，使融资租赁和中小企业形成了天然的互补性的发展关系。

（三）承租人的行业分布

在融资租赁交易中，从行业分布看，承租人既可以是来自于制造业、交通运输业、通信业、纺织业、农业及各种类型的制造、服务行业的企业，也可以是来自于政府的公共部门或事业单位，如医院、政府机构等。简言之，承租企业可以是国民经济的所有行业的企业。

（四）从承租人采用租赁愿望的角度分析

根据承租人采用融资租赁方式融资时的态度来区分，可以分为承租人需要采用融资租赁和承租人想要采用融资租赁。二者的区别在于，需要采用融资租赁，是指企业在无法获得其他融资方式时，只能选择融资租赁；而想要采用租赁融资，是指企业在存在多种筹资方式可供选择的情况下，经过对不同筹资方式的实际筹资成本、便利程度等综合考虑之后，选择融资租赁。一国融资租赁市场越发达，该国承租人对融资租赁的认同程度就越高，因此也就越倾向于采取融资租赁作为其设备投资的筹资方式。

第二节　融资租赁市场客体

一、融资租赁资产的界定

从融资租赁市场较为发达的国家的实践看，尽管动产和不动产都可以成为融资租赁交易中的客体，但由于不动产租赁时需要与各国关于不动产交易的法律法规紧密联系在一起，因此，许多关于不动产融资租赁的研究，特别是关于房地产的融资租赁，都归在房地产交易与融资的范畴。而关于融资租赁交易中资产种类的研究，主要集中在以机械设备为主的动产方面。

二、伴随着融资租赁的发展，租赁资产种类发生着变化

（一）所有的机械设备，都可成为融资租赁资产

由于融资租赁交易中拟租赁的资产由承租人自己选定，以满足其进行生产经营的需要，所以，任何用于生产经营的设备，都可成为融资租赁交易中的资产。这些设备可以是通用设备，也可以是完全满足特定承租人需要的专有设备。正是由于这个原因，融资租赁在美国又被称作设备租赁。所以，就设备的种类而言，现代融资租赁所经营的租赁设备几乎无所不及，从人造卫星、航天设备、石油钻井平台等大型成套设备，到包括汽车、火车、轮船及飞机在内的各种运输工具、集装箱、电子计算机，从各种精密仪器、信息处理系统、电话通信、纺织机械等专用设备，到机床、办公用品等一般通用生产设备，都已成为出租人的经营对象。

(二)随着经营性租赁的产生，租赁资产由专门化向专业化、通用性和服务性方向转变

在融资租赁产生之初，设备多为满足特定承租人需要的专有设备，而随着融资租赁的深入发展，特别是经营性租赁产生以后，出租人为了充分发挥融物的优势，承担了处置租赁资产残值的风险。为了实现对租赁资产产值的最优管理，即在残值处理过程中获得最大的收益、将风险控制在最低的程度，出租人不得不对租赁资产实行专业化经营。在厂商租赁中，因其经营的是本企业生产的设备，自然具有了专业化的特征。同时，要想规避租赁残值的风险，提高其流动性，按照通用性越强的设备，其流动性越高的市场规律，经营性租赁的资产还出现了向通用性发展的趋势，如专营交通运输工具的汽车租赁、医疗设备租赁、IT 产品租赁等。此外，经营性租赁的专业化和通用性特征决定了这类租赁资产的维修、保养由专业的出租人管理，其实际成本有可能低于由单个用户自己管理的成本。所以，对租赁设备进行维护、保养，提供专业化集约服务的设备，也成了融资租赁资产的一种主要类型。

(三)无形资产也在成为可租赁的资产

随着 IT 产业的发展，IT 设备的价值实际上是硬件价值与软件价值的整合。在很多情况下，IT 硬件与软件的价值是不可分割的。某些情况下，在一套 IT 设备当中，软件价值所占的比重已远远超过硬件的价值。所以，由于 IT 行业的迅速发展，作为无形资产之一的软件在 IT 设备的租赁中，也成为融资租赁资产的有机组成部分。这种资产组合的租赁，在 IT 市场发达的美国，已经有了较多的实践。

三、主要租赁资产

(一)飞机租赁

1. 飞机租赁的含义

飞机租赁，国际上通常称为航空器租赁，是指专门以各种类型的飞机，绝大多数情况下是大型民用客机或货机为租赁资产的租赁。由于飞机价格都相当昂贵，此外，一般来讲，民航客机的使用寿命可以达到 20 多年，甚至 30 年，所以，飞机租赁的租期也都比较长。例如，一架新启用的飞机，在融资租赁中，租期一般为 10～15 年，甚至长达 20 年；在经营性租赁中的租期一般为 3～7 年，长的可超过 12 年。这就要求经营飞机租赁的租赁公司必须拥有雄厚的实力或很强的融资能力。

在飞机租赁中，跨国飞机租赁非常普遍。这是因为，处于世界领先地位的飞机的研制、生产和销售，主要集中在北美和欧洲国家或地区。尤其在大型民用运输飞机领域，美国生产的波音飞机和法、英、德三国生产的空中客车飞机在国际市场上处于绝对支配地位。加上这些国家或地区的金融市场又相对发达，使得经营飞机租赁的租赁公司，主要集中在这些地区。然而，这些地区的飞机销售却遍及世界范围。这也就意味着飞机租赁的承租人遍及世界各地，因而飞机的跨国租赁交易非常普遍。由于金额巨大，融资期限较长，加之跨国租赁时还将涉及至少两个国家或地区的法律、税务、会计制度等，使得飞机租赁交易结构也相对复杂。

2. 飞机租赁的产生

从20世纪50年代开始，世界航空运输业蓬勃发展，尤其是西方发达国家的航空运输发展更为迅速，各航空公司获得飞机的方式几乎全部是以自有资金、政府投资或从银行借贷来进行直接购买。1959年，喷气式飞机开始投放市场，与原有飞机相比，这种新型飞机的技术性能和运输能力都显著提高。各航空公司为了适应运输需求的增长、提高生产效率、增加竞争力，急需引进这一新式飞机，以优化机队结构。然而，喷气式飞机价格昂贵，航空公司直接购买则面临资金不足的困难，有限的资金已经难以满足迅速扩张机队的需要，航空公司必须寻找一种有效的融资方式，才能在资金不足的情况下及时获得所需的飞机。

1952年，现代融资租赁在美国产生，这种集融物与融资为一体的新型交易方式为航空公司提供了解决引进飞机与资金短缺矛盾的有效途径。1960年，美国联合航空公司以杠杆租赁的形式获得了一架喷气式飞机，这是美国也是世界上第一例飞机融资租赁的案例，从此开始了飞机租赁的历史。随着飞机租赁在美国的兴起，飞机租赁市场迅速地扩展，从美国发展到欧洲、日本及第三世界国家，由区域性市场发展成为国际性市场。同时，飞机制造厂商为了更多地销售自己的产品，通过提供信贷、信用担保等促销支持，也积极地参与到飞机租赁这一活动中来。

3. 飞机租赁的主要形式

从根本上讲，融资租赁的各种形式，在飞机租赁中都是适用的。当然，飞机租赁自然会结合飞机租赁资产的特性，在租赁形式上，有时会有一些特殊的体现。

(1) 与一般融资租赁分类相同的分类

融资租赁分类中最基本的分类——（简单）融资租赁与经营性租赁，也是飞机租赁中最常见的两种基本租赁形式。这两种形式的租赁，在飞机租赁中都占有相当大的比重。但是，由于这两种租赁在租赁资产的服务、账务处理以及租赁价格的确定等方面的差异，许多航空公司在规划自己的机队时，常会根据自己的需要以及不同租赁方式的特性而确定不同的比例，并采取不同的融资和管理方式。

无论是（简单）融资租赁还是经营性租赁，在实践中，它们又常常与杠杆融资租赁的形式相结合。并且，由于不同国家的出租人在设计飞机杠杆租赁交易程序时所依据的法律、税收或折旧制度的不同，还存在着不同类型的杠杆租赁，如英美式杠杆租赁、日本式杠杆租赁、德国式杠杆租赁等。

不过，随着航空运输业的发展，飞机的经营租赁越来越成为航空公司战略规划中的一个重要环节，将飞机的所有权与飞机的使用权分开已为越来越多的航空公司所接受。此外，出于竞争的需要，在传统的融资租赁和经营性租赁基础之上，许多飞机出租人还推出了一些体现飞机租赁特征的变通的租赁形式。例如，在租金支付的方式上，有规定免租期的租金支付，即允许承租人航空公司在该期内不支付租金；锯齿式租金支付，即承租人航空公司的租金支付额在一年里可上下波动；空翻式租金支付结构，即后付与先付的租金方式在租期内一个或多个时间点上交替使用等。总之，租金支付变得更加灵活，使航空公司可以根据经营状况安排租金支付。再有，飞机资产期末购买选择权也出现了更多的变通方式，如承租人可选择退租的融资租赁。这种租赁在向承租人提供一种普通的融资租赁安排的同时，还允许承租人在某一个或多个特定日期（窗口）将租赁的飞机归还给出租人，承租人一旦执行了退租，便不再负有租赁债务。这种租赁使承租人航空公司获得了全额清偿和表外融资的双重好处。再如，日本出租人和美国 CIT 公司所推出的复合租赁，是一种带期末购买选择权的经营性租赁。这种租赁对承租人航空公司的现金流管理提出了更高的要求，为航空公司提供了购买飞机、获得残值优惠的双重机会，有利于出租人降低飞机残值的风险，因此更易于吸收投资。

(2) 根据出租人在出租飞机时是否提供关于飞机的服务的分类

在飞机租赁中，关于飞机的服务，主要包括飞机运行所需要的机组人员和飞机的维修保养服务。所以，根据出租人提供服务多少的不同，可将飞机租赁分为三种类型：湿租、潮租和干租。

①湿租要求出租人在给承租人航空公司提供可供运营的飞机的同时，还要提供飞机运营的机组人员和飞机的维修保养。此时，对承租人航空公司而言，其唯一要做的事情只是搭载或不搭载乘客和货物。总的来说，由于承租人只拥有飞行权，所以，这种租赁安排通常只是短期的。大量航空业务采取的是这种租赁方式。例如，巴贝多 (Barbados) 的加勒比航空公司 (Caribbean Airways) 就曾以湿租的方式从湖人航空公司 (Laker Airways) 租赁波音707 飞机。②潮租是指出租人提供部分服务，而承租人航空公司也需自己承担一些关于飞机的运营服务。③而干租租赁方式则遵循一般的租赁原则，即出租人拥有飞机的所有权，承租人拥有使用权。关于飞机运营的服务则由承租人航空公司自己负担。干租租赁方式对出租人较为有利，因此，许多出租人都愿意签订经营性设备租赁协议，以在期末获取大量的残值差额。

(二) 汽车租赁

1. 汽车租赁的含义

汽车租赁是指出租人将各种类型的汽车作为租赁资产的租赁交易。许多专营汽车租赁的大型租赁公司，都与汽车制造商或经销商有着紧密的合作或贸易关系。同时，绝大多数的汽车生产商和进口商也从事汽车租赁业务；许多汽车经销商或自己从事租赁，或通过与租赁公司签订转租赁协议而开展汽车租赁业务。

作为现代社会中主要的交通工具之一，汽车资产所具有的广泛的应用性、通用性以及便于移动、容易变现等特征，使汽车日益成为租赁市场上一种主要的租赁资产。对汽车产业而言，从上游的零部件供应商，到下游的经销商、购车客户，汽车产业链上尚未被完全满足的金融信贷需求被越来越多的金融机构关注并深耕。在传统汽车金融激烈竞争的格局下，在整个汽车金融产业链中，汽车融资租赁凭借融物实现融资的特性，受到了越来越多汽车行业从业者与广大客户的青睐。根据国际咨询管理机构罗兰贝格发布的《2016 中国汽车金融报告》显示，近年来，中国汽车金融市场快速发展，2001～2014 年国内汽车信贷市场规模由 436 亿元增长至 6596 亿元，2015 年年底汽车金融渗透率更是大幅增至 35%左右，虽与发达国家尚有差距，但蕴含着巨大的成长空间。

2. 汽车租赁的产生

客户选择融资租赁方式有许多原因。其中为了解决因购置车辆出现资金短缺的矛盾是最主要的原因之一。同时相对于早期的分期消费来说，融资租赁模式下，由于消费者率先获得的是车辆使用权，因此超低首付和丰富的购车选择，让"先用车、后得车"的汽车消费方式得以运行，也让汽车融资租赁逐渐成为市场消费主体。表 6.2 是汽车融资租赁模式与商业银行贷款、汽车金融公司两种购车的优劣势对比。

表 6.2　三种购车模式的优劣势对比

	手　续	首　付	利　率	财务便利	代　表
商业银行贷款	需要提供户口本、房产证等资料，通常还需以房屋做抵押，并找担保公司担保，缴纳保证金及手续费	一般首付款为车价的30%	利率确定。此外还产生手续费、账户管理费等并提前支付，占用资金成本	/	民生银行、建设银行、平安银行等
汽车金融公司	只要有固定职业和居所、稳定的收入及还款能力、个人信用良好即可	首付款最低为车价的20%	通常要比银行高一些	/	通用汽车金融、大众金融、奔驰金融等
汽车融资租赁	门槛较低，非本地户口也可	最低可为 0 首付	部分车型有厂家支持政策，可达到市场最低价	平衡财务支出；享受税收优惠；节约信贷额度	永达融资租赁、安吉租赁、同辉租赁等

按照成熟汽车市场的经验，融资租赁今后应该是和汽车金融公司、商业银行货款三驾汽车金融马车并存的状态。而且我国目前汽车融资租赁购车所占比例不到 3%，未来一定有非常大的市场空间。

3. 汽车租赁的主要形式

（1）直接租赁

作为国际上常用的融资租赁业务模式之一，"直租"模式将会越来越受到青睐；并在国内被广泛应用于各个领域。因"直租"模式可以满足企业盘活存量和提高交易效率等需求，近几年取得了快速的发展。图 6.1 是汽车直接租赁流程图。

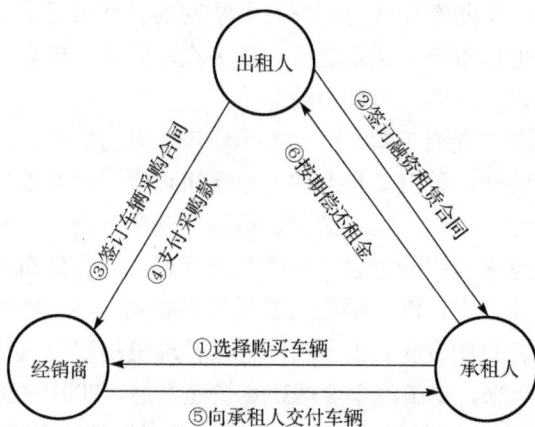

图 6.1　汽车直接租赁流程图

（2）售后回租

售后回租作为融资租赁的基本模式，相比于直接租赁，这种模式的利润率更高，而且公司还可以赚取差价，以及残值处理等其他方面的收益。图 6.2 是汽车售后回租流程图。

近年来汽车融资租赁发展与融资租赁企业接入央行征信系统密不可分，因为完善的征信系统是发展汽车金融服务的关键，接入央行征信系统后不仅可以看到涉及交易的项目情况、是否发生违约等记录，同时还可以随时查询租赁物权属情况等相关信息。一方面，租赁物权属信息记录在册，可以杜绝承租人未经融资租赁企业允许就将租赁物另行抵押；另一方面，在售后回租模式中，也可以杜绝承租人将同一租赁物出售给多家不同的融资租赁公司，即"一物多融"的现象。因此，接入央行征信系统，可以帮助融资租赁企业评估交易对手的信用风险，增加融资租赁企业控制风险的能力，从而保护资产安全。

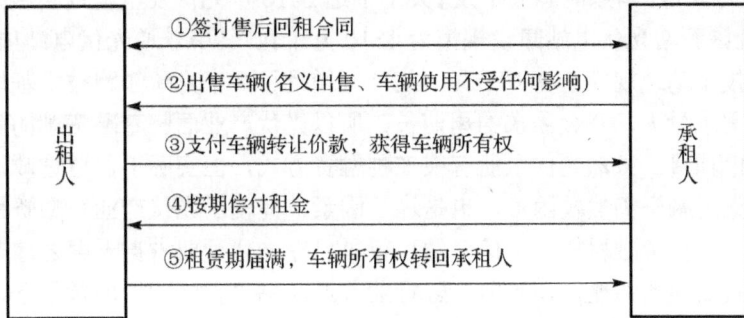

图6.2　汽车售后回租流程图

（三）船舶租赁

在过去20年里，许多种类的船只都被用来租赁，小到小帆船，大到远洋运输轮船。在南大西洋战争中，多家英国租赁公司提供了战舰，并发现这是一笔不错的买卖。尽管海洋法对船舶租赁有一些特殊规定，但破产的财务条款却与船舶租赁密切吻合，不同的只是术语名称，如租赁称为包租（Charter），租赁协议称为租船合同，租金收入称为包租收入等。

船舶租赁一向是租赁业中受欢迎的业务。在通货膨胀时期，尽管有特殊规定允许船舶公司有选择地推迟对新船舶销售费用的补贴，并可在未来任何时候获得这些补贴，但仍然有许多船舶公司发现获得最大的课税补贴很困难。通过和租赁公司合作，船舶公司能很好地获得这些利益。

尽管经济和政治环境会给资产价值带来剧烈的波动，但是，对于出租人来说，拥有船舶是一种有形、长期和可变现的资产保值方式。从20世纪70年代到80年代，非金融机构通过担保来出租船舶变得极为流行。在很多国家，新船只的购买人可以获得资金补贴，这进一步吸引出租人设计新的租赁安排，船舶制造商同样能得到租赁的好处，新业务中通常会附有租赁请求。

尽管和船舶有同样吸引人的地方，但是钻油井架本身的特点决定了其租赁业务比较少，大额租赁就更少了。虽然钻油井架租赁的风险更大，但是，这样的业务主要由单个租赁公司来完成。如果钻油井架的目的比较特殊，租赁公司必须和用户（不是承租人）签订契约，以使工程达到满意的效果。

这些资产的期限长、成本高，所以即使有25%的账面贬值折扣，出租人也能设计出不错的租赁计划。在租赁交易进行的时候，出租人必须拟出第三方在使用资产时应承担的责任。在这个对环境污染逐渐重视的世界中，对经营者的高技术要求变得和良好的财务状况要求一样重要。重大事件的成本是昂贵的，尽管这类事件发生的概率很小。

为了获取船舶和钻油井架，租赁公司必须遵守海洋法，而资产的披露并不受制于英国法律条款的规定。在租赁合同期间和发生违约的情况下，这些法律规定会增加租赁公司的管理负担。

(四)光伏租赁

2016年6月3日，国家能源局下发《关于下达2016年光伏发电建设实施方案的通知》，要求2016年全国新增光伏电站建设规模为1810万千瓦，其中普通光伏电站项目1260万千瓦，光伏领跑技术基地规模550万千瓦，此外还增批了8个光伏领跑技术基地。

由于资金需求量大，资金需求的周期长，所以光伏产业面临着融资难的问题，特别是分布式光伏发电项目。虽然光伏企业有很多种融资方式，但实际上，通过政策性银行或商业银行贷款等渠道融资仍然较困难，也是这一因素，促使了光伏产业与融资租赁的结合。国银金融租赁、华夏金融租赁、中信金融租赁早已在光伏行业占据一席之地。

从融资租赁公司的角度，在当前金融行业普遍面临"资产荒"的背景下，光伏电站由于具有长期稳定现金流而成为一项优质资产，并且光伏电站投资大、资金回收期长的特点也恰好与融资租赁这种设备融资方式相契合。

光伏融资租赁的基本模式主要包括直接融资租赁、售后回租、经营性租赁、经营性售后回租四种模式。

(1)直接融资租赁

直接租赁是一种比较基础的融资模式，由租赁公司和项目公司(承租方)签订设备融资租赁合同，出租人从设备制造商处购买电站组件，制造商将电站组件交付给承租方，由EPC(工程总承包)公司进行施工建设，承租人在租赁期间按期向出租人支付租金。

(2)售后回租模式

项目公司将已经建成，并实现并网发电的电站，出售给融资租赁公司，然后再租回继续使用，租赁公司根据电站的实际运营情况以及投资总额，确定融资额度，项目公司定期向租赁公司偿还租金。

(3)经营性租赁模式

这是一种股债结合的模式，由项目公司提供光伏电站建设的批复文件，租赁公司提供全部的项目建设资金包括购买电站组件，厂商提供电站组件设备，然后由EPC公司负责施工建设。光伏电站建成投产之后，将光伏电站租给承租人经营(项目公司可自己承租，也可以是第三人承租)，租赁公司按照投入比例获得相应股权，并定期向承租方收取租金。

(4)经营性售后回租模式

经营性售后回租模式中，承租方也分项目公司和第三方两种。如果项目公司为承租方，项目公司将已建成并实现并网发电的电站转让给租赁公司，租赁公司和项目公司签署电站转让合同、融资租赁合同，租赁公司再将电站租给项目公司经营，并按期向项目公司收取租金；如果承租方是第三方，则电站的转让合同由租赁公司和项目公司签署，承租方和租赁公司签署融资租赁合同。

在目前光伏电站投资难以获得银行贷款的背景下，融资租赁作为一种创新融资手段，因前期无需企业大规模资金投入，可以有效解决光伏电站融资难题，更好地满足光伏企业资金需求。而且，光伏产业与融资租赁结合，获取资金也比银行贷款更加快速、更加便利。另外，融资租赁的介入，也加速了光伏产业的规模扩张和快速发展。光伏产业与融资租赁结合，还能有效解决分布式电站回收电费困难的问题，因为融资租赁的商业合同清晰，租赁企业与承租方明确规定了租金偿还方式，规避了因回收电费缺乏规范带来的风险。

目前光伏融资租赁面临的两大难题：一是西部地区的"弃光限电"问题；二是国家补贴晚到位的问题。首先，从地区分布来看，弃光限电问题集中出现在西部地区。西部地区属于富光地区，但是西部地区的消纳能力弱、向外输电通道容量有限、电网建设滞后，因此很多电站建成之后不能并网，处于"晒太阳"的状态，特别是甘肃、新疆等地，甘肃部分地区弃光率高达 40%以上，新疆的弃光率也在 8%左右，而中东部地区不存在弃光限电问题。从电站类型来看，大型地面电站因并网问题面临着限电风险，而分布式光伏电站由于不受外送通道容量的限制，可实现就地消纳，能有效避免"弃光限电"问题，限电风险几乎为零。因此融资租赁如果介入大型地面电站，就要面临西部地区弃光限电的风险。其次，我国对两类光伏电站的补贴政策有所不同。对于集中式光伏发电，政策规定电网企业可就光伏电站标杆上网电价高出当地燃煤机组标杆上网电价的部分，申请可再生能源发电补贴资金；对于分布式光伏电站，我国实行全电量补贴政策，电网企业可申请可再生能源发展基金，再由电网企业转付给发电企业。目前对于大型地面电站的补贴资金普遍出现晚到位的问题，项目现金流不能覆盖租金，不仅影响了银行对光伏企业的授信，也使一些电站因为补贴推迟到位，而对项目的经济效益造成了很大的影响，同时还影响了股东的还款能力。但是，对于分布式电站而言，补贴发放相对比较及时，加上国家鼓励分布式电站建设，并网风险较小，项目融资可以基本覆盖租金。

思考与练习

1. 出租人的概念细分有哪些？
2. 融资租赁交易中的承租人为什么以法人为主？
3. 融资租赁资产的主要种类有哪些？
4. 无形资产包括哪些？
5. 飞机租赁有哪几种主要形式？
6. 租赁市场参与方众多，应如何防范租赁市场风险？

第七章
融资租赁公司的设立与监管

本章提要

通过对融资租赁行业认识的逐步深入，越来越多的大型企业发现了融资租赁的优势，开始计划成立融资租赁公司。本章主要阐述我国融资租赁公司的登记与设立条件、设立前的准备以及设立程序。

本章结构图

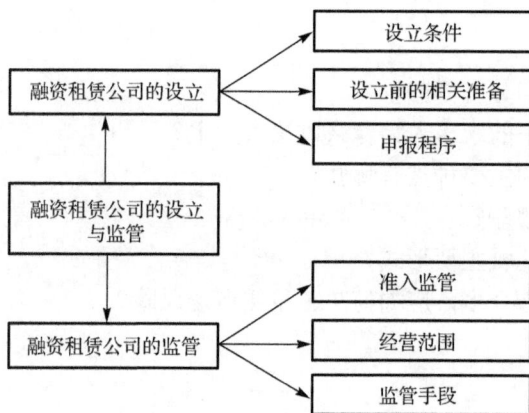

学习目标

● 重点掌握三种不同类型融资租赁公司设立的条件及程序。

● 掌握三种不同类型融资租赁公司监管上的差异。

● 了解中国融资租赁监管现状和发展趋势。

第一节　外商投资融资租赁公司的设立条件及程序

一、外商投资融资租赁公司的设立条件

设立外商投资融资租赁公司主要依据《中华人民共和国合同法》(以下简称《合同法》)、《中华人民共和国公司法》(以下简称《公司法》)、《中华人民共和国外资企业法》《中华人民共和国中外合资经营企业法》《中华人民共和国中外合作经营企业法》及《外商投资租赁业管理办法》(以下简称《租赁业管理办法》见附录 F)的规定,外商投资融资租赁公司的设立条件如表 7.1 所示。

表 7.1　外商投资融资租赁公司的设立条件

公司组织模式	有限责任公司	股份有限公司
设立审批部门	商务部及各省、自治区、直辖市、计划单列市及新疆生产建设兵团商务局(厅、委)、国家级经济技术开发区	
注册登记部门	各地工商行政管理部门	
投资者人数(包括法人和自然人)	不超过 50 人	不超过 200 人
投资者资产要求	外国投资者的总资产不低于 500 万美元	
注册资本	不低于 1000 万美元	
外国投资者出资比例	外国投资者的出资比例一般不低于 25%	
出资方式	货币出资金额不低于注册资本的 30%	
注册资本缴纳	首次出资额不低于注册资本的 20%,其余部分由股东自公司成立之日起两年内缴足	
业务形式	直接租赁、转租赁、回租赁、杠杆租赁、委托租赁、联合租赁等不同形式	
经营范围	融资租赁业务;租赁业务;向国内外购买租赁财产;租赁财产的残值处理及维修;租赁交易咨询和担保;经审批部门批准的其他业务	
经营期限	一般不超过 30 年	无要求
专业人员及高管人员	具有相应的专业资质和不少于 3 年的从业经验	

二、设立外商投资融资租赁公司的流程

根据《中华人民共和国公司登记管理条例》及《租赁业管理办法》的相关规定,结合相关商务主管部门及工商登记注册部门的实践,设立外商投资融资租赁公司的流程如图 7.1 所示。

三、设立外商投资融资租赁公司向审批部门报送的材料

根据《租赁业管理办法》的规定,以有限责任公司形式设立外商投资融资租赁公司的,应向审批部门报送如下材料:

① 申请书;
② 投资各方签署的可行性研究报告;
③ 合同、章程(外资企业只报送章程);
④ 投资各方的银行资信证明、注册登记证明(复印件)、法定代表人身份证明(复印件);
⑤ 投资各方经会计师事务所审计的最近一年的审计报告;

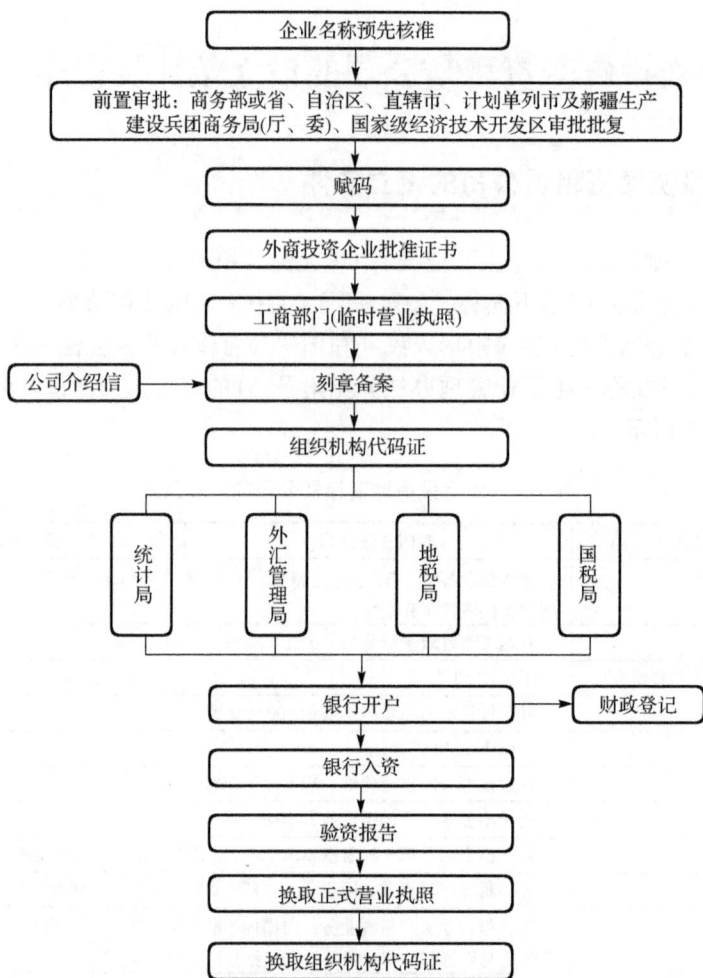

图 7.1　设立外商投资融资租赁公司的流程

⑥ 董事会成员名单及投资各方董事委派书；

⑦ 高级管理人员的资历证明；

⑧ 工商行政管理部门出具的企业名称预先核准通知书。

若申请成立股份有限公司的，还应提交有关规定要求提交的其他材料。

第二节　金融租赁公司的设立条件及程序

自2007年《金融租赁公司管理办法》允许投资设立融资租赁公司以来，我国各大主要银行、租赁公司及大型企业陆续新设金融租赁公司或重组已有的金融租赁公司。

一、金融租赁公司的设立条件

设立金融租赁公司主要依据《中华人民共和国银行业监督管理法》《公司法》《金融租赁公司管理办法》（以下简称《金融管理办法》）、《中国银行业监督管理委员会非银行金融机构行政许可事项实施办法》（以下简称《非银机构行政许可办法》）的规定，金融租赁公司的设立条件如下。

（一）具有符合《金融管理办法》规定的出资人

依据《金融管理办法》《非银机构行政许可办法》的规定，出资人分为：主要出资人和一般出资人。主要出资人是指出资额占拟设公司注册资本 50% 以上的出资人；一般出资人是指除主要出资人以外的其他出资人。

符合《金融管理办法》《非银机构行政许可办法》规定的主要出资人包括：商业银行、租赁公司、大型企业、其他金融机构。主要出资人应当符合相应的条件，如表 7.2 所示。

表 7.2　主要出资人应当符合相应的条件

公司条件	商业银行	租赁公司	大型制造企业
资产状况	最近 1 年年末资产不低于 800 亿元人民币或等值的自由兑换货币	最近 1 年年末资产不低于 100 亿元人民币或等值的自由兑换货币	最近 1 年年末净资产率不低于 30%
资本充足率	符合注册地金融监管机构要求且不低于 8%	无要求	无要求
盈利情况	最近 2 年连续盈利	最近 2 年连续盈利	最近 2 年连续盈利
营业收入	无要求	无要求	主营业务销售收入占全部营业收入的 80% 以上；最近 1 年的营业收入不低于 50 亿元人民币或等值的可自由兑换货币
其他	具有良好的公司治理结构、内部控制机制和健全的风险管理制度	无要求	信用记录良好

在中国境内外注册的具有独立法人资格的商业银行作为金融租赁公司主要出资人的，应具备以下条件：①资本充足率符合注册地金融监管机构要求且不低于 8%；②最近 1 年年末总资产不低于 800 亿元人民币或等值的自由兑换货币；③最近 2 个会计年度连续盈利；④遵守注册地法律法规，最近 2 年内未发生重大案件或重大违法违规行为；⑤具有良好的公司治理结构、内部控制机制和健全的风险管理制度；⑥境外商业银行作为主要出资人的，其注册地应有完善的金融监督管理制度，所在国（地区）经济状况良好；⑦银监会规定的其他审慎性条件。

在中国境内外注册的具有独立法人资格的租赁公司作为金融租赁公司主要出资人的，应具备以下条件：①最近 1 年年末总资产不低于 100 亿元人民币或等值的可自由兑换货币；②最近 2 个会计年度连续盈利；③遵守注册地法律法规，最近 2 年内未发生重大案件或重大违法违规行为；④境外租赁公司作为主要出资人的，其所在国（地区）经济状况良好；⑤银监会规定的其他审慎性条件。

在中国境内注册的、主营业务为制造适合融资租赁交易产品的大型企业作为金融租赁公司主要出资人的，应具备以下条件：①最近 1 年的营业收入不低于 50 亿元人民币或等值的可自由兑换货币；②最近 2 个会计年度连续盈利；③最近 1 年年末净资产不低于总资产的 30%（合并会计报表口径）；④主营业务销售收入占全部营业收入的 80% 以上；⑤信用记录良好；⑥遵守国家法律法规，最近 2 年内未发生重大案件或重大违法违规行为；⑦银监会规定的其他审慎性条件。

境内非金融机构作为金融租赁公司一般出资人的，应具备以下条件：①在工商行政管理部门登记注册，具有法人资格；②有良好的公司治理结构或有效的组织管理方式；③有良好的社会声誉、诚信记录和纳税记录；④经营管理良好，最近2年内无重大违法违规经营记录；⑤财务状况良好，且最近2个会计年度连续盈利；⑥年终分配后，净资产达到全部资产的30%(合并会计报表口径)；⑦承诺3年内不转让所持有的金融租赁公司股权(银监会依法责令转让的除外)，不将所持有的金融租赁公司股权进行质押或设立信托，并在公司章程中载明；⑧银监会规定的其他审慎性条件。

境外金融机构作为中资金融租赁公司一般出资人的，应具备以下条件：①最近1年年末总资产原则上不少于10亿美元；②最近2个会计年度连续盈利；③境外金融机构为商业银行时，其资本充足率应不低于8%；为其他金融机构时，应满足住所地国家(地区)监管当局相应的审慎监管指标的要求；④内部控制制度健全有效；⑤承诺3年内不转让所持有的金融租赁公司股权(银监会依法责令转让的除外)、不将所持有的金融租赁公司股权进行质押或设立信托，并在公司章程中载明；⑥注册地金融机构监督管理制度完善；⑦所在国(地区)经济状况良好；⑧银监会规定的其他审慎性条件。

(二)具有符合《金融管理办法》规定的最低限额注册资本

注册资本为一次性实缴货币资本，最低注册资本为1亿元人民币或等值的可自由兑换货币。

(三)具有符合《公司法》和《金融管理办法》规定的章程

公司章程至少包括以下内容：机构名称，营业地址，机构性质，注册资本金，业务范围，组织形式，经营管理和中止、清算等事项。

(四)具有符合相关规定的合格董事、高级管理人员和从业人员

中国银行业监督管理委员会对公司董事和高级管理人员实行任职资格核准制度。

(五)具有完善的公司治理、内部控制、业务操作、风险防范等制度

(六)具有合格的营业场所、安全防范措施和与业务有关的其他设施

① 经营场地产权证；
② 场地租赁合同；
③ 安全防范制度；
④ 有关单位出具的安检意见等。

(七)中国银行业监督管理委员会规定的其他条件

略。

二、设立金融租赁公司的流程及提交的文件

金融租赁公司可由主要出资人投资设立，也可由两个或两个以上出资人投资设立，图7.2为投资设立金融租赁公司的相关流程。

① 主要出资人与一般出资人洽谈设立金融租赁公司合作意向。

② 主要出资人作为申请人向银监会提出设立申请。设立包括筹建和开业两个阶段，筹建期为筹建申请获批之内六个月(经银监会批准可最长延期三个月)，筹建期限届满前主要出资人向银监会提出开业申请。

③ 在收到开业核准文件并取得金融许可证后，出资人办理工商登记，金融租赁公司在领取营业执照后六个月内开业。

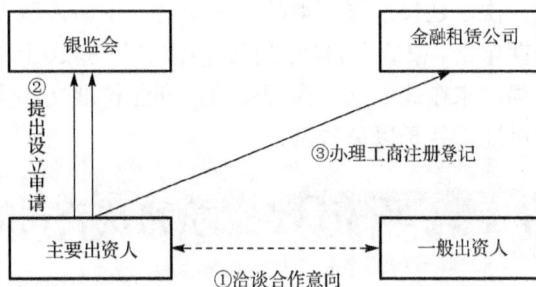

图 7.2　设立金融租赁公司的相关流程

(一)筹建申请

筹建申请由申请人提交下列文件：①筹建申请书，内容包括拟设立金融租赁公司的名称、注册所在地、注册资本金、出资人及各自的出资额、业务范围等；②可行性研究报告，内容包括对拟设公司的市场前景分析、未来业务发展规划、组织管理架构和风险控制能力分析、公司开业后 3 年的资产负债规模和盈利预测等内容；③拟设立金融租赁公司的章程(草案)；④出资人基本情况，包括出资人名称、法定代表人、注册地址、营业执照复印件、营业情况以及出资协议(出资人为境外金融机构的，应提供注册地金融监管机构出具的意见函)；⑤出资人最近 2 年经有资质的中介机构审计的年度审计报告；⑥银监会要求提交的其他文件。

筹建金融租赁公司，应由主要出资人作为申请人向拟设地银监局提交申请，由银监局受理并初步审查、银监会审查并决定。银监会自收到完整申请材料之日起 4 个月内做出批准或不批准的书面决定。金融租赁公司的筹建期为批准决定之日起 6 个月。未能按期筹建的，可申请延期一次，延长期限不得超过 3 个月。申请人应在筹建期限届满 1 个月前向银监会提交筹建延期申请。银监会自接到书面申请之日起 20 日内做出是否批准延期的决定，并抄送有关银监局。申请人应在规定的期限届满前提交开业申请，逾期未提交的，筹建批准文件失效，由决定机关注销筹建许可。

(二)开业申请

金融租赁公司筹建工作完成后，申请人向银监会提出开业申请，提交下列文件：①筹建工作报告和开业申请书；②境内有资质的中介机构出具的验资证明、工商行政管理机关出具的对拟设金融租赁公司名称的预核准登记书；③股东名册及其出资额、出资比例；④金融租赁公司章程，其中至少包括机构名称、营业地址、机构性质、注册资本金、业务范围、组织形式、经营管理和中止、清算等事项；⑤拟任高级管理人员名单、详细履历及任职资格证明材料；⑥拟办业务规章制度和风险控制制度；⑦营业场所和其他与业务有关设施的资料；⑧银监会要求提交的其他文件。

金融租赁公司的开业申请经银监会批准后，颁发金融机构法人许可证，并凭该许可证到工商行政管理机关办理注册登记，领取企业法人营业执照后方可开业。

金融租赁公司应当自领取营业执照之日起 6 个月内开业。不能按期开业的，可申请延期一次，延长期限不得超过 3 个月。申请人应在开业期限届满 1 个月前向银监会提交开业延期申请。银监会自接到书面申请之日起 20 日内做出是否批准延期的决定，并抄送有关银监局。未在规定期限内开业的，开业核准文件失效，由决定机关注销开业许可，收回金融许可证，并予以公告。

第三节 内资试点融资租赁公司的设立条件及程序

为了更好地发挥租赁业在扩大内需、促进经济发展中的作用，支持租赁业快速健康发展，商务部、国家税务总局于 2004 年 10 月 22 日开展内资融资租赁公司试点工作。截至 2016 年年底，商务部、税务总局联合审批了累计 15 批 204 家内资融资租赁试点企业。

一、内资试点融资租赁公司的主管部门及试点推荐单位

依据《商务部、国家税务总局关于从事融资租赁业务有关问题的通知》（商建发[2004]560 号）的有关规定，内资试点融资租赁公司的主管部门及试点推荐单位如下。

根据国务院办公厅下发的商务部"三定"规定，原国家经贸委、外经贸部有关租赁行业的管理职能和外商投资租赁公司管理职能划归商务部，今后凡《财政部、国家税务总局关于营业税若干政策问题的通知》（财税[2003]16 号）中涉及原国经贸委和外经贸部管理职能均改由商务部承担。

商务部将对内资租赁企业开展从事融资租赁业务的试点工作。各省、自治区、直辖市、计划单列市商务主管部门可以根据本地区租赁行业发展的实际情况，推荐 1～2 家从事各种先进或适用的生产、通信、医疗、环保、科研等设备、工程机械及交通运输工具（包括飞机、轮船、汽车等）租赁业务的企业参与试点工作。被推荐的企业经商务部、国家税务总局联合确认后，纳入融资租赁试点范围。

二、内资试点融资租赁公司的设立条件

依据《商务部、国家税务总局关于从事融资租赁业务有关问题的通知》（商建发[2004]560 号）的有关规定，内资试点融资租赁公司的设立条件如下：①2001 年 8 月 31 日（含）前设立的内资租赁企业最低注册资本金应达到 4000 万元人民币，2001 年 9 月 1 日至 2003 年 12 月 31 日期间设立的内资租赁企业最低注册资本金应达到 17000 万元人民币；②具有健全的内部管理制度和风险控制制度；③拥有相应的金融、贸易、法律、会计等方面的专业人员，高级管理人员应具有不少于 3 年的租赁业从业经验；④近两年经营业绩良好，没有违法违规记录；⑤具有与所从事融资租赁产品相关的行业背景；⑥法律法规规定的其他条件。

省级商务主管部门推荐融资租赁试点企业除应上报推荐函以外，还应提交下列材料：①企业从事融资租赁业务的申请及可行性研究报告；②营业执照副本（复印件）；③公司章程、企业内部管理制度及风险控制制度文件；④具有资格的会计师事务所出具的近 3 年财务会计报告；⑤近 2 年没有违法违规记录证明；⑥高级管理人员的名单及资历证明。

三、内资试点融资租赁公司的业务范围

依据《商务部、国家税务总局关于从事融资租赁业务有关问题的通知》（商建发[2004]560号）的有关规定，内资试点融资租赁公司应严格遵守国家有关法律法规，不得从事下列业务：①吸收存款或变相存款；②向承租人提供租赁项下的流动资金贷款和其他贷款；③有价证券投资、金融机构股权投资；④同业拆借业务；⑤未经银监会批准的其他金融业务。

第四节　融资租赁公司的监管

目前，我国的融资租赁业存在两种监管体系：一个是金融租赁公司监管体系，主要负责对具有银行背景的金融租赁公司实施监管；另一个则是融资租赁公司监管体系(包含外资投资融资租赁公司和内资试点融资租赁公司)，其中内资试点融资租赁公司须经由商务部和国家税务总局联合审批。我国融资租赁业的总体特征是"一个市场、两套监管体系、三种企业准入"，如表7.3所示。

表7.3　国内融资租赁监管体系一览表

企 业 类 型	金融租赁公司	外商投资融资租赁公司	内资试点融资租赁企业
行业主管	银监会	商务部	
适用监管法规	《金融租赁公司管理办法》	《外商投资租赁业管理办法》	《关于从事融资租赁业务有关问题的通知》

总体来说，我国金融租赁公司监管比较严格。金融租赁公司主要由银监会按照金融机构的标准进行监管，其准入门槛、风险管理、内部控制、监管指标和信息披露等方面在《金融租赁公司管理办法》中有明确的要求。而对于商务部监管的内资、外资融资租赁公司而言，早期的监管制度在准入方面有硬性规定，但缺乏有效的事中、事后监管的手段，尤其是外资融资租赁公司，监管部门没有取得应有的监管效果。2013年，商务部正式出台了《融资租赁企业监督管理办法》（见附录E），针对融资租赁公司有审批、无监管的现象进行了规范。

一、准入监管

三种类型的融资租赁公司准入门槛如表7.4所示。

表7.4　融资租赁公司准入门槛

监 管 内 容	金融租赁公司	外商投资融资租赁公司	内资试点融资租赁公司
行业主管	银监会	商务部	商务部
注册资本	注册资本为一次性实缴资本，最低额为1亿元人民币或等值的可兑换自由货币；发起人中至少有一家商业银行、制造企业或境外融资租赁公司，且其出资占比不低于30%	注册资本不低于1000万美元	2001年8月31日(含)前设立的内资租赁企业最低注册资本为4000万元人民币；2001年9月1日至2013年12月31日期间设立的内资租赁企业最低注册资本为1.7亿元人民币

监管内容	金融租赁公司	外商投资融资租赁公司	内资试点融资租赁公司
经营期限	—	一般不超过30年	—
贷款性质	可以在租赁项下经营贷款	不可以经营贷款	不可以经营贷款
外债登记	需要外债指标	需要备案登记	—
对金融机构投资	允许	不允许	不允许

二、经营范围

三种类型的融资租赁公司经营范围如表7.5所示。

表7.5　融资租赁公司业务范围

公司性质	业务范围	标的物
金融租赁公司	(1)融资租赁业务；(2)吸收股东1年期(含)以上定期存款(但不得吸收银行股东的存款)；(3)接受承租人的租赁保证金；(4)向商业银行转让应收租赁款；(5)经批准发行金融债券；(6)同业拆借；(7)向金融机构借款；(8)境外外汇借款；(9)租赁物品残值变卖及处理业务；(10)经济咨询；(11)银监会批准的其他业务	租赁物为固定资产，但银监会禁止的除外注：固定资产的定义为"企业使用期限超过1年的房屋、建筑物、机器、机械、运输工具以及其他与生产经营有关的设备、器具、工具等"
外商投资融资租赁公司	(1)吸收存款或者变相吸收存款；(2)向承租人提供租赁项下的流动资金贷款和其他贷款；(3)有价证券投资、金融机构股权投资；(4)同业拆借业务；(5)经银监会批准的其他金融业务	权属清晰、真实存在且能够产生收益权的租赁物注：《外资租赁企业管理办法》所称租赁物包括：(一)生产设备、通信设备、医疗设备、科研设备、检验检测设备、工程机械设备、办公设备等各类资产；(二)飞机、汽车、船舶等各类交通工具；(三)本条(一)(二)项所述动产和交通工具附带的软件、技术等无形资产，但附带的无形资产价值不得超过租赁财产价值的二分之一
内资试点融资租赁公司	(1)融资租赁业务；(2)租赁业务；(3)向国内外购买租赁财产；(4)租赁财产的残值处理及维修；(5)租赁交易咨询和担保；(6)经过审批部门批准的其他业务	权属清晰、真实存在且能够产生收益权的租赁物注：《内资租赁企业管理办法》(征求意见稿)，规定租赁物为可自由流通的非消耗物。法律禁止流通或限制流通的不应作为融资租赁交易的标的物

三、监管手段

(一)金融租赁公司

金融租赁公司的监管手段主要是非现场检查及现场检查。金融租赁公司被要求定期提交基本财务材料及规定的监管报表，监管部门通过分析这些信息来判断公司的经营状况。监管部门还有权按一定程序对金融租赁公司进行现场检查，现场查阅公司各种资料，质询高级管理人员。对发现的问题，金融监管部门视情节轻重有权采取以下处罚措施：责令限期整改、暂停业务、限制股东权利、依法对其实行托管或者监督其重组等。

(二)外商投资融资租赁公司

商务部对外商投资融资租赁公司所实行的监管手段主要包括审批手段和年度报告制度。

第一，审批手段。审批手段是商务部目前所实行的最有效也是最主要的监管手段，主要包括设立的审批和后期变更的审批。在设立审批方面，审批的程序应由投资者向拟设立企业所在地的省级商务主管部门对报送的申请文件进行初审后，自收到全部申请文件之日起15个工作日内将申请文件和初审意见上报商务部。商务部应自收到全部申请文件之日起45个工作日内做出是否批准的决定，批准设立的，颁发外商投资企业批准证书，不予批准的，应书面说明原因。后期变更审批的程序和设立审批的程序基本相同，只不过申请人由投资者变更为外商投资融资租赁公司，所要提交的材料视变更的事项不同而不同。

第二，年度报告制度。外商投资融资租赁公司应在每年3月31日之前向商务部报送上一年业务经营状况报告和上一年经会计师事务所审计的财务报告。监管部门通过对外商投资融资租赁公司的业务经营状况报告和财务报告的审查来发现外商投资融资租赁公司在经营过程中是否存在违反监管要求的现象，并要求外商投资融资租赁公司加以改正。

（三）内资试点融资租赁公司

监管部门目前所实行的监管手段主要包括审批手段和季度报告制度。

第一，审批手段。审批手段主要包括内资试点企业确认和后期变更的审批。在试点企业确认方面，审批流程是，各省、自治区、直辖市、计划单列市商务主管部门可以根据本地区租赁行业发展的实际情况，推荐 1~2 家从事各种先进或适用的生产、通信、医疗、环保、科研等设备、工程机械及交通运输工具(包括飞机、轮船、汽车等)租赁业务的企业参与试点工作。被推荐的企业经商务部、国家税务总局联合确认后，纳入融资租赁试点范围。

内资租赁企业有下列变更事项之一的，应当在变更后5个工作日内通过地方主管报商务部备案。变更事项如涉及登记事项的，应当按照规定向工商行政管理部门申请变更登记，并在办理变更工商登记手续后5个工作日内通过地方主管部门报商务部备案：变更企业名称；改变组织形式；调整主营业务范围；变更注册资本；调整股权结构；变更企业住所或办公场所；修改章程；变更董事、监事及高级管理人员；分立或合并；设立子公司、分支机构；主管部门所规定的其他变更事项。

第二，季度报告制度。内资融资租赁试点企业应在每季度 15 日前将其上一季度的经营情况上报省级商务主管部门，并抄报商务部。商务部和国家税务总局将采取定期或不定期方式，抽查试点企业经营情况。对违反有关法律法规和上述规定的企业，商务部将取消其融资租赁试点企业的资格。

思考与练习

1. 试述我国三类融资租赁公司设立的条件。
2. 试述我国三类融资租赁公司设立的程序。
3. 试述三种不同类型融资租赁公司的差别及其监管上的差异。
4. 试述内资租赁企业、外资租赁企业、金融租赁企业设立的难点有哪些。

第八章
融资租赁公司的融资渠道

本章提要

选择合理的融资方式，既是企业提升核心竞争力、提高经营绩效的必要条件，也是企业财务战略管理的重要环节。不能解决资金来源问题，租赁经营就成了"无源之水"。本章将对融资租赁公司所能开展的各种筹资方式进行介绍与分析。

本章结构图

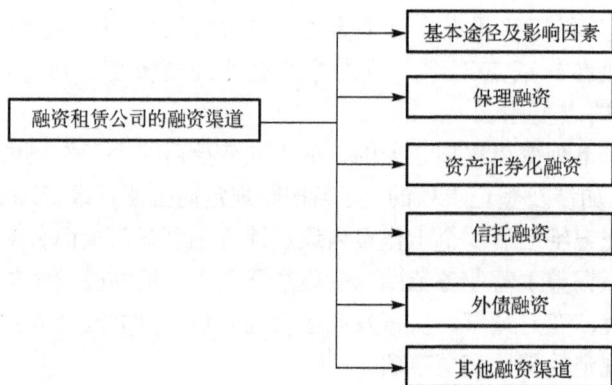

学习目标

● 重点掌握融资租赁公司融资渠道各种途径的意义、特点、模式及风险。
● 掌握融资租赁公司融资渠道的途径与影响因素。
● 了解融资租赁公司融资渠道的创新。

在融资租赁发展比较成熟的市场，由于市场自由度、政策支持度的不同，往往存在不同种类的融资渠道。如在资本市场比较自由的美国，由于美国的资本市场在长时间内都维持着低利率的水平，所以通过母公司借款、发行债券等方式进行融资成为了大多数租赁公司的选择。因为利用这种方式，能使企业获得较低成本的资金，资金来源也较为稳定。而在其他一些国家，利用政策扶持获得较低成本的资金成为了主流，如在日本，通常是由受政府长期支持的银行来为租赁公司提供低息贷款，政府再对发放贷款的银行进行利息补贴。

在我国，现阶段制约融资租赁公司持续、健康发展的最大问题，无疑应该是融资租赁公司的资金来源问题。融资租赁的融资渠道能否多元化，考验着融资租赁公司，也决定着行业发展的潜力。

第一节　融资渠道的基本途径及影响因素

一、融资租赁的融资渠道

根据是否有金融中介的介入，融资活动分为直接融资和间接融资。直接融资是指资金的使用方和提供方在没有金融中介介入的情况下，双方直接达成借贷协议，或是资金提供方直接在市场上购买资金使用方发行的证券，形成债权债务关系的融资方式。在这其中，金融中介机构更多的是发挥着协调沟通以及提供专业咨询等方面的作用，不会直接产生借贷行为。在融资渠道选择上，直接融资可通过发行股票、债券，开具商业承兑汇票等商业票据，直接向其他企业、个人借取资金来满足自身的融资需求。与直接融资相对应，间接融资是指资金使用方和提供方通过银行等金融中介机构实现融资的行为。在间接融资中，资金使用方和提供方并不会直接产生债权债务关系，而是由中介机构分别和资金使用方和提供方形成两个独立的债权债务关系。中介机构既是资金提供方的债务人，又是资金使用方的债权人。在融资渠道选择上间接融资的方式主要有银行信贷、保理业务、银行承兑汇票、银行开立信用证等。

融资租赁公司作为独立的法人企业，其融资方式与普通企业相比具有一定的共性，但由于其运营特点，在融资方式和渠道上又显现出了自身的独特之处。

(一)直接融资渠道

1. 母公司直接增资

母公司直接增资对于融资租赁公司自身来说，一方面，使公司获得了股权融资，降低了融资资金未来的刚性还款压力和资金成本，且没有增加企业自身的债务规模；另一方面，也提高了公司自身的杠杆融资规模，带来杠杆效应。对于母公司来说，如果自身具有充足的现金流，对子公司进行增资，一方面，使子公司获得资金，另一方面，母公司的控制权也没有被稀释。这种方式在融资租赁公司成立初期往往会显示出较大的优势，但是随着企业规模的不断扩大，当企业资产规模已经达到几十亿甚至上百亿、动辄一个项目需要上亿资金的时候，这种方式往往就跟不上企业融资的需求了。

2. 母公司直接借款

一些实力雄厚并且现金流很充足的母公司也会采取直接借款的形式为旗下的融资租赁公司直接进行资金输血。这种方式一般会以母公司自身的名义借出，或是通过母公司下设的财务公司向融资租赁子公司进行借款。这种借款往往利率都要低于市场价格，可以使融资租赁企业享受到资金成本的优势。同母公司直接增资一样，这种融资方式也是一种"拼爹"的方式，关键要看母公司自身的资金实力。在这一点上，应该说银行系的租赁公司采取这种方式最为有优势，因为其依托的母公司往往是大型商业银行，往往具有充足而相对廉价的资金来源。但是，从我国目前的融资租赁公司数量构成和母公司的实力来看，能自如运用这一融资模式的应该还是极少数。

3. 交易所上市获得资本金

和股东直接增资一样，企业上市也是股权融资的一项重要手段，这种方式一方面为企业获得了经营所需的资金，另一方面股权融资不像债务融资那样具有硬性的还款要求，减少了企业的偿债压为。而更重要的是，上市往往是一个企业实力的体现，会给公司带来社会影响力，而这一影响力往往又会使得租赁公司在运用其他融资方式进行融资时更具有优势。但是由于这一方式对租赁公司的要求很高，而租赁公司由于其自身的运营特点，财务指标往往并不好看，资产负债率多数都在80%以上。上市的审批和手续也相当严格和繁琐，所以成功利用上市募集到资金的融资租赁公司只有区区两三家。

4. 租赁资产证券化

所谓租赁资产证券化，是指融资租赁公司将预计未来可以产生大规模稳定现金流的租赁资产(租赁债权)进行整合，并转换成可以在金融市场上出售和流通的证券的过程。租赁资产证券化是一种能有效增强租赁公司资产流动性的融资方法。

5. 境内发行债券

在现行政策下，融资租赁公司可以发行的债券大体分为三类：金融租赁公司发行的金融债、在境内上市的融资租赁发行的公司债、在境内没有上市的非金融租赁公司(内资或外商投资租赁公司)发行的企业债。

金融债券是由银行和非银行金融机构发行的债券。目前，金融债券的发行一般是在银行间市场完成。一般来说，根据发行条件，金融债券可分为普通金融债券和累进利息金融债券。普通金融债券按面值发行，到期一次还本付息，期限一般是1年、2年和3年。普通金融债券类似于银行的定期存款，只是利率高些。累进利息金融债券的利率不固定，在不同的时间段有不同的利率。而金融债券也成为我国融资租赁公司采用债券这一融资方式的先头兵。

中国人民银行和银监会于2009年联合发布了《中国人民银行中国银行业监督管理委员会公告(2009)第14号》首次明确符合条件的金融租赁公司可发行金融债券及申请发行金融债券的相关程序。2010年5月中国华融资产管理公司旗下华融金融租赁公司率先在全国银行间债券市场发行10亿元金融债券，由工商银行、华融证券主承销，分为两期各5亿元，均采用附息固定计息方式，其中3年期5亿元票面利率为3.086%，5年期5亿元票面利率为4.60%，信用等级为AA+。这是国内金融租赁行业发行的第一只金融债券。随后，交通银行旗下的交银金融租赁公司也成功发行了20亿元的金融债，期限为3年，票面利率为

3.15%，信用等级 AAA。江苏金融租赁公司也于 2010 年成功发行 5 亿元金融债，期限 5 年，票面利率 4.0%，计息方式为附息浮动。本期债券的信用级别为 AAA。而同期 3 年期和 5 年期的银行贷款基准利率分别达到了 5.6% 和 5.96%。可见，在金融租赁公司试水金融债的初期，这一融资手段在一定程度上降低了租赁公司的融资成本。

在金融租赁公司试水金融债的时候，内资和外资租赁公司由于不属于金融租赁公司范围，无法通过发行金融债券进行融资。直到 2011 年商务部发布《商务部关于"十二五"期间促进融资租赁业发展的指导意见》，支持融资租赁企业运用保理、上市、发行债券、信托、基金等方式拓宽融资渠道，降低融资成本，才使得这两类融资租赁公司发行债券成为可能。但是，由于发行债券对于公司各项财务指标的要求很高，很多非金融租赁公司无法达到相关标准，加上发债的审批和监管多头管理，相关制度不甚明确等因素，使得非金融租赁公司发行的债券一直迟迟未推向市场。直到 2013 年 6 月，渤海租赁股份有限公司在经证监会核准后，向社会公开发行总额 35 亿元的公司债券，票面利率 6.0%，债券期限 5 年，附第 3 年发行人上调票面利率选择权和投资者回售选择权，从而成为第一家发行债券的非金融租赁公司。但是，此时的 5 年期贷款利率为 6.4%，此次债券发行利率为 6%，可见，发行债券的成本已经较前几年有了大幅度的上升。

6. 海外发行债券

融资租赁公司运用境内债券筹资这一方式开拓了租赁公司的融资途径。但是，由于境内发债门槛较高，多头审批，发债周期较长，且发债成本不断上升，使得在国内市场发债并没有太大优势，且近年来人民币不断升值，使得利用外债融资更能享受到人民币升值带来的汇兑收益。所以，融资租赁公司开始将目光放到了成本更低的海外市场，利用外债进行融资。目前，融资租赁公司采用的境外发债模式分为境外债券市场发行外币债券、在香港等离岸市场发行以人民币计价的债券(俗称：点心债)两种。

(1) 境外发行债券

在目前的政策下，融资租赁企业要想通过境外发债的形式筹集资金，其难度相对要更大一些。此外，境外发债在流程上、合同关系、债权人、法律法规上较普通国际商业信贷更为复杂，相关政策也并不明朗，而最为关键的是，发债取得的外币通常情况下是无法结汇在境内使用的，只能用于境外的项目。所以，尝试这一方式的融资租赁企业寥寥无几，而且多数并不是通过自身主体发债，而是依托母公司，采取"迂回"方式，通过境外子机构发债，过程也是较为复杂的。

(2) 在香港市场发行点心债

点心债是指在香港发行的人民币计价债券，一般规模较小(在 10 亿至 15 亿元人民币之间)。自 2007 年国家开发银行首发这种以人民币定价、人民币结算的债券以来，由于其操作上较为简便，发行利率较低，点心债逐渐收到了投资者的追捧。卡特彼勒金融服务公司是融资租赁行业"尝鲜"点心债的先驱。2010 年 11 月，卡特彼勒金融首次在港发行 10 亿元点心债，期限为 2 年，票面利率 2%；2011 年 7 月，其再度赴港发售人民币债券，期限 2 年，票面利率 1.35%，其所筹资金，通过其中国子公司——卡特彼勒(中国)融资租赁有限公司，来支持其客户购买业务。央企中化集团旗下的融资租赁公司远东宏信有限公司也在 2011 年 5 月底发行 12.5 亿元人民币的 3 年期点心债，票面利息为 3.9%。可见，在点心债发展的初期，其利率水平相对国内市场来说是很低的，这也是点心债规模不断扩大的一个最为重要的因素。但是，最基本的市场理论告诉我们，当越来越多的企业发行点心债，使债券市场上出现了越来越多的点心债，供给不断加大的时候，消费者就会倾向于利率更高的债券，这自然会推高点心债的利率。同样是远东宏信有限公司，其在 2012 年 1 月完成期限 5 年，票面利率 6.95%，金额 7.5 亿元人民币的点心债发行。可见，仅仅过了不到一年的时间，通过点心债市场融资的成本就大幅度的上升了。虽然在国内货币政策持续紧缩，境内企业普遍存在资金困境的情况下，发行点心债较境内融资还是具有一定的优势。

(二)间接融资渠道

1. 向国内银行贷款

银行贷款是指银行根据该银行所在国家相关信贷政策按一定的利率将资金放贷给有资金需求的个人或企业，并约定期限归还的一种经济行为。银行贷款相对于其他融资方式在操作上更为简便、手续较简洁、相关政策指标较为明确、筹资周期较短，加之在现阶段，融资租赁公司的其他融资方式并没有得以大规模的运用，所以，银行贷款仍然是目前融资租赁公司融资的一个最为主要的方式。银行贷款在财务报表中直接体现为融资租赁公司的负债，影响租赁公司的资产负债率，加大租赁公司的财务杠杆。在筹资成本上，在现有的融资租赁公司可选择的融资方式中，贷款特别是信用贷款的成本相对来说是较高的。

2. 融资租赁保理融资

融资租赁保理融资是指在融资租赁业务中，在租赁公司和承租人签订融资租赁合同后，租赁公司将其在融资租赁合同中对承租人享有的尚未到期的租赁债权转让给保理商，保理商提供应收租金账户管理、应收租金融资、应收租金催收和承担应收租金坏账风险等服务，同时保理商有权向承租人收取租金。

保理业务已经成为租赁公司解决资金来源的重要渠道之一，其业务核心是租赁公司应收租金债权的转让。对于银行来说，保理融资和普通信用贷款一样，将占用融资租赁公司的授信额度，计入企业的负债，影响资产负债率。但是相对于普通信用贷款来说，保理业务因为实质上将应收租赁债权的权利转让给了银行，在有追索权的情况下，银行开展融资租赁保理业务的风险实际上比普通信用贷款更小，而且，在保理业务中，银行更多地会关注承租人还款的资质，对租赁公司的资质要求相对普通信用贷款就会有所降低，这使得融资租赁公司取得融资款项更为容易一些，相应付出的资金成本也较普通的信用贷款低一点。

3. 国际商业贷款

海外直接借款利率多以伦敦银行间同业拆借利率(London Inter Bank Offered Rate，LIBOR)、新加坡银行间同业拆借利率(Singapore Interbank Offered Rate，SIOR)和香港银行间同业拆借利率(Hongkong Inter Bank Offered Rate，HIBOR)为基础，在此基础上，根据企业资质相应加点上浮，一般的企业借款利率低于 4%，相对于国内借款利率来说，要相对低很多。但是，我国对外汇一直实行较为严格的管理方式，企业想要通过举借外债融资需要经过严格的额度控制和审批。企业须在外债额度内进行外债融资。

在利用外债融资上，外资的融资租赁公司在目前的政策下更为有优势。根据《外债登记管理办法》的规定，外商投资企业借用的外债资金可结汇使用，除另有规定外，境内金融机构和中资企业借用的外债资金不得结汇使用。外商投资企业举借的中长期外债累计发生额和短期外债余额之和，应当控制在审批部门批准的项目总投资和注册资本之间的差额以内，即不能超过投注差（投资总额减注册资本的差额）。一般融资租赁公司并没有相应的投资总额，所以在审核外资融资租赁公司外债额度时一般根据商务部《融资租赁企业监督管理办法》和《外债登记管理办法》的规定，融资租赁企业的风险资产（风险资产总额=总资产-现金-银行存款-国债-委托租赁资产）不得超过净资产（即所有者权益）总额的 10 倍来核定，即外商投资租赁公司对外借款，应根据外商投资租赁公司提供的上年度经审计的报表，计算出上年度末风险资产总额(A)，再计算净资产的 10 倍(B)，然后将二者的差额($B\text{-}A$)作为新年度期间该公司可新借外债的余额的最高限额，借用外债形式的资产全部计算为风险资产。可见，这一政策使得外资租赁公司在举借外债方面更有优势。

而对于金融租赁公司和内资租赁公司来说，在 2011 年以前，这两类租赁公司几乎没有获得外债额度，直到 2011 年，属于金融租赁公司的工银租赁有限公司才获得了 2500 万美元的短期外债指标。2012 年，民生租赁有限公司获得了总额 2.62 亿美元、期限 5 年的中长期外债指标。同年，民生租赁有限公司获得国家发改委批准，得以在香港获得 20 亿元人民币国际商业贷款。在内资租赁公司方面，2013 年 12 月 5 日，华电融资租赁有限公司成功引入香港永隆银行等值 1 亿元人民币外债，并已顺利投放至租赁项目中。该笔外债是华电融资租赁有限公司首次对外引入外债，担保方式为信用，期限为 1 年，附带 2 个由租赁公司选择的展期权，综合融资成本约 4%，融资资金专项用于与湖南华电长沙发电有限公司续作售后回租业务。

可见，在目前的政策法规下，各类型租赁公司都有可能通过举借国际商业贷款实现融资，只是操作上还较为复杂，多数还需要经过特殊审批，并没有形成常态化，其融资规模也有限。

二、融资租赁融资渠道选择的影响因素

(一)母公司实力的强弱

无论是母公司直接增资还是母公司直接借款，所取得融资规模的大小关键在于母公司实力的强弱。目前，注册资金排名前十位的融资租赁公司，其背后的控股母公司几乎都是资金实力、行业实力非常强大的集团公司。

(二)相关的法律法规

上市进行融资这一方式在主体资格、独立性、规范运行、财务与会计、募集资金运用等方面都有着严格的要求。即使企业的资质都满足这些方面的要求，是否得以运用这一方式，最为关键的影响因素还在于监管部门的审批。从 2012 年年底开始，证监会暂停了 A 股的首次公开募股(Initial Public Offerings, IPO)，这次暂停一直持续到了 2013 年 12 月。自 IPO 重启后，核准发行的进度也十分缓慢。如果想通过境外上市，所面临的审核和手续同样是十分严格和复杂的，一些特殊性质的租赁公司想通过境外上市，也会面临法律法规的限制。

(三)发起人自身的资质

在资产证券化上，由于缺乏必要的、统一规范的发行条件及评级规范，一项资产证券

化业务能否得以开展，其关键影响因素往往在于资产证券化发起人自身的资质，而不是资产的质量。很多规模较小的租赁公司，一般情况下是无法采取这一模式进行融资的。

境内发行债券这种方式一方面会受到财务指标的影响，如中国人民银行和银监会于2009年联合发布了《中国人民银行中国银行业监督管理委员会公告(2009)第14号》首次明确发债公司的条件，即要求发债的金融租赁公司注册资本金不低于5亿元人民币，并且发债后资本充足率应不低于8%，最近3年连续盈利，净资产不低于行业平均水平，最近1年利润率不低于行业平均水平，且有稳定的盈利预期，最近3年平均可分配利润足以支付所发行金融债券1年的利息等。

(四)监管政策因素

由于我国租赁公司分属不同的管理机构，在运用发债这一方式上还会受到不同监管部门不同政策的影响。而境外发债是否成功的关键影响因素在于政策。根据《外债管理暂行办法》的规定，财政部代表国家在境外发行债券，由财政部报国务院审批，并纳入国家借用外债计划。其他任何境内机构在境外发行中长期债券，均由国家发展计划委员会会同国家外汇管理局审核后报国务院审批；在境外发行短期债券由国家外汇管理局审批，其中设定滚动发行的，由国家外汇管理局会同国家发展计划委员会审批。

海外借贷和海外发债一样，主要受政策的影响。根据《外债管理暂行办法》的规定，境内中资企业等机构举借中长期国际商业贷款，须经国家发展计划委员会批准；国家对境内中资机构举借短期国际商业贷款，实行余额管理，余额由国家外汇管理局核定。

一方面，是否能举借外债受到政策的影响。另一方面，举借外债的使用也受到政策的影响，如前文所述根据《外债登记管理办法》的规定，外商投资企业借用的外债资金可以结汇使用。除另有规定外，境内金融机构和中资企业借用的外债资金不得结汇使用。可见，政策的导向贯穿着外债融资活动的全过程，其直接决定了这一融资方式能否开展。

(五)国内宏观货币政策

国内银行信贷和保理业务，除了受贷款企业的盈利能力、现金流、资产规模、资产负债率、主营业务收入占比、净资产收益率等财务指标方面的影响外，往往还会受到国内宏观货币政策的影响。

第二节　融资租赁公司保理融资

目前，国内融资租赁公司业务资金的85%以上来自商业银行，其与商业银行的合作方式主要包括：项目贷款、应收融资租赁款的保理融资、应收融资租赁款的质押贷款。其中，保理融资是目前我国大多数融资租赁公司最重要的融资渠道和实现退出的渠道，因此本节重点研究我国融资租赁公司保理融资的问题。

一、融资租赁保理融资的意义

融资租赁保理业务是指租赁公司向承租人提供融资租赁服务，并将未到期的应收租金转让给银行，银行以此为基础，为租赁公司提供应收账款账户管理、应收账款融资、应收账款催收和风险等一项或多项综合金融服务，承担承租人的信用。保理的核心是"债权的转让与受让"，即保理商（主要是银行）通过收购债权人"应收账款"的方式为债权人提供融资服务。租赁保理的实质是将租金作为应收账款进行转让与受让，租赁保理实现了租金期限、金额可调的业务特点，突破了一般应收账款对应产品固定付款条件的限制，是现代商业银行的金融业务创新。

保理是租赁公司解决资金来源的渠道之一，很多银行和各类型租赁公司开展保理业务合作，其业务核心是租赁公司应收租金债权的转让。而保理更宽泛的概念是基于企业在货物销售或服务合同所产生的应收账款，由商业银行或商业保理公司提供的财务管理、贸易融资、信用风险控制与坏账担保等服务功能的综合性金融服务。融资租赁公司，特别是商务部审批管理的外资融资租赁公司与中小微企业结合紧密，它们与中小微企业开展设备租赁业务，形成大量的应收账款，中小微企业在发展过程中积累了众多应收账款。融资租赁和保理业务的结合是完全打通贸易实体行业上下游通道的有效途径之一。

从融资租赁公司角度看，通过这一途径，融资租赁公司可以获得融资支持、盘活存量应收账款、加速现金回笼、扩大融资租赁规模、获得专业的应收账款管理及催收服务、降低运营成本和业务风险、可将应收账款卖断给银行、规避承租人的信用风险、优化财务报表。因此，目前进入融资租赁领域的资本或企业往往同时申请商业保理牌照。2007年新修订并实施的《金融租赁公司管理办法》第22条规定：金融租赁公司可向商业银行转让应收租赁款业务，即银行向金融租赁公司开办的国内保理业务。

从保理商角度看，首先，银行流动性过剩呼唤"银租"合作。众所周知，银行的资金是最富裕而成本又是最低的，但其流动性过剩。这意味着银行吸收的相当一部分存款没有真实地进入实体经济部门运行中，资金使用效率严重失衡。银行迫切希望找到良好的资金出口和渠道，同时目前租赁公司85%以上的"租赁资金"来源于银行，但我国的《商业银行法》规定，银行目前还不能直接开展融资租赁业务。因此，银行资金输出的重点渠道之一就是与租赁公司等同业机构合作。其次，银行可以通过保理业务吸引客户，银行担当保理商时，一般指定客户在本行或者分行开设账户，使银行在激烈的竞争中争取到更多的客户。最后，租赁保理可作为银行贸易融资业务新的增长点。在国际上，根据服务内容的不同，保理的费用一般在 0.5%～2%，给银行带来可观的中间业务收入，并且租赁保理期限通常较长(3～5 年)，银行可获得长期稳定的利息收入。

从承租方的角度看，就融资租赁公司已形成应收租赁款的融资租赁项目而言，保理融资并不会改变承租方的偿债义务和债务额度。但保理融资可以加快融资租赁公司的资金周转，从而可以为更多的承租方提供融资租赁服务，这有利于承租方实现产业的升级和经济结构的调整。

从供货商的角度看，就融资租赁公司已形成应收租赁款的融资租赁项目而言，保理融资并不会直接提高供货商的销售规模，也不会实质性地改变供货商已提供的租赁物回购保证。但保理融资可以加快融资租赁公司的资金周转，从而可以开展更多的融资租赁业务，这可以间接地提高供货商的产品销售规模。

二、融资租赁保理融资的业务模式

在保理租赁中，至少会出现租赁公司、设备供应商、商业银行和承租人四方。其中由供货商提供设备，租赁公司提供租赁操作平台，而银行则提供购买设备的大部分或全部资金，以满足承租人融资和财务处理的需要。在实务中，通常存在四种模式。

(一)普通租赁保理融资模式

这是一种保理银行针对"通常情况下"的融资租赁业务的应收租赁款进行的保理融资，租赁公司与承租人签署了融资租赁合同，也与供货商签署了买卖合同，货款及设备均已交付，是对"已形成租金"(先交付，后保理)的应收账款的保理融资。用以解决"承租人实力强大，供货商弱小"租赁交易架构中的"收款"问题。这种模式在实务中比较多见，操作也比较简单。普通租赁保理融资模式操作流程如图8.1所示。

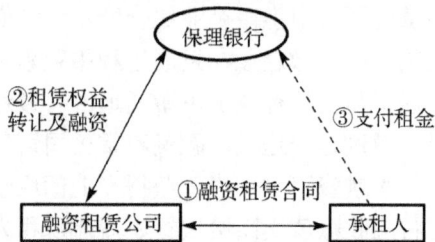

图 8.1　普通租赁保理融资流程

(二)结构性租赁保理融资模式

这是一种针对"即将形成租金"的直接租赁保理融资模式，在此模式中，租赁当事人之间已形成附带生效条件的法律合同关系，但租赁公司尚未支付货款。银行认可上述法律合同关系，并对"即将形成租金"视同"已形成租金"进行先期直接保理。此模式用以解决"供货商强大而承租人弱小"的租赁交易问题，是租赁公司的优质租赁项目获得银行资金支持的一种重要融资方式。结构性租赁保理融资模式操作流程如图8.2所示。

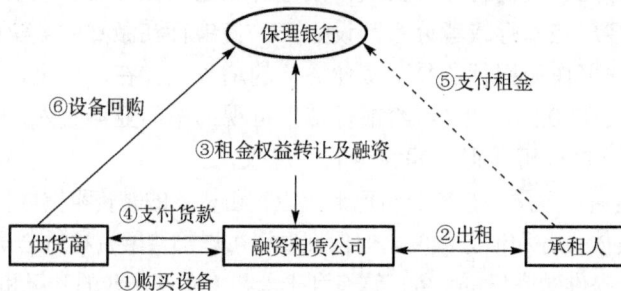

图 8.2　结构性租赁保理融资流程

(三)回租保理模式

这是一种针对承租人"自有设备"进行的售后回租保理模式，用以解决调整承租人的财务结构，提高资产流动比率、速动比率。在这种状态中设备已经由承租方买下，由于资金周转等问题，将设备卖给租赁公司，然后租赁公司再将设备租给承租人。回租保理模式操作流程如图8.3所示。

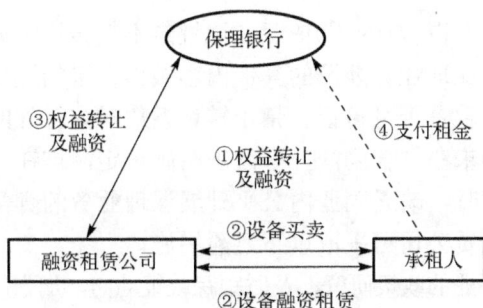

图 8.3　回租保理融资流程

(四)贷款与保理结合的融资模式

这是一种针对银行认可的租赁项目，但对租赁公司信用有疑虑，在银行办理贷款业务后立即就同笔租赁业务向该行申办租赁保理业务的模式。在此情况下，贷款合同与保理合同应同时签订并相互支持。保理金额与贷款金额原则上应相同或低于贷款金额，保理款项必须即时直接扣还银行贷款。贷款与租赁保理结合的融资模式操作流程如图 8.4 所示。

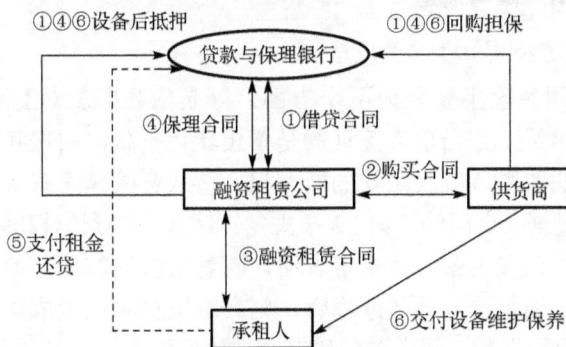

图 8.4　贷款与租赁保理结合融资模式流程

三、融资租赁保理融资的风险与规避

保理融资对融资租赁公司和银行而言，均具有重要的现实意义。要促进我国融资租赁业可持续、健康地发展，将银行保理真正打造成为我国融资租赁公司的重要融资渠道，除了需要在宏观层面采取相应对策外，更重要的是要对银行、融资租赁公司所面临的各种风险进行有效规避，并合法保障各方利益。

(一)政策、法律风险与规避

政策风险是指因政府的有关政策调整给银行、融资租赁公司带来的风险。法律风险主要指在应收租赁款保理业务中，可能会出现的合同风险、应收租赁款转让的合法性风险、强制追偿的风险、法律适用的风险等。

目前在我国并没有明确的保理法律规定，只能依据《合同法》在债权转让层面存在的为数不多的原则性条款规定。1999 年颁布的《合同法》第五章第 79 条规定：债权人可以将合同的权利全部或部分转让给第三人，但有下列情形之一的除外：①根据合同性质不得转让；②按照当事人约定不得转让；③依照法律规定不得转让。该规定虽为租赁保理提供了法律依据，但并没有对保理业务涉及的其他内容做出直接的法律规范。如应收账款以何种形式转让、未来应收账款是否可转让、禁止转让条款对内对外的效力以及如何解决多次转让权利冲突问题等，均未在《合同法》中做出明确规定，这在一定程度上不利于银行开展融资租赁保理业务。同时，缺乏同业内公平开展保理业务的竞争规范。

为此，银行、融资租赁公司可采取以下避险措施。

① 加强对融资租赁行业的政策研究，及时跟踪政策动向，加强同业信息沟通与业务磋商，定期向行业协会和政府相关部门汇报工作，获取政策信息和政策指引，提前做好预防工作。

② 严格按照有关的法律规定进行规范操作，并积极与司法部门进行业务沟通，就模糊的法律界定，争取得到司法部门的理解与支持。在发生经济纠纷时，争取及时得到相应的司法援助，并采取适当的法律措施，最大限度地保护各方的合法权益。

③ 保理双方应在保理合同中对容易引起争议和纠纷的地方以及法律界定模糊的地方加以明确的约定。

④ 在正式签署保理合同之前，双方均应对保理合同中的核心条款进行严格的审查。

(二)合作伙伴信用风险与规避

1. 卖方(融资租赁公司)的信用风险

融资租赁公司信用风险主要分为两个方面。一是应收账款(租金)中故意隐瞒部分事实。具体表现为：①租赁双方当事人签订的是禁止转让条款，根据我国《合同法》相关规定转让无效，银行无法取得该应收账款的所有权。②故意隐瞒第三方就该应收账款存在的权利，如抗辩权等。根据《合同法》第82条规定：债务人接到债权转让通知后，债务人对让与人的抗辩，可向受让人主张。该规定表明，随着债权的转让，债务人对债权人的抗辩权等均可对抗受让人，如租赁公司故意隐瞒，则会对银行利益造成损害。二是租赁公司以欺诈的手段，恶意获得融资款，并逃匿或破产。具体表现为：①租赁公司伪造或虚构票据，骗取银行的预付融资款；②租赁公司故意提供不合格商品，承租人产生抗辩，致银行无法顺利收款；③租赁公司利用关联关系签订虚假融资租赁合同进行欺诈，导致银行陷入困境。

2. 买方(承租人)的信用风险

承租人的信用风险直接关系到银行保理预付款的回收和盈利的实现，也关系到银行对租赁公司的融资。承租人信用风险主要表现为以下两个方面：①签订无追索权的租赁保理合同后，承租人因经营管理不善无支付能力或破产、倒闭，并且剩余财产的分配请求权设置不利于银行；②承租人在收货后，以各种理由到期拒绝支付。在这些拒绝支付的理由中，如果是由于租赁公司交付标的、交货时间、方式不符合合同要求，银行无需承担该风险，有权将应收账款所有权转回给租赁公司，不需承担由此产生的损失。但如果此时租赁公司恰好破产，银行则不可避免地遭受一定的损失。

为此，银行可采取以下避险措施。

① 在保理之前，应加强对承租方的资信调查，正确识别其信用状况。对于承租方资信状况不佳、违约概率较高的融资租赁项目，银行可通过缩短保理期限、降低保理融资额度、提高保理费率、要求融资租赁公司回购应收租赁款并提供回购保障或担保等措施予以适当规避和转移信用风险。

② 加强对应收租赁款的管理，及时履行催收、追偿等职责。

③ 加强与其他银行间的合作，对承租方的经营状况和偿债能力进行跟踪，并对其大额资金流动进行监控，及时发现问题，防患于未然。

④ 要求租赁双方对融资租赁合同中的强制执行条款进行公证，一旦发生信用风险，银行就可以及时向法院申请强制执行，以减少和降低损失。

只有在"卖断式"的保理业务中，承租方的信用风险才能转嫁给银行。在"非卖断式"的保理业务中，融资租赁公司仍然需要面临承租方的信用风险。为此，融资租赁公司可采取以下避险措施。

① 严格执行人民银行租赁登记制度，合法行使对租赁物的所有权，并加强对租赁物使用情况的全程监控。

② 对承租方的资格进行严格审查，并对其经营状况和偿债能力进行跟踪，及时发现问题，防患于未然。

③ 切实落实承租方偿还租金的担保、抵押等措施。

④ 尤其要对中小企业融资租赁合同中的强制执行条款进行公证。

⑤ 与银行密切合作，共同防范承租方的信用风险。

(三)银行操作风险与规避

开展保理业务不仅要对买方客户和卖方客户进行资信调查、信用评估和额度审批等，还要涉及对相关单据的审查、合同真伪的辨别、应收账款的受让、预付融资款的支付、应收账款的回收和行业信息跟踪等活动。若因银行自身制度不健全、信息交互系统不完善、从业人员缺乏专业知识和经验而违规操作，则将有可能因为银行对业务处理不当或不及时给银行造成资金损失。

为降低银行自身的操作风险，一方面，银行应开展对员工的专业知识培训，学习国外成熟的交易模式和丰富的管理经验，提高员工的综合素质。同时，积极与国际知名的保理商开展交流与合作，以学习和借鉴先进的保理技术和经验。另一方面，银行还需建立起完善的信息管理系统，改善信息调研和服务工作。运用先进的信息处理技术和规模化的大型数据库，对客户的每一笔交易产生的应收账款进行账户管理、单据处理、账款催收，并定期给客户提供相关资料。运用高质量的信息管理系统可进一步减少操作失误，为客户提供及时、满意的服务。

(四)信息不对称带来的风险与规避

信息不对称的风险主要体现在两个方面。一是融资租赁公司与承租方之间的信息不对称以及融资租赁公司与银行之间的信息不对称，都容易引发逆向选择行为。即资信状况较差的承租方更倾向于向融资租赁公司申请融资，融资租赁公司也更倾向于将资产质量相对较差的应收租赁款向银行申请保理融资。这分别会给融资租赁公司、银行带来一定潜在风险。二是保理交易完成后，银行、融资租赁公司与承租方之间的信息不对称也容易引发道德风险。

为此，银行可采取以下避险措施：①提前适当参与到融资租赁的项目运作中去，并采用银行的风险评级体系进行独立的风险识别和判断；②在非卖断的保理中，将对承租方偿债能力的监控职责部分转嫁给融资租赁公司，承租方一旦发生违约，银行就可要求融资租赁公司回购应收租赁款，或要求融资租赁公司代为清偿，或者执行其他的担保条款。

融资租赁公司可采取以下避险措施：①在签订融资租赁合同之前，认真做好对承租方的尽职调查，重点考察承租方在项目生命期内的偿债能力、租赁物的动态抵债价值，并切实落实承租方的各项担保措施；②在签订保理合同之后，也应加强对承租方的动态跟踪，及时配合银行了解承租方偿债能力的变化。

第三节　融资租赁公司资产证券化融资

资产证券化作为国际金融市场上的一种创新型融资工具，在发达国家已成为企业融资的重要手段之一。租赁资产证券化作为资产证券化的一种，有望成为解决我国融资租赁公司融资难、融资方式较为单一以及流动性问题的重要方式。因此，本节重点研究我国融资租赁公司资产证券化融资的问题。

一、融资租赁资产证券化的意义

资产证券化通常指针对未来可产生现金流的资产或资产包，构建获取该项资产或资产包未来收益的权利凭证，并使这些凭证可被众多投资者购买并转让的过程。传统的信贷和企业债券都是基于"企业信用"进行投融资活动，而资产证券化是基于"资产信用"进行交易。

租赁资产证券化作为资产证券化的重要组成部分，以融资租赁公司的应收租赁款为基础资产发行证券募集资金。融资租赁公司开展资产证券化具有如下意义。

（一）拓宽融资渠道

资金是融资租赁企业的生命线。与国外融资租赁公司可直接从资本市场获取资金不同，我国融资租赁公司长期依赖银行贷款，资金渠道比较单一。虽然发行债券也是融资租赁公司拓宽融资渠道的方式，但目前对于融资租赁公司，尤其是中小融资租赁公司，发行债券成本较高。资产证券化作为一种新型融资工具，有利于缓解融资租赁公司的融资压力，降低其对银行贷款的依赖程度，对中型租赁公司具有重要意义。

（二）资产出表，释放杠杆限制

资产证券化可实现租赁资产出表，有利于融资租赁公司扩大资产规模，增强服务实体经济的能力。融资租赁公司都受到资本金的约束。商务部审批监管的内资试点融资租赁公司和外商投资融资租赁公司的资本杠杆为 10 倍，银监会审批监管的金融租赁公司的资本杠杆为 12.5 倍。随着融资租赁的不断发展，目前已有部分大型租赁公司受到资本杠杆的制约。资产证券化通过交易结构的设计可实现租赁资产的真实出售，从而实现出表，释放融资租赁的资本杠杆限制。

二、国内资产证券化的主要路径

资产证券化是成熟市场中影子银行业务的"标准化"融资模式，可以降低融资成本，化解影子银行风险需要走资产证券化的道路。

2013 年 12 月国务院办公厅下发 107 号文,厘清了中国影子银行的概念,并明确监管责任分工,谁批设机构谁负责风险处臵。据此,在分业监管背景下,国内资产证券化出现四种路径:央行和银监会主管的金融机构信贷资产证券化、证监会主管的企业专项资产证券化、交易商协会主管的非金融企业资产支持票据(Asset-Bascked Notes,ABN)以及保监会主管的保险资产管理公司项目资产支持计划。四种路径的差异主要体现在发起人、基础资产、交易结构以及交易场所等方面,如表 8.1 所示。

表8.1　国内资产证券化四种路径的差异一览表

		信贷资产证券化	企业资产证券化	资产支持票据	资产支持计划
监管	主管部门	央行、银监会	证监会	银行间交易商协会	保监会
	发行监管	向银监会备案、向央行申请注册后即可在注册有效期内自主发行	备案制	注册制	核准制:实行初次申报核准,同类产品事后报告
	原始权益人类别	金融机构(含金融租赁公司)	未明确规定	非金融企业	未明确规定
	基础资产	信贷资产(含金融租赁资产)	负面清单管理:基金业协会《资产证券化业务基础资产负面清单指引》以外的资产	未做类别规定	未做类别规定
交易结构	特殊目的载体(SPV)	特定目的信托(SPT)	资产支持专项计划	未做强制要求	资产支持计划
	模式选择	以信托计划为 SPV 的表外模式	以专项资产管理计划为 SPV 的表外模式	表内模式	以资产支持计划为 SPV 的表外模式
流动性	投资者类别	参与银行间市场的金融机构	合格投资者,合计不超过 200 人	公开发行面向银行间市场所有投资人,非公开发行面向特定机构投资者	向保险机构以及其他具有风险识别和承受能力的合格投资者发行,并在合格投资者范围内转让
	交易场所	银行间债券市场	证券交易所、全国中小企业股份转让系统、机构间私募产品报价与服务系统、证券公司柜台市场以及中国证监会认可的其他证券交易场所	银行间债券市场	保险资产登记交易平台

三、租赁资产证券化的基本框架

目前融资租赁资产证券化的主要途径是央行、银监会监管的信贷资产证券化和证监会监管的企业资产证券化。金融租赁公司适用上述两种途径;内资试点和外资租赁公司仅适用证监会监管的企业资产证券化途径。

保监会从 2014 年 7 月开始启动项目资产支持计划,2015 年 8 月发布《资产支持计划业务管理暂行办法》(保监发【2015】85 号),融资租赁资产可以发行资产支持计划。目前还没有融资租赁公司(金融租赁、内资试点和外商租赁)通过保监会发行租赁资产证券化产品。

(一)基本流程

资产证券化的基本流程如下。

1. 确定资产证券化目标并组建资产池

原始权益人分析自身融资需求,确定资产证券化目标;然后对能够产生未来稳定现金流的资产进行清理、估算和考核;最后将这些资产汇集形成一个资产池。

2. 设立特殊目的载体(SPV)

特殊目的载体(Special Purpose Vehicle,SPV)是资产证券化运作的关键性主体,组建SPV 的目的是为了最大限度地降低发行人的破产风险对证券化的影响,即实现证券化资产与原始权益人其他资产之间的"风险隔离"。SPV 应该是不破产实体,只能从事与证券化有关的业务活动。

3. 资产的真实出售

证券化资产从原始权益人向 SPV 的转移是非常重要的一个环节。这种转移在性质上必须是"真实出售",其目的是实现证券化资产与原始权益人之间的破产隔离,即原始权益人的其他债权人在其破产时对已证券化资产没有追索权。并且,SPV 的债权人(即投资者)对原始权益人的其他资产没有追索权。

4. 信用增级

为吸引更多的投资者,改善发行条件,降低发行成本,SPV 必须提高资产支持证券的信用等级,即进行信用增级。之后,信用评级机构根据对资产信用风险的评估结果,给出资产支持证券的信用级别。

5. 发行备案与发售证券

经过评级之后,SPV 将证券交给承销商,由承销商发售证券。同时,证券化产品需要到相应的监管部门进行备案。

6. 向原始权益人支付购买价格

SPV 从证券承销商获取证券发行收入,再按资产买卖合同的规定价格,将发行收入扣除相关费用后支付给原始权益人。至此原始权益人的筹资目的已达到。

7. 管理资产池

SPV 要聘请专门的服务商或由发起人(通常是由发起人担任服务商)来对资产池进行管理。服务商的职责主要有:①收取原始债务人定期偿还的本息,存入 SPV 在受托人处设立的托管专户;②监督原始债务人履行协议的情况,在其违约的情况下实施有关补救措施;③管理相关的税务和保险事宜。

8. 向投资者支付本息

在规定的偿还日期,SPV 将委托受托银行向投资者偿付本息。

(二)交易结构分析

资产证券化产品的交易结构主要因 SPV 设立方式、现金流分配方式和增信措施的不同而不同。

1. SPV 设立方式

在资产证券化的实践中,SPV 的种类很多。按 SPV 的法律性质,SPV 可分为特殊目的信托(Special Purpose Trust,SPT)、特殊目的公司(Special Purpose Company,SPC)、其他类型的特殊目的载体，统称为特殊目的实体(Special Purpose Entit，SPE)。按SPV数量分类，可以分为单一SPV模式和双SPV模式。单一SPV模式可以分为特殊目的信托(SPT)、特殊目的公司(SPC)、其他类型的特殊目的载体(统称为SPE)等；双SPV模式是上述单一SPV结构的组合。这些载体具有不同的特点、不同的功能。选择何种载体开展证券化业务，一方面受到分业监管体制的限制，另一方面也需要根据具体的目的进行选择。

(1)特殊目的信托(SPT)

特殊目的信托是以《中华人民共和国信托法》(以下简称《信托法》)为法律基础，信托公司作为特定目的信托和资产支持专项计划的受托人，从发起机构或原始权益人处获得基础资产。银监会和央行监管下的信贷资产证券化采用的是SPT。

利用SPT进行租赁资产证券化运作有以下特点：①信托机构设立的信托具有破产隔离功能，充当SPV可以达到风险隔离的目的；②我国信托机构长期从事证券承销业务，对发行债券比较熟悉，有利于证券化的运作；③财政部发布的《信托业务会计核算办法》对信托财产是否真实转移的会计处理做出了明确的规定，委托人设立信托时，应以信托财产所有权相应风险和报酬是否转移作为判断信托财产是否终止确认的条件，即将信托财产从其账目和资产负债表内转出，达到真实销售的目的；④信托机构一般资产规模较大，资本金充足，资金结构合理，资信比较高，有利于资产证券化的运作。

(2)特殊目的实体(SPE)

在国内，证监会和保监会监管的资产支持专项计划(以下简称专项计划)属于特殊目的实体。SPE与证券持有人之间是一种委托理财的关系。

以证监会监管下的专项资产管理计划为例，专项资产管理计划是指通过一定的合同安排，发起人将账户和相关基础资产委托服务管理机构管理，从而实现在一定意义上资产的真实出售，原始权益人直接与发起人签订资产买卖合同，再以所购基础资产成立专项资产管理计划，从而实现原始权益人与基础资产的风险隔离。但由于专项资产管理计划法律性质未明确，其拥有的基础资产未能完全与发起人的破产风险和投资者的追索权隔离，因此，虽然发起人完成了真实出售，但却难以实现发起人对基础资产的会计出表。

(3)特殊目的公司(SPC)

SPC是指SPV以专门设立的公司为载体，专门从事租赁资产证券化业务。在SPC模式下，发起人将基础资产出售给SPC，然后由SPC向投资者发行资产支持证券募集的资金作为购买基础资产的对价。SPC在我国的实践中面临着设立和运行等种种限制。一方面，《公司法》没有对资产证券化特殊目的公司的设立进行规定，因此很难取得公司法人资格。另一方面，我国对资本市场的监管比较严格，发行主体公开发行证券必须符合法律规定的条件和程序，而特殊目的机构的净资产一般很难达到我国公司法的要求，因而SPC通常会受到发行主体资格的限制。

(4)单一SPV模式

单一SPV模式业务基本流程如图8.5所示。

(5)双SPV模式

此外，在融资租赁资产证券化的实际操作中，还出现了双SPV模式。双SPV模式有如下两种。双SPV模式流程如图8.6所示。

① 券商集合计划+基金子公司专项计划。该模式的典型案例为"华融金融租赁股份有

限公司'广发恒进1号'集合计划+河北省金融租赁有限公司'广发恒进-河北金租1期'集合计划"。2013年7月2日，广发证券资产管理有限公司成立了"广发恒进1号"集合计划，计划的原始权益人为华融金融租赁股份有限公司，产品总规模为5.33亿元人民币；之后于8月2日成立了"广发恒进-河北金租1期"集合计划，原始权益人为河北省金融租赁有限公司，产品总规模为6.68亿元人民币。该双SPV模式采用证券公司的"集合计划"与基金子公司的"基金专项计划"两个载体进行嵌套的方式，而"集合计划"和"基金专项计划"只需要备案就可以完成，因此该模式通过备案制的便利条件快速实现了募资与挂牌交易。尽管双SPV模式没有在证监会相关文件出现，但"集合计划"与"基金专项计划"两个SPV载体的设立都符合相关监管要求，产品均具合规性。

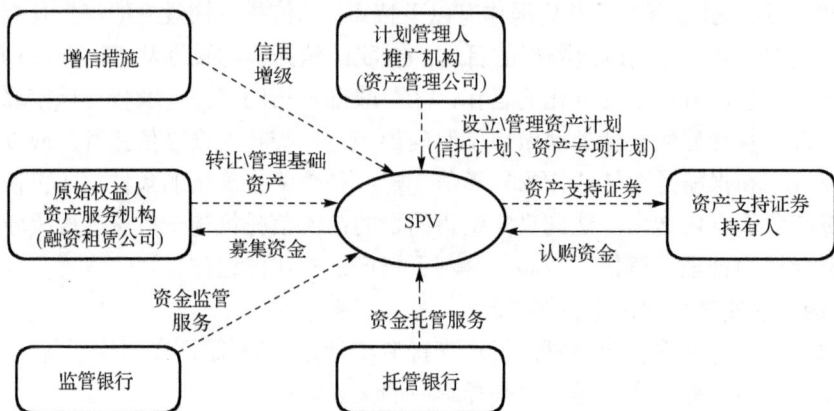

图8.5　单一SPV模式流程图

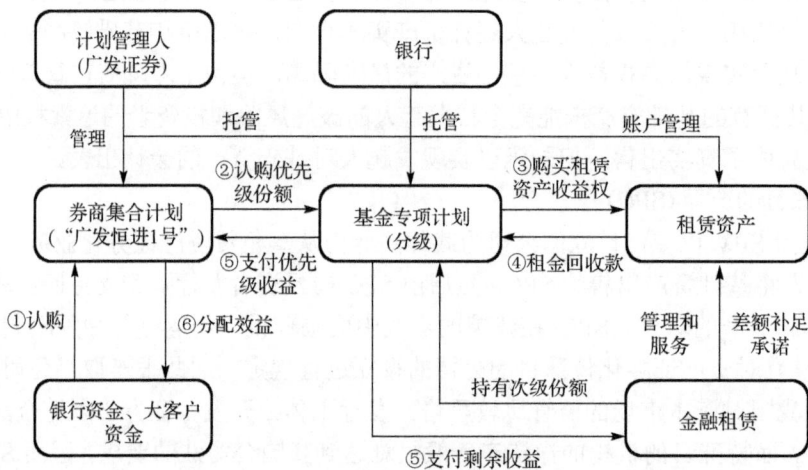

图8.6　双SPV模式流程图

该双SPV模式交易结构为：先由广发证券募资(华融金租为出资人)设立集合计划广发恒进1号(1号SPV)；再通过一家基金子公司(平安汇通)设立优先/劣后级的分级基金专项计划"平安汇通河北金租1期专项资产管理计划"(2号SPV)，劣后级由河北金租持有，集合计划广发恒进1号(1号SPV)发行"广发恒进-河北金租1期资产管理计划"募集资金，用于认购上述基金专项计划的优先级份额；最后，基金子公司(平安汇通)获得优先级份额募集资金，买入河北金租一笔租赁资产3年的收益权。投资层级关系为：平安汇通成立基金专项资产管理计划"平安汇通河北金租1期专项资产管理计划"，该计划主要用于投资河北金融租赁公司的租赁基础资产收益权，而平安汇通的投资资金来源于广发恒进1号成立的"广发恒进-河北金租1期资产管理计划"所募集的资金。

由于收益权的出售无法真实实现资产出表，尽管该权益能够与基金子公司和证券公司本身财产相互隔离，但与原始权益人无法完全隔离，因此仍被看成债务融资，与资产真实出售的资产证券化还存在一定区别。

② 信托计划+专项计划。该双SPV模式目前还没有融资租赁公司采用，部分银行发行信贷资产证券化采用过该模式，是为了突破SPT仅能在银行间市场交易的限制，加了一层"专项计划"以实现在交易所挂牌。该交易结构是：原始权益人银行将贷款债权设立SPT，SPT将信托受益权转让给银行后再被转让给券商设立的专项计划SPV，由SPT向SPV分配信托收益，这就构成了双SPV架构的核心。

2. 现金流偿还方式

根据现金流偿还方式的不同，资产证券化产品可以分为过手型和转付型。两者的主要区别在于，收到基础资产的现金流之后，SPV是否对基础资产的现金流做出重新安排。

(1)过手型

SPV只进行现金流的传递，在收到现金流后扣除必要的服务费，然后转付给投资者，证券的现金流形式与基础资产的现金流形式完全一致。

(2)转付型

根据投资者对风险、收益和期限等的不同偏好，SPV对收到的现金流进行重新安排和分配，使本金和利息的偿付机制发生了变化。

3. 增信措施

信用增级是指证券化产品发行人为了吸引更多的投资者，改善发行条件，降低融资成本，通过一定的增信手段和措施来降低证券化产品违约概率或减少违约损失率，以降低证券化产品持有人承担的违约风险和损失，提高证券化产品信用等级的行为。增信措施主要分为内部增信和外部增信。

(1)内部增信

内部增信方式有以下几种。①优先/次级结构。优先/次级结构是指通过调整资产支持证券的内部结构，将其划分为优先级证券和次级证券或更多的级别。在还本付息、损失分配等方面，优先级证券享有优先权，例如，现金流首先用于偿还优先级证券的利息和本金，欠付次级证券的本息则被累积起来。这种结构使得投资次级证券的投资者承担比优先证券投资者更大的风险，因为投资者收到的现金流是按照优先顺序进行分配。该方式是将原本支付给次级证券持有者的本息用来进行增信，使优先证券持有者的本息支付更有保证。②超额抵押。建立一个比发行的资产支持证券规模更大的资产组合库(资产池规模)，使资产组合库的实际价值大于资产支持证券价值即发行证券从投资者那里获得的资金，并将二者的差额作为超额抵押，以保证将来有充足的现金流向投资者支付证券本息。一般用作超额抵押的资产是应收账款。这种方法比较简单，但是成本高，资产的使用效率也较低，因此很少采用，不过在某些类型的资产结构中，与其他方法一起使用会有较好效果。③利差账户。利差账户是存放收益超过成本部分金额的专门账户。当资产的收益超过融资总成本时可设立利差账户。利差账户能对损失进行第一层保护。④现金储备账户。发行人可以建立准备金制度，设置一个特别现金储备账户，当证券化资产现金流不足时，用来弥补投资者的损失。同时，设立担保基金对证券化资产可能产生的损失进行担保。现金储备要求的金额要比超额抵押少。⑤信用触发机制。有两类信用触发机制，一是同参与机构履约能力、资产池违约率相关的加速清偿事件，二是同资产支持证券兑付相关的违约事件。信用事件一旦触发将引致基础资产现金流支付机制的重新安排，对优先级资产支持证券形成信用保护。违约事件包括当前最优先等级的利息未能支付(有的产品将违约定义为任何优先级利息未能偿付)、于法定到期尚无法偿付本金、信托公司失去信托资格，或存在重大操作失误、法律问题等。加速清偿实际上是在不认定 CLO 发生违约的情况下，尽可能地保全各优先级本金的一种措施，主要包括累计违约率达到一定值、贷款服务机构/受托人的履约能力出现明显问题、交易文件有明显错误或失效。

(2)外部增信

外部增信又叫第三方信用担保，是指除发行人、发起人(租赁公司)、服务商、受托人以外的机构提供的全部或部分信用担保，借以提高证券化资产的信用级别。与内部增信相比，外部增信成本较低。外部担保机构往往是基于最坏情况下的风险估计来确定担保费率的，发行人所支付的费用一般高于资产的实际风险所需的担保成本。外部增信方式有以下几种。①机构担保。可以由信用机构提供担保，还可以由银行和保险公司等信用较好的金融机构提供部分信用担保或全额信用担保。提供担保的机构可以按照协议获取补偿，这种方式对于提供担保的银行和保险公司而言，是表外收入的一个来源。保险公司还可采用保单的形式对投资者的本息提供偿付担保。目前已发行的融资租赁资产证券化产品中，也有租赁公司股东为租赁公司的证券化产品提供担保，以便达到资产出表的目的，如远东首期租赁资产支持受益专项资产管理计划。②差额支付承诺。一般是指原始权益人的担保方承诺对基础资产收益与投资者预期收益差额承担不可撤销及无条件补足义务。③第三方信用证。信用证通常由银行出具，它是一个具有明确金额的信用支持，其承诺在满足预先确定条件的前提下，提供无条件的偿付。偿付的债务可以是部分债务也可以是全部债务。一份条件良好的信用证可以将特殊目的载体(SPV)的信用条件提高到信用证开证行的信用条件。④资产出售方提供追索权。通常对于所转让的资产，一般资产证券化交易安排中都会约定原始权益人承担相应的资产质量保证责任，对于不符合约定的债权，SPV 有权向原始权益人要求替换。这种外部增信主要被用于非银行发行者，这种方法用资产出售方的特定保证来弥补基础资产的最大信用风险损失。实践中，SPV 对原始权益人追索权程度越高，法院认定真实出售的可能性越低。⑤资产池保险。对资产池提供保险也是资产证券化经常采用的增信措施。一般而言，对于资产证券化，保险公司可以提供 6%～15% 的保险。具体幅度大小，取决于评级公司的要求和资产池所要达到的等级。这需要确定资产池中需要填补的信用风险金额，由保险机构对该部分缺口提供保险。如某租赁公司拥有大量同质的租赁应收款，并准备进行资产证券化融资，过去 5 年发生的呆账率是 2%～3%，而且最极端的呆账率也不会超过 10%。那么，只要能够从保险公司得到资产池 10% 的保险，该资产证券化的信用就可以得到提高。⑥流动性支持。在当期优先级受益凭证预期收益的兑付出现困难时，流动性支持机构将按照协议，在约定的承诺额度内向原始权益人提供短期流动性贷款，并直接将贷款划转至专项计划账户，以使当期优先级受益凭证预期收益能够足额兑付。流动性支持贷款本息由原始权益人向流动性支持机构偿付。流动性支持机构一般由商业银行担任，目前市场中尤其以与原始权益人有既往合作关系的商业银行为多。一般情况下，商业银行向专项计划提供的流动性支持额度会占用原始权益人在该行的授信额度。如果采用"不出表"的资产证券化，流动性支持亦可由原始权益人自行承担。

(三)重点关注：基础资产出表

1. 会计角度

租赁资产证券化的一大功能是租赁资产出表，盘活租赁公司现有资产，释放杠杆。在资产证券化中，通过设立 SPV，采取适当的增信措施，可以达到资产出表的目的。租赁资产是否出表最终要根据会计上的相关准则予以确认，本节将主要介绍会计上对于出表的相关论述。

(1)参考准则

租赁资产证券化业务进行会计处理和后续披露主要适用如下准则：《企业会计准则第23 号——金融资产转移》；《企业会计准则第 33 号——合并财务报表》；《企业会计准则第37 号——金融工具列报》；《企业会计准则第 41 号——在其他主体中权益的披露》。

(2)资产出表——资产终止确认

在会计上，资产证券化要实现出表或部分出表，需要租赁公司对基础资产进行全部或部分终止确认。终止确认是指将金融资产或金融负债从企业的账户和资产负债表内予以转销。

关于证券化租赁资产的终止确认，可以逐次分为三个阶段确认：金融资产是否转移、风险报酬是否转移和是否保留金融资产的控制。主要原则如表 8.2 所示。

表 8.2　证券化租赁资产的终止确认原则

情　　形		确　认　结　果
已转移金融资产所有权上几乎所有的风险和报酬		终止确认该金融资产
既没有转移也没有保留金融资产所有权上几乎所有的风险和报酬	放弃对该金融资产的控制	
	未放弃对该金融资产的控制	按照继续涉入所转移资产的程度确认有关资产和负债及任何保留权益
保留金融资产所有权上几乎所有的风险和报酬		继续确认该金融资产，并将收益确认为负债

金融资产终止确认判断流程如图 8.7 所示。

2. 交易架构角度

租赁资产的出表要在会计上判断风险和报酬的转移以及对金融资产控制程度，具体到资产证券化交易架构上，会涉及 SPV 的设立、增信措施的选择等。

(1)SPV 设立

特定目的信托(SPT)和基于资产专项计划的 SPV，由于设立了原始权益人以外的实体承载证券化资产，更利于资产出表。

(2)增信措施

外部增信措施更利于资产出表。内部增信措施中，若采用优次级结构，租赁公司在持有一定比例以下的次级产品时可以达到出表；若采用其他需要通过租赁公司承担现金流风险来达到信用增级的目的的方式，租赁资产很难出表。

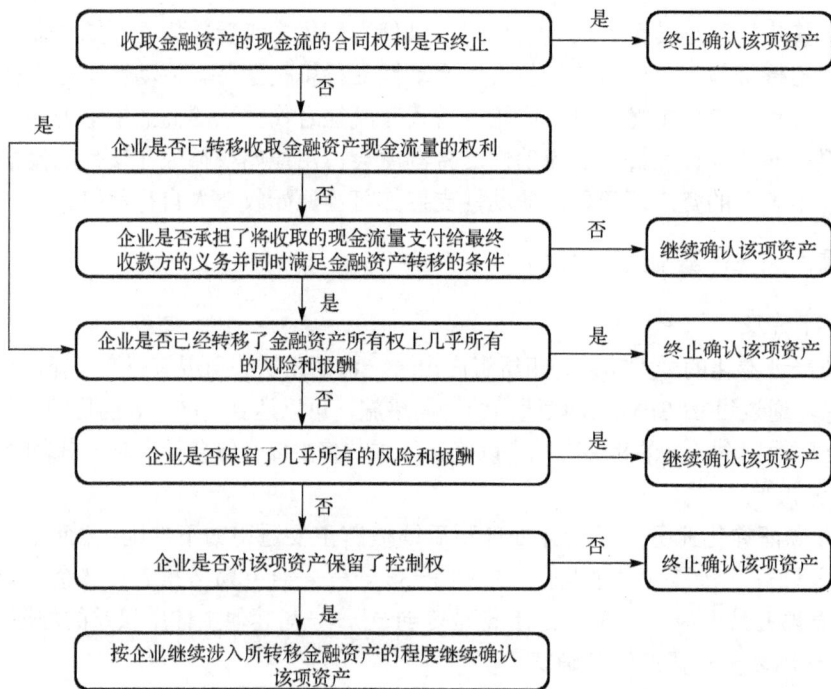

图 8.7　金融资产终止确认判断流程

四、租赁资产证券化的发展与趋势

（一）租赁资产证券化产品发展概况

1. 证监会资产支持专项计划（融资租赁类）发行情况

2014 年年底，证监会发布新政，施行资产证券化备案制，证券公司和基金管理公司子公司均可开展资产证券化业务（以资产支持专项计划为 SPV），备案单位为中国基金业协会。

目前，在基金业协会备案发行的融资租赁资产证券化产品中，原始权益人均为商务部监管的融资租赁公司（内资和外商投资融资租赁公司）。

根据 Wind 资讯的数据，租赁租金资产证券化余额占企业资产证券化余额的 27.03%，项目总数达 100 个，占比 19.65%，发行总额 889.72 亿元人民币。2015 年以来，融资租赁类资产证券化产品发行总规模（包括审批和备案的）约 418.55 亿元人民币，发行产品数量为 53 个。单只产品发行规模在 1.03 亿～34.11 亿元人民币不等，平均融资规模为 7.90 亿元人民币，单只产品加权平均收益率在 3.53%～7.95% 不等。基础资产普遍分布于不同行业和地区，具备风险分散特点。融资租赁类产品评级、风险主要与原始权益人资质、自身信用等有较大关系，但基础资产笔数较多的产品，可在一定程度上独立于原始权益人自身信用。每只证券化产品会分成不同的层级，信用评级水平依产品层级依次递减。根据可以取得的数据计算，在目前已发行的产品中，大部分子层级优先级产品信用评级为 AAA，占到 68.2%。融资租赁产品评级和发行利率，除与原始权益人本身资质相关外，还与是否存在强有力的外部增信措施等存在较大关系。

2. 银监会信贷资产证券化(融资租赁类)发行情况

新政实施以前，国内金融机构申报信贷资产证券化项目，需分别向银监会和中国人民银行取得"资格审批"和"项目审批"。2014年11月，银监会发文宣布，金融机构信贷资产证券化"资格审批"实行备案制；2015年4月，央行发文宣布，金融信贷资产证券化"项目审批"实行注册制。至此，金融机构信贷资产证券化彻底放开。

根据Wind资讯的数据，2015年以来，金融租赁公司已备案的租赁资产证券化产品共有4只，其中原有审批制项目2单(江苏金融租赁和工银租赁)，备案制下新审批项目2单(招银金融租赁和华融金融租赁)，合计发行总规模为61.91亿元。融资租赁资产支持证券93只，发行总额725.33亿元人民币，平均融资规模7.80亿元人民币，产品期限在3.17年～6.5年不等，单只产品加权平均利率在3.53%～7.95%不等。

(二)创新趋势分析

1. 现有创新成果总结——租赁资产证券化产品

(1)基础资产：增量租赁资产模式

租赁资产证券化所采用的基础资产一般为存量租赁资产，租赁协议已执行一段时间，SPV通过汇集各租赁协议剩余期限和本金额发行资产支持证券。

"广发恒进-南方水泥租赁资产支持专项计划"采用增量租赁资产，租赁协议为新增协议，还未开始执行，剩余期限和本金额为合同原始期限和本金额。增量租赁资产一般变现较难，有较大风险，所以该产品还设置了连带担保和保证金科目等增信措施，对相关风险进行规避。

(2)发行机制：品种回拨机制

品种回拨机制是指，在开始时，设置一个优先级产品的总体初始规模。在实际发行过程中，计划管理人有权在各档资产支持证券的初始发售规模之间进行全额回拨。2014年7月发行的"远东三期专项资产管理计划"采用了这一机制，具体发行过程中，计划管理人会在优先级三档证券之间进行规模调整。

回拨机制在债券产品中是一种非常常见的机制，资产证券化产品引入这一机制有以下作用：①租赁公司一般希望资产证券化产品期限越长越好，但券商销售长期产品的难度较大，回拨机制使得发行机构可以在发行时灵活调整不同品种间的规模，有利于证券化产品快速发行成功；②固定收益类产品普遍面临着利率波动风险，回拨机制使得发行机构可以根据当时市场利率环境，灵活调整不同品种间的规模，降低融资成本。

(3)交易结构：循环购买机制

目前，部分资产证券化品种引入了循环购买机制。具体操作是：将整个证券化产品发行期限分为循环购买期和摊还期，在循环购买期，基础资产产生的现金流可继续购买符合选择标准的基础资产；循环期届满后，不再购买新的基础资产。

采用循环购买机制，具有以下作用：①如果证券化产品期限较长，而基础资产期限较短，通过循环购买可以避免期限错配问题；②循环购买机制通过在分配前利用闲置资金不断购买基础资产，有效地避免资产支持证券持有人的再投资风险。

(4)交易结构：SPV嵌套结构

在融资租赁资产证券化的实际操作中，基于某些目的，出现了双SPV结构(两个SPV

嵌套的结构)。典型案例是华融金融租赁股份有限公司"广发恒进 1 号"集合计划与河北省金融租赁有限公司"广发恒进-河北金租 1 期"集合计划。

在该模式中,"集合计划"和"基金专项计划"只需要备案就可以完成,且都符合相关监管要求,产品具有合规性,因此该模式通过备案制的便利条件快速实现了募资与挂牌交易。该双 SPV 案例发行于银监会和证监会启动资产证券化备案制之前。尽管在当时,双 SPV 模式没有在证监会相关文件中出现,但"集合计划"与"基金专项计划"两个 SPV 载体的设立都符合相关监管要求,产品均具合规性,从而使产品顺利发行。

目前,三会(证监会、银监会、保监会,简称三会)和央行并未对 SPV 嵌套结构提出明确的监管准则,只要符合相关规定,SPV 嵌套结构的产品基本可顺利发行。虽未有明确禁止,但部分机构会对基础资产做出要求,从而对交易结构产生一定影响。比如,保监会于 2015 年 9 月发布的《资产支持计划业务管理暂行办法》(以下简称《暂行办法》)中提到,基础资产按照"穿透"原则确定,即对基础资产进行追本溯源,源头资产亦必须符合负面清单的规定,该条款似乎并未限制嵌套结构;但《暂行办法》中两次强调基础资产须能够直接产生独立、可持续现金流,强调基础资产预期产生的现金流,应当覆盖支持计划预期投资收益和投资本金,并多次提及基础资产须真实、合法、有效,所以交易结构中采用两层或者多层嵌套在政策上可能仍有一定难度。

2. 现有创新成果总结——其他类别基础资产

目前,租赁资产证券化产品已经采用了一些创新形式,这些方式有的可以提高发行效率,有的可以避免期限错配,有的还可以增加收益。其实,这些方式有的并非租赁资产证券化产品原创,很多都是借鉴于其他类别资产的证券化产品。本节旨在对以下种类的创新形式进行梳理和总结,这些都是其他类别资产证券化产品已采用而租赁资产证券化产品还未采用,并且适用于租赁资产证券化产品的创新形式。

(1)基础资产:内部债权转让

2014 年 12 月,五矿发展股份有限公司(以下简称五矿发展)发行应收账款资产支持专项计划。基础资产为五矿发展子公司的应收账款资产,这些基础资产的初始债权人为五矿钢铁有限责任公司及其 15 家分销公司、中国五矿深圳进出口有限责任公司,上述初始债权人为五矿发展的子公司。之后,初始债权人将应收债权通过应收账款转让合同内部转让给五矿发展,也就是将应收债权资产通过转让合同从子公司集中到母公司,这简化了交易结构,同时也便于进行信息披露。

五矿发展的内部债权转让模式也适用于母公司为集团公司的融资租赁公司,可以将子公司租赁债权集中到母公司(一般企业集团或大型融资租赁公司),由母公司根据基础资产发行相应的证券化产品。

(2)发行机制:开放申购/回售机制

2014 年 12 月,苏宁云商发行"中信华夏苏宁云创资产支持专项计划",该证券化产品分为两档,其中 A 档产品的期限为 18 年,实行开放申购/回售机制,即每 3 年开放一次,原有投资者可以退出,然后可以有新的投资者加入;若在开放期,申报参与的份额少于申报推出的份额,苏宁云商将承担流动性支持。

周期为 3 年的开放申购/回售机制可以灵活、高效地将短期资金供给与长期资金需求进行匹配,避免期限错配;同时,每 3 年开放一次可以理解为重新进行融资,但发行机构却只是在初次发行时投入了一定的发行成本，相当于投入一次成本进行了多次融资。

融资租赁公司可以在适当调整总发行期和开放周期后采用这一机制，以便更高效地通过证券化进行融资。

(3)交易结构：红黑池结构

部分债权资产还款周期短、频率高，在作为基础资产发行证券化产品时，发行前和发行后资产池资产特征变化较大，所以相应的需要在发行后进行重新定价。

2015 年 7 月，大众汽车金融公司发行华驭第二期汽车抵押贷款支持证券。由于汽车贷款的本金通常偿还速度较快，在经过一段时间后，资产池的整体特征有可能与最初资产池状态有所差别，并且在用折现率确定资产池发行规模的机制下，需要先知道证券的发行利率，所以该证券化产品引入了红黑池机制。在最初项目申报监管、证券营销阶段需要确定一些相关参数所用的资产池为红池，证券发行后再筛选出的资产池为黑池。总体上，两个资产池在分散性、剩余期限、入池标准等总体特征方面具有较大的一致性，保证资产池的属性基本相同。因为两个资产池的总体特征、发起机构发放贷款的历史表现等相似度极高，因此，对两个资产池的评级通常也基本一致。

这种交易结构需要整个资产池具有较强的分散性、同质性，同时现金流需要较为稳定。融资租赁公司可以相应选取剩余期限较短、还款频率较高的租赁资产打包成一个合适的资产池，引入红黑池结构发行资产证券化产品，从而以更合理的定价完成融资。

(4)交易结构：提前终止机制

一方面，不同类别或原始权益人的基础资产风险程度是不一样的；另一方面，在发行资产证券化产品的过程中，基础资产的风险程度并非完全确定，因而证券化产品的信用评级并非一成不变，评级也可能会下降。为了提前防范基础资产的风险变动，部分资产证券化产品引入了提前终止机制：在产品评级下降到一定程度的时候，提前终止该产品。这样，在债务人破产之前，资产证券化投资者的本金及收益均能得到偿还，从而保障了投资者的权益。而在产品发行时设定提前终止机制，相当于加强了风控的力度，有利于增强投资者对证券化产品的信心，保障证券化产品顺利发行。

2015 年 5 月，上海摩山商业保理有限公司(以下简称摩山保理)发行"摩山保理一期资产支持专项计划"，该证券化产品引入了提前终止机制，即在发生任一特定事件时，专项计划进入终止程序。这些特定事件包括：优先 A 级产品评级降至 AA 或以下；优先 B 级产品评级降至 A+或以下；摩山保理正常运营连续中断超过 3 个月；摩山保理发生金融机构债务违约，并且可能对资产证券化产品本息偿付产生重大影响；摩山保理或其担保人进入破产程序等。

融资租赁公司在发行租赁债权证券化产品时，如果基础资产有一定风险，且希望推进证券化产品快速发行，可以引入提前终止机制。

3. 未来创新展望

(1)主信托结构和交叉抵押

发起机构可以在一个主信托结构项下发行多期资产证券化产品，在资产质量和交易结构同质的情况下，可有效提高发行效率。

主信托项下的多期产品的基础资产可交叉抵押，若某一期产品的基础资产质量恶化，可由同一主信托项下其他产品的基础资产为其提供支持。

(2)产品结构适度创新

研究和开发纯利息产品和纯本金产品等新型品种,为投资者提供更多选择。

引入利率互换机制,为证券化参与方提供一种防范利率风险的避险工具,但禁止用于投机目的。

(3)引入联合原始权益人

由多个原始权益人依据各自份额联合发起租赁资产证券化,可拓宽中小型融资租赁公司融资渠道,分散单一原始权益人可能引发的风险。

(4)启动不良租赁资产证券化

一方面,国内部分自贸区及其他金融改革试点区域已经提出,在租赁资产交易方面,支持金融资产管理公司和地方资产管理公司批量收购和依法处置租赁企业的不良资产;另一方面,近期,不良信贷资产证券化处于重启阶段,有望于2016年完成重启后的首只证券化产品。基于此,未来可以通过相关监管部门的沟通和协作,启动不良租赁资产证券化,从而使证券化不仅可以盘活存量租赁资产,还可以进一步转化不良租赁资产,使租赁公司融资渠道更加多元化。

第四节　融资租赁公司信托融资

我国信托公司的资金来源广泛,既可以通过集合资金信托计划向投资者募集资金,也可以通过单一资金信托计划向投资者募集资金。相对于信托公司而言,我国融资租赁公司虽在租赁资产的管理与处置方面具有比较优势,但融资渠道较为单一,不具有募集社会闲散资金的功能。因此,我国融资租赁公司完全可以尝试与信托公司进行合作,充分利用信托公司募集资金的功能优势,将信托公司作为融资租赁公司的融资渠道和租赁资产的退出渠道。同时,实现优势互补与互利共赢。为此,本节重点研究我国融资租赁公司如何通过信托方式获得融资,以满足自身业务发展的需要。

一、融资租赁信托融资创新的意义

融资租赁公司信托融资,是指融资租赁公司通过信托公司融资作为筹措资金的渠道,主要利用的是信托公司的制度优势和筹措资金的能力,主要包括两种操作方式。第一种是信托借贷模式,即信托公司通过发行信托计划筹集到资金,再将资金借贷给融资租公司适用。该种模式前文已叙述不在本次金融创新讨论范围之内。第二种是资产收益权信托的模式,即信托公司受让融资租赁公司的应收租金,并将募集到的资金作为转让款交付给对方使用,即资产收益权转让,这也是本章着重介绍的一种融资方式。

融资租赁与信托合作,不仅能实现融资的目的,同时对融资租赁行业开创了新型的盈利模式。从融资租赁企业角度出发,融信合作可以减少自有资金占用的期间,促进收益效率。基于融资租赁行业和信托行业各自的优势进行合作,实现优势互补,经过谨慎产品设计后,可以达到融资租赁公司拓宽融资渠道、资产出表的目的,并且可以建立融资租赁行业新的盈利模式。融资租赁行业和信托行业合作前景广阔。

从国外经验看,无论他国属于金融混业经营还是分业管理的制度,融资租赁行业和信托行业是金融机构之间或者金融机构与非金融机构之间常用的传导机制，起到桥梁作用，常常是使不同金融产品互相配合形成创新且合理的组合工具。之所以将租赁资产收益权信托作为融信合作的一种创新融资渠道，是由于可以发挥信托公司和融资租赁公司各自的优势。融资租赁业务必须依靠资金开展业务，融资租赁公司无法完全依靠自有资金维持，但是按照管理规定，以负债的方式进行融资对融资租赁公司风险控制不利；以租赁资产收益权信托方式进行融资，可达到融资租赁公司表外融资的目的。这项创新融资方式的优点可实现如下情形。

(一)融资租赁公司方面

转让租赁资产收益权获得的资金加速了融资租赁公司资金流动，持续并且不限量地继续开展优质项目，从而使融资租赁公司获得发展的契机。还可以利用信托公司广泛的处置渠道帮助回收资产。

(二)信托公司方面

信托公司通过项目积累租赁管理经验，另外相较直接与作为承租人的普通其他信托产品中的关系相比，借助融资租赁的交易平台可以从应收账款受让价之间的差额获取利润。

二、融资租赁信托融资的业务模式

(一)利用信托开展融资租赁的基础

单纯的信托公司从事的所谓融资租赁信托，就是信托公司发行信托计划，用从投资者处筹得的资金购买融资租赁租赁物并对外出租，承租人交付的租金是投资者收益的保证。一方面，将融资租赁与信托结合，主要能够发挥信托筹资能力强大及渠道广阔的优点，且企业也能集中精力在融资租赁业务中发展。另一方面，实际资金需求方即融资企业可以利用增加企业固定资产流动性的方式增加融资额度。当然从投资者角度考虑，信托制度最重要的就是起到"隔离"作用，由多方承担资本风险，提高安全系数。因而，可以说是多方得利的良好选择。对于目的在于加快购买新设备替换旧设备的企业，包括预期发展较好的在建项目适宜选择信托和直接融资租赁相结合的模式；对于固定资产居多且现金流不足的融资需求适宜选择信托和回租租赁相结合的方式。企业可以通过选择合理的租金支付方式来满足自身的融资需求。

信托公司的优势在于资本雄厚且产品丰富，但对于融资租赁产业并非十分精通或者了解，因而为实现优势互补和各取所长，由信托公司与融资租赁企业实施合作，由融资租赁企业利用信托公司作为其融资的渠道之一能更好地为其他行业的企业融资和投资者的安全服务和提供保障。

所谓融资租赁信托，就是委托人根据自身对信托公司的选择，将自己合法处置的资金委托给对方，由信托公司以自己的名义操作运用该笔资金并投放到融资租赁业务中使受益人获得收益的方式。故而，融资租赁信托实质就是向融资租赁债权专门投资的金融产品。融资租赁信托计划，则是融资租赁信托的交易凭证。从目前的操作和内部收益测算，融资租赁信托计划的收益高出一般集合资金信托计划的平均水平。这主要是由融资租赁交易的本质属性决定的，包括手续费、利差收益造成的利差、租金的再收益、租赁物保修的利益等。

当前，适用中国信托业运行的政策框架主要有：《中华人民共和国信托法》《信托投资公司管理办法》。根据这些法规，可以分析如下。

① 按照融资需要，根据信托目的、信托公司针对各种信托财产及其管理方法，设立业务种类。其中，资金信托是重要的一个品种。根据中国人民银行等监管规定的合规要求，信托公司设置信托业务品种。

② 信托投资公司办理信托业务可以依据信托当事人的约定或意愿，处理管理信托资金可以通过单独也可以通过集合的模式。其中，集合模式是指两个或两个以上的委托人委托信托公司统一管理和使用信托财产的行为。

③ 信托财产可由信托公司运用租赁、买卖、信贷等多种方式进行管理。

(二)租赁业信托融资的模式

信托公司操作融资租赁业务的方式灵活多样，有多种操作模式，其中有信托公司通过取得融资租赁业务资格自营融资租赁业务，也有信托公司与融资租赁公司进行合作经营。

1. 信托公司自主管理的集合资金信托模式

信托公司取得融资租赁经营资格，通过发行集合资金信托计划，然后集中管理筹得的资金，通过融资租赁的模式购买租赁物，承租人履行支付义务并享有使用的权利。在本交易模式下，出租人和信托计划中受托人(也就是信托财产的管理人)都由信托公司担任，通过自主管理购买租赁标的物，再租给承租人，达到投资者获取稳定信托收益的目的。

2. 银信合作主动管理融资租赁单一信托计划模式

信托公司与商业银行合作，借助银行广泛的客户渠道，向客户推广理财产品，募集资金，然后银行将作为委托人，由信托公司作为受托人并且设立单一的信托计划，信托公司将该笔资金通过融资租赁的模式购买租赁物，承租人承租并支付租金，回款保证投资人的收益。

可以看到，信托公司通过自营的方式开展融资租赁业务。区别仅仅在于信托资金的来源渠道，是通过信托公司直接向第三方募集还是通过银行理财产品的渠道取得资金。

3. 信托公司与租赁公司合作模式

融资租赁公司和信托公司互相合作，各自发挥优势，其中融资租赁公司拥有专业的经验、优秀项目的客户资源，信托公司对外发行融资租赁集合信托计划，然后将筹得资金作为商业借贷给融资租赁公司使用，融资租赁公司以借得的资金继续开展融资租赁业务，以租赁公司归还借款的本息作为投资者收益的保障。该种模式，信托公司发挥自身募集资金和资本雄厚的优势，通过金融借贷获取收益，而租赁公司通过信托公司获得贷款融资增加企业现金流。

4. 租赁资产收益权受让集合信托模式

融资租赁公司拥有优秀的资产，即租赁物。信托公司可以利用该点将单个或连续多个租赁项目预期可能产生的租金收入作为租赁资产的收益权进行受让，以此对外发行资产收益权信托计划。受让收益权的资金即筹得资金，信托计划完结后，融资租赁公司可通过回购的方式取回资产收益权，以此，投资者收益得到保障。

5. 信托公司与银行、租赁公司合作模式

融资租赁单一信托方式：信托公司依托银行的广泛客户资源，银行对客户发行融资租赁理财产品，信托公司以此募得资金设立单一信托计划。通常该种模式下，由银行指定融资租赁公司，信托公司将该信托计划中的信托资金借贷给融资租赁公司，信托公司凭收回的本息保障投资人获取稳定信托收益。

6. 租赁资产收益权受让单一信托模式

该种模式是建立在资产收益权信托和银行筹资渠道基础上的，银行利用客户资源对外发行理财产品，交由信托公司设立单一信托计划受让租赁资产收益权，该信托资金受让租赁资产收益权。信托期完结后，租赁公司以回购收益权的方式保证信托收益的安全。

综上分析，根据上述各种融资租赁信托交易模式，第一、二种并非属于融资租赁公司融资开展业务的情况，仅仅是信托公司取得融资租赁经营资质后通过信托的方式集合资金进行融资租赁经营，这里的业务模式区别仅仅是资金来源不同，并且它与融资租赁公司自营开展业务的区别也仅仅是资金来源不同，出租人的角色是普通融资租赁公司还是持有融资租赁经营资质的信托公司，法律关系区别不大。第三种及第五种模式提到的信托公司将受托资金借贷给融资租赁公司，这是一种常用融资方式，基础法律关系仅涉及金融借贷，实质并不复杂，即使是第五种模式涉及的单一信托计划是依赖银行客户资源渠道就理财产品募得的资金设立，再行实施借贷，也仅仅是资金来源与信托公司自行发行集合信托计划的区别，其实质与融资租赁公司之间的法律关系仅是金融借贷。第四种及第六种模式提及的租赁资产收益权作为融信合作的一项基础资产，区别仅仅是资金来源属于集合还是单一，就融信合作的法律关系实质是一样的。作为一种创新融资产品是本文自始至终就关注的重点，值得研究。

融信合作各自发挥制度优势，具有广阔的发展前景，为了更好地促进融信合作，信托公司应当完善融资租赁项目的操作细则，规范融信合作过程中的尽职调查、立项和审批及操作等全过程中各项工作要求。相信经过一段时间的不断努力摸索和研究，融资租赁与信托合作的业务模式将会逐渐发展完善，从而真正为融资租赁公司开辟一条创新的融资渠道，全方位地为推动产业结构优化和各行业技术改革发挥积极作用。

三、融资租赁信托融资的风险与规避

信托融资方式对我国融资租赁公司而言，是必要的和可行的。但要想使其真正成为解决我国融资租赁公司融资难问题的重要手段，更重要的是要对信托融资过程中主要参与方所面临的各种风险进行有效的规避，并合法保障各方利益。

(一)融资租赁公司的风险与规避

在融资租赁公司的信托融资过程中，融资租赁公司面临的风险主要有：应收租赁款转让对价的风险、获取信托贷款资金的风险以及面临被投资者追偿的风险。

1. 应收租赁款转让对价的风险

在向信托计划转让租金收益权的模式下，融资租赁公司就会面临应收租赁款转让对价的风险，即融资租赁公司无法获取转让对价或者无法全额获取，以及贬值的风险。为有效规避此类风险，就要求融资租赁公司与信托公司之间签署资产转让协议，并在协议中明确约定拟转让资产的类别、转让时间、转让对价、支付方式、支付币种、支付时间、后续责任与义务以及信托计划不能成功设立的后续处理事宜等。

2. 获取信托贷款资金的风险

在向信托计划申请信托贷款的模式下，融资租赁公司就会面临贷款资金的获取风险，比如融资租赁公司不能按时足额获得贷款资金等。这就要求融资租赁公司与信托公司签署内容完备的贷款协议，并明确约定各自的责任和义务。

3. 被投资者追偿的风险

在承租方不能按时足额偿还租金的情形下，投资者的本金或利息就可能会因此受损，就可能会出现投资者最终向融资租赁公司追偿的情形。为此，融资租赁公司应选择将资产质量较佳、权属明晰、能产生稳定现金流以及承租方违约概率相对较小的应收租赁款作为信托融资的标的，以尽量规避此类风险。

（二）投资者的风险与规避

在融资租赁公司信托融资过程中的任何一个环节都可能会给信托产品投资者带来一定的投资风险。规避投资者的投资风险，保护投资者的投资利益对于信托产品的成功发行尤为关键。为此，在信托融资过程中应严格按照行业通行的做法进行规范、封闭运作，并独立核算。比如严格执行资金流的第三方托管制度、聘请独立第三方机构作为财务顾问和代理推介人、由独立第三方为信托计划提供担保等。

（三）信托公司、银行等中介机构的风险与规避

在融资租赁公司信托融资过程中也会涉及较多的中介机构，比如信托公司、商业银行（既可以是银行理财产品的募集人，还可以是信托计划的资金托管人）、担保人、财务顾问以及代理推介人等。这些参与方的任何操作风险均会给投资者或者融资租赁公司带来一定的潜在风险。这就要求我国的第三方机构应严格按照规范的行业标准来提供相应服务。此外，我国还应建立健全对第三方中介机构的监督管理机制与奖惩机制，对于第三方机构的失误或故意欺诈等行为给投资者或融资租赁公司带来的损失，第三方机构均应承担起相应的赔偿责任。

第五节　融资租赁公司外债融资

我国融资租赁公司的融资渠道较为单一，通过银行间接融资的比例过高。但在目前信贷收紧的宏观环境下，这单一的融资渠道也严重受限，融资成本也在一路走高。出于对融资成本方面的考虑，融资租赁公司更乐意打通境外融资的通道，持续地从境外融入低成本的业务资金，以解决其可持续发展的问题，并进一步提高盈利空间。为此，本节从外债融资的视角，重点研究我国融资租赁公司的境外融资问题。

一、融资租赁外债融资的意义

外债融资是指我国融资租赁公司依据境内外的有关法规，通过向境外(含我国的台、

港、澳地区)的机构或个人以国际商业贷款形式合法地融入各类业务资金的过程,具体运作形式包含:①向境外银行或其他金融机构借款;②向境外企业、其他机构和自然人借款(含境外股东借款);③到境外发行债券(含外币债券、点心债、合成式债券)等。

(一)有利于租赁公司降低融资成本,提升盈利水平

全球主要货币市场同业拆借的利率水平要显著低于我国,这在一定程度上说明,境外资金的融资成本明显低于境内资金的融资成本。可见,我国融资租赁公司只要能够打通境外融资的通道,不仅可以改善融资结构,有效降低其资金的使用成本,而且还可以大幅提升其盈利水平。

(二)有利于租赁公司合法地绕开境内紧缩的信贷调控政策

最近几年,中国人民银行依据国内外宏观经济形势,屡次出台信贷调控政策,使得我国融资租赁公司传统的银行融资渠道严重受限。即便有少部分融资租赁公司有幸从境内商业银行获得小额融资,其融资成本往往也高达 10%以上。因此,若我国融资租赁公司能够在境外进行外债融资,则境外债权人适用的将是境外的法律法规,这可以帮助我国融资租赁公司有效地绕开境内紧缩的信贷调控政策,获得境外的低成本资金,从而实现可持续发展。

(三)有利于租赁公司分享人民币升值带来的收益

自 2005 年 7 月 21 日我国实施汇率制度改革以来,人民币对美元的汇率正在不断地升高,而且这将是一种长期趋势,这对于我国融资租赁公司开展外债融资而言,无疑是一个利好消息。这意味着,我国融资租赁公司在偿还美元债务的本息时仅需用更少的人民币即可偿还完毕,这间接地降低了我国融资租赁公司的融资成本,从而有助于我国融资租赁公司分享人民币升值带来的收益。

二、融资租赁外债融资的基本模式

现阶段,在我国的三类融资租赁公司中,仅有外商投资融资租赁公司的外债融资在实践中具有可操作性。为此,我国的金融租赁公司和内资(试点)融资租赁公司要实施外债融资,就必须在现有的法律框架下紧紧围绕外商投资融资租赁公司进行适当的创新。下面就我国三类融资租赁公司的外债融资模式进行探讨。

(一)金融租赁公司的外债融资模式

对于金融租赁公司而言,首先,可以由母公司的境外子公司在境内设立外商投资融资租赁公司(在公司性质上可以是外商独资型的,也可以是中外合资型的);其次,以外商投资融资租赁公司的名义进行外债融资;最后,由外商投资融资租赁公司通过委托贷款的方式将资金交给金融租赁公司使用。由于我国仅规定外债结汇资金不得用于偿还人民币债务,并未明确禁止将外债结汇资金用于借贷给关联企业使用,所以,上述方案具有一定的可操作性。

(二)内资(试点)融资租赁公司的外债融资模式

对于内资(试点)融资租赁公司而言,可以通过增资扩股或股权转让的方式引入外方投

资者，从而将公司性质变更为外商投资融资租赁公司。由于我国的内资(试点)融资租赁公司和外商投资融资租赁公司均由商务部负责监管，因此，上述方案的获批难度应该不大。2010 年 5 月，中外合资型的友联国际租赁有限公司被中国建银投资有限责任公司收购，经商务部批准(商建函[2011]23 号)，公司类型变更为了内资(试点)型融资租赁公司，公司名称也变更为了中投租赁有限责任公司。这说明上述内资(试点)融资租赁公司的外债融资模式具有一定的可操作性。

(三)外商投资融资租赁公司的外债融资模式

1. 交易结构设计

外商投资融资租赁公司的外债融资的交易结构如图 8.8 所示。

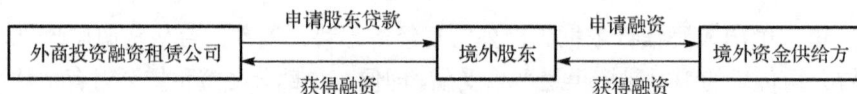

图 8.8　外商投资融资租赁公司外债融资的交易结构

2. 关键环节分析

(1)股东贷款的合法性问题

根据我国《外债管理暂行办法》(国家发展计划委员会、财政部、国家外汇管理局令第 28 号)第 5 条的有关规定，境外股东向我国外商投资融资租赁公司提供的股东贷款属于国际商业贷款的范畴，应纳入我国的外债统计监测范围。结合《关于完善外债管理有关问题的通知》(汇发(2005)74 号)第 2 条第 4 款的规定，我国的外商投资融资租赁公司可以按照不超过其净资产总额 10 倍的规模借用外债，这其中就包括境外股东提供的股东贷款。

(2)税收问题

① 关于外商投资融资租赁公司利息支出部分的税收问题。财政部、国家税务总局于 2008 年 9 月 19 日发布了《关于企业关联方利息支出税前扣除标准有关税收政策问题的通知》(财税[2008]121 号，目前仍然有效)，第 1 条规定：在计算应纳税所得额时，企业实际支付给关联方的利息支出，不超过以下规定比例和税法及其实施条例有关规定计算的部分，准予扣除，超过的部分不得在发生当期和以后年度扣除。企业实际支付给关联方的利息支出，除符合本通知第 2 条规定外，其接受关联方债权性投资与其权益性投资比例为：金融企业为 5:1；其他企业为 2:1。

由此可见，对我国外商投资融资租赁公司支付给境外股东的利息支出，只有符合上述规定的部分才能在税前扣除。在我国，外商投资融资租赁公司由商务部负责监管，其成立无需申领金融业务许可证，因此，外商投资融资租赁公司在我国不属于金融企业。所以，境外股东向我国外商投资融资租赁公司提供的股东贷款额度最高不能超过其股权投资额度的 2 倍。否则，我国外商投资融资租赁公司向境外股东支付的超过额度部分的利息就不得在税前扣除，这就意味着，外商投资融资租赁公司的融资成本就会间接上升。

② 关于境外股东获得的利息的税收问题。国务院于 2000 年 11 月 18 日发布了《关于外国企业来源于我国境内的利息等所得减征所得税问题的通知》(国发(2000)37 号，目前仍然有效)，规定：自 2000 年 1 月 1 日起，对在我国境内没有设立机构、场所的外国企业，

其从我国取得的利息、租金、特许权使用费和其他所得，或者虽设有机构、场所，但上述各项所得与其机构、场所没有实际联系的，均按 10%税率征收企业所得税。

根据《中华人民共和国中外合资经营企业法》的第 1 条、《中华人民共和国外资企业法》的第 1 条以及《关于设立外商投资股份有限公司若干问题的暂行规定》(对外贸易经济合作部令 1995 年第 1 号，目前仍然有效)第 1 条之规定，无论是有限责任公司形式的外商投资融资租赁公司，还是股份制的外商投资融资租赁公司，他们的境外股东均可以是自然人股东。那么，根据《中华人民共和国个人所得税法(2011 修正)》第 1、2 条的规定，境外股东为自然人时，对其从我国外商投资融资租赁公司获得的利息收入部分，应向我国缴纳个人所得税。根据第 3 条第 5 款的规定，税率为 20%。

3. 该模式的优势分析

(1)可以弱化对外担保的要求

传统的国际商业贷款融资，是融资方直接向境外机构或个人融资，出于对资金安全性的考虑，资金的出借方往往会严格要求融资方提供对外担保。但在境外股东贷款的模式下，境外股东可以弱化对我国外商投资融资租赁公司的担保要求，有的甚至不要求提供担保，这就绕开了我国对外担保复杂的有关规定。主要原因是：对愿意提供股东贷款的境外股东而言，境外股东在我国外商投资融资租赁公司的三会中往往具有一定影响力，即便境外股东的持股比例较低，也可以通过修改公司章程，或给予境外股东在董事会甚至项目决策委员会中的一票否决权，即只有境外股东认可的融资租赁项目，外商投资融资租赁公司才能使用境外股东提供的贷款资金。这样就可以在很大程度上确保境外股东随时监控其贷款资金的安全性。对于外商独资的融资租赁公司，境外股东可以完全控制公司的三会，在这种情况下，对融资租赁公司的担保要求就可以更加弱化，甚至可以不要求提供任何担保。

(2)股东贷款模式对融资双方均有利

相对于股权投资而言，在股东贷款方式下，我国外商投资融资租赁公司需要按照贷款合同有关约定向境外股东偿还本息，在正常情况下境外股东可以按时回收本金，并可以获得固定回报。对于外商投资融资租赁公司而言，向境外股东借款，除了具有手续相对简便、借款期相对宽松、利率较低(有时甚至可以为零利率)等优点外，利息支出还可以在税前扣除，具有降低税收负担的作用。目前，在境内外利率水平相差悬殊的背景下，这也是我国外商投资企业惯用的一种外债融资模式的原因所在。

(3)可以充分利用境外股东多渠道的融资优势

对我国大多数融资租赁公司而言，对境外资本市场和货币市场均还不够熟悉，很难直接面向境外的机构或个人完成融资任务。但在境外股东贷款的模式下，则改由境外股东负责境外融资任务，这就相对更加容易。这不仅是因为境外股东更加熟悉其所在地的金融市场，而且是因为境外的融资渠道相对较多，金融工具更加丰富。

4. 该模式的劣势分析

(1)融资规模受限

如前所述，依据《关于企业关联方利息支出税前扣除标准有关税收政策问题的通知》的第 1 条之规定，境外股东向我国外商投资融资租赁公司提供的股东贷款额度最高不能超过其股权投资额度的 2 倍，否则，就会影响融资方的融资成本。此时，可以对图 7.1 的融资模式进行适当地改进，比如可以采取我国外商投资融资租赁公司直接面向境外的机构或个人进行融资，由境外股东提供融资担保的方式。

(2)外商投资融资租赁公司破产时，境外股东的债权往往得到优先偿付

按照我国《破产法》的有关规定，境外股东向我国外商投资融资租赁公司提供股东贷款之后，若融资租赁公司破产，境外股东与融资租赁公司的其他债权人应处于平等的清偿地位。但在实践中，境外股东往往会利用其对融资租赁公司的实际控制力，使其获得优先受偿，而使其他债权人劣后受偿，这就使得境外股东与其他债权人不易处于平等的法律地位，而且我国的《破产法》也没有明确规定在融资租赁公司的破产程序中如何处理股东贷款的问题。

三、融资租赁外债融资的风险与规避

我国政府严控外债规模，并执行严格的审批制度。但本文研究后发现，我国的三类融资租赁公司均可在现行法律环境下，在外债融资方面实现突破。下面对我国融资租赁公司在外债融资过程中的风险及规避措施进行分析。

(一)法律风险与规避

我国在融资主体、融资币种、结汇、对外担保等方面对外债融资作出了烦琐而严格的法律规定，要有效规避外债融资过程中潜在的各种法律风险，我国融资租赁公司应严格执行我国的现行规定，进行规范操作，严防融资合同被认定为无效、被行政处罚、不能结汇等风险。

(二)汇率风险与规避

在外债融资过程中，汇率风险是不可忽视的重要风险。为此，我国融资租赁公司可采用外汇远期、期权、掉期、互换等汇率避险工具，转移或对冲汇率风险。

第六节　融资租赁公司其他融资渠道

一、租赁基金：投资基金在融资租赁中的运用创新

(一)租赁基金的内涵与特点

1. 租赁基金的内涵

投资基金是一种委托集合投资机制，它通过发行基金券(受益凭证、基金单位和基金股份等)设立基金的形式，将社会上不确定多数投资者不等额的资金集合起来，形成一定的资产规模，交由专门的投资机构按照资产组合原理进行分散投资，投资者按照出资比例分享收益，并承担相应风险。基金可以投资于证券，称为证券投资基金，也可以投资于未上市的企业，称为产业投资基金或者直接投资基金。

基金产生于英国，盛行于美国，继而在全世界得到迅速发展。基金有不同的称谓，在

美国，通常被称为共同基金、互惠基金或投资公司；在英国和我国香港特区，被称为单位信托基金；在日本和我国的台湾省，被称为证券投资信托基金；在我国，通常称为投资基金。美国是世界上基金投资最发达的国家之一。目前基金市场规模超过 7 万亿美元。统计显示，美国平均每三个人就有一个人投资基金，占人口数的 33%。从 30 年代基金问世以来，基金几乎是美国家庭主要的理财工具。

我国的基金以证券投资基金为主，投资对象主要为资本市场的上市股票和债券，最近开始发行货币市场基金。租赁基金是一种产业投资基金，即投资对象为租赁交易的投资基金。

设立租赁基金的条件目前已经成熟：①基金业在我国的迅速发展，基金形式日益丰富；②基金监管不断规范；③租赁交易的相对高的投资回报对投资者有吸引力。

2. 租赁基金的特点

租赁基金的特点包括：①向租赁基金投资的手段非常灵活，可以投入资金，也可以投入设备，甚至有追索权的债或担保，投资者最后形成一个有限责任组织；②基金的设立形式多样化，可以采用公司形式，也可以采用社团、独资形式，使用最为广泛的还是合伙形式。权益人作为有限合伙人，而管理者作为普通合伙人，具体负责整个基金的运作。

基金设立后，其运作即租赁业务的开展与一般租赁并没有区别。承租人选择设备及供货商后与租赁基金签订租赁协议，租赁基金与供货商签订购货合同然后供货商将设备运给承租人企业。出租人的收益主要来自四个部分，即租金、设备残值、转卖设备所有权溢价和税收优惠。

租赁基金一般是以基金设立的协议为基础，当协议期满，基金即宣告解散，最后所有设备均被卖掉，所有现金均被分掉。

(二)租赁基金的利与弊

对出租人而言，其利：一是资金来源广泛、稳定，融资成本降低；二是税收优惠，租赁基金一般采用合伙形式，而合伙一个最明显的好处就在于先分后税，这对于现代税收优惠越来越少的企业是个巨大的诱惑。由于税收上的好处而最终导致租赁成本的下降，从而降低了租金，增强了竞争能力。其弊：一是由于承租人的破产或经营不善导致回收租金困难，债权投资，改为权益投资，加大了投资风险；二是保密性差，因为基金股票要上市流通，其财务报表必须公开。

对承租人而言，其利：一是租赁价格相对便宜；二是不必过分担心设备所有权相关的问题。其弊：当事人太多，一旦发生纠纷，很难解决。

对债权人而言，其利：一是本金有保障，对于有追索权的债当然不用说，就是对于无追索权的，其有设备作为担保；二是利息较高，租赁的平均收益率一般高于资金市场的平均利率水平。

对于投资者而言，其利：一是获取较高收益；二是资金投资的多元化，分散了风险；三是专家管理得以科学理财。其弊：一是合伙企业具有明显的人合特点，因而各合伙人的资信特别重要，而租赁基金的普通合伙人并没有义务公开其以前的经营情况，如果其手下还有多个类似基金，其情况对投资人就更糟；二是基金的股票要上市流通，这使投资者面临一个资金流通问题，一旦需要现金，股票的变现性难说；三是证券市场多种不确定因素的影响。

(三)租赁基金运作过程

租赁基金设立与运作过程如图 8.9 所示。租赁基金设立后从事融资租赁的过程与一般的融资租赁相同，即由承租人选定租赁物和供应商，与出租人签订租赁合同，然后由租赁基金出资购买，供应商向承租人供货，承租人租赁使用(图中实线部分)。租赁基金的资金来源于众多的分散投资者和债权人的有追索或者无追索贷款(图中大虚线部分)。基金的收益来源于租金、转卖设备残值收入及其残值溢价、税收优惠几个方面(图中小虚线部分)。

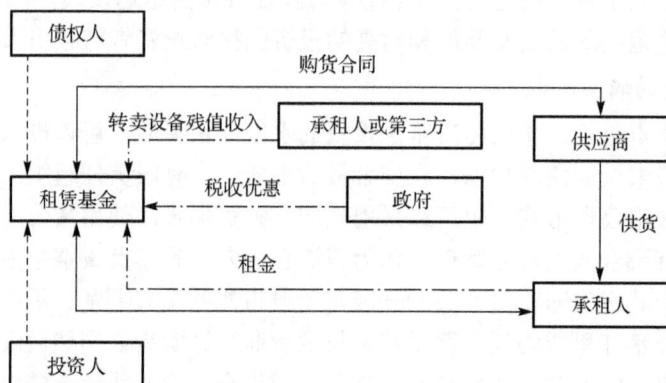

图 8.9　租赁基金运作过程

二、租赁与保险的合作：构造保险业和租赁业互益合作的"双赢"模式

融资租赁业务通常都要对保险标的物进行财产保险，因此将保险看成是融资租赁交易的一个组成部分也不为过。在国外，保险公司是租赁业务资金的重要提供者之一，有时是股本参加者，有时是债权参加者。在保险公司资金运用逐步放开的情况下，我国租赁公司如何吸引保险资金进入，以何种方式进入，可以有很多创新业务开展。

(一)保险资金涉足租赁业的意义

保险资金涉足租赁业，一方面，给租赁业注入新的资金，壮大了租赁业的实力，有助于我国租赁业的发展，对国民经济的发展作出贡献，另一方面，也有助于保险业的发展。

从租赁业角度来看，租赁保险是规避租赁风险的有效手段。尤其是在跨境租赁交易中，租赁保险是规避租赁项目所在国的政治风险以及承租人自身的信用风险从而促进本国租赁业尤其是国际化租赁发展的有效手段。根据各国的租赁保险实践经验，建立融资租赁业务的信用保险制度无疑是一种很好的选择。

融资租赁信用保险制度是指由于承租人或担保人不可控制的原因，导致承租人或其担保人破产、倒闭、解散，因而发生未按照合同约定履约导致出租人投资不能如期收回的风险时，由政府政策性保险公司向事先投保的出租人赔偿一定比例的损失金额的一种制度。这项制度对出租人而言，通过信用保险转移了部分风险，使出租人的风险度大大降低。如果承租人因为破产丧失还款能力，一方面，有政府承担 50%未收租金的还款责任，另一方面，出租人通过收回租赁设备，然后通过变卖、转租等方式处置租赁设备，回笼部分残值。

一般情况，租赁期短于设备的经济寿命年限，设备残值足以补偿未收租金部分。即使租赁设备磨损比较严重或因技术更新速度太快大幅贬值，损失也不会太大。

对承租人而言，由于出租人的风险度降低，势必让出租人放宽对承租人和租赁项目的审查条件，简化审查程序，承租人能够相对容易、及时获得所需的先进设备，加快技术改造步伐，提高产品的技术含量和市场竞争力，在激烈的市场竞争中立于不败之地。

对国家而言，虽然承担了一部分风险，但通过该项制度能够有效贯彻国家产业政策，引导承租企业购买国家推荐的先进设备，促进企业技术进步和产品升级，增强企业的国际竞争力，优化经济结构，提高经济增长的质量和效益。

从保险业角度来看，保险资金涉足租赁业，一是为保险资金提供了新的运用渠道。这有助于保险资金运用的风险分散，提高保险资金的投资收益率，从而减少保险业因偿付危机而对我国经济造成冲击的可能性。二是租赁业务为保险公司带来新的业务来源。保险公司通过经营租赁业务，解决了承租人的生产经营困境，和承租人之间建立了良好的关系，一方面可承揽租赁过程的各种保险业务，另一方面也有助于保险公司对承租人的其他保险业务的拓展。三是保险公司经营租赁业务而聘用的工程技术等专业人员，可为保险公司的理赔活动提供帮助，有助于保险公司做好核损、定损及赔付工作。

总之，保险资金适当涉足租赁业，是构造保险业和租赁业互益合作的"双赢"模式的有效途径。

(二)融资租赁业运用保险资金的模式

1. 业务形式

从租赁的分类来看，一般可分为融资租赁和经营租赁、直接租赁和杠杆租赁等形式。融资租赁又称金融租赁，是一种特殊的投资方式，具有融资和融物的双重功能，是资金运动与物质运动相结合的形式，具有所有权与使用权相分离的特点，其租金是分期归还、完全回收。杠杆租赁又称衡平租赁，是租赁公司自筹20%～40%的资金，以待购设备为抵押物，转让租金收取权为额外保证，从金融机构获取大部分的贷款。因此，保险公司主要可经营金融租赁，也可参与杠杠租赁的放贷。

2. 组织形式

租赁是一项比较复杂的业务，涉及工程技术、金融、法律等各方面知识，需要较多的专业人员，而租赁业务和保险业务的相关性不强，保险公司涉足租赁业必须对组织形式做一定的调整，以突破人员和技术的限制。具体来说有两种组织形式可供选择。

(1)组建单独的租赁部门

租赁业务不同于其他投资业务，不仅需要金融知识，还需要工程技术、法律等知识，因此，租赁业务必须从其他投资业务中独立出来，直接招聘工程技术人员，独立经营。

(2)设立独立的租赁公司

由于租赁业务与保险业务之间的差别较大，若将其纳入保险公司统一的组织和经营管理体系，则可能存在管理、效率等方面的问题，而影响租赁业务的开展，因此，保险公司可设立具有独立法人资格的、享有经营自主权的独立租赁子公司，自己作为控股公司参与其收益分割，并进行监控。

（三）租赁保险的风险识别与管理

租赁物的价值一般都很高，承租人由于无法筹集大笔资金购买租赁物才会要求财力雄厚的出租人代为购买，这意味着财产租赁信用保险的保额都较高，风险也较为集中，属于高风险业务，比较常见的有船舶租赁、厂房及设备租赁等。如何对风险进行防范、分散和转移，是保险人基于自身利益的考虑而必须做的一项工作。

1. 对租赁双方进行资信调查

要求租赁双方出示营业执照副本、法人代表证明文件、资产负债表、损益表及由注册会计师事务所出具的真实可靠的验资报告书。

2. 对承租人的可行性报告进行审核

财产租赁信用保险承保的是承租人的信用风险，承租人的商业风险与保险人的承保风险成正比关系，因此，保险人必须密切关注承租人的经营状况。承租人在请求出租人为其提供租赁财产时，必须向出租人提供利用租赁财产进行生产经营并获利的可行性报告，该报告的真实性、客观性、可靠性直接体现承租人生产经营获利的可能性大小，从而影响承租人支付租金的能力，最终影响保险人承保风险的高低。因此，保险人必须对承租人的可行性报告进行严格认真的审核。

3. 租赁物的财产保险

为避免因租赁物的灭失、损毁而致的承租人的支付不能，保险人应要求出租人将租赁物进行财产保险，以避免这一可能的发生。

4. 租赁物的抵押

为保证保险事故发生后将保险人的损失减至最低，保险人应要求出租人对租赁物设立抵押并向主管机关进行抵押权登记，抵押权人为保险人，同时，出租人应保证在租赁期间和保险责任期限内，不得就该租赁物向保险人以外的其他人重复设定抵押权。

一旦发生赔款，保险人还可通过追偿途径使保险损失进一步得到降低。保险人通过风险防范，从而使这一高风险险种具有实际操作的可行性。财产租赁信用保险这一新险种的开发运用，为保险人在日益激烈的竞争市场创造新保源，实现保费收入的增长，同时也为租赁双方提供保障，解除后顾之忧。

三、融资租赁与互联网金融：P2P 模式

2012 年以来，互联网金融蓬勃发展，第三方支付、P2P（Peer to Peer Lending，P2P）网贷、股权众筹、大数据金融各领风骚，对于提高我国金融体系效率、降低金融服务成本、促进普惠金融发展和拉动实体经济增长都发挥了重要的作用。2015 年，随着网络银行的陆续成立，O2O（Online to Offline，O2O）金融服务模式的打通，互联网金融发展模式和格局发生巨变，业内竞争高度白热化。互联网金融已进入精细化、专业化阶段，跟风式创新已难以为继，同质化竞争也无法得到认可——只有那些勇于创新，敢于颠覆传统金融模式，并能够精耕细作、进而实现互联网与金融的深度融合的企业，才能在互联网金融的群雄争霸中旗开得胜。互联网银行是一例，融资租赁 P2P 模式同样值得高度关注。

e 租宝、爱投资、积木盒子等 P2P 平台相继推出与融资租赁挂钩的理财产品，吸引了

大批投资者关注。截至 2015 年 12 月底，上线融资租赁产品的 P2P 平台为 50 家。然而，2016 年初，e 租宝网站及其关联公司因涉嫌"非法集资"被深圳公安机关立案侦查，无疑给互联网理财的投资人造成了巨大的心理冲击，投资人对融资租赁与 P2P 结合产生了强烈的担忧。但同时，我们也应理性地看到，融资租赁与互联网金融的结合是市场化的结果，是融资租赁公司提高资金周转率、扩大资产规模与融资渠道狭窄之间矛盾运动的必然产物，仍有一定的生存发展空间。

从更长期来看，以 P2P 为代表的新兴金融工具可能会成为融资租赁行业获取资金的终极手段。P2P 本身的高度市场化、去中心化、去监管特征与融资租赁行业对资金来源的需求是非常契合的。长期而言，融资租赁行业很有可能将以 P2P 为主要融资方式来获得资金。

(一)融资租赁 P2P 融资的意义

近年来，在互联网金融国家战略支持下，依托中小企业广阔的借贷需求，P2P 网贷行业呈现爆发式增长。截至 2015 年年末，我国共有 P2P 平台 7000 多家，投资人数 500 多万元人民币，借款人数 300 多万元人民币，网贷成交总量达 1.5 万亿元人民币，P2P 成为中国金融市场发展最为迅猛的创新业态，然而目前行业发展的同质化瓶颈也逐步显现。为冲出略显拥挤的红海，越来越多的 P2P 平台开始关注融资租赁这个高速发展的产业。对于 P2P 而言，与融资租赁公司合作，既能为投资者找到新的资金出口，提升项目品质，又可以借机向金融领域渗透。对于投资者而言，融资租赁的资产可以产生稳定的现金流，且融资租赁公司持有租赁物的所有权，借款的安全性在一定程度上得到了保障。可以说，融资租赁企业融资渠道的狭窄以及 P2P 网贷投资人对更多投资回报的渴望，促使融资租赁企业与 P2P 平台结合在一起。其意义如下。

首先，融资租赁 P2P 模式运营以实物资产为基础，实行三重风险控制机制，项目有发展前途，且风险比较低。融资租赁 P2P 模式在对融资租赁项目发标的前，对该待发标的融资租赁项目开展独立审核，包括对项目的真实性、合规性进行审核及风险评判，要求融资租赁公司提供该融资租赁项目的尽职调查材料、风控措施，以及审核该笔融资租赁所涉及各类合同、租赁物清单、承租人相关信息等。而早在融资租赁公司开展该融资租赁项目时，也要对其进行严格的审核，审核包含项目立项、合规审查、尽职调查、项目初审、项目评审、贷后管理等至少六道风控措施。通过审核的项目基本上是前景比较好、具有发展前途的项目。此外，因融资租赁公司本身拥有租赁物之所有权，承租企业仅就租赁物行使占有和使用的权能，出现项目风险时，融资租赁公司可通过回收、处置租赁物方式，最大限度上保障投资者的合法权益。就此而言，融资租赁 P2P 模式更多地表现为 A2P(Assets to Peer) 模式，这与以信用为基础的传统 P2P 形成了鲜明对比。

其次，受益于经济结构转型、消费升级以及新型开放体系建设，我国融资租赁行业呈现出快速发展的良好势头，为融资租赁 P2P 模式奠定了坚实的产业基础。融资租赁业的快速发展为融资租赁 P2P 平台提供了更大的发展空间和更多的选择权。

最后，融资租赁 P2P 模式符合我国金融市场创新趋势，不仅拓展了居民财富管理的投资空间，而且能将社会财富积累转化为有效投资。随着我国居民收入水平的提高，居民财富持续增长，财富管理需求明显增强，居民财富结构也从单一的储蓄存款更多地向理财、基金、股票、债券、保险等领域配置，多样化的理财需求呼唤更多的市场创新。融资租赁

P2P 模式低成本地向居民提供衍生于融资租赁债权的金融产品,丰富了居民资产管理内涵,使其能分享融资租赁产业快速成长的收益。同时,融资租赁 P2P 平台也拓展了融资租赁企业融资渠道,使其更快地做大做强,更大程度地发挥其提供融资、促进投资、促销资本货物和有助资产管理的功能,这对促进实体经济的转型升级、壮大战略性新兴产业、形成新型开放体系具有重要战略意义。

(二)融资租赁 P2P 融资的主要模式

1. 融资租赁债权转让模式

融资租赁公司作为项目发起人,将收益权转让给资产管理公司或者保理商。之后,资产管理公司或保理商再通过 P2P 平台来对接投资端。由融资租赁公司向承租人收取租金,再按照合约定期向投资人还本付息,融资租赁公司赚取二者差价。在此模式中,P2P 平台不承担二次风控的角色,而是直接评估与披露融资租赁公司的资质和项目信息。

2. 融资租赁资产收益权转让模式

承租企业通过融资租赁公司签订融资租赁协议并取得设备使用权,融资租赁公司则通过 P2P 平台把该笔应收账款形成的债权转让给投资人,承租企业定期向租赁公司支付租金。整个过程中,资金由第三方支付代为托管。

3. P2L 模式

P2L 模式(个人投资对接融资租赁项目)也是国内较新的概念。狮桥融资租赁(中国)有限公司(以下简称狮桥资本)2014 年年底上线了自己的 P2P 平台——融租 E 投,对接自己的租赁项目,采取了 P2L 模式。P2L 模式对于类信贷的融资租赁资产,自然是不适合的,但对于真正的市场化的融资租赁资产,将会是非常高效、便捷的融资模式。首先,P2L 平台上的项目,都是已经发生的真实交易,投资者可以从平台信息上了解租赁资产的详细信息,也可以查询项目合同,资产的真实性有保证。其次,融资租赁资产除了债权,还有物权。一旦项目出现风险,设备最终可以由变现来取得回款。再次,融资租赁业务大部分是按月交租,相对于到期一次还本付息的方式,可以在合同履行期尽早发现风险并采取控制手段。最后,大部分融资租赁业务期限较长,往往在 3~5 年甚至更久,这使得租赁公司将资产变现后跑路的可能性几乎为零。

从短期来看,虽然 P2L 成本偏高,但由于专业的融资租赁公司在风险控制上有优势,P2L 平台只要坚持选择专业的融资租赁公司和优质融资租赁资产,随着投资者对融资租赁特征更深入的了解,投资行为会日趋理性,P2L 这样的投资平台将会受到更多投资者的青睐。

(三)融资租赁 P2P 融资的风险

通过 P2P 平台与融资租赁公司的合作,更为广泛地满足了投资人的投资需求,满足了多方的利益。而融资租赁作为连接金融产业与实体产业的重要桥梁,随着国家一大批重点支持基础设施建设的实施,将以独特的经营方式,成为中国经济保持平稳增长的强力支撑,P2P 与融资租赁的合作将进一步深入、扩大。

然而,由于 P2P 网贷平台和融资租赁的合作仍处在探索阶段,因此存在以下风险。

1. 监管风险

由于 P2P 网贷行业的监管细则尚未出台，P2P 网贷平台与融资租赁公司合作的具体业务形态、模式尚存在不确定的监管风险。

2. 法律风险

现有法规对融资租赁公司资金来源边界未做清晰阐述，目前融资租赁与 P2P 网贷平台的合作模式仍在初步探索阶段，业务可能存在一定的法律风险。此外，融资租赁合同的有效性、合规性也是 P2P 网贷平台与融资租赁公司合作时需要注意的法律风险。

3. 期限错配风险

期限错配就是将一笔长期贷款分成数笔短期贷款，风险在于若平台缺少后续投资资金，需要平台进行垫付，容易造成资金链断裂。一般融资租赁项目的期限都较长，通常为 3 年以上，而 P2P 网贷平台融资租赁产品大部分都在 6 个月到 1 年之间。由于 P2P 网贷投资人偏好短期投资，因此除了平台尽量选择短期项目外，还存在平台拆分项目期限风险。

4. 违约风险

违约风险包括承租人违约及合作融资租赁公司违约。承租人违约风险包括拖欠租金、生产经营困难或破产等。在经济下行之中，融资租赁公司违约风险也不容忽视，融资租赁与银行贷款不同，融资租赁公司更看重租赁物使用过程中产生的收益是否足够支付租金。由于融资租赁公司在租赁期限内拥有租赁物的所有权，所以融资租赁公司往往不需要承租人信用担保，如承租人发生违约，租赁物变现较为困难且处理周期较长，融资租赁公司需要负责回购担保。

此外，融资租赁公司放款流程不规范，公司员工进行违规操作等都可能产生较严重的逾期违约事件，对 P2P 网贷平台声誉造成较为严重的负面影响，例如，贷帮网与人人聚财都曾受累于前海融资租赁逾期影响。P2P 网贷平台与融资租赁公司合作时，应当加强对融资租赁公司实力的调查以及承租方支付能力审查。通过核对租赁物发票、采购合同、登记权证、付款凭证、产权转移凭证等证明材料，对租赁物的权属及真实性进行审核，并加强对融资租赁项目的贷后风控。

从监管角度来看，主要是防范 P2P 网贷平台融资租赁产品涉及资金池及自融的风险。强调平台信息中介定位，资金存管于银行并且平台资金和用户资金分账处理，由银行出具存管报告，相应的审计机构出具审计报告，并将自融资金放入负面清单。

总之，融资租赁 P2P 模式作为一种新兴金融业态，其主流是健康的。政府、学术研究机构、从业机构应该抱有积极支持的态度，清除其发展道路上的障碍，努力为其创造公平竞争的良好环境，促进该行业健康发展。

思考与练习

1. 融资渠道的基本途径有哪些，其影响因素是什么？
2. 试述融资租赁业保理融资的意义。
3. 试述融资租赁业保理融资的业务模式。
4. 融资租赁保理业务的主要风险有哪些？应当如何防范？

5. 试述融资租赁资产证券化的意义。

6. 试述租赁资产证券化的基本流程。

7. 什么是特殊目的载体(SPV)？其类型有哪些？

8. 融资租赁资产证券化中，如何解决租赁物的所有权和租赁债权分离的问题？

9. 结合我国实际，谈谈租赁资产证券化的发展趋势。

10. 融资租赁资产证券化如何实现破产隔离？

11. 试述融资租赁业信托融资创新的意义。

12. 融资租赁业信托融资的业务模式有哪些？

13. 融资租赁业信托融资的主要风险有哪些？应当如何防范？

14. 试述融资租赁业外债融资的意义。

15. 融资租赁业外债融资的基本模式有哪些？

16. 融资租赁业外债融资的主要风险有哪些？应当如何防范？

17. 什么是租赁基金？它有哪些特点？

18. 试述租赁基金的设立与运作过程。

19. 试述融资租赁业运用保险资金的模式。

20. 试述融资租赁 P2P 融资的意义及其主要模式。

第九章
融资租赁公司的
盈利模式与定价体系

本章提要

融资租赁盈利模式主要有以下几种：债权收益、余值收益、服务收益、运营收益、节税收益、风险收益。不同的融资租赁公司具备的优势、资金来源渠道、市场定位和服务的客户群体的租赁需求都不尽相同，主要的业务模式也会有很大的差异，盈利模式必然是"有定规，无定式"。专业的租赁公司会根据设备的使用特点和用户的需求，确定不同的租金定价的方法，要根据市场供求关系，及时调整租金，提高出租率。本章重点探讨融资租赁公司的盈利模式和定价体系。

本章结构图

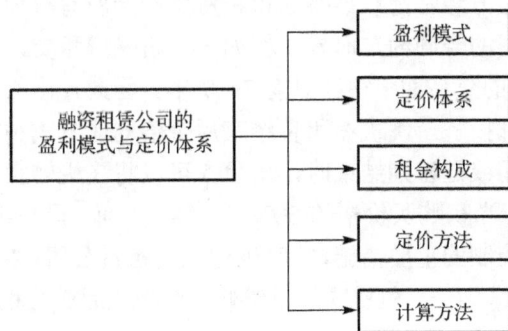

学习目标

- 重点掌握融资租赁的租金计算方法。
- 掌握融资租赁的几种主要盈利模式。
- 了解融资租赁租金的构成与定价。

第一节　融资租赁的盈利模式

一、融资租赁的盈利模式

不同的融资租赁公司所具备的优势，资金与融资租赁标的物的来源渠道，市场定位，所提供的融资租赁产品、服务的深度与广度，所面对的客户群体的融资租赁需求都有可能不同，主营业务的商务模式也会存在很大的差异，其盈利模式必然有所不同。那种认为融资租赁公司就是单纯靠利差、靠租金挣钱，甚至靠放高利贷挣钱的看法是一种误解，也是不正确的。融资租赁公司的盈利模式是灵活多样的。融资租赁公司的主要盈利模式主要有以下几种，并且随着融资租赁商务模式的创新，还会创造更多的盈利点和更多的盈利模式。

(一)债权收益

融资租赁公司，开展全额偿付的融资租赁业务时，获取利差和租息收益自然是金融租赁公司的主要盈利模式。利差收益视风险的高低而定，一般在1%~5%。例如，一般而言，全新飞机每月租金一般相当于其价值的0.75%~1.5%。

采用融资租赁的方式配置信贷资金，对中小企业，银行可以通过提高利率或租赁费率控制风险，对优质客户也可以不必降低利率。因为租赁的会计和税务处理与贷款不同，客户的实际融资费用并不会比贷款高，或高的不多。

(二)余值收益

1. 余值处置收益

余值收入是指租赁公司在租赁业务中因为设备回收再出售或者再次租赁获得的价差收入。尽管融资租赁承租方经常是以最终获得租赁资产的所有权为目的，但是，具体的融资租赁物残值归属因不同的合同约定而异。例如，飞机融资租赁，由于飞机的可用寿命至少是20年，而融资租赁的交易期限往往只有3~7年。因此，出租人不可能在单笔交易中仅凭借租金收益回收全部投资。飞机在租赁结束后余值的比重大小将会直接影响到出租人的盈利程度。在租赁期间或是租期结束时，出租人可以将飞机转卖而获得更大的收益。一般来说，转卖价格相当于当初购买价格的50%~85%。因而，提高租赁物的余值处置收益，不仅是经营性租赁风险控制的重要措施，同时也是融资租赁公司(特别厂商所属的专业融资租赁公司)重要的盈利模式之一。租赁物经过维修、再制造后通过租赁公司再销售、再租赁可以获取更好的收益。

2. 融资租赁物维修与再造等收益

对于有厂商背景的专业融资租赁公司，往往具有对融资租赁设备维修、再制造的专业能力和广泛的客户群体，可以提供全方位的融资租赁服务。作为设备的制造者，厂商对所回收二手设备的价值有着更准确的了解；也有现成的生产能力、技术手段和零配件用于翻新设备；此外，厂商为销售及售后维护建立的网络同样可以用来进行二手设备的销售或者再租赁。

融资租赁物经过维修、再制造后，通过租赁公司再销售、再租赁可以获得更好的收益。这正是厂商融资租赁公司的核心竞争力所在。因此，租赁物的余值处置对专业融资租赁公司来说，不应该是风险，而应该是新的利润再生点。例如，有着汽车生产厂商背景的汽车融资租赁公司，融资租赁汽车到期之后，经维修进入二手车市场，通过交易获得较丰厚的利润，甚至即便报废处置，也可以通过专业化的处置手段获得相应的收益。

一般，根据融资租赁公司合同的交易条件和履约情况，以及设备回收后再租赁、再销售的实际收益扣除应收未收租金、维修等相关费用之后，余值处置的收益一般在5%~25%左右，有些大型通用设备如飞机、轮船等收益会更高一些。

(三) 服务收益

1. 租赁手续费

租赁服务手续费是所有融资租赁公司都有的一项合同管理服务收费。但根据合同金额大小、难易程度、项目初期投入的多少、风险的高低以及不同公司运作模式的差异，手续费收取的标准也不相同，一般在0.5%~3%。

2. 财务咨询费

融资租赁公司在一些大型项目或设备融资中，会为客户提供全面的融资解决方案，会按融资金额收取一定比例的财务咨询费或项目成功费。视项目大小，收取比例、收取方法会有不同，一般在0.25%~5%左右。财务咨询费可以成为专业投资机构设立的独立机构的融资租赁公司在开展租赁资产证券化、融资租赁与信托、债券与融资租赁组合、接力服务中重要的盈利手段之一，也可以成为金融机构类的融资租赁公司的重要的中间业务。

3. 贸易佣金

融资租赁公司作为设备的购买方和投资方，促进了设备的流通，使生产厂家和供应商扩大了市场规模，实现了销售款的直接回流。收取销售的佣金或规模采购的折扣或是保险、运输的佣金是极为正常的盈利手段。收取贸易环节的各种类型的佣金往往是市场上设立的专业化的融资租赁公司、或是与厂商签订融资租赁外包服务的大型贸易机构等财务投资人设立的独立机构类型的融资租赁公司主要的盈利模式。

4. 服务组合收费

有着厂商背景的融资租赁公司在融资租赁合同中会提供配件和一定的耗材供应，会提议考察、专业培训等服务。这些服务有的打着"免费"的招牌，其实任何服务都不会有"免费的午餐"，融资租赁公司要么单独收费，要么包括在设备定价之内，组合服务是专业融资租赁公司重要的盈利模式之一。

(四) 运营收益

1. 资金筹措和运作收益

(1) 财务杠杆

融资租赁公司营运资金的来源可以是多渠道的，在自有资金运作时，可以获得一个高于同期贷款利率的收益，如果一个项目运用部分自有资金，再向银行借贷一部分，租赁公司就有了一个财务杠杆效应，不仅自有资金可以获取略高于同期贷款的租息收益，而且借款部分也可以获取一个息差收益。

（2）资金统筹运用

融资租赁的租金费率一般都是相当于或高于同期贷款利率，但融资租赁公司作为一个资金运作平台，在资金筹措的实际操作中，完全可以根据公司在不同时段购买合同的对外支付、在执行融资租赁合同租金回流和对外偿还到期借款的现金流匹配程度的具体情况，决定新的融资数额和期限，安全合理地获取资金运用和资金筹措之间的差额收益。

2. 交易收入

交易收入是指租赁公司通过组织银团、出售及重组现有资产获得的手续费和价差收入。虽然持有租赁资产可以获得长期稳定的净利息收入，但持有租赁资产会面对较大的信用风险，需要消耗相应的风险资本，而且无法在当期形成较大金额的收入。

随着资产证券化的繁荣，租赁资产的重组和证券化也是获得交易性收入的一个重要组成部分。融资租赁公司可以根据市场偏好，按信用风险高低、期限长短等不同的标准将一个或一组租赁资产切分成不同属性的资产支持证券并分别卖出或者部分持有。由于证券化创造了更高的流动性。因此，资产的重组和证券化普遍可以降低收益率，进而降低租赁公司的融资成本，使得融资租赁公司可以在短期内获得可观的价差收入。

3. 产品组合服务收益

融资租赁公司加强与其他金融机构合作，在资金筹措、加速资金周转、分散经营风险和盈利模式四个方向开发不同的产品组合和产品接力，同样可以获得很好的收益。

4. 规模效益

规模经营是融资租赁公司提高股东投资回报的重要举措。例如：一个 1000 万美元注册资金的融资租赁公司，经过 3 年的运作，可获得银行 9000 万美元的贷款额度，形成稳定的 1 亿美元的租赁资产规模。平均融资成本为 6%，平均租赁费率为 8.5%，净收益为 2%，则每年自有资金可以获取 8% 的收益 80 万美元，借款 9000 万美元，每年可获取 2% 的利差收益 180 万美元，合计 260 万美元。股东回报率 26%。

（五）节税收益

在成熟的市场经济国家，非全额偿付的融资租赁业务（会计上的经营租赁业务）往往占到全部融资租赁业务的很大比例，特别是有厂商背景的专业融资租赁公司可以达到 60%～80%。显然这种由出租人提取折旧、承租人税前列支、两头得好处，正是经营租赁业务具有巨大活力的原因所在，节税或延迟纳税也是融资租赁公司的收益来源之一。

1. 自身节税

在融资租赁公司有一定的税前利润的前提下，融资租赁公司采用经营租赁的方式承租自身所需要的办公用房、车辆、信息设备，税金在税前列支，可以获取节税的好处。

2. 折旧换位

为客户提供的经营租赁服务，出租人对租赁物提取或加速提取折旧做税前扣除，可以获得延迟纳税的好处。

(六)风险收益

1. 或有租金

或有租金是指金额不固定，以时间长短以外的其他因素(如销售百分比、使用量、物价指数等)为依据计算的租金。或有租金在实际发生时可以作为费用直接在税前列支。对出租人来说，融资租赁公司更多地介入了承租企业的租赁物使用效果的风险，参与使用效果的收益分配。融资租赁公司风险加大，可能获得的收益也比较大。

2. 可转换租赁债

开展可转换租赁债业务是专业投资机构采取的一种控制投资风险获取投资收益的新的投资方式融资租赁公司对高风险的投资项目，可以对其所需设备先采用融资租赁方式，同时在约定条件下，出租人可以将未实现的融资租赁债权按约定的价格实现债转股。这样做，可以获取项目成功后股权分红或股权转让的增值收益。

二、不同融资租赁模式的盈利模式

随着融资租赁的发展，融资租赁公司的业务模式也逐渐增多，但是融资租赁公司的业务模式以下列 12 种为主，其中前 5 种为基本模式，后 7 种为创新模式。不同业务模式的盈利模式如下。

(一)直接融资租赁的盈利模式

直接融资租赁是指由承租人选择需要购买的租赁物件，出租人通过对租赁项目风险评估后出租租赁物件给承租人使用。在整个租赁期间承租人没有所有权但享有使用权，并负责维修和保养租赁物件。租赁期满，在承租人正常履行合同的情况下，融资租赁公司将租赁物的所有权转移给承租人。这种模式主要适用于固定资产、大型设备购置，企业技术改造和设备升级。

直接融资租赁的盈利模式主要是租金收益、租赁手续费、财务咨询费、贸易佣金收益、节税收益。其中，以租金收益、租赁手续费和节税收益为主要收益。

(二)售后回租的盈利模式

售后回租是承租人将自制或外购的资产出售给出租人，然后向出租人租回并使用的租赁模式。租赁期间，租赁资产的所有权发生转移，承租人只拥有租赁资产的使用权。双方可以约定在租赁期满时，由承租人继续租赁或者以约定价格由承租人回购租赁资产。这种方式有利于承租人盘活已有资产，可以快速筹集企业发展所需资金，顺应市场需求。这种模式适用于流动资金不足的企业、具有新投资项目而自有资金不足的企业、持有快速升值资产的企业。

售后回租模式主要是租金收益、租赁手续费、财务咨询费、资产升值或有收益。

(三)杠杆租赁的盈利模式

杠杆租赁的做法类似银团贷款，是一种专门做大型租赁项目的有税收好处的融资租赁，主要是由一家租赁公司牵头作为主干公司，为一个超大型的租赁项目融资。其做法是首先成立一个脱离租赁公司主体的操作机构——专为本项目成立资金管理公司提供项目总金额 20%以上的资金，其余部分资金来源则主要是吸收银行和社会闲散游资，利用 100%享受低税的好处"以二搏八"的杠杆方式，为租赁项目取得巨额资金。其余做法与融资租赁基本相同，只不过合同的复杂程度因涉及面广而随之增大。

由于杠杆租赁常用于可享受税收好处、操作规范、综合效益好、租金回收安全、费用低的飞机、轮船、通信设备和大型成套设备的融资租赁项目。其主要盈利模式主要是租金收益、租赁手续费、财务咨询费和节税收益。

(四)委托租赁的盈利模式

委托租赁是拥有资金或设备的人委托非银行金融机构从事融资租赁，第一出租人同时是委托人，第二出租人同时是受托人。出租人接受委托人的资金或租赁标的物，根据委托人的书面委托，向委托人指定的承租人办理融资租赁业务。在租赁期内租赁标的物的所有权归委托人，出租人只收取手续费，不承担风险。这种委托租赁的一大特点就是让没有租赁经营权的企业，可以"借权"经营。其主要盈利模式是手续费收入，或许还有利差收益。

(五)转租赁的盈利模式

转租赁是指以同一物件为标的物的融资租赁业务。在转租赁业务中，上一租赁合同的承租人同时是下一租赁合同的出租人，称为转租人。转租人从其他出租人处租入租赁物件再转租给第三人，转租人以收取租金差为目的，租赁物的所有权归第一出租方。转租至少涉及四个当事人：设备供应商、第一出租人、第二出租人(第一承租人)、第二承租人。转租至少涉及三份合同：购货合同、租赁合同、转让租赁合同。其主要盈利模式是租金差收益，或许还有佣金收益。

(六)结构化共享式租赁的盈利模式

结构化共享式租赁是指出租人根据承租人对供货商、租赁物的选择和指定，向供货商购买租赁物，提供给承租人使用，承租人按约支付租金。其中，租金是按租赁物本身投产后所产生的现金流为基础进行测算和约定的，是出租人和承租人共享租赁项目收益的租赁方式。租金包含购置成本、相关费用(如资金成本)，以及预计项目的收益水平由出租人分享的部分。这种模式通常适用于通信、港口、电力、城市基础设施项目、远洋运输船舶等合同金额大，期限较长，且有较好收益预期的项目。表 9.1 是此种模式与简单融资租赁模式的比较。

表9.1 结构化共享式租赁与简单融资租赁的比较

内容	简单融资租赁	结构化共享式租赁
租赁对象	设备	项目中的设备
租赁动机	最终取得设备	最终使项目获得成功
融资方式	出租人由银行借长期贷款和短期贷款，资金不循环使用	银团贷款、战略投资人融资、投资银行提供可转换债权融资等，资金可循环使用
还租方式	期限固定，本金金额固定，利息部分浮动，但利差固定	在双方商定的日期，以或有租金的方式还租
综合运用金融工具	很少用其他金融工具联系	可转换债券、股票的发行和上市
资金的安全性	要求第三方提供担保	不需要第三方提供担保，但有完备的推却措施
监管和服务	对承租人企业的经营情况和财务状况作一般了解，没有服务方面的硬性规定	自始至终提供服务或作为服务中介，包括项目的商业计划、组织机构、经营模式、品牌、人力资源、财务咨询等

从表 9.1 可知，结构化共享式租赁的盈利模式主要是共享租赁项目收益，或许还有可转换债券、股票的发行和上市交易收益。

（七）风险租赁的盈利模式

风险租赁是指出租人以租赁债权和投资方式将设备出租给承租人，以获得租金和股东权益收益作为投资回报的租赁交易。在这种交易中，首先租金仍是出租人的主要回报，一般为全部投资的 50%；其次，是设备的残值回报，一般不会超过 25%，这两项收益相对比较安全可靠。其余部分按双方约定，在一定时间内以设定的价格购买承租人的普通股权。这种业务形式为高科技、高风险产业开辟了一种吸引投资的新渠道。

出租人将设备融资租赁给承租人，同时获得与设备成本相对应的股东权益，实际上是以承租人的部分股东权益作为出租人的租金的新型融资租赁形式。同时，出租人作为股东可以参与承租人的经营决策，增加了对承租人的影响。

风险租赁的盈利模式，一是租金收益，二是设备的残值收益，三是持有承租人普通股权收益。表 9.2 是此种模式与传统的融资租赁模式的比较。

表 9.2　风险租赁与传统的融资租赁的比较

内容	风险租赁	传统的融资租赁
融资租赁公司承担的角色	出租人+管理人	出租人
出租人的义务	提供设备、参与承租人企业的各项重大决策，提供多方面的咨询服务	提供设备
是否认购承租人的股份	有权利认购，也可以放弃认购(获得相应的补偿性收入)	否
融资方式	债权融资+股权融资	债权融资
收益来源	租金+设备处置收入+认股权	租金
租期、租金计算方式和租金偿还方式	灵活(弹性、可以协商)	不灵活(刚性、按规定)
出租人是否参与承租人的决策	是	否
承租人	成长性企业，多为处于创立和发展阶段的企业	处于成熟期的企业
风险大小	较大	较小

（八）捆绑式融资租赁的盈利模式

捆绑式融资租赁又称"三三融资租赁"。三三融资租赁是指承租人的首付金(保证金和首付款)不低于租赁标的价款的 30%，厂商在交付设备时所得货款不是全额，大体上是 30% 左右，余款在不长于租期一半的时间内分批支付，而租赁公司的融资强度差不多 30% 即可。这样，厂商、出租方、承租人各承担一定风险，命运和利益"捆绑"在一起，以改变以往那种所有风险由出租人一方独担的局面。捆绑式融资租赁的盈利模式与传统的融资租赁盈利模式类似，只是融资租赁公司所承担的风险要小得多。

（九）融资性经营租赁的盈利模式

融资性经营租赁是指在融资租赁的基础上计算租金时留有超过 10% 以上的余值，租期结束时，承租人对租赁物件可以选择续租、退租、留购。出租人对租赁物件可以提供维修保养，也可以不提供，会计上由出租人对租赁物件提取折旧。其主要盈利模式是租金收入和余值处理收益。

(十)项目融资租赁的盈利模式

项目融资租赁是指以项目自身的财产和效益为保证，与出租人签订项目融资租赁合同，出租人对承租人项目以外的财产和收益无追索权，租金的收取也只能以项目的现金流量和效益来确定。出卖人(即租赁物品生产商)通过自己控股的租赁公司采取这种方式推销产品，扩大市场份额。主要适用于通信设备、大型医疗设备、运输设备甚至高速公路经营权。其主要盈利模式是较高的租金收益，或许还有规模收益。表 9.3 是此种模式与传统的融资租赁模式的比较。

表9.3 项目融资租赁与传统的融资租赁的比较

内容	项目融资租赁	传统的融资租赁
租赁对象的特点	专用性、可移动性和可转换性较差	较好的可移动性和可转换性
租金来源	项目的未来收益和项目本身的资产价值	由承租人承担
风险大小	较大	较小

(十一)结构式参与融资租赁的盈利模式

结构式参与融资租赁是以推销为主要目的的融资租赁新方式，是吸收了风险租赁的一部分经验，结合行业特性新开发的一种租赁产品。它的主要特点是：融资不需要担保，出租人是以供货商为背景组成的；没有固定的租金约定，而是按照承租人的现金流折现计算融资回收。因此也没有固定的租期；出租人除了取得租赁收益外还取得部分年限参与经营的营业收入。

运作方式由注资、还租、回报 3 个阶段构成。其中，注资阶段资金注入的方法与常规融资租赁资金注入方法无异。还租阶段是将项目现金流量按一定比例在出租人和承租人之间分配，例如，70%分配给出租人，用于还租，30%由承租人留用。回报阶段是指在租赁成本全部冲减完以后，出租人享有一定年限的资金回报，回报率按现金流量的比例提取。回报阶段结束，租赁物件的所有权由出租人转移到承租人，整个项目融资租赁结束。

结构式参与融资租赁的盈利模式主要是项目收益分成(收益期较长，可以涵盖项目的整个收益期)或许还有一定的规模收益。表 9.4 是此种模式与风险租赁模式的比较。

表9.4 结构式参与融资租赁与风险租赁的比较

内 容	结构式参与融资租赁	风险租赁
出租人的角色	出租人	出租人+管理人
是否认购承租人的股份	否	是
收益来源	租金+营业收入	租金+设备处置收入+认股权
出租人是否参与承租人的决策	否	是
租赁期满租赁物的处置	承租人留购	归还出租人

(十二)销售式租赁的盈利模式

销售式租赁是指生产商或流通部门通过自己所属或控股的租赁公司采用融资租赁方式促销自己的产品。这些租赁公司依托母公司能为客户提供维修、保养等多方面的服务。出卖人和出租人实际是一家，但属于两个独立法人。

在这种销售式租赁中，租赁公司作为一个融资、贸易和信用的中介机构，自主承担租金回收的风险。通过综合的或专门的租赁公司采取融资租赁方式，配合制造商促销产品，可减少制造商应收账款和三角债的发生，有利于分散银行风险，有利于促进商品流通。其盈利模式同直接融资租赁。

第二节　融资租赁的定价体系

一、租赁标的物的定价体系

(一)成本主导型折扣式定价体系

无论融资租赁标的物是设备还是工程物，在成本主导型定价体系下，融资租赁标的物资产的价格，应当为标的资产达到预定可使用状态前所发生的可归属于该项资产的购置价、运输费、装卸费、安装费和专业人员服务费等；自行建造的工程物标的资产的成本，由建造该项资产达到预定可使用状态前所发生的必要支出构成，即：

$$设备类标的物价格=机械设备的原价+各种运杂费+可能的安装费$$
$$+可能的专业人员服务费 \tag{9-1}$$

$$工程类标的物价格=设备购置费+建筑安装工程费+工程建设其他费用$$
$$+预备费+建设期间贷款利息 \tag{9-2}$$

在售后回租情况下，融资租赁标的物价格应为售后回租资产的公允价值，该价值应当为委托资产评估机构对售后回租资产的评估价。当然，在实际操作中还有根据市场竞争情况以及融资租赁标的物的规模给予适当的折扣。

(二)批发主导型递增式定价体系

对于设备类的融资租赁标的物，设备制造企业不管流通中的零售价，随着销售环节和服务内容增多，设备价格随着流通链条的延伸逐步递增，即层层加价。

(三)服务主导递减式定价体系

设备厂商根据客户不同服务需求，不同的支付方式，给予不同的销售折扣。

(四)制造商控制终端服务定价体系

厂商建立租赁营销体系是制造厂商维护自身设备市场经营秩序的重要保证，是实现利益在厂方控制下进行合理分配的核心，是与租赁公司、销售公司合作建立现代营销体系的关键前提和基础所在。

二、租赁营销的定价体系

在设备的租赁销售中的租赁报价，除了成本定价、服务定价、供求定价和品质定价外，还会根据融资租赁合同中一些具体的交易条款实行风险定价和余值定价。

成本定价和品质定价是厂方收回投资、实现利润的保障，服务定价、风险定价和余值定价是销售商、租赁服务商收回投资、实现利润的保障。

厂商所属融资租赁公司往往会掌握和控制全部的定价权，控制在研发制造、流通销售、金融服务、售后服务、维修再利用的各个环节中的成本、费用和利润的负担和分配。

金融机构所属融资租赁公司和独立机构类的融资租赁公司不可能具有制定租赁物的终端定价的话语权，但可以利用自己的购买权，特别是规模采购的地位，与供应商建立战略合作关系形成一种互赢的盈利模式，可以更好地行使和利用自己的租金风险定价权。

第三节　租金构成与定价方法

一、融资租赁的租金构成

融资租赁的租金构成主要包括以下三部分。

1. 租赁标的物的成本或者价格

不同类型的融资租赁标的物价格计算是不同的，计算可参考式(9-1)、式(9-2)。

2. 利息

出租人为购买租赁物向银行贷款而支付的利息，该利息是按银行贷款利率，并按一定比例上浮的复利计算。

3. 手续费用和利润

其中手续费用是指出租方在融资租赁过程中所开支的费用，包括业务人员工资、办公费、差旅费等，因手续费用通常较小，一般均不计利息。

二、融资租赁的租金定价方法

(一)全额偿付的租金定价

全额偿付的融资租赁业务是一种租赁债权的投资。租赁期满，承租人以一个象征性价款取得租赁物的所有权。承租人应付的租金是租赁债权最主要的部分，其次才是手续费、贸易佣金等其他应收款，即：

$$融资租赁收入=租期内租金收入+租赁服务手续费 \qquad (9\text{-}3)$$

租金的计算方法是依据租赁物实际购置成本，或融资租赁公司实际提供的融资额度，根据合同规定的租金偿还方式(如租金等额法、本金等额、余额计息法)按租赁费率分别计算出每期应付租金额。租赁费率一般在同期银行贷款利率上增加0.5%～5%不等的风险费率。

委托租赁业务或是无追索的融资租赁债权直接保理融资，由于融资租赁公司不承担风险责任,融资租赁公司除了按委托方或与资金提供方商定的融资利率收取融资租赁本息外，不会再增加风险费率，一般只按购置成本或租赁总额的大小收取租赁服务手续费，一般为0.5%～3%。

(二)非全额偿付的租金定价

非全额偿付经营租赁业务,实际上是部分的租赁债权投资和余值再处理收益的投资。租金确定,一般先对租赁期满租赁物的余值进行风险定价,然后从购置成本或实际融资额中扣除余值作为计算租金的基数,在融资利率上再加上一定比率的风险费率,根据融资租赁合同规定的租金偿还方式,计算出每期应付租金,即:

$$融资租赁收入=租金收入+余值处置收入+租赁服务手续费 \qquad (9\text{-}4)$$

厂商附属的专业融资租赁公司,对设备在承租人在不同工况、不同期限使用后,整机甚至每一个部件的余值或再利用的价值都有明确的定价,可以根据用户的要求,迅速报价。这就是专业租赁公司的优势所在。

如果承租人为了表外融资,租赁期满有可能按公允价值留购租赁物,融资租赁公司可以与承租人事先商定公允价值的确定方法(出租人账面法、二手市场成交价法)和余值风险与收益的承担原则,扣除余值后,再进行租金计算。

(三)短期租赁租金定价

融资租赁公司将其回收的租赁资产进行销售、租售、租赁服务,实际是进行二手设备的销售和租赁服务的投资业务,是实现租赁物余值价值获取投资收益的主要方式。

租赁服务的定价不是一个单纯的理论问题,因素很多、变数很大,完全是一个市场化的定价行为。主要影响因素是同质产品的市场供求关系和出租率,其次是出租人的成本费用、管理和服务质量水平的高低。

1. 成本法

$$年租金收入=(租赁余值/未折旧年限)/出租率+年使用维护成本+各项费用税收$$
$$+预期利润 \qquad (9\text{-}5)$$

2. 市场法

$$租金收入=市场租金/出租率 \qquad (9\text{-}6)$$

专业的租赁公司会根据设备的使用特点和用户的需求,确定不同的租金定价方法,如台时法、日租法、月租法、工作量法、使用次数法、干租法、湿租法、收益分成法等,根据市场供求关系,及时调整租金,提高出租率。

第四节 融资租赁租金计算方法

一、影响融资租赁资金计算的参数因子

影响租金计算的参数因子主要包括:本金、首期租金、利率、还租期数、租赁余值、先付与后付。这些参数因子决定着融资租金计算的方法和数值的大小。

(一)本金

本金是计算租金的主体,包括融资租赁标的物达到预定可使用状态前所发生的可归属

于该项资产的购置价、运输费、装卸费、安装费和专业人员服务费等；自行建造的工程物标的资产的成本，由建造该项资产达到预定可使用状态前所发生的必要支出构成。对于设备而言，设备的来源地不同，其本金构成是不同的。比如，进口设备，其本金可能包括：购置离岸价、运输费、关税、各种保险费用、银行费用和担保费等。国内设备本金主要包括：设备的原价、各种运杂费、可能的安装费、可能的专业人员服务费等。在租赁合同签约前，倘若除购置设备以外上述费用由出租人负担，将这些费用匡算出来计入概算本金，并据已签订的合同，待结算出实际发生费用后，再调整为实际本金。本金增加会使每期租金和租金总额也相应增加。

(二)利率

利率是计算租金的基础。在资金市场上，利率种类很多。在同一时期，因条件和来源不同，而差别很大。按时间可划分为长期利率和短期利率。划分标准以一年期为准。一年内的利率为短期利率。国际间融资使用的短期利率一般为伦敦银行间同业拆借利率（LIBOR），加上一个利差。短期利率有时还用在宽限期内的利息计算。用款期在一年期以上，使用的是长期利率。融资租赁一般规定，最短期为三年，使用长期利率，在整个租赁期内利率保持不变，在租赁界被称为固定利率。有些租赁合同也用6个月期的短期利率来计算(如果每半年还一次租金的话)。这种长期合同使用短期利率的做法，使得利率在整个租赁期内，随期数而变动，所以称浮动利率租赁合同。

在项目洽谈中，承租人最关心的是租赁公司的利率报价。因为利率的高低与租金成正比，它直接影响承租人的利益分配，他们希望利率越低越好。对于出租人来说利率报价除了考虑融资成本外，还要考虑承租人的资信等级。融资成本构成比较复杂，除了市场因素决定的利率外，还有一些融资杂费。因此租赁公司报出的利率一般都高于市场利率，这个利率能否被接受主要还应看项目的盈利条件。

为了降低融资成本，承租人在利率下降且利率水平较高时期愿意使用浮动利率签订租赁合同，在利率上升且利率水平较低时期愿意使用固定利率。出租人为了避免利率风险，使用的租赁利率种类应和融资利率相同。在低利率阶段租赁公司融资时使用较长期的融资利率，更有利于公司的资金周转和收益。

在实际操作上，融资租赁公司信用及销售管理部门负责制定并发布融资租赁业务的利率和管理费的标准，并可根据公司可获得的银行资源、市场变动情况、宏观经济形势、公司经营情况等因素适时地进行调整。融资租赁业务租赁利率是根据不同的首付比例方案，按中国人民银行对应贷款年限贷款基准利率上浮一定比例执行。在融资租赁期限内，若遇中国人民银行调整基准利率，则融资租赁公司利率随之调整。表9.5为某融资租赁公司融资租赁利率上浮标准方案。

表9.5 某融资租赁公司融资租赁利率上浮标准方案

序号	首付比例	利率上浮比例
1	比例大于等于5%小于10%	20%
2	比例大于等于10%小于15%	15%
3	比例大于等于15%	10%

(三)首期租金

融资租赁业务中融资金额的确定，是由设备总价款减去首期金额确定的。承租人必须支付包含首期租金在内的首次付款总额，才能提取融资租赁设备，并按照合同要求每期支付租金。首次付款总额包括首期租金、租赁保证金、手续费、保险费和公证费等。在实际操作中，首期租金的确定，一方面是根据客户的意愿，另一主要方面是根据公司对客户资信情况、现金流、偿债能力等分析结论，并与客户协商一致确定。一般情况下，首期支付比率需要达到设备总价款的 20%。客户并非选择越低的首期租金就对其越有利，其首期支付的租金越低，融资租赁所要承担的租赁利率就有可能更高（见表 7.5）。公司也会给一些资信较好、偿债能力较强的老客户采用首期租金较低、同时融资利率也较低的合作优惠。

(四)还租期数

还租期数是指租赁期间的租金结算或还款次数。一般以半年支付一次租赁为宜，此种情况下期数等于年数乘二，使用年利率时，应折算成半年使用期的利率后方可参加运算。此时的年利率为名义利率，按实际利率计算的结果要比按名义利率计算的结果稍高一些。有些国家规定融资租赁每半年还一次租金，政府参与的租赁项目每个季度偿还一次租金。

对于承租人来说，如不考虑汇率对租金的影响，总希望租期长，每年支付期数多，使每期租金相对少一些，以便减少每期还债压力，但实际利率和名义利率的差距会因此增大，租金总额随之增加。出租人则希望租期不要过长而加大资金回收风险，但每期租赁的金额增加反而使租赁回收难度增大，容易降低租赁资产的质量。

租期在客观上受租赁物件的使用寿命、法定折旧年限的规定，以及项目可行性报告财务分析中投资回收期的限制。

(五)租赁余值

租赁余值就是指融资租赁合同中预计租赁期结束时，预留的剩余融资成本的未来价值，主要为经营性融资租赁结束时，标的物需要留购、退租或续租时的处理提供价值依据。从表面上看，租赁余值似乎是本金的百分之几，实际上它根本不参加租金计算。计算时将这部分余值，按照租赁的利率和最后一期的期数折成现值从本金中扣除。

$$租赁余值=本金\times[(标的物折旧年限-租期)\div标的物折旧年限] \tag{9-7}$$

$$应扣租赁余值=租赁余值\div[1/(1+融资租赁利率)\times租期] \tag{9-8}$$

一般说余值是根据标的物折旧年限和租期的差额的百分比乘以本金算出来的，不是租赁物件本身的公允价值或折旧后的财务残值，是租赁双方事先按照法律依据，预先约定的一种融资余值，同会计中的财务残值定义有本质上的区别。租期结束时若租赁余值低于租赁物件的公允价值时，承租人可以优先按租赁余值购买，否则承租人可以放弃这个权利。

承租人偿还租金的主要来源是折旧，若租期大于或等于法定折旧年限，在租期结束时不会有租赁余值，不存在留购、续租或退租的问题，这就是简单融资租赁。租赁余值是承租人留购设备作价的基础，或承租人进行续租时作为续租的本金。租赁余值的增加可使每期租金减少，但租金总额会因租赁余值的利息、期数的因素而增加。有些国家规定最大值不能超过本金的 20%，或者说租赁期限最短不能短于租赁物件折旧年限的 20%。

当租赁结束时承租人对余值的处理有选择权时，这部分余值是需要有担保的，就是担保余值。担保方可能与承租人有关也可能是与承租人无关的第三方承担，如供货商等。没有担保的部分就是未担保余值。这些就是《企业会计准则第 21 号——租赁》中所说的担保余值/未担保余值。

(六)先付与后付

除了各种参算因子对租金的影响外，租金支付方式也是影响租金多少的重要因素。支付方式有起租即付(先付)和到期付款(后付)之分。先付是指每期起初付款，即起租时首次还租，以后各期按期还租。后付是指每期期末付款，即起租后第一期到期日为还款日，以后各期按期还租。先付方式因占用本金时间短了一期，在相同租赁条件下(各参算因子不变)，每期租金和租金总额比后付方式要少。

租金计算方法较多，但在应用中以定额年金法为主，因为这种方法便于管理，计算起来相对容易。当每期回收租金与项目评估中的期望值有较大差距，可能增加不能如期回收租金的风险时，则应采用其他与项目还款能力和应收租金相适应的租金计算方法，使租金回收更安全可靠。总之，不管用哪种方法计算租金，都应列出租金平衡表，将每期租金的本息和未回收成本分开，使之既可以检验租金计算的正确性，又便于承租人和出租人各自进行规范的财务处理。

二、融资租赁租金的主要计算方法

融资租赁业务属金融范畴。因此，租金计算与贷款计算没有本质上的区别，只是租金的算法比贷款更具有多样性和灵活性，更能适应融资租赁业务复杂多变的特征。租金计算方法分为浮动利率和固定利率两大类，其中固定利率计算有年金法和附加率法。

(一)年金法

年金法又叫成本回收法，是租金计算中比较科学、合理、通用的计算方法。计算原则是按承租人占用本金的时间，根据双方约定的利率和期数，复利计算利息。在每个租金还款期，先结利息后结本金。掌握这个原则，不管是以何种方式计算租金，不管计算方式多么复杂和多变，在法律上都不会因此争论。

(二)固定利率计算方法

融资租赁一般使用长期利率，按固定利率方式计算，可分为定额年金法和变额年金法。定额年金的特点是每期租金的金额都相等。变额年金法以租金变动趋势，有递增和递减方式之分。按变量形式又分等比和等差变量。

综合上述方式，固定利率计算的主要有 6 种，即定额年金法，等差递减法、等差递增法、等比递减法、等比递增法(当等比递增率和租赁利率相同时，租金计算通式在此不连续，公式不成立。需加入特定条件后，衍生为另外一种计算方法)。将这 6 种方法与租金偿付方式(先付或后付)，按是否有保证金和租赁合同结束时是否留购租赁物件(保留残值)4 种情况，经排列组合后，共有 24 种计算方法。

财务处理时，只有先计算出首期租金，才能根据本金、利率残值和期数的情况在资金平衡表中将本金和利息分开。标准的定额年金法与通用的贷款计算方法一样，一般计算机都有固定的计算软件包（如 Excel 的 PMT 指令），其他的计算方法是标准计算方法的变形。

（三）浮动利率计算方法

租赁提供的是长期资金，但也可用短期利率计算，由于每期使用的利率不一样。因此，称之为浮动利率。它的计算方式只有一种，但方法却灵活多变。计算方法与固定利率不同的是，首先将还本计划分期确定后，每到还租日时，以上期末未回收的本金结算一次利息，加上计划应回收本金，算出租金。再用已回收的本金冲减未回收本金，作为下期租金计息基数。

每期应付租金日都要根据资金市场的利率变化，确定下期租金的利率标准。其特点是：未回收本金占压时间越长，租金总额就越高。在整个租赁期内，利率随期数变动。由于变动因素多，计算出的各期租金差额较大，对承租人来说存在一定利率风险。这种算法，本金偿还期数可根据承租人的实际还款能力而定，因此更能适应企业的还款能力，体现租金计算的灵活性，但增加了租金不确定性和租赁项目后续管理的难度。租赁公司的资金来源一定要避免使用短期资金补长期资金的方式操作，以避免金融风险。

（四）附加率计算方法

附加利率是一种高额租金计算方法。附加率是指在租赁购置成本上，附加一项特定的附加利率。一般租赁公司不公布附加利率的率值，但它的取值通常是出租人的纳税税率。计算方法是：按期分摊本金利息和之后，每期租金都加上附加费用，利息用固定利率按单利计算。从表面上看利率不高，实际上每期租金和租金总额都因附加费用而变得很高。这种计算方法，一般在经营性租赁或使用特殊的租赁物件时才采用，原因是经营性租赁与融资租赁的税制不同，租赁公司在取得某种租赁物件时提供了一些额外的服务，为此要增加费用，因此租金收益要提高一些。

（五）隐含利率计算方法

租金算法中有一个值叫隐含利率，它不是使用的利率，而是验证利率。在掌握本金、期数的情况下，通过对每期租金的逆运算，找出该值。

算法是：将每期租金通过寻找若干折现系数折成现值，找出减去租赁本金使之为"零"的折现系数。这个系数就是隐含利率，用插值法反复计算才能取得该值。它相当于整个租赁期间的综合平均利率，计算它的重要性在于验算出融资的实际收益率。它还可以算出浮动利率总的平均利率。一般计算企业内部收益率也是采用这种计算方式。随着计算机的普及，目前可以很轻松地在 Excel 上使用特定的公式（RATE）直接取得该值。

三、融资租赁的租金计算公式

（一）融资租赁公司租金计算的实用公式

1. 宽限期末日合同成本计算公式

融资租赁业务中的宽限期是指租金支付日后多少天内支付是不收取违约金（罚息）的，

宽限指的是对征收违约金的宽限。此外，租赁物起租之后，一般可以是前三个月，也可以是租赁期中一段时间，只用来收取利息，本金平摊，用以缓解承租人还款压力的一种特殊还租方式。在宽限期内缴纳租金，虽然不收取违约金，但要收取利息，以此来调整合同成本，即本金。第一次宽限期，以及其后各宽限期末合同成本计算公式，如(9-9)、(9-10)式所示。

$$宽限期末日合同成本 = 起租合同成本 \times \left(1 + \frac{起租日年利率}{360} \times 宽限期限天数\right) \tag{9-9}$$

$$宽限期末日合同成本 = 起租日合同成本 \times \left(1 + \frac{起租日年利率}{360} \times 第一宽限期限天数\right)$$

$$\times \left(1 + \frac{第一宽限期末日年利率}{360} \times 第二宽限期天数\right) \tag{9-10}$$

例 9-1 某设备融资租赁合同成本为 500 万元人民币，年固定利率为 5.2%，合同约定宽限期为 3 个月，问第一次宽限期末日的合同成本为多少万元？

解：

$$第一次宽限期末日合同成本 = 500 \times \left(1 + \frac{5.2\%}{360} \times 90\right) = 506.50（万元）$$

第一次宽限期末日的合同成本为 506.60 万元，虽然不用缴纳违约金，但仍然缴纳多达 6.05 万元的利息。

2. 含本息的各期租金计算实用公式

(1)等额先付租金计算实用公式

$$各期租金 = 起租日或者宽限期末日合同成本 \times \left(\frac{\left[1 + \dfrac{合同年利率}{每个支付次数} \times \dfrac{365}{360}\right]^{成本摊付次数 - 1}}{\left[1 + \dfrac{合同年利率}{每个支付次数} \times \dfrac{365}{360}\right]^{成本摊付次数} - 1}\right)$$

$$\times \left[\frac{合同年利率}{每个支付次数} \times \frac{365}{360}\right] \tag{9-11}$$

式中：成本摊付次数为支付租金的期数，等于每年支付次数乘租赁期数。

(2)等额后付租金计算实用公式

$$各期租金 = 起租日或者宽限期末日合同成本 \times \left(1 - \frac{\left[1 + \dfrac{合同年利率}{每个支付次数} \times \dfrac{365}{360}\right]^{成本摊付次数 - 1}}{\left[1 + \dfrac{合同年利率}{每个支付次数} \times \dfrac{365}{360}\right]^{成本摊付次数} - 1}\right)$$

$$\times \left[\frac{合同年利率}{每个支付次数} \times \frac{365}{360}\right] \tag{9-12}$$

式中：成本摊付次数为支付租金的期数，等于每年支付次数乘租赁期数。

例 9-2 若上例 9-1 中，其他条件不变，租赁期为 10 年，每半年支付一次租金，问先付租金法、后付租金法的各期租金为多少万元？

解：

(1)先付租金法的各期租金为：

$$各期租金 = 506.60 \times \left(1 + \frac{\left[1 + \frac{5.2\%}{2} \times \frac{365}{360}\right]^{20-1}}{\left[1 + \frac{5.2\%}{2} \times \frac{365}{360}\right]^{20} - 1}\right) \times \left[\frac{5.2\%}{2} \times \frac{365}{360}\right] = 32.06 \,(万元)$$

(2)后付租金法的各期租金为：

$$各期租金 = 506.60 \times \left(1 + \frac{\left[1 + \frac{5.2\%}{2} \times \frac{365}{360}\right]^{20}}{\left[1 + \frac{5.2\%}{2} \times \frac{365}{360}\right]^{20} - 1}\right) \times \left[\frac{5.2\%}{2} \times \frac{365}{360}\right] = 32.91 \,(万元)$$

3．只付息不还本的租金计算实用公式

只付息不还本的租金计算实用公式如(9-13)所示。

$$本期租金 = 本期期初日合同成本余额 \times \frac{本期年利率}{360} \times 本期天数 \tag{9-13}$$

例 9-3 某融资租赁项目，年利率为 5.2%，第 i 期期初合同成本余额为 300 万元人民币，本期天数为 180 天，问第 i 期只付息不还本的租金为多少万元？

解：

$$本期租金 = 300 \times \frac{5.2\%}{360} \times 180 = 7.8 \,(万元)$$

(二)融资租赁其他租金计算公式

1．设定租赁余值的等额先付租金计算公式

假设：P 为合同成本，A 为先付等额租金，F 为租赁余值，i 为利率，T 为租赁期，n 为每年租金支付次数，则 A，按(9-14)式计算。

$$A = \left[P - \frac{F}{(1+i)^T}\right] \times \frac{\frac{i}{n} \times \left(1 + \frac{i}{n}\right)^{T \times n - 1}}{\left(1 + \frac{i}{n}\right)^{T \times n} - 1} \tag{9-14}$$

式中：各符号意义同假设。

2．设定租赁余值的等额后付租金计算公式

设定租赁余值的等额后付租金计算公式如(9-15)所示。

$$A = \left[P - \frac{F}{(1+i)^T} \right] \times \frac{\frac{i}{n} \times \left(1 + \frac{i}{n}\right)^{T \times n}}{\left(1 + \frac{i}{n}\right)^{T \times n} - 1} \qquad (9\text{-}15)$$

式中：各符号意义同(9-14)式。

例 9-4　某融资租赁项目，合同成本为 1000 万元人民币，无宽限期，年利率为 6%，租期为 10 年，租赁余值设定合同成本 15%，每个季度支付一次租金，问各期等额先付、后付租金是多少？

解：

(1)等额先付租金：

$$A = \left[1000 - \frac{150}{(1+6\%)^{10}} \right] \times \frac{\frac{6\%}{4} \times \left(1 + \frac{6\%}{4}\right)^{10 \times 4 - 1}}{\left(1 + \frac{6\%}{4}\right)^{10 \times 4} - 1} = 30.17 \; (万元)$$

(2)等额后付租金：

$$A = \left[1000 - \frac{150}{(1+6\%)^{10}} \right] \times \frac{\frac{6\%}{4} \times \left(1 + \frac{6\%}{4}\right)^{10 \times 4}}{\left(1 + \frac{6\%}{4}\right)^{10 \times 4} - 1} = 30.63 \; (万元)$$

3. 隐含利率的计算公式

假设：P 为合同成本，A_t 为各期适当方法计算出的租金，IRR 为隐含利率，租期为 t，使得(9-16)式成立的 IRR，即为隐含利率。隐含利率一般采用试算法计算。

$$\text{NPV} = P - \sum_{t=0}^{n} A_t \times (1 + \text{IRR})^{-t} = 0 \qquad (9\text{-}16)$$

式中：NPV 为起租日时的净现值，其他符号意义同假设。

例 9-5　某融资租赁项目，合同成本为 800 万元人民币，无宽限期，租期为 10 年，按适当方法计算出的各期租金，如表 9.6 所示，计算该租金方案的隐含利率。

表 9.6　各期租金额

年份	0	1	2	3	4	5	6	7	8	9	10
成本(万元)	−800										
租金(万元)		100	100	100	100	100	100	100	100	100	100

解：

(1)采用试算法计算；

(2)当试算利率 i_1=4.2%时，NPV$_1$=3.07 万元；当试算利率 i_2=4.5%时，NPV$_2$=−8.73 万元；

(3)采用内插法计算 IRR：

$$IRR = i_1 + \frac{|NPV_1|}{|NPV_1| + |NPV_2|} \times (i_2 - i_1)$$

$$= 4.2\% + \frac{|3.07|}{|3.07| + |-8.73|} \times (4.5\% - 4.2\%) = 4.28\%$$

(4)该租金方案的隐含利率为4.28%。此外，如果确定租金所采用的利率小于4.28%则该项目是可行的，否则是不可行的。

其他形式的租金计算，也可以利用如Excel中PMT指令计算。

四、融资租赁租金综合指标计算

如例9-5所示，隐含利率是验证和评价某项目融资项目可行性的一个重要指标，除此之外，各期资金占用额、综合年利率、资金净收益率也是衡量和评价租金可行性和经济效益的一些重要指标。因此，在计算出各期租金之后，还应计算相应的租金综合指标，依次评价融资租赁项目的可行性和经济效益。

(一)各期资金占用额计算

1. 等额付租的资金占用额计算

等额付租资金占用额计算如(9-17)式所示。

$C_1 = C$；

$C_2 = C_1 - [R - (C_1 \times i_2)]$；

$C_t = C_{t-1} - [R - (C_{t-1} \times i_t)]$；

$C_N = C_{N-1} - [R - (C_{N-1} \times i_t)]$；

$$融资租赁项目资金总占用额 = C_1 + C_2 + \cdots + C_t + \cdots + C_N \tag{9-17}$$

式中：C_1、C_2、$\cdots$、C_t、$\cdots$、C_N为各期资金占用额，C为起租日合同成本，R为各期等额租金，t为期数，i_t为第t期利率，若采用浮动利率时，各期利率可能不同；若采用固定利率时，各期利率固定不变。

2. 等额还本的资金占用额计算

等额还本的资金占用额计算如(9-18)式所示。

$C_t = C - (C \div N) \times (t-1)$；

$$融资租赁项目资金总占用额 = C_1 + C_2 + \cdots + C_t + \cdots + C_N \tag{9-18}$$

式中：C_t为第t期资金占用额，C为起租日合同成本，N为总期数。

3. 折合占用一年资金指标计算

折合占用一年资金指标计算如(9-19)式所示。

$$折合占用一年资金 = 占用总资金 \div [(12 \div 每期月数) \times 租期] \tag{9-19}$$

式中：占用总资金，按(9-17)、(9-18)式计算。

4. 综合年利率和资金年净收益率计算

综合年利率和资金年净收益率计算如(9-20)、(9-21)式所示。

$$综合年利率 = \frac{租金和（流入和）-成本}{折合占用一年资金} \tag{9-20}$$

$$资金年净收益率 = \frac{净现值收益}{折合占用一年资金} \tag{9-21}$$

例 9-6 某融资租赁项目，融资租赁合同成本为 800 万元人民币，年利率为 5.4%，每半年等额先付租金一次，租赁期为 10 年，无宽限期。计算占用总资金额、折合占用一年资金额、综合年利率以及资金年净收益率指标。

解：

(1) 计算等额先付租金额：

$$A = 800 \times \frac{\frac{5.4\%}{2} \times \left(1+\frac{5.4\%}{2}\right)^{10\times2-1}}{\left(1+\frac{5.4\%}{2}\right)^{10\times2}-1} = 90.92 \ (万元)$$

(2) 计算各期资金占用额如表 9.7 所示：

表 9.7　各期资金占用额

期　　数	1	2	3	4	5	6	7
资金占用额	800.00	792.28	784.14	775.57	766.53	757.00	746.96
期　　数	8	9	10	11	12	13	14
资金占用额	736.37	725.22	713.46	701.07	688.00	674.24	659.72
期　　数	15	16	17	18	19	20	
资金占用额	644.43	628.31	611.32	593.41	574.53	554.64	
资金占用总额	13 927.20 万元						

(3) 计算折合占用一年资金额：

折合占用一年资金额 $= 13927.20 \div [(12\div6)\times10] = 696.36(万元)$

(4) 计算综合年利率：

$$综合年利率 = \frac{租金和（流入和）-成本}{折合占用一年资金} = \frac{(90.92\times20-800)\div10}{696.36} = 0.31\%$$

(4) 年净收益：

年净收益=综合年利率=0.31%

由此可见，由于融资租赁业务资金占用庞大，所以年净收益非常小。

思考与练习

1. 融资租赁业务的收益来源与银行信贷有什么不同？
2. 当前市场上最主要的融资租赁盈利模式是什么？
3. 怎样认识结构化共享式租赁与简单融资租赁的区别？
4. 考虑余值处置收入的前提下，应选用哪种租金定价模式？
5. 对于融资租赁创新来说，是否还有其他盈利点和盈利模式的可能，请思考。

第十章

融资租赁公司的
项目筛选与营销体系

本章提要

项目评估，是保证租赁资产质量的前哨战，也是防范风险的第一道屏障。科学、严谨的项目评估流程，既是融资租赁公司规章制度中不可缺少的一部分，更是融资租赁公司风险控制体系中的重要组成部分。营销体系是评价一个企业经营好坏的关键指标，包括营销前期分析、市场调研与预测、营销战略制定、分销和促销战略等。本章主要介绍筛选项目的原则、流程和方法，以及融资租赁公司的营销体系。

本章结构图

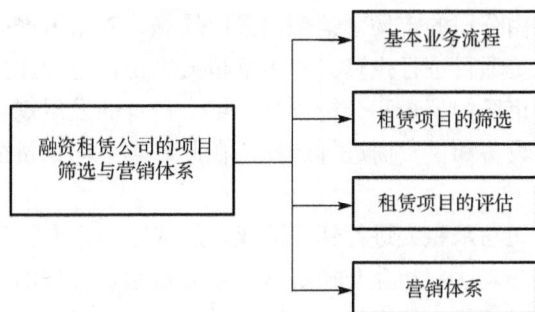

学习目标

- 重点理解并掌握筛选项目的原则、流程和方法。
- 掌握融资租赁的基本业务流程。
- 了解融资租赁公司的营销体系。

第一节　基本业务流程

融资租赁业务的基本流程是指一项融资租赁交易从开始到结束的全过程，根据每一阶段侧重点的不同，一项融资租赁业务的基本流程按照时间顺序可以分为三个阶段：项目准备阶段、项目实施阶段和项目结束阶段。图10.1是融资租赁基本业务流程。

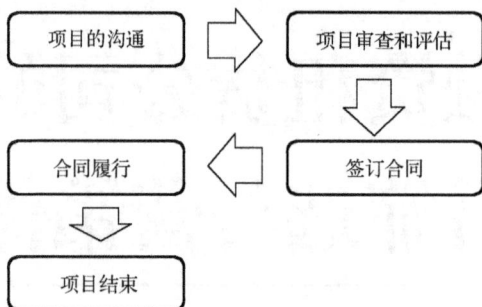

```
┌──────────────┐        ┌──────────────┐
│   项目的沟通   │  ⇨    │  项目审查和评估 │
└──────────────┘        └──────────────┘
                                │
                                ⇩
┌──────────────┐        ┌──────────────┐
│   合同履行     │  ⇦    │    签订合同    │
└──────────────┘        └──────────────┘
        │
        ⇩
┌──────────────┐
│   项目结束     │
└──────────────┘
```

图 10.1　融资租赁基本业务流程

一、项目准备阶段

(一)项目的沟通

首先，融资租赁公司寻找出租人，进行市场开发，或者承租人向租赁公司提出融资租赁申请。在租赁市场较为成熟的国家，融资租赁的发起一般是从出租人寻找客户开始，各租赁公司时刻关注融资租赁市场中新产品、新技术和新设备的动向，设计和完善满足市场需求的融资租赁产品，由公司的市场营销部门采取措施，对租赁产品进行宣传推广，寻找和发现有价值的融资租赁项目进行投资。对于承租人来说，企业在生产经营过程中产生融资租赁需求时，通过对市场的调查和分析预测，结合自身的发展规划、生产能力、资金状况等实际情况，对租赁设备和供货商进行选择，在此基础上向租赁公司发出融资租赁服务的申请。

其次，融资租赁公司与承租人进行初步洽谈，达成合作意向。出租人与承租人初步接触后，对合作的意愿充分表达并相互交换资料，双方对租赁合作的事宜进行整体考虑。在这一过程中，租赁公司对承租人的资信状况以及融资租赁项目的可行性进行初步审查，并根据承租人的基本需求，向承租人介绍融资租赁基本原则和公司的融资租赁业务，供承租人选择。

最后，出租人和承租人对双方的资信状况进行互相审查。对出租人而言，融资租赁公司的信用管理部门在双方达成融资租赁的意向之后，对与融资租赁有关的信息，包括承租人的资信状况、生产经营情况、租赁设备情况等相关资料进行审查和分析，同时向有关部门或者当事人进行初步的调查核实；对承租人而言，有必要对出租人的资质、融资租赁业绩、资信状况、专业素质等进行审查，必要时应要求出租人提交有关证明材料。

（二）项目审查和评估

融资租赁公司根据所掌握的承租人的状况和项目的基本情况，按照项目评估条件对项目进行初步的定性和定量评估。

首先，融资租赁公司对承租人的资信状况进行审查，一般而言，需要承租人提供如下材料：①企业基本情况介绍［含企业发展沿革、经营团队、组织架构、企业（信誉）荣誉、经营业绩、行业地位、对外担保情况、是否涉诉、企业信用等级］；②近期经年检的企业营业执照、组织机构代码证、税务登记证、法人代表证、基本账户开户许可证；③企业最近三个会计年度财务报表、预测项目的经济效益、提供租金来源和支付计划；④企业验资报告；⑤固定资产的抵押、质押情况说明；⑥设备清单及原始购置发票复印件；⑦主要股东的银行征信调查授权书；⑧关于提供资料真实性、完整性、准确性的承诺函；⑨出租人认为需要提供的其他材料。

对于某些融资租赁项目，租赁公司会要求承租人就其履约行为提供抵押、质押或者信用担保，这时，承租人需提供符合租赁公司要求的抵押物、质押物清单、权属证明，或者其资信状况能够为租赁公司所接受的担保人。

其次，租赁公司对项目进行评估，决定是否进行该项目。在初步审查通过后，租赁公司会派相关人员深入承租企业内部，对企业的生产经营能力、技术能力以及管理水平进行实地考察，在取得充分的现场资料的基础上，对承租企业的资信状况、经营能力、还款能力和担保能力进行评估，确定项目的风险程度和可行性。如果可行，租赁资产管理部门就开始计算租赁物的残值，以初步确定租金标准，租赁公司的定价人员在得到资产管理部门确定的残值金额后，再从公司的财务部门取得公司当前的资金规模和成本结构，将两部分信息和承租企业关于租期的需求相结合，设计出租赁交易结构，包括租金总额和租金支付等内容。

二、项目实施阶段

当租赁公司与承租企业就合作达成初步意向后，就要针对承租人的具体需求以及双方掌握的信息，共同选择和确定供货商，在价格、性能、技术含量、零配备件供应、售后服务等方面进行综合比较，选定最优供货商。在买卖合同谈判中，为了避免出租人对承租人的不正当干涉，一般而言，承租人更侧重于技术方面的谈判，出租人更侧重于商务方面的谈判。融资租赁合同由承租企业和租赁公司双方签订，是融资租赁业务的重要法律文件，合同以书面形式签订，内容分为一般条款和特殊条款。一般条款主要包括合同说明、名词解释、租赁设备条款、租赁设备交收条款、税务和使用条款、租期和起租日期条款以及租金支付条款等；特殊条款主要包括购货合同和租赁合同的关系、租赁设备的使用权、租期中不得退租、对出租人和承租人的保障、承租人违约与对出租人的补救、保险条款、租赁保证金和担保条款、租金期满对设备的处理条款等。

具体来说，一份完整的融资租赁合同应包括以下条款：①当事人名称和基本情况；②租赁物品的名称、规格（型号）、数量、技术性能、质量、价值等；③租赁期限及起租日期；④租赁物品的交付日期、地点和交付条件，所有权归属，租赁物用途和使用的约定等；

⑤租金的计算、支付办法，各期租金的数额和支付日期；⑥租赁物品的保险、维修、保养责任和费用的承担；⑦担保条款；⑧有关续租、留购的约定，留购的价格（名义货价）和条件，留购后所有权转移的条件和程序；⑨租赁物毁损、灭失及不可抗力事件的处理办法；⑩合同生效、变更、终止、解除的条件和程序；⑪违约责任条款；⑫合同争议的解决办法；⑬其他约定条款；⑭合同签订的时间、地点、当事人签章等。

有关融资租赁业务项下的买卖合同和融资租赁合同的准备及其主要条款将在后面的章节中进一步详加论述。

三、买卖合同的履行

买卖合同生效后，租赁公司即筹集资金，按照买卖合同规定的时间、币种和方式，将货款支付给供应商；供货商按买卖合同的规定，将设备交给运输公司安排运输，并购买保险，取得货物提单和保单，将有关单证交付给银行，承租人则做好接货准备和运输准备，根据买卖合同的约定和出租人的通知，到指定地点接收货物、办理报关手续、将货物运输至场址，然后进行商检并索取商检报告，在货物完好的情况下，尽快安装调试，投入生产，并按照规定向出租人支付租金。

当供货商安排完装船后，将有关单据交给租赁公司，租赁公司再将有关单据交给承租人，完成租赁物件的法律交接。

四、融资租赁合同的履行

在供货商交付租赁物时，作为最终用户的承租人要对租赁物进行验收。承租人验收完毕无异议后，承租人向出租人签发有关验收合格的证明。出租人在收到该证明后，对租金进行最终确定并通知承租人，通知租赁交易正式启动。

融资租赁正式开始后，承租人将租赁设备列入财务融资租入固定资产账簿，并在租赁设备上粘贴租赁资产标签，或喷涂出租人固定资产标志，以此来表示对该租赁物的所有权。出租人在支付日期一个月前书面通知承租人按照合同约定的时间和方式支付租金。租赁项目投产后，出租人的管理部门和财务部门对承租人的经营状况、资信状况进行跟踪调查，并对租赁物进行监督和管理，保证租赁物的安全。同时，出租人需进行定期或不定期的现场检查，以确保租赁物的正常使用。为了防范风险，有些租赁公司在大型设备上安放 GPS 卫星定位系统，对设备进行定位，跟踪设备的位置，从而分析市场的区位性分布、设备的损耗工作状态和维修记录等，为租赁物件的再处置提供数据支持。

五、项目结束阶段

融资租赁项目的终止，分为正常终止和非正常终止两种情况。导致正常终止的原因主要是融资租赁合同约定的租赁期限届满，或者出租人和承租人协商一致，提前终止融资租赁合同，由承租人提前买断租赁物。导致融资租赁项目非正常终止的原因主要包括：由于不可抗力因素导致的灭失、承租人或者出租人的严重违约等。

对于融资租赁项目的正常终止，双方根据承租人在签订融资租赁合同时做出的约定，对租赁物所有权进行相应的处置。对于融资租赁项目的非正常终止，如果承租人出现严重违约行为，出租人有权提前终止合同，并要求承租人加速支付全部未到期的租金，并要求承租人提前归还租赁物。因租赁物交付承租人后意外毁损、灭失等不可归责于当事人的原因而解除，出租人可要求承租人按照租赁物折旧情况给予补偿。在融资租赁项目结束的最后，做好项目资料和法律文本归档工作。

融资租赁公司在设定业务流程的过程中，应当尽量根据自身公司的经营性质和业务内容，将业务流程具体化、标准化，提高工作效率，有效规避业务开展过程中可能存在的风险。

第二节　租赁项目的筛选与评估

开拓租赁市场，筛选租赁项目，是融资租赁公司最基本的业务内容。项目评估是防范租赁经营风险的第一道屏障。科学、严谨的项目评估流程，既是现融资租赁公司规章制度中不可缺少的一部分，更是融资租赁公司风险控制体系中的重要内容。

根据融资租赁经营存在着较大风险的特征，融资租赁公司应该与所有金融机构一样，必须坚持"审贷分离"的风控原则。但是，租赁项目与贷款项目的筛选与评估，也存在着较大的差异。由于融资租赁公司对客户的调控能力明显弱于银行机构，所以，融资租赁公司对租赁项目调查内容的范围和深度，都应该要远远超过银行贷款的尽职调查。银行对贷款项目的尽职调查，只是以客户的合法性及偿还能力为主。而融资租赁公司对租赁项目的尽职调查，则不仅要调查租赁客户的合法性及偿还能力，还要了解租赁客户的租赁目的、产品性能、销售价格、原材料成本、市场份额、竞争对手、对外投资、融资信誉、政策优惠、负债比例……

一、项目调查

融资租赁公司调查租赁项目的主要任务，就是要了解与租赁项目和承租企业有关的一切情况，要取得一切可能拿到的相关资料。同时，还要从其他渠道，争取了解更多的相关情况和资料数据。

（一）调查项目的原则

1．第一责任人原则

在金融或投资机构中，业务员（项目负责人），是一个不可替代的关键岗位，发挥着举足轻重的作用。因为，在项目的调查过程中，业务员是租赁公司中最了解项目详情的人。而其他管理部门，只能在业务员调查的基础上进行分析、评估。因此，业务员，理所应当是项目的第一责任人。

项目第一责任人的职责与权利。①不经过业务项目负责人的认可，任何人无权擅自受理项目；②既然业务员要承担项目第一责任人的重大责任，就必须拥有相应的权利。这个权利就是不经过业务部门项目负责人的认可，任何人无权擅自受理项目。也就是说，业务员不但拥有受理项目的权利，还具备"枪毙"项目的权利。 要形成这样一种制约机制：无权批准项目的业务员，却能够否定项目；而能够审批项目的公司领导，却无权受理项目。

所有的金融机构或投资机构，都存在着一个致命的弱点，即：因"关系项目"及"人情项目"而造成的风险。而这种关系项目及人情项目是公司最大的风险隐患。项目第一责任人制度，可以有效地防止关系项目及人情项目的发生。因为，一方面，业务员不愿意在自己无法做主的条件下，为关系项目及人情项目承担责任；另一方面，项目第一责任人制度，也有利于公司内部的关系人借此推辞各方面的人情关系。③项目负责人对项目执行的全过程，负有不可推卸的责任。④既然项目负责人作为公司的代表，全权负责对项目的调查。项目负责人就必须对项目执行过程中可能出现的一切问题承担责任。金融机构或投资机构一般都将组织机构分为前台、中台与后台。前台负责项目的选择和受理，中台主要负责项目的审查、投放以及项目实施后的管理工作。但是，如果出现因调查失实，导致项目不能正常执行，或者出现租金逾期现象，就应该由项目第一责任人负责处置。如果项目出现严重风险，必须移交资产保全部门通过法律途径处置时，项目第一责任人仍要承担相应的责任，并且必须全力配合资产保全部门处置不良资产。

2. 相互制约的原则

相互制约的原则体现在以下方面。①业务活动应该由多人共同进行。②在项目调查过程中，应该尽量避免个人独立的封闭操作。在可能的条件下，应该尽量由两个人共同对项目实施调查、核实。必要时，甚至要求由不同的部门，共同去实地调查。这绝不是对某个人的信任问题，而是一个应该共同遵守的操作原则问题。③要保证项目管理的公开性、延续性。④租赁项目的实施过程一般都要1～3年，而在这个过程中做到多人管理，可以做到在任何情况下都有了解项目的人员负责项目的管理工作。

3. 去伪存真的原则

调查项目的主要目的，就是要了解企业、项目的真实情况。不能先入为主，先从主观上确定项目是否可行，而首先应该尽可能地了解更多的真实情况。至于项目是否可行，那是属于经过了综合评估、相互对比、集体审议以后的事情。

在调查中不能被一些表面现象所迷惑，要对企业、项目深入调查，最大限度地积累各种资料，为下一步评估项目，奠定坚实的基础。同时，对发现的隐患，也要调查清楚其风险危害的真实程度，不能"弓杯蛇影"。

(二)项目筛选的标准

1. 优先支持的项目

优先支持的项目包括：

- 按照项目评级分类标准，列为前一、二类的项目；
- 被租赁公司授予信用额度的客户，合作内容在授信范围内的项目；
- 与租赁公司有多次合作关系，且未出现任何不良信誉情况的老客户；
- 客户或担保人的业绩优良、发展前景广阔的上市公司或当地重点扶持企业；
- 与租赁公司签订总体合作方案，且项目内容在合作方案框架范围内的客户；
- 符合国家产业扶持政策的项目，承租人和担保人具备较强的资金实力，连续3年盈利，且利润稳步增长的企业；
- 租赁物及抵押物性能优良，能有效防范租赁风险的项目。

2. 限制受理的项目

限制受理的项目包括：

- 收费标准达不到规定要求的租赁项目；
- 上年度或本年度出现亏损的企业；
- 在租赁公司或其他金融机构留有不良信用记录的企业；
- 尚无现金流入、未产生盈利或利润微薄，预计不能靠自身经营偿还资金的新成立企业；
- 由集团公司母子企业之间相互担保，不利于有效防范项目风险的关联企业；
- 以行政管理性质的集团公司出面合作，无其他有效的风险防范措施的企业；
- 核定经营期限接近甚至短于租赁项目期限，且没有相应风险防范措施的企业。

3. 禁止受理的项目

禁止受理的项目包括：

- 违反国家法律、法规的项目；
- 国家明令禁止或严格限制发展的行业；
- 超越批准的经营范围的项目；
- 资产负债比例严重超过监控指标的项目；
- 提供虚假的财务报表和相关资料，恶意骗取资金的企业；
- 连续 2 年亏损且短期内无法得到弥补的企业；
- 未通过工商年检，或自行歇业、营业执照被吊销、注销、声明作废的企业；
- 已被人民银行、其他金融机构、相关部门列入黑名单的信誉不良企业；
- 有违法经营行为，或涉及法律诉讼案件，可能造成重大经济损失的企业；
- 正处于转制或承包过程中，债权债务关系尚未理清或偿债压力较大的企业；
- 新上技改项目自有资金投入不足的项目；
- 存在严重的环保问题，且短期内无法按环保部门要求得到治理的企业。

（三）项目评估的内容（调查评审表）

项目评估的内容包括三个方面，一是投资项目的评估；二是承租企业的评估；三是租赁项目的评估。投资项目的评估包括总体项目可行性分析、总体项目实施进程评价、项目技术先进性评价、建设和生产条件评价、项目经济效益评价、项目环境保护评价、市场竞争力分析、项目投资估算评估、项目财务效益预测、在建工程效益评价等具体内容。承租企业的评估包括企业简介、经营者的素质、经营状况分析、财务报表分析、盈利能力分析、信用状况评价、发展前景评价、综合效益评价等内容。租赁项目的评估包括租赁物的价格论证、企业偿还能力评估、项目风险度的分析、风险防范措施评价、项目赢利效应评价等内容。

二、可行性分析

对投资项目的可行性分析及对承租企业的综合评价，只是为租赁项目的评估提供了必备的基础资料，但是，这并不等于租赁项目的可行性评估。租赁的业务人员，必须对租赁项目进行全面的分析评估，并提供能够反映租赁项目真实状况的可行性分析报告。项目评估，是租赁业务人员的基本功，也是融资租赁公司保证资产质量的前哨战。

(一)可行性分析的原则

1. 一分为二的原则

任何租赁项目都存在着两重性，即都存在着可行性与不可行性的因素。完美无缺的租赁项目和一无是处的租赁项目，实际上都是不存在的。项目评估的目的，就是要将租赁项目的可行性与不可行性，进行客观的分析、权衡比较，从中判断出租赁项目实施的可能性。所以，对于租赁项目的可行性分析，应该具备正反两方面的内容。

2. 实事求是的原则

租赁项目的评估，必须以真实的数据和客观的事实为依据。对于租赁项目无论是可行或不可行，都要讲出理由，要提供可靠的依据，要有充分的说服力，要能够经得起检验。有时候客户提供的依据，并不一定就是真实的，业务人员不能只做"传声筒"，必须实地调查，多方面核对，认真分析判断，才有可能真正做到实事求是。

3. 突出重点的原则

对于租赁项目的评估，就像是在医院里检查身体。体检，只是对全身进行常规性检查。而对体检中超出正常范围的指标进行复查，才是我们检查身体的目的和重点。同样，租赁项目的评估也应该突出重点，要将评估的主要内容，放在该项目存在争议的地方。每个项目的重点都不一样，只有放弃了无足轻重的内容，才有可能将关系到项目可行性的重点内容分析清楚。如果项目的所有评估内容都是重点，就变成了没有重点，也就不可能将项目的可行性分析透彻。

(二)可行性报告的内容

① 承租企业基本概况，包括负责人情况、信誉情况、财务报表及财务分析、股权结构分析、对外投资分析、产品市场份额等。

② 投资项目基本情况，包括投资项目的审批及资金落实情况、投资效益预测、现金流及偿还能力分析、租赁物价值认定、租赁物质量及技术含量等。

③ 风险的分析及防范，包括项目风险及防范措施、项目退出机制、项目担保方式、担保单位概况等。

④ 项目后期管理方案，包括配套资金方案、项目后期管理方案、长期合作协议等。

(三)可行性分析的要点

1. 项目的风险分析

风险，是租赁项目是否可行的主要因素，也是租赁项目评估内容的重中之重。项目评估中的其他内容，基本上都是围绕着这个中心展开的。每个项目都会有风险，没有风险的项目是不存在的。风险分析，就是分析风险对项目可能造成的损失程度。风险防范措施，就是控制风险、减少损失的防洪大堤。项目评估，就是分析项目风险与项目收益之间的比例。

2. 项目方案的设计

租赁方案，在项目评估过程中，往往能够起到画龙点睛的作用。因为只有通过租赁方案，才能够将双方的眼前利益和发展前途捆绑在一起。所以，租赁方案就好像是一艘能够同舟共济、开往共赢彼岸的大船。租赁方案，是双方实现互利共赢的桥梁，是整合各类资源的实施计划。求同存异，是设计租赁方案的必由之路。

三、独立评审

独立评审，是指融资租赁公司内部的专职评审部门对租赁项目进行的全面评审。由于专职的评审部门不直接面对客户，可以相对客观地对租赁项目进行背靠背的评价。同时，由于专职评审部门面对的是全公司所有的租赁项目，这也有利于将各类租赁项目进行相互比较，综合平衡。

（一）独立评审的原则

1. 怀疑一切的原则

融资租赁公司的内部评审部门，在评审租赁项目的时候，应该以"怀疑一切"的态度，去假设租赁项目可能出现的一切风险，也就是说，要将租赁项目一切已经存在的问题和可能发生的风险，通通都找出来。因为，只有将租赁项目可能出现的风险预测的越多，租赁项目实际出现风险的可能性才会越小。项目评审的目的，就是要宁愿"虚惊一场"，也不要"恍然大悟"。

虽然预测租赁项目的风险，不可能完全防止租赁风险的发生。但是，起码可以在风险发生的时候，做到"心中有数"，不至于"手忙脚乱"，也可以为最大限度地减少风险损失奠定一定的防范基础。

怀疑一切，是指预测租赁项目可能出现的一切风险。但是，预测风险，并不等于证明租赁项目是不可行的。预测租赁项目的风险，就是为了设置相应的风险防范措施，提供具体的目标和依据，从而使可能发生的风险变成不可能发生的风险。

2. 客观分析的原则

租赁项目的评审，必须根据客观事实来判断。一方面，要以数据为依据，另一方面，更要以事实来说话。在评审过程中，业务部门提供的是可行性报告，而评审部门往往提供的是不可行性报告。租赁项目究竟是否可行，不能单凭感觉，最终还是应该由客观事实说了算。因为无论项目是可行或不可行，都必须提供相应的事实为依据。同时，这种事实也必须是真实的、有说服力的。

3. 综合评估的原则

评估项目，实际上就是对项目的可行性与不可行性进行比较，衡量得失利弊。因为，十全十美的项目，是不需要评估的，而一无是处的项目，也是用不着评审的。绝大多数项目，应该都是属于有利有弊的项目，或者是二八开、三七开，甚至四六开的项目。例如，有的项目市场潜力巨大，但企业却实力有限；有的企业实力很强，但产品却面临着市场饱和状态。又如，有的企业风险较小，却无法提供有效担保；有的项目具备较强的担保，但项目风险却较大。这类问题，很难只用一把尺子来衡量，必须经过全方位的评估，才能对"承担相应风险，取得相对利益"的利弊，做出客观的判断，得出该项目是否值得做的结论。

（二）项目的分类与评分

为了方便评估，统一标准，融资租赁公司可以根据租赁项目的内容、权重，按照"高风险、高收益；低风险、低收益"的原则，建立相应的项目分类和收费标准。融资租赁公司的评审部门，可以根据相应的评分标准。将项目划分为一、二、三、四类。针对不同类别的项目，采取不同的收费标准。优先审批一、二类项目，从严控制，适当限制三、四类项目。例如，对优质项目可以优先投放，采取优惠收费标准；对一般项目则适当推迟投放，并相应提高收费标准。

但是，租赁项目的分类与评分系统，只能对租赁项目进行相互比较，并不能判断租赁项目的可行性。这就好像在医院看病前的量体温一样，温度的高低，只能反映病人的体温，却不能证明病人得了什么病。

（三）项目的综合评审

1. 风险与收益

对租赁项目的评估，说到底就是在评价项目的收益与项目的风险之间的比例。每家融资租赁公司都会根据自己的经营理念，在租赁项目的收益与风险之间进行选择。在一般情况下，租赁项目的收益与风险比例是成正比的：风险越大，收益就越高；收益越低，风险就越小。某些融资租赁公司追求项目的低风险、高收益的愿望，是可以理解的。但是，一味要求项目都要达到低风险、高收益，实际上也是不现实的。对项目的评估，就是对项目收益与项目风险的比较。高收益、无风险的项目是不存在的。而低收益、高风险的项目，也没有必要评估。多数项目都属于既有风险，也有收益的项目，问题的关键就在于两者的比例大小，在此之间进行权衡取舍。

2. 合法与合规

租赁业务，是一项新型的产业，也是正处在发展过程中的一项新事业。虽然，这几年国家也制定了不少融资租赁的法律、法规，但是，不可否认，中国的融资租赁法规，仍然处在一个需要不断改进、不断完善的阶段。对于中国改革开放中的创新问题，始终存在着两种观点的争论。一种观点是：改革创新必须建立在法律和规定的基础之上，凡是法律和规定没有规定可以做的事，都不能擅自冒进，否则就是违规违法。另一种观点是：凡是法律和规定不允许做的事，肯定是不能做的，但是，法律和规定没有规定不能做的事，都可以"摸着石头过河"，大胆创新。由于融资租赁本身就是在改革开放后引进的产物，所以，在中国租赁的初期，基本上都是参照国外模式操作的。但是，事实证明，国外的融资租赁模式，对中国的经济发展环境，严重"水土不服"。如何使融资租赁适应中国的国情，如何闯出中国式的融资租赁发展道路，是每个租赁经营面临的一道难题。"世上本无路，人走多了，就成为了道路"，在中国融资租赁的发展道路上，如果每一步都要等到"红头文件"下发后才能实施，那将会永远一事无成。总之，在租赁创新的道路上，违法违规的事不能做，但法律法规没有明确规定，而对于租赁事业发展有利的事，每个租赁经营者都应该敢于去尝试，去创新。

四、集体审议

任何个人或部门对租赁项目的评估，出于地位、角度、利益等因素的影响，都难免会出现一定的偏差。为了保证项目评审的相对客观、公正、透明，有必要对所有的租赁项目，统一采取集体审议的方式。这也是杜绝"人情项目"和"领导项目"，防止出现"一言堂"现象的第二道防线。

集体审议，就是由融资租赁公司各部门负责人或业务骨干，组成专门的项目评审委员会。根据业务部门和评审部门的评审意见，对租赁项目进行综合评审。在评审过程中，评审委员们不必再逐项审查租赁项目的所有内容，而主要针对业务部门与评审部门之间存在的不同意见，将问题放到桌面上来，公开、公平、公正的进行全面的分析和深入的讨论。

(一)集体审议的原则

1. 独立审议的原则

在租赁项目的评审过程中，评审委员会只有具备了相对的独立性，才能够保证租赁项目评审的相对公正性和公平性。首先，要求评审委员会只从项目的市场、风险、收益等方面，进行可行性分析，而不必考虑其他因素的影响。其次，评审结果是以投票表决方式来决定的。这样，就可以最大限度地维护项目评审的相对独立性。

2. 敢于说话的原则

评审委员会的成员来自各个部门和岗位，有利于从各个角度观察、分析租赁项目的可行性。成立评审委员会的目的之一，就是要听取各方面的不同意见。虽然，每位评审委员的意见，不一定就是完全正确的，但是，来自各方面"集思广益"的意见，本身就形成了一种民主的气氛，肯定有利于客观地分析租赁项目。所以，鼓励每一位评审委员敢于说话，应该是评审会议的一个重要原则。

3. 关联回避的原则

在项目评审过程中，对与项目利益有直接或间接关联关系的评审成员，甚至包括拥有一票否决权的总经理，都应该采取回避制度。只有这样，才能够使每一位评审委员，都广开言路、畅所欲言，才能够保证项目评审的相对独立性和客观性。

(二)投票表决的形式

投票表决，既是对租赁项目是否可行的"民意测验"，也是对租赁项目是否可行的最终"判决"。评审委员无论是同意，还是不同意，都应该提供相应的依据。特别是对不同意的租赁项目，更加要详细提供相关的理由。这样既是一种对业务部门的负责态度，也可以为今后开拓租赁项目总结经验、明确方向。融资租赁公司的日常经营，实行的是总经理负责制。虽然，公司的总经理不能对租赁项目实施"独断专行"的批准，但是，对于经过正常评审后租赁项目的最终审批，公司总经理还是应该具有一票否决的权力。

第三节　营销体系

营销体系，又称营销模式，是评价一个企业经营好坏的关键指标。目前公认的营销模式从构筑方式上划分，有两大主流：一是以市场细分法，通过企业管理体系细分延伸归纳出的市场营销模式；一是以客户整合法，通过建立客户价值核心，整合企业各环节资源的整合营销模式。市场营销模式是以企业为中心构筑的营销体系，而整合营销则是以客户为中心构筑的营销体系。在这两大模式的基础上，围绕具体营销过程衍生出了众多手法，包括体验式营销、一对一营销、全球地方化营销、关系营销、连锁营销、品牌营销、深度营销、网络营销、兴奋点营销、直销、数据库营销、文化营销等。

一般而言，营销体系的建立基本包括营销前期分析、市场调研与预测、营销战略制定、分销和促销战略等。在融资租赁业务运作的流程中，虽然营销贯穿了整个融资租赁业务，但是营销体系的建立主要体现在项目的沟通阶段，即融资租赁公司寻找出租人，进行市场开发阶段。在该过程中，最为关键的过程是如何发现承租人的需求，设计合适的融资租赁产品，满足承租人的需求，实现融资租赁公司和承租人的双赢。融资租赁业务营销过程如图 10.2 所示，以下将对此做进一步叙述。

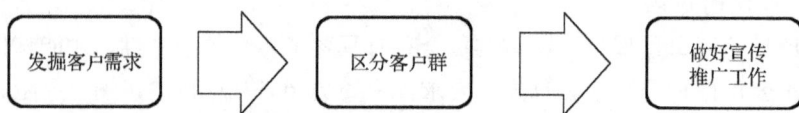

图 10.2   融资租赁业务营销过程

一、发掘客户需求，寻找出租人，进行市场开发

融资租赁营销与传统的设备销售最大的不同点在于为客户设计融资方案，而融资方案的设计就必须了解和分析客户的财务报表，从中找到租赁营销的切入点，因而，在融资租赁的实践中，可以从财务分析中发掘承租人的需求。

对承租人的财务分析包括：①资产质量及利润分析，其中影响资产质量及利润的主要因素包括：固定资产折旧、资产减值准备、利息资本化、关联交易、成本费用与收入的对比、其他类型的非经常性损益；②现金流量分析，经营活动产生的现金是衡量企业获利能力的一个重要方面，利润往往可以作假，但现金余额却很难粉饰，所以要特别关注企业有利润却无现金的现象；③行业比较分析，同行业的企业用绝对值结合比率的方法进行相互比较，通过行业比较的方法，揭示厂商失败和成功的原因；④历史数据分析，会计信息的一贯性提供了分析公司成长性的依据，利用历史数据结合公司的业务进行描述；⑤分部报告分析，规模较大的公司形成集团化经营，其业务范围涉及不同领域，即使是经营相同的业务，区域间也会有差异，企业不同的业务部门或者不同地域的部门经营可能披露其经营成果。

二、区分客户群，设计租赁方案，提升服务多样化

对融资租赁的潜在客户进行分类，有助于融资租赁公司迅速定位，提升服务效率。按照承租人融资租赁目的的不同，将客户分为以下五类。

（一）税收好处推动型

此类客户多为盈利大户，可为其设计不同的租赁方案和租金递减的租金偿还方式。

(二)现金流推动型

此类客户多为服务运营商、加工服务企业和制造企业，可为其设计与其匹配的租金支付方案、租赁销售方案。

(三)财务报告推动型

此类客户多为上市公司、跨国公司的，可为其设计表外融资、改善财务比率、租赁债券与经营租赁相结合、信托与融资租赁相结合的租赁方案。

(四)技术进步推动型

此类客户多为高科技企业，信息管理设备为主要的租赁物，可为其设计捆绑式服务的经营租赁方案。

(五)服务推动型

此类客户多为建筑施工企业、金融机构、政府采购等，为其服务一定要缩短反应时间，可以为其设计经营租赁出售回租等租赁方案。

三、做好宣传推广工作，加深客户关于融资租赁的认识

在我国由于对融资租赁的认知程度较低，融资租赁机构的类型尚不太完善，未形成优势互补的租赁产业链，目前这类客户尚缺乏对融资租赁的了解。融资租赁的优势主要体现在减轻一次性支付巨额货款的压力、多渠道融资，保留银行流动资金信贷额度、匹配收入支出，获取延迟纳税的好处等方面。此外，融资租赁公司也应时刻关注融资租赁市场中新产品、新技术和新设备的动向，寻找和发现有价值的融资租赁项目，满足承租人的需求并拓展需求；在项目实施阶段，及时跟进服务，时时关注企业需求，在不断合作中发掘承租人新的需求点。

思考与练习

1. 一项融资租赁业务的基本流程按照时间顺序可以分为哪几个阶段？
2. 买卖合同和融资租赁合同有何关系？
3. 融资租赁公司项目调查的原则有哪些？
4. 融资租赁公司项目分哪几类？
5. 融资租赁公司项目独立评审的原则是什么？
6. 什么是融资租赁公司营销体系？建立营销体系的基本内容是什么？

第十一章
融资租赁合同

本章提要

了解融资租赁合同的基本架构，通过介绍融资租赁合同的主要条款、双方当事人的主要权利义务，使学员更深入地理解融资租赁交易的本质，并把握交易中的法律风险。

本章结构图

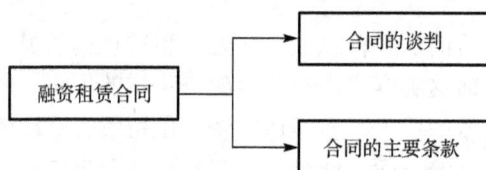

学习目标

● 重点掌握融资租赁合同的主要条款。
● 掌握融资租赁合同谈判程序和内容。
● 了解融资租赁合同和其他合同的区别。

融资租赁合同是指融资租赁交易的当事人为设立融资租赁关系而签订的协议,是当事人进行融资租赁交易的法律形式,是融资租赁交易中一项最基本、也是最重要的法律文件。我国《合同法》第十四章(见附录G)关于融资租赁合同的界定为:融资租赁合同是出租人根据承租人对出卖人及租赁物的选择,向出卖人购买租赁物,提供给承租人使用,承租人支付租金的合同。

从融资租赁交易和融资租赁合同的定义可以看到,融资租赁合同一般涉及三方当事人,两个或者两个以上的合同关系。涉及的三方当事人包括:为租赁交易提供资金融通的出租人、选择租赁物并支付租金的承租人、为出租人提供租赁物的供应商。其中,出租人和承租人构成融资租赁合同的主体,供应商是融资租赁合同的利害关系人,三方当事人通过出租人与承租人之间的租赁合同、出租人与供应商的贸易合同(在转租融资租赁合同中为租赁合同)紧密联系在一起。

此外,融资租赁合同除了涉及贸易合同和融资性的租赁合同外,还涉及其他合同,例如,杠杆租赁合同还涉及物主出租人与物主受租人之间的信托合同、物主受托人与合同受托人之间的合同信托合同、合同受托人与债权人之间的借款合同等多个合同关系。虽然融资租赁交易中涉及两个或者两个以上的合同,但贸易合同和租赁合同作为融资租赁合同最为重要的合同,在融资租赁交易中发挥着关键的作用,本章将主要对融资租赁交易项下的贸易合同和租赁合同的准备和主要条款进行介绍。

第一节　融资租赁合同的谈判

融资租赁涉及多个合同、多方当事人,合同金额往往巨大,在签订合同时当事人应当进行充分的协调和谈判,通过合同明确责任,防止合同漏洞,预防风险,与此同时,当事人在合同签订前应当做好充分的准备工作,为融资租赁合同的实际履行打下良好的基础。

一、融资租赁合同谈判前的准备

(一)融资租赁合同主体资格的审查

依照合同法的规定,融资租赁合同的出租人是一般主体,包括自然人、法人和其他组织,在融资租赁的实践中,由于融资租赁具有的融资性的特征,出租人要求有一定的资金实力,所以,一般而言,只有法人才可能具有融通资金的实力而可能成为融资租赁合同的出租人。但是,由于国家对开展融资租赁业务的法人往往会加强监管并通过行政审批控制其数量,所以并不是所有的法人或者所有的租赁公司都能成为融资租赁合同的出租人,只有通过审批、具有经营融资租赁业务的租赁公司才能成为融资租赁合同的出租人,才有资格与承租人签订融资租赁合同。比如,医疗器械设备,因涉及人民的生命健康安全,有关行政部门就其经营许可做出了限制。

2014年中国银行业监督管理委员会公布《金融租赁公司管理办法》,该办法将"经银监会批准,以经营融资租赁业务为主的非银行金融机构"定义为金融租赁公司,并对金融租赁公司的资质等内容做出了较为具体的规定。

对于承租人的主体资格，法律上和事实上都没有特别要求。作为融资租赁合同的承租人可为一般主体，即自然人、法人和其他组织都可成为融资租赁合同的承租人，个别国家用法律的形式对承租人的法律属性进行了规定，如法国的《融资租赁管理条例》规定，融资租赁交易中的承租人只能是法人。大多数国家虽然没有明确规定，但事实上，融资租赁交易中的承租人多为法人。

（二）用户（承租人）的谈判前准备

在融资租赁合同中，用户是租赁设备的主要使用者，是租赁设备的承租人，自主选择拟租赁设备是其融资租赁交易中所拥有的权利之一，出租人不得干预承租人对租赁物的选择。相应的，出租人对由于租赁物造成的风险具有免责的权力，而由于承租人全权负责，所以承租人应当谨慎选择租赁物。

在贸易合同签订前，用户（承租人）应尽量争取与同类设备的不同制造厂或者其他供货商进行广泛的接触和磋商，对供应商的资信、设备的质量进行充分的调查研究，并根据自己的需要和对设备的经验进行判断，最终选择出符合自己设备投资计划并且能够发挥作用的设备。

（三）融资租赁公司（出租人）的谈判前准备

融资租赁公司是融资租赁项下租赁合同中的出租人，是贸易合同中的付款人。在融资租赁交易中，由于资金数额庞大，为实现预期的利润，合同订立前必须进行全面的评估并做出准确的判断。在合同签订前，融资租赁公司的准备工作主要包括对承租人的信用审查和设计融资租赁交易的结构。

1. 对承租人的信用审查

当承租企业表达了对出租人的设备租赁融资的需求时，租赁公司的信用管理部门应该尽快根据承租人的需求，结合承租人的各项信息，判断承租人是否满足一定的信用标准，以此来保证承租人有能力来履行融资租赁合同，确保融资租赁公司的利益。

不同融资租赁公司对承租人的信用审查标准不同，一般而言，审查的内容主要集中在用户的资信、经营能力和盈利能力三个方面。①审查用户的资信，即审查用户的资产和信誉情况，主要包括承租人历史的支付情况、现有的资本和负债、当前的财务状况以及未来现金流等，审查方法是查阅其自查负债表及其相关的会计资料。②审查用户的经营管理能力。经营管理是企业实现利润的重要条件之一，直接关系到租赁设备、生产能力的发挥程度，影响企业的盈利能力。③审查用户的盈利能力。用户目前的盈利状况以及业绩对于企业的未来发展具有一定的预见性，向盈利能力较强的用户提供融资，融资租赁企业公司的利润才有保障，承担的风险才相对较小。经过信用管理部门的审查，在承租人符合一定的信用标准后，融资租赁公司会对融资租赁交易进行进一步审查。

2. 设计融资租赁交易的结构

在承租人满足一定的信用标准后，融资租赁公司应开始着手融资租赁结构的设计。首先，融资租赁公司（出租人）的租赁定价人员需要开始初步概算租赁物的租金总额；其次，融资租赁公司（出租人）的资产管理部门计算在该项交易下租赁资产的残值。

（1）租金的计算

租金是租赁服务业产品的价格，是租赁交易按等价原则进行的具体体现。

租金对承租人而言，是出租人让渡资产的使用权时，承租人给出租人支付的等价物；对出租人而言，是出租人在提供租赁服务过程中所取得的经营收入，其目的在于以租赁为收益的形式而获得一定的回报。租金主要由租赁净投资与租赁收益构成，其中租赁净投资是设备购置成本，租赁收益包括融资成本、手续费和利润。

(2) 残值的计算

租赁资产的管理部门通常根据以下因素来估计残值的大小：①设备的种类；②租期；③拟租赁设备市场的当前状况和预期的状况；④设备预期的使用情况；⑤租赁设备潜在的技术变化。租赁公司的定价人员在得到资产管理部门所确定的残值金额、从公司的财务部门取得公司当前资金规模和成本的信息后，将这两部分信息与承租人关于租期的需求结合起来设计融资租赁交易的结构，包括租金和租金支付方式等环节。

二、融资租赁合同的谈判

(一)贸易合同的谈判

1. 贸易合同中签约主体的确定

按照贸易合同谈判的一般原理，贸易合同谈判的主体是货物的买方和卖方，但是在融资租赁交易项下的贸易合同，货物的卖方是租赁设备的供货方，但是货物的买方，从付款人的角度来看是出租人，而其中用户(承租人)是租赁物的主要使用者，全权决定租赁物的选择。鉴于三方当事人的紧密联系，贸易合同主体组合有两种，一种是由承租人作为租赁设备的买方与供货商进行贸易合同的谈判，在合同签订后，承租人再与出租人签订贸易合同的转让合同，大多数国家的租赁市场都普遍采用这种方法；另一种方法是由出租人与承租人共同作为买方与供货商进行贸易合同的谈判，在该种方式下，为了避免出租人干预承租人对供货商和租赁设备的选择，一般出租人和承租人有明确的分工，出租人负责与供货商进行商务谈判，承租人与供货商进行技术谈判，在签订合同时，通常的做法是承租人和出租人共同作为买方在合同上签字。

2. 商务谈判的注意事项

(1)签约对象的选择

在融资租赁合同项下的贸易合同中，虽然法律规定出租人不能干预承租人对供货商的选择，但从租赁市场的实践中看，出租人的不干预并不代表对承租人的放任自流。在贸易合同签订前，为了降低供货商违约的概率和防止出现承租人与供货商联手欺诈等风险，出租人可通过请求供货商提供开户银行出具的资信证明等途径来充分调查并掌握签约对象的资信程度，最好通过与设备制造商直接签约来防止中间商将来延迟交货、对质量保证进行推诿等风险。

(2)租赁物件的价格及谈判方法

租赁物件的价格谈判是融资租赁谈判的重要步骤，应广泛收集价格资料，研究对方报价，比较各供货商的报价，经过竞争和讨价还价，压价成交。

(3)付款方式的选择

从银行的结算方式来看，出租人常用的方式主要有 L/C、现金或者现汇一次性支付、分期付款和承兑汇票等。不同的付款方式由于支付金额和支付早晚的不同，对出租人的影响不同，例如，出租人争取到最小比例的预付金、较大比例的预留货款和拖延付款时间，则出租人占用供货商资金的时间就越长，这样不仅扩大了出租人的资金来源，增加了一条资金来源渠道，而且由于不计利息的占用资金，可以降低出租人的综合融资成本，所以在谈判中，出租人应该争取对自己较为有利的付款方式。

3．技术洽谈的注意事项

（1）技术交流与租赁设备的选择

租赁设备的适当选择需要厂商与预选的几家供货商进行详细的技术交流，拟定适合承租企业实际需要的设备清单。一般而言，租赁设备的选择包括生产厂家的选择和生产设备的选择。生产厂家的选择是指选择生产符合我国国情、合乎承租企业使用的生产线或者单机设备的厂家；生产设备的选择是指在在一条生产线中，承租企业需要哪些单机、不需要哪些单机的选择。一般而言，对一些技术改造项目，常常不是整条生产线投资，许多时候只需要购买一部分关键设备，与用户现有的其余设备配套成生产能力。好的项目、合适的项目，既是承租企业投资与发展的基础保障，又是出租人安全收回租赁债权的基础。

（2）技术服务范围及受益人的确定

在融资租赁交易项下的贸易合同谈判时，无论是出租人还是承租企业作为谈判主体，有关租赁设备技术服务的内容都不容忽略。这些服务是指制造商或者供货商提供的技术服务，包括设备安装、试车指导、对用户技术人员与操作人员的技术指导和培训，以及提供必要的技术资料等。此外，由于承租企业才是租赁物的用户，因此在贸易谈判时，特别是由出租人作为谈判主体时，应明确承租企业是租赁设备技术服务的受益人。

（二）租赁合同的谈判

从当事人的权利义务关系的内容看，融资租赁合同谈判的内容包括租赁的信用条件与法律条件。信用条件是关于资金融通的金额、期限、偿还等方面的约定；法律条件是关于融资租赁交易履约保障的约定，包括合同的成立和生效、租赁物的所有权、合同的提前终止与对出租人的救济等。这两部分内容是融资租赁权利义务关系的最基础、最重要的组成部分，也是租赁合同谈判的重点。需要进一步谈判的合同条款将在下面融资租赁合同的主要条款这方面做具体介绍。

第二节　融资租赁合同的主要条款

融资租赁合同的内容由当事人自主约定，不同的当事人之间签订的合同在具体内容上存在差别，但作为有效的融资租赁合同，必须包含一些基本内容，才能对当事人之间的权利义务关系做出明确约定，这些基本内容就是融资租赁合同的主要条款。以下将对融资租赁合同项下的贸易合同和租赁合同的主要条款分别进行论述。

一、贸易合同的主要条款

融资租赁交易下的贸易合同，其内容和性质与一般的贸易合同（也称货物贸易合同）绝大多数条款相同，也具有合同的标的、数量、质量、价款或者报酬等基本条款。但是，由融资租赁交易特有的三边关系所决定，融资租赁项下的贸易合同，是融资租赁交易的重要组成部分，是一个与融资租赁合同相关联的合同，而非一个独立买卖行为下的贸易合同。因此，融资租赁交易中的贸易合同，又与一般的贸易合同有不同之处，这种不同之处主要体现在融资租赁交易中的贸易合同增加了以下几个与租赁有关的条款。

① 卖方(供货人)要在贸易合同中确认本合同货物是作为买方(出租人)和用户(承租人)之间所签订的租赁合同的标的物件，由买方向承租人出租，由承租人使用。

② 卖方(供货人)要对买方(出租人)和用户(承租人)保证合同规定货物的规格、式样、质量、性能及其他条件均符合承租人的使用要求。

③ 在设备质量保证期内贸易合同所规定的有关货物的质量保证及其他卖方应提供的服务和应承担的义务，均由卖方(供货人)直接向承租人负责。

④ 合同至少由买方(出租人)和卖方(供货人)双方签字，但要用户(承租人)同意并确认此合同条款。

⑤ 第三方利益条款，我国《合同法》中仅仅规定了承租人享有供应合同中的部分权利，例如，第239条规定，出租人根据承租人对出卖人、租赁物的选择订立的贸易合同，出卖人应当按照约定向承租人交付标的物，承租人享有与受领标的物有关的买受人的权利。但第240条规定出租人、出卖人、承租人可以约定，出卖人不履行贸易合同义务的，由承租人行使索赔的权利。承租人行使索赔权利的，出租人应当协助。因此，对于承租人向供应商行使索赔的权利，要求三方当事人有约定，否则应理解为承租人没有直接向供应商索赔的权利。为了减少融资租赁业务中的纠纷，有必要在供应合同中明确规定第三人利益的条款，并约定享有利益的范围。

⑥ 供应商了解供货目的的条款。融资租赁交易合同中，由于供应商要对承租人负有直接的责任，而承租人并不是供应合同的当事人，因此他必须知晓自己在交易中的地位才可以承担相应的责任。这个条款虽然并不实质性地影响供货合同中权利及义务本身，但这是联系融资租赁交易合同中的供应合同和融资租赁合同的重要纽带。并且，由于供应商在合同订立时就知道标的物是出租人用来出租的，即使发生纠纷，出租人和承租人也可以据此要求供应商承担相应的责任。

二、租赁合同的主要条款

我国合同法第238条规定："融资租赁合同的内容包括租赁物名称、数量、规格、技术性能、检验方法、租赁期限、租金构成及其支付期限和方式、币种、租赁期间届满租赁物的归属等条款。" 在实践中，融资租赁合同的主要条款一般包括租赁物说明条款、租赁物所有权条款、租期条款、租金支付条款、租赁物交付及检验条款、租赁保证条款和担保条款、租赁物的日常维护条款、租期结束后租赁物的处理条款、租赁物的保险、争议解决条款等。

(一)租赁物条款

合同中要明确租赁物的名称、规格、牌号、数量、制造厂商、设备的技术性能、出厂日期、交货日期、验收时间、验收地点、验收方法等内容，在约定上述内容时，凡是有专业化的术语或者规格(标准)，应当使用专业术语或者规格(标准)，并尽可能详细全面。在合同中必须说明出租人是应承租人的要求购进承租人选定的设备，按照双方共同商定的条款将租赁物交承租人使用，明确出租人只承担融资的责任，从而有利于分清出租人和承租人在设备质量与规格、技术性能等方面的责任，也是出租人对租赁物的质量、规格、技术性能等事项免责的重要根据。

(二)租金条款

收取租金是融资租赁合同中出租人最主要的权利，支付租金是承租人最主要的义务，租金条款是融资租赁合同的主要条款之一。租金条款主要包含以下内容。

1. 租金的构成

根据中华人民共和国财政部(85)财工第 29 号文件规定，租赁设备所需的租金包括租赁手续费、利息以及构成固定资产价值的设备价款、运输费、途中保险费、安装调试费。根据此项规定，融资租赁合同租金应当由设备的购置成本、融资成本、手续费和利润构成。

(1)设备的购置成本

设备的购置成本是出租人为承租人取得租赁资产过程中的各项费用支出的总和，主要包括设备原价、运输费和途中保险费等。当租赁设备是在国内购买时，设备原价是购置设备发票上标明的价格；而在我国进口租赁业务中，如果进口合同采用 CIF 价，则 CIF 价即为租赁设备的购置成本；如果进口合同采用 FOB 价，则设备购置成本等于 FOB 价加运费和运输保险；如果进口合同采用 CFR 价，则设备购置成本等于 CFR 价再加上运输保险，当然，如果运费和运输保险费是由承租人自己支付时，则只应以 FOB 价作为设备的购置成本。

设备购置成本是出租人为承租人取得租赁资产而垫付的全部实际支出，是出租人为承租人提供租赁资金融通的具体体现，因此，也就成为融资租赁交易下计算租金的基础，从租金计算方法的角度，就是确定租金计算基数的基础。于是，设备购置成本的大小，成为决定租金总额高低的基本因素，但是，由于融资租赁交易有全额清偿和非全额清偿两种类型，所以，在设备购置成本的支出总额中，纳入租金计算基数的比例是不同的。如果是全额清偿的租赁，则全部作为计算租金的基数；如果是非全额清偿，纳入租金计算基数的部分是租赁设备购置成本扣除出租人在租期开始时预留的租赁残值后的余额。

(2)融资成本

融资成本是指出租人的资金成本。因为出租人为取得承租人的租赁资产而垫付的资金也都是有代价的。简单地说，如果出租人通过向银行等金融机构借款融资来支付购置租赁设备的贷款时，那么出租人需要向贷款银行支付相应的利息及其他有关担保费、承担费和法律文件等方面的费用。即使是出租人用本企业股东的股本来进行租赁交易，支付租赁设备货款，股本的资金也是有代价的。如果是国际租赁，出租人需要在国际金融市场上筹集资金时，其筹资成本不仅要受到该种货币一般市场利率的影响，还要受到出租人资信状况的影响，只有资信较高的出租人，它的融资成本才会较低。

(3)手续费

手续费是指出租人向承租人收取的，用以补偿出租人为承租人办理租赁业务时所开支的各项费用支出，如办公费、工资、差旅费、管理费和缴纳的间接税税收等。实践中，出租人收取手续费的方式有两种：一种是以费率的方式，将这些费用纳入租金范围，通过承租人支付的租金逐步回收；另一种是出租人未将这部分费用包括在租金之内，而是采取租金之外一次性征收的办法来收取。我国租赁公司通常将租赁手续费摊入租金，作为租金的一部分收取。租赁手续费一般没有固定的标准，各租赁公司有自己的规定和标准。

此外，当一国租赁市场处于供小于求的状况时，出租人在租赁定价时具有垄断地位，于是出租人既能把这部分费用打入租金，又能同时采取一次性收取的方式向承租人收取。在这种情况下，出租人实际是通过两个名目而提高了租赁产品的价格。

(4)利润

利润是出租人在从事租赁业务时所期望的租赁投资的净回报。

还租方式灵活是融资租赁的典型特征之一，不同的还租方式，其租金的计算方法也不尽相同。根据租期内租赁利率是否固定，租金计算方法可以分为固定租赁利率和浮动租赁利率两种基本类型。而就出租人收回本息的方法而言，从世界各国租赁市场的实践来看，融资租赁交易基本上都采用分期偿还的方法，在这一前提下，具体的偿还方法有年金法的逆运用和成本回收法；就国内租赁而言，普遍采用的方法是固定租赁利率下的年金法的逆运用。

2. 租金的支付方式

租金的支付方式是指在确定了租金计算基数和租赁利率的条件下，承租企业向租赁机构偿还租赁机构的租赁投资的过程，在融资租赁的实践中，租金的支付方式可因承租企业的不同而多种多样。

租金的支付周期即租金支付的时间间隔，一般分为月、季、半年、年等几种间隔期。在融资租赁合同中，一般明确每期租金支付的具体日期，以便于当事人履行义务。

租金的支付方式分为先付和后付，先付是指在起租日支付第一期租金，后付是指在起租后一定时间支付第一期租金，其区别主要在于第一期租金支付的日期不同。承租人支付第一期租金后，依约定的间隔支付以后的租金。

此外，租金支付还包括期前付租和期后付租、均等付租和不均等付租等分类。期前付租是在每次支付周期开始日交付租金，期后付租是在每次支付周期期末交付租金。均等付租是每期租金相同，不均等付租就是根据承租企业流动资金情况而商定各期租金数。其中不均等付租又分为有宽限期支付、季节性支付、逐步递升的支付、逐步递减的支付等：有宽限期支付是指承租企业将租赁设备安装完毕，经过一段时间并产生经济效益后支付；季节性支付是根据承租企业收入有季节性的特点，不同收入季节确定不同的租金数额；逐步递升的支付是每期租金的数额随时间的推移而逐步增加，就是适应承租企业在投产前期收入不多，以后逐步增加的情况，对租金支付的安排逐期递增，使得每一次租金都比前一次的水平增加同样的百分比或者同样的实际数额；逐步递减支付的原理与逐步递升的支付方式相同。

不同的租金支付方式，其每期租金额和租金支付总额也不相同，详细的计算方法将在有关融资租赁合同的计算问题中阐述。

3. 租金支付的币种

在跨国租赁中，租金支付的币种决定着是由承租机构还是由承租企业来承担融资租赁交易的汇率风险。按照国际惯例，该风险一般由租赁交易中的承租企业来承担，因此，在国际租赁合同中，租赁机构通常都会选择其负债的货币作为租金的计价单位，并且规定，当承租企业的支付货币与计价货币不一致时，由承租企业承担因汇率变动而发生的汇兑损失。

租金支付需要具备完整性，即承租企业不能以租赁债务冲抵债权人在本债券以外的对承租企业的负债。具体地说，在跨国租赁交易中，租赁机构为了保障其租赁所得不遭受任何扣款损失，要求承租企业在按期交付租金时，除可按汇出国税法的规定扣除预提所得税外，不能用租金扣除任何其他税款、费用，也不得以任何理由抵消或扣除租赁机构对承租企业的其他债款。

此外，在跨国租赁业务中，由于租赁机构和承租企业所在国放假日期不同，如遇支付租金日为一方营业日，而另一方为假日时，应由双方商定后再支付条款中明确规定应如何支付，以免发生延付租金而收取罚息的争议。

(三)租赁期限条款

租赁期限是指当事人约定的起租日期到租赁终止日期之间的时间间隔。

租赁期限影响当事人之间权利义务关系存续的时间、每期租金支付的比例、租金支付的总额等，且在租赁期间内，承租人对租赁物具有绝对使用权，出租人不得干涉，而承租人则应遵照商定的日期按期交付租金。

从承租人与其所选定的租赁设备之间的租赁关系来看，租期可以分为基本租期和续租期，基本租期是融资租赁交易中选定租赁设备的承租人首次租用设备的期限，相对于续租期，是一较长的期限；续租期是指基本租期届满后，对于期末租赁资产所有权的处置方式，如承租人选择了续租，则续租期是承租人再次租用该设备的期限。通常，如果没有特别说明，租期就是指基本租期。

租赁期限一般根据租赁物的使用年限确定，至少应当涵盖租赁物的实质使用期，或者说，租赁设备的实际耐用年限是决定租期长短的上限，而租期的下限则是由租赁交易的根本特性所决定的，必然在一年以上。一般而言，影响租期长短的因素主要有三个：①一国租赁会计制度中关于租金的相关规定。租赁会计准则关于租期的规定通常是以租赁设备的法定折旧年限为参照标准，如果是从会计角度的融资租赁交易，租期不能短于租赁设备的法定折旧年限一定百分比，如一些发达国家规定为75%。②承租企业因本身生产经营状况所期望的租赁年限，如果承租企业的经营状况良好，盈利能力较强，则它就偏向于将租期定的短一些，反之则希望租期长一些；而出租人在提供融资租赁服务时，会尽可能的按照承租企业的需要来安排交易，以期增加公司自身的竞争力。因此，租赁期限的长短应充分考虑承租企业的生产、销售、经营和资金情况。③租赁机构的筹资限制，与租赁期限紧密相关的是租赁物的起租日，它决定了租赁期限的起点以及承租人支付租金的时间。目前，在我国有三种办法确定起租日：一是开证日付款日，即以租赁机构开出信用证的日期或者实际支付货款的日期为起租日；二是提单日，即以承运人开出提单的日期为起租日；三是交货日，根据交货地点的不同，又分为货抵承租企业指定港口的日期和货抵承租企业使用地的日期。

(四)贸易合同与租赁合同的关系

融资租赁合同的标的物就是出租人与出卖人之间贸易合同的标的物，而且出租人和出卖人之间贸易合同的标的物是由承租人选择确定的。因此，出租人与承租人之间的租赁合同和出租人与出卖人之间的贸易合同存在着密切的联系，而融资租赁合同必须将这一关系在合同中体现出来并做明确约定。

融资租赁贸易合同与租赁合同的关系条款主要应当包括以下内容。

1. 明确租赁合同与贸易合同标的物的同一性

这是指明确租赁物是根据承租人的选择，出租人与出卖人订立贸易合同，由出租人作为买受人交付承租人使用，出租人对租赁物拥有所有权，但租赁物的瑕疵担保责任由承租人负担。

2. 明确收货人及收货验收手续

这是指约定贸易合同的出卖人应当直接向承租人交货，承租人负责货物的验收，承租人验收后出具验收证书和收据，签字盖章后交给出租人。

3. 约定交货及风险转移的基准时点

这是指明确约定出租人依承租人签发的验收证书和收据，就可认定租赁物已经承租人验收完毕，出租人已经完成交货义务。此后有关租赁物的一切风险、费用均由承租人负担。

4. 约定追索、索赔权的转让

这是指明确约定当租赁物存在瑕疵时，出租人认可承租人对出卖人的追索、索赔权。

(五)租赁物的使用、保管、维修和保养条款

在融资租赁合同中，出租人实质上只提供资金，租赁物的使用权及保管、维修、保养的责任完全归于承租人，但是出租人又是租赁物的所有权人，因此，对租赁物的使用、保管、维修和保养等事项，当事人应当在融资租赁合同中予以明确约定。一般来说，该条款主要应当包括以下内容。

1. 承租人对租赁物的使用方法

一般要求承租人必须按照技术操作规程的要求使用租赁物，否则应当向出租人承担损害赔偿责任。

2. 承租人对租赁物的更新改造限制

一般约定未经出租人书面同意，承租人不得改变租赁物的结构，但可对租赁物进行小范围的技术改造和旧部件更新，更新改造的费用由承租人负担。

3. 租赁物维修、保养的义务人

在融资租赁交易中，承租人应当承担对租赁物的维修、保养业务，出租人对于租赁物的维修保养不负责任，对此应当在融资租赁合同中予以明确约定。

4. 承租人的免责事由

一般来说，在融资租赁交易中，对于租赁物的正常磨损，承租人不承担责任。约定此项内容有利于避免承租人返还租赁物时双方因租赁物的品质问题发生纠纷。

(六)租赁物保险条款

租赁物保险是预防合同风险的重要手段。在融资租赁合同中，当事人应当将租赁物的保险事项作为合同的主要条款加以明确。租赁物的保险条款应当包括以下主要内容。

1. 租赁物的投保人

确定租赁物的投保人即解决由谁为租赁物投保的问题。融资租赁合同的租赁物既可由出租人投保，也可由承租人投保，由当事人自主约定。由于出租人是租赁物的所有权人，而租赁物的使用权及保管、维修、保养责任在承租人，因此在实践中一般以出租人的名义投保，保险费计入租金，由承租人支付。

2. 选择保险人

选择保险人即确定保险公司。无论由谁投保，都要共同协商确定保险公司。

3. 投保的范围

确定投保的范围即确定投保的险种。一般应当包括运输险、财产险、机器损坏险、利润损失险、公众责任险等。

4. 投保金额

投保金额与保险标的物价值、预计赔偿金额密切相关，因此，租赁物投保的具体金额由出租人与承租人协商确定。根据保险法的规定，投保金额可以小于或者等于租赁物的价额，但不得大于租赁物的价额。

5. 保险期限

租赁物的保险期限应当与租赁期限一致，即自起租日至融资租赁合同终止之日。在保险期限内，投保人应当按时交纳保险费，并向对方当事人出示保险费收据。

6. 保险赔偿金的受益人

租赁物的所有权人是出租人，因此保险单上的受益人应当是出租人，但也可约定出租人和承租人作为共同受益人。

7. 通知、索赔及保险金的分配

在租赁期限内如果发生保险事故，承租人应当立即通知出租人和保险公司，且无论是出租人还是承租人投保，都应当向出租人提供检验报告和相关材料。承租人应当会同出租人向保险公司索赔，保险赔偿金由出租人领取。保险赔偿金首先应当用于修缮租赁物，或者补偿承租人修缮租赁物支出的费用，但是保险赔偿金不足支付修缮费用或不足补偿承租人之初的修缮款项时，不足部分由承租人负担。租赁物灭失或者损毁至无法修理程度时，保险赔偿金应当扣抵出租人应收租金和损失，不足部分由承租人赔偿。

(七)租赁期限届满租赁物的归属条款

在融资租赁交易中，租赁期限届满后，租赁物的归属有三种处理办法。

1. 留购

租赁期限届满时，承租人在付清租金及其他款项的基础上，再向出租人支付一定的款项，就取得租赁物的所有权。

2. 续租

租赁期限届满时或者届满前一定时间，双方当事人就承租人继续使用租赁物达成协议，并重新订立租赁合同，约定租赁期限、租金等事项。

3. 退租

租赁期限届满后，承租人将租赁物返还出租人，双方的融资租赁关系终止。在实践中，留购是处理租赁期限届满租赁物归属的最常见的方式，在融资租赁合同中对租赁期限届满时租赁物的归属问题做出明确约定，以便于合同的顺利履行和终止。

(八)保证金及其担保条款

1. 保证金

为确保承租人支付租金，当事人可以约定由承租人支付一定数量的保证金，该保证金具有预付款的性质。在实践中，一般约定，合同生效时承租人将保证金支付给出租人，承租人全部履行合同约定的支付义务时，出租人将保证金返还承租人，双方也可以约定保证金冲抵最后一期的租金。在承租人违约时，保证金可冲抵损失赔偿金，在出租人违约时，保证金返还承租人，但不能冲抵损失赔偿金。

2. 租赁信用担保

在约定承租人支付保证金的同时，还可以约定由承租人或者第三人为承租人按时、足额支付租金提供担保。担保的具体方式有保证、抵押、质押、留置和定金五种，具体可参照担保法的相关规定。承租人采取哪种保障方式的难易程度及其对出租人的保障效果是不同的，对承租人而言，交付租赁保证金的方式便于操作，容易实现，而提供经济担保的难度更大些，在很多情况下，承租人无法找到能够让出租人认可的担保人。但是，两种方式对承租人履约的保障程度是不同的，租赁保证金对承租人履约的保障程度是有限的，而租赁信用担保通常是由担保人承担全部连带责任，一旦承租人违约，出租人可以请求担保人承担出租人的全部损失，所以相较而言，担保人的保障程度较高。从租赁市场的实践来看，在租赁市场相对成熟的国家，出租人主要采用收取租赁保证金、提高租赁资产的再处置能力和关注承租人及租赁投资的行业发展周期等方式来管理承租人的履约风险，较少采用租赁信用担保的方式。

(九)合同提前终止和对出租人的救济

1. 租赁合同的提前终止

由于融资租赁交易的法律性质，租赁物由承租企业自主决定，在租赁合同按照约定执行完毕之前，尽管出租人可以选择以退还租赁物为条件而允许承租人提前终止租赁合同，但承租人无权以退还租赁物件为条件而要求提前解除合同。

尽管融资租赁交易中承租企业无权单独提出提前终止租赁合同，但这并不意味着租赁合同不能提前终止，一般而言，当租赁合同执行过程中出现了严重损害租赁机构作为租赁资产所有者的所有权益，或作为债权人的债权利益时，租赁机构为了保障其应有的权益，可以采取提前终止合同的措施。从租赁市场的实践来看，导致租赁机构提前终止租赁合同的原因主要包括承租人出现严重的违约行为和租赁设备灭失。承租人出现严重违约行为包括承租企业因供货商所提供货物与合同不符、存在瑕疵或严重质量问题时拒付租金、承租企业因财务状况恶化而导致到期无力支付租金且多次拖欠租金使拖欠租金金额较大、承租企业越权处置租赁物件等。租赁设备灭失是指由于各种主、客观原因导致租赁设备严重损坏而无法继续使用，或不复存在而无法使用的情况。导致租赁设备灭失的客观原因主要是指由于发生各种自然灾害而导致租赁设备的严重损坏或不复存在，如地震、洪水等；导致租赁设备灭失的主观原因是指发生生产经营事故或人为破坏等原因导致的租赁资产不复存在。通常，承租人、出租人之间会在租赁合同中事先界定各种违约行为，并对不同程度的违约行为约定不同的措施。

2. 对出租人的救济

在融资租赁交易中，当承租企业发生违约行为时，租赁机构按法律规定或合同规定而要求承租企业所采取的相应的补救措施，就是对租赁机构的救济措施。通常，这些救济措施包括租赁资产的取回、请求承租企业的担保人对租赁机构履行担保责任和依法请求债权保护。

租赁资产的取回是指在租赁合同届满之前，在租赁合同严重违约而终止之后，租赁机构为保护其附租赁设备的所有权，要求承租人提前归还未到期的、承租人正在使用的租赁设备的一种措施。这一救济措施法律关系清晰，无需通过任何司法程序，操作简便、迅捷，能够在最短的时间内，使租赁公司了结与承租企业的交易纠纷。该措施是租赁公司，尤其是专业性租赁机构在合同终止时救济措施的首选。

请求承租企业的担保人对租赁机构履行担保责任。当出租人严重违约时，出租人可以采取一定的救济措施是指当承租企业确实无力偿还租赁融资债务的情况下，出租人请求担保人通过向租赁机构一次性地支付被担保承租企业应付而未付的租金总额，按一定的折现率折为违约时的现值的金额与相应的罚息来承担担保责任的一种救济措施。

在实际操作中，由于担保人常常会寻求各种理由来合法地推卸担保责任，该救济措施的实施有一定的难度，常常需要通过将违约的承租企业和其他担保人诉诸法律，通过法院的判决和执行才能实现这一救济。依法请求债权保护的基本做法是租赁机构将发生严重违法租赁合同约定行为的承租企业诉诸法律，由法官来对租赁机构的法律诉求依法作出判决。如果法官认定租赁机构陈述的事实，并裁定承租企业违约成立，则会判决承租企业加速支付未到期的租赁债务。

除上述主要条款外，当事人还可在融资租赁合同中约定转租的条件、租赁债券的转让、租赁物的抵押等内容。

思考与练习

1. 融资租赁合同有哪些要点，包括哪些主要条款？
2. 简述融资租赁合同的特征。
3. 出租人和承租人在融资租赁合同与传统租赁合同下的权利、义务有哪些区别？
4. 在租赁物为动产的融资租赁合同中，如何保障出租人的所有权不受侵犯？
5. 哪些情况会导致融资租赁合同无效？

融资租赁合同样书

合同号码：

合同签订日期：

合同签订地：

出租人：（以下简称甲方）　　　　　　承租人：（以下简称乙方）

法定地址：　　　　　　　　　　　　　法定地址：

邮政编码：　　　　　　　　　　　　　邮政编码：

法定代表人：　　　　　　　　　　　　法定代表人：

电　传：　　　　　　　　　　　　　　电　传：

电　话：　　　　　　　　　　　　　　电　话：

开户银行：　　　　　　　　　　　　　开户银行：

账　号：　　　　　　　　　　　　　　账　号：

传　真：　　　　　　　　　　　　　　传　真：

第一条　租赁物件

甲方根据乙方的要求及乙方的自主选定，以租给乙方为目的，为乙方融资购买附表第(1)项所记载的物件(以下简称租赁物件)租予乙方，乙方则向甲方承租并使用该物件。

第二条　租赁期间

租赁期间如附表第(5)项所记载，并以本合同第五条第1款所规定的乙方签收提单日为起租日或以本合同第五条第2款所规定的甲方寄出提单日为起租日。

第三条　租金

1. 甲方为乙方融资购买租赁物件，乙方承租租赁物件须向甲方支付租金，租金及其给付时间、地点、币种和次数，均按附表第(9)项的规定。

2. 前款租金是根据附表第(7)项所记载的概算成本计算的。但租赁物件起租之日，当实际成本与概算成本有出入时，以实际成本为准，租金按实际成本计算。

3. 前款的实际成本，是指甲方为购买租赁物件和向乙方交货以外汇和人民币分别支付的全部金额、费用及其利息的合计额(其利息均从甲方支付或实际负担之日至租赁物件起租日，以外币%/年的利率和人民币　%/年的利率计算)。

4. 根据本条第2、3款，当实际成本与概算成本有出入时，甲方向乙方提供租赁物件实际成本计算书及实际租金表，向乙方通知实际成本的金额和以实际成本为准，对附表第(8)、(9)、(10)、(11)、(12)项的调整，乙方承认上述的调整。该调整不属于合同的变更或修改，且不论租赁物件使用与否，乙方都以实际租金表中载明的日期、金额、币种等向甲方支付租金。

5. 本合同租金币种由乙方选定，在合同履行期间不得变更。如因汇率变化给乙方造成的利益盈亏，由乙方受益或负担。

第四条　租赁物件的购买

1. 乙方根据自己的需要，通过调查卖方的信用，自主选定租赁物件及卖方。乙方对租赁物件的名称、规格、型号、性能、质量、数量、技术标准及服务内容、品质、技术保证及价格条款、交货时间等享有全部的决定权，并直接与卖方商定，乙方对自行的决定及选定负全部责任。甲方根据乙方的选定与要求与卖方签订购买合同。乙方同意并确认附表第(1)项所记载的购买合同的全部条款，并在购买合同上签字。

2. 乙方须向甲方提供甲方认为必要的各种批准或许可证明。

3. 甲方负责筹措购买租赁物件所需的资金，并根据购买合同，办理各项有关的进口手续。

4. 有关购买租赁物件应交纳的海关关税、增值税、国家新征税项、其他税款、国内运费及其他必须支付的国内费用，均由乙方负担，并按有关部门的规定与要求，由乙方按时直接支付。甲方对此不承担任何责任。

第五条　租赁物件的交付

1. 租赁物件在附表第(3)项的交付地点，由卖方或甲方(包括其代理人)向乙方交付。甲方收到提单后，立即电报通知乙方凭授权委托书向甲方领取提单，乙方同时向甲方出具租赁物件收据。乙方签收提单后，即视为甲方完成向乙方交付租赁物件。乙方签收提单日为本合同起租日。乙方凭提单在交付地点接货，并不得以任何理由拒收货物。

2. 如乙方未在甲方通知的日期领取提单或者乙方拒收提单，甲方将提单挂号寄送乙方，即视为甲方已完成向乙方交付租赁物件及乙方将租赁物件收据已交付甲方。在此种情况下，甲方寄出提单日为本合同起租日。

3. 租赁物件到达交付地点后，由甲方运输代理人(外运公司)或乙方自行办理报关、提货手续。且无论乙方及时接货与否，在租赁物件到达交付地点后，由乙方对租赁物件自负保管责任。

4. 因不可抗力或政府法令等不属于甲方原因而引起的延迟运输、卸货、报关，从而延误了乙方接收租赁物件的时间，或导致乙方不能接收租赁物件，甲方不承担责任。

5. 乙方在交付地点接货后，应按照国家有关规定在购买合同指定的地点和时间进行商检，并及时向甲方提交商检报告副本。

第六条　租赁物件瑕疵的处理

1. 由于乙方享有本合同第四条第 1 款所规定的权利，因此，如卖方延迟租赁物件的交货，或提供的租赁物件与购买合同所规定的内容不符，或在安装调试、操作过程中及质量保证期间有质量瑕疵等情况，按照购买合同的规定，由购买合同的卖方负责，甲方不承担赔偿责任，乙方不得向甲方追索。

2. 租赁物件迟延交货和质量瑕疵的索赔权归出租方所有，出租方可以将索赔权部分或全部转让给承租方，索赔权的转让应当在购买合同中明确。

3. 索赔费用和结果均由承租方承担。

第七条　租赁物件的保管、使用和费用

1. 乙方在租赁期间内，可完全使用租赁物件。

2. 乙方除非征得甲方的书面同意，不得将租赁物件迁离附表第(4)项所记载的设置场所，不得转让给第三者或允许他人使用。

3. 乙方平时应对租赁物件给予良好的维修保养，使其保持正常状态和发挥正常效能。租赁物件的维修、保养，由乙方负责处理，并承担全部费用。如需更换零件，在未得到甲方书面同意时，应只用租赁物件的原制造厂所供应的零件更换。

4. 因租赁物件本身及其设置、保管、使用等致使第三者遭受损害时乙方应负赔偿责任。

5. 不按本条第1款的规定，因租赁物件本身及其设置、保管、使用及租金的交付等所发生的一切费用、税款(包括国家新开征的一切税种应交纳的税款)，由乙方负担(甲方全部利润应缴纳的所得税除外)。

第八条 租赁物件的灭失及毁损

1. 在合同履行期间，租赁物件灭失及毁损风险，由乙方承担（但正常损耗不在此限）。如租赁物件灭失或毁损，乙方应立即通知甲方，甲方可选择下列方式之一，由乙方负责处理并负担一切费用：

(1) 将租赁物件复原或修理至完全正常使用状态；

(2) 更换与租赁物件同等状态、性能的物件。

2. 租赁物件灭失或毁损至无法修复的程度时，乙方按实际租金表记载的所定损失金额，赔偿给甲方。

3. 根据前款，乙方将所定损失金额及任何其他应付的款项交给甲方时，甲方将租赁物件（以其现状）及对第三者的权利（如有时）转交给乙方。

第九条 保险

在租赁物件到达附表第(4)项所规定的设置场所的同时，由乙方以甲方的名义对租赁物件投保，并使之在本合同履行完毕之前持续有效，保险金额与币种按本合同所规定的所定损失金额与币种。保险费用由乙方承担。

保险事故发生时，乙方须立即通知甲方，并立即将一切有关必要的费用交付甲方，以用于下列事项：

(1) 作为第八条第1款第(1)或(2)项所需费用的支付。

(2) 作为第八条第2款及其他乙方应付给甲方的款项。

第十条 租赁保证金

1. 乙方将附表第(8)项所记载的租赁保证金，作为其履行本合同的保证金，在本合同订立的同时，交付甲方。

2. 前款的租赁保证金不计利息，并按实际租金表所载明的金额及日期抵作租金的全部或一部分。

3. 乙方如违反本合同任何条款或当有第十一条第1款至第5款的情况时，甲方从租赁保证金中扣抵乙方应支付给甲方的款项。

第十一条 违反合同处理

1. 如乙方不支付租金或不履行合同所规定的其他义务时，甲方有权采取下列措施：

(1) 要求即时付清部分或全部租金及一切应付款项；

(2) 收回租赁物件，并由乙方赔偿甲方的全部损失。

2. 虽然甲方采取前款(1)、(2)项的措施，但并不因此而免除本合同规定的乙方其他义务。

3. 在租赁物件交付之前，由于乙方违反本合同而给甲方造成的一切损失，乙方也应负责赔偿。

4. 当乙方未按照本合同规定支付应付的到期租金和其他款项给甲方，或未按时偿还甲方垫付的任何费用时，甲方除有权采取前3款措施外，乙方应按附表第(13)项所记载的利率支付迟延支付期间的迟延利息，迟延利息将从乙方每次交付的租金中首先扣抵，直至乙方向甲方付清全部逾期租金及迟延利息为止。

5. 乙方如发生关闭、停业、合并、分立等情况时，应立即通知甲方并提供有关证明文件，如上述情况致使本合同不能履行时，甲方有权采取本条第1款的措施，并要求乙方及担保人对甲方由此而发生的损失承担赔偿责任。

租赁期间，租赁物不属于承租方破产清算的范围。

第十二条　甲方权利的转让

甲方在本合同履行期间在不影响乙方使用租赁物件的前提下，随时可将本合同规定的全部或部分权利转让给第三者，但必须及时通知乙方。

第十三条　合同的修改

本合同及所有附件的修改，必须经甲乙双方及担保人签署书面协议方能生效。

第十四条　租赁期满后租赁物件的处理

乙方在租赁期满并全部履行完合同规定的义务时，乙方有权对租赁物件做如下选择：

1. 自费将租赁物件归还甲方，并保证租赁物件除正常损耗外保持良好状态；

2. 租赁期满30天前，以书面通知甲方，按附表第(10)项和第(12)项记载的续租租金和续租所定损失金额(其他条件与本合同相同)继续承租；

3. 乙方向甲方支付产权转移费人民币_____元，甲方即将租赁物件所有权转移给乙方。

第十五条　担保

担保人担保并负责乙方切实履行本合同各项条款，如乙方不按照本合同的规定向甲方缴纳其应付的租金及其他款项时，担保人按照本合同项下担保人所出具的担保函履行担保责任。

第十六条　争议的解决

有关本合同的一切争议，首先应友好协商解决，如协商不能解决需提起诉讼时，本合同当事人均应向人民法院提起诉讼。

第十七条　乙方提供必要的情况和资料

乙方同意按甲方要求定期或随时向甲方提供能反映乙方企业真实状况的资料和情况，包括乙方资产负债表、乙方利润表、乙方财务情况变动表以及其他必要的明细情况表。

甲方要求乙方提供上述情况和资料时，乙方不得拒绝。

第十八条　合同、附表及附件

1. 本合同附表及第_____号购买合同、实际租金表、租赁物件实际成本计算书、担保函、租赁物件收据均为本合同附件，与本合同具有同等效力。

2. 本合同自甲、乙双方及担保人签字盖章后生效。本合同书正本一式三份，由甲方、乙方和担保人各执一份。

甲　　方：

法定代表人(签字)：

地　　址：

开户银行：

电　　话：

邮政编码：

传　　真：

账　　号：

乙　　方：
法定代表人(签字)：
地　　址：
开户银行：
电　　话：
邮政编码：
传　　真：
账　　号：

担 保 人：
法定代表人(签字)：
地　　址：
开户银行：
电　　话：
邮政编码：
传　　真：
账　　号：

第十二章

融资租赁公司的风险与控制

本章提要

风险控制，是融资租赁公司的立足之本。风险控制能力的大小，能够体现出融资租赁公司经营能力的强弱。本章主要介绍可能危害融资租赁公司的风险种类、融资租赁公司应该如何防范风险、融资租赁公司的风险防范体系以及租赁经营中的风险指标。

本章结构图

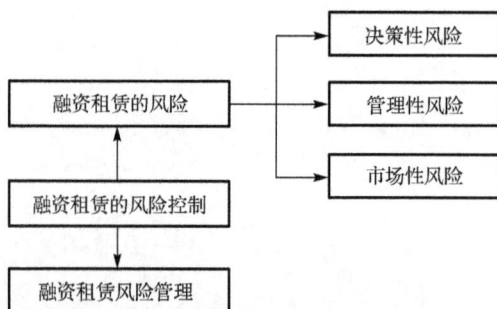

学习目标

● 重点掌握融资租赁公司面临的决策性风险、管理性风险及市场性风险的内容。

● 掌握融资租赁公司风险管理手段与方法。

● 了解融资租赁公司风险控制的意义。

从经营的角度分析，只要有资金，想要使融资租赁公司扩张到较大的资产规模并不困难。但是，能够在有效控制风险的前提下实现租赁规模的高速扩张，才是检验租赁经营者能力的真正"试金石"。资产风险，始终是悬挂在融资租赁公司经营者头上的"达摩克利斯剑"。

融资租赁公司在经营实践中存在着风险，其实是十分正常的事情。因此，融资租赁公司，特别是金融租赁公司，其经营形式与银行的金融业务基本相似。当融资租赁公司被允许以10倍于注册资金规模的负债比率时，实际上就是在从事着高风险的经营活动。回顾历史，还没有任何一家融资租赁公司，是因为市场竞争激烈或租赁收益太低而关闭的，而几乎所有经营失败的直接原因，都与其在经营中的风险失控、产生了大量不良资产有着直接的关系。金融界内有句名言，即"站着放钱，跪着讨债"。"高负债、高收益、高风险"，是所有金融机构的共性。虽然所有的金融机构在理论上都具有获得较高收益的可能性，而实际上各个金融机构的盈亏，却存在着天壤之别。其根本原因就在于各个金融机构的风险控制能力的不同。

融资租赁公司的风险大致可以分为三大类，即决策性风险、管理性风险和市场性风险。若从军事角度分析，决策性风险主要是由融资租赁公司的经营方向所左右的，是属于战略层面的问题；管理性风险主要是由融资租赁公司的风控体系所决定的，是属于战役层面的问题；市场性风险主要是体现融资租赁公司筛选项目的水平高低，是属于战术层面的问题。

第一节　决策性风险

这三类风险对于融资租赁公司来说都很重要。但是，目前大家对风险的关注点，主要还是集中在市场性风险上，即如何筛选优质项目和提供可靠担保上。其实，以风险的危害程度而言，决策性风险和管理性风险的危险性，远远大于市场性风险。决策性风险主要包含了两方面的内容：一是租赁公司是否需要坚持租赁主业的问题；二是租赁公司如何才能坚持租赁主业的问题。

一、租赁公司是否需要坚持租赁主业的问题

这个问题好像不应该是个问题。但是，事实上又有多少融资租赁公司敢于理直气壮地宣称自己是坚持了租赁主业的呢？又有多少融资租赁公司能够明白无误地说清自己的租赁主业是什么？无论是回顾早期租赁公司的失败教训，还是纵观当前的大多数租赁公司的困境，决策性风险历来就是融资租赁经营者最头痛的事情。中国的第一批租赁公司多数都是倒在了决策性风险上，失败在不坚持租赁主业上。而现在新成立的融资租赁公司的最大难题，也还是租赁市场的定位和资产风险的控制的问题。

目前，多数银行系金融租赁公司的注册资本较大，又有股东在资金方面的特殊支持，因此都具有一定的资金优势。所以，在经营模式上多数也都是以借贷资金为主。

但是，历史的教训告诉我们：借贷资金绝不是融资租赁业的优势，也不可能代表着融资租赁业的发展方向。在我国99%的融资租赁公司都是没有银行背景的，也根本不具备单纯放贷资本。即使是银行系的金融租赁公司，也无法在资金借贷上与银行相抗衡。我国的

融资租赁业要健康发展，就必须要坚持租赁主业，就必须要发挥出租赁的优势。因为，"以融资租赁的名义，走信用贷款的道路"是行不通的！

二、租赁公司如何才能坚持租赁主业的问题

改革开放初期，在以经济建设为中心的大政策下，扩大经营规模，增加生产能力，高速扩张发展，是所有企业，特别是中小企业的奋斗目标。而对设备技术改造（以下简称设备技改）的投入，也就理所当然地成为了促进中小企业高速扩张的主要动力。在这段时间里，融资租赁公司服务于广大中小企业，定位于设备技改市场，支持企业的扩张规模，既符合了市场的需求，又顺应了发展的方向。

但是，在经历了30多年高强度、大规模开发建设后，我国的传统产业已经相对饱和，部分传统企业的淘汰已经成为必然。"增加投入，扩大规模"不可能再成为这些企业的救命稻草。融资租赁公司若不想成为这些企业的殉葬者，就应该放弃单纯投放资金的传统业务模式，充分发挥融资租赁的优势，去支持那些科技创新、市场广阔、环保节能、国计民生的行业和企业，使融资租赁成为促进这些企业结构调整、科技创新、专业发展的孵化器。

市场的变化，逼迫融资租赁公司对行业及客户的选择也必须随之变化。融资租赁公司在坚持服务于中小企业设备技改的基础上，对行业和客户也必须要有所选择。因为：融资租赁服务于中小企业，并不等于所有的中小企业都适合做租赁客户；融资租赁定位于设备技改项目，并不等于所有的设备技改项目都适合于做融资租赁。

随着我国经济的高速增长，民营中小企业存在的一些弊端也在逐步显露。盲目扩张，重复建设，已成为了一些民营中小企业的通病。特别是近年来，一部分中小企业不再脚踏实地地从事实体经营，转而热衷于赚钱快的融资放贷业务。这些企业用土地、厂房向银行申请抵押贷款、用各种资产向租赁公司申请设备融资租赁、伪造报表上市向社会套取公众资金，再将这些资金用于投资房地产开发，甚至对外发放高利贷。

现在，中小企业中的盲目扩张和过度融资的现象已经相当普遍。这些问题都给融资租赁公司敲响了警钟。有部分中小企业追求的目标责任制，不再是为了发展生产，而是为了单纯融资而不择手段。伪造报表、虚开假发票、设备重复抵押、多方重复租赁，已不再是个别现象。

近期，从一些不良资产项目中发现，许多生产正常、市场广阔、效益不错的企业，甚至是当地的百强明星企业，也会在一夜之间突然倒闭，老板跑路。分析其原因，发现其中大部分企业都是因为在盲目扩张、对外担保、涉及高利贷以及银行抽贷等信誉环节上出现了问题。这说明，在风险防范过程中，仅仅依靠评估承租人的生产经营状况已经远远不够了，还必须在可行性分析中高度重视承租人信誉方面的信息和资料，加强对承租人信誉风险方面的评估。

新形势的变化，逼迫融资租赁公司必须与时俱进，改变原有的经营策略：租赁项目由"遍地开花"，向有选择地支持"中小企业设备技改项目"转化；承租客户由生产型企业，向流通、福利、娱乐、旅游等服务型企业转化；尽职调查由调查以企业经营情况为主，向调查以企业信誉情况为主转化；行业领域由全面的多元化发展，向相对集中的专业化租赁发展转化；服务功能由提供资金为主，向促进销售、优化报表、优惠税收、进出口为主转化。

第二节 管理性风险

控制风险的能力，是衡量各个金融机构经营能力的主要标准。实现高负债，争取高收益，控制高风险，是融资租赁经营的三部曲。而控制风险，则是其中最重要的一环。可以说，当一家融资租赁公司具备了较高的控制风险能力，就取得了通向成功之门的金钥匙。融资租赁公司与经营性租赁公司的经营性质完全不同，从其实质意义上来理解，融资租赁公司的经营，应该与其他金融机构的经营更加相似。两者同样都是以资金为主要的经营载体，同样都拥有较高的经营收益率，也同样都具有相当高的经营风险。因此，融资租赁公司不仅应该与其他金融机构采取相似的经营管理方式，而且更应该将其他金融机构的风险防范体系建设，作为融资租赁公司经营管理的首要前提。

法治，既是治国之道，也是风控之道。以个人的能力来控制风险的管理机制，已经被多数金融机构所摒弃。而法治，也就是以制度管理控制风险成为了大势所趋。现在各家银行在多年的经营中发现，以逐级审批，层层把关为基础的风控体系，根本无法阻止"人情项目"的泛滥。在我国，"人情项目"已经成为最大的管理性风险。而建立起以审贷分离为原则的风控管理体系，就成为了所有金融机构控制风险最重要的法宝。

与所有的金融机构相同，"人情项目"也是融资租赁公司最大的管理性风险。"人治"是阻挡不了"人情项目"的侵蚀的。只有在严格完善的风控管理体系下，才能够有效地限制"人情项目"的发生。

一、租赁经营的风险防范体系

在融资租赁公司的风险防范体系中，提高人员的素质固然十分重要，但是，建立起完善的风险防范机制，则显得更为重要。要使人适应机制，而不能让机制适应人。只有建立起有效的风险防范机制，才能够真正筑起保证租赁资产质量长治久安的防洪大堤。

融资租赁公司要建立起全程、立体、长效的风险控制基本架构，这个管理机制是由纵向控制、横向制约、相向反馈三部分组成的。

(一)纵向控制

融资租赁公司的风险控制，要满足一个独立法人单位对内部管理的需要，要能够逐级实施有效的监控。

1. **最高权力层控制决策层**

股东大会是融资租赁公司的最高权力机关，负责决定融资租赁公司的经营方向、重大决策等，并直接控制决策层——董事会。

2. **决策层控制经营层**

董事会须设立直接向董事长负责，集行政检查监督、业务稽核审计和内部管理控制于一身的内部控制机构——稽核部。董事会对融资租赁公司的经营管理和经营风险进行控制，并直接控制经营层——经营班子。

3. 经营层控制管理层

经营层在融资租赁公司内部设立由财务部、评审部、管理部、法律部等组成的内控机构——管理层。在融资租赁公司经营层的直接领导下，管理层对融资租赁公司的经营活动及其资产质量、资产负债、经营效益进行监督，并对经营风险进行全面控制。

4. 管理层控制业务层

财务部、评审部、管理部、法律部等内控机构，行使对各业务部门日常经营活动的监督管理权。

(二)横向制约

这是融资租赁公司内部控制基本架构的第二个方面。它要求融资租赁公司的各部门、各岗位人员，都要处于相互监督、相互制约的约束之中；要形成集体审议、共同监督的机制；要设置风险控制委员会和项目评审委员会，建立起集体审议的制度。横向制约，具体包括以下几个约束机制。

1. 民主决策制约机制

民主决策制约机制，即融资租赁公司的有关重大决策，都要经过风险委员会的充分论证。对租赁项目的风险评估，必须经过评审委员会的集体审议。不能搞 "一言堂"，更不能搞个人的"独断专行"。

2. 业务经营制约机制

在经营过程中，要建立起"前台、中台、后台"相互约束的机制，并通过这种相互约束的机制，起到相互监督、预测风险、落实责任、化解风险的效果。

3. 财务核算约束机制

融资租赁公司的经营，要讲究资产效益，要注重成本控制，财务收支情况要与业务活动的业绩直接挂钩。融资租赁公司可以通过对资金占用比率和资金收益比率的考核，控制经营中的资金成本与费用成本。

4. 利润分配约束机制

保证利润合理分配，使企业有自我发展的能力，将利润与企业经营层的业绩挂钩，打破分配上的"大锅饭"体制。

5. 人力资源管理机制

内部控制要以人为本，充分发挥人的潜能，要做到"任人唯贤，人尽其才"，要使"能者上，庸者下"。

6. 稽核监督管理机制

内部稽核是内控的重要组成部分。从内控层次上看，第一层次是各部门、岗位人员按业务规章、操作规程、法律法规的要求自律；第二层次是管理部门对其他各部门按岗位责任制和目标责任制进行管理；第三层次是稽核部门对业务经营状况和财务会计活动进行的再监督。

(三)相向反馈

融资租赁公司内控制度系统的建立，还必须包括一系列的对经营执行情况的反馈系统。要使融资租赁公司的经营信息，处于一种公开、公正、透明、真实的状态。

1. 预警预报系统

该系统主要由管理层的各个部门及稽核部负责，围绕着经营行为、业务管理、风险防范、资产安全等项内容，建立定期的业务分析、财务分析、资产评估、风险预测等制度。它既要求能够全面显示经营风险的大小、及时发布预测预警信号，又能够及时了解经营管理状况以及各项指标考核的完成情况，要形成业务活动的事前、事中和事后的监督制度。

2. 信息反馈系统

租赁信息的计算机系统，不仅是租赁业务流程规范化操作必不可少的基础，也是对租赁业务的全面记载，它是反映租赁经营活动的重要依据。信息反馈系统，除了能够为业务活动提供及时的业务数据，更重要的是为各管理部门和公司经营层，提供全面的统计报表，真实、科学、及时地反馈经营过程中的各类数据。这是内部控制系统实现有效控制风险的必要条件。

3. 风险评估系统

融资租赁公司需要了解风险控制的效果，监管部门也需要掌握融资租赁公司风险程度的状况。非现场监管指标，就是监管部门衡量融资租赁公司风险程度的"体温表"。不良资产的统计，是直接反映租赁资产风险比例的最重要数据。2004年，银监会把所有金融租赁公司不良资产的统计口径，从"一逾两呆"，改成了"五级分类"，从而加强了对未到期债权的风险预测性。

二、控制经营风险的规章制度

融资租赁公司为了能够有效地防范风险，应该制定出相应的业务开拓、风险防范、资金运用、财务核算、人力资源、绩效考核等行之有效的内部规章制度。规范化的规章制度，构成了融资租赁公司内部经营管理最重要的基础。融资租赁公司规章制度的制定，应该遵照审贷要分离、针对性要强、权责要明确、奖惩要分明等原则。融资租赁公司规章制度的类别分为科学决策制度、职位责任制度、业务操作制度、内部稽核制度、信息反馈制度和薪酬奖惩制度等。

目前，国内已经具有了从事融资租赁资质的融资租赁公司并不少。但是，具备能够真正开展融资租赁业务能力的融资租赁公司却不多。其主要原因，就是缺少行之有效的风险控制体系和切实可行的规章制度。

三、防范租赁风险的业务流程

科学的业务流程彻底地改变了"领导看项目，业务办手续，评审定方案，管理来讨债"的陈旧业务流程。项目评审，是防范风险的第一道防线，也是最重要、最关键的环节，即"评、审、批"流程。具体流程是：业务部负责，评审部评审，法律部和管理部核查。评审为集体审议并投票表决，总裁最终审批。"评、审、批"流程具有如下特点。

（一）业务部门是项目的第一责任人

业务部门是项目的第一责任人，不经过业务部门的承接、调查、评估，任何项目都不能成立。也就是说，由于业务部门需要承担受理项目的主要责任，所以，业务部门也必须拥有拒绝自己认为不符合要求项目的否决权。因此，第一责任人制度的最大效果，就是可以有效地防止"人情项目"的闯关、"领导项目"的干预。

(二)评审部门的独立评审是防范风险的关键

根据审贷分离的原则，要求从不同的地位、利益和角度出发，全方位分析、判断租赁项目的可行性。业务部门最了解项目的实际情况，但是，也最容易受到利益驱动和客户影响，造成对项目的判断误差。虽然评审部对具体项目的了解程度不如业务部门。但是，评审部对项目的综合评定，对项目的横向比较，则更为全面。通过业务部的评估与评审部的评审，可以从正反两个方面去论证项目，基本上就能够反映出项目可行性的主要矛盾焦点。

(三)项目评审会议是防止"一言堂"的有效方式

项目评审会议聚集了各管理部门负责人(评审委员)的意见，通过集思广益，可以进一步从多方面去论证项目的可行性。同时，书面投票、当场公布的表决方式，也可以比较公开、客观地表达集体评审的真实意愿。

(四)租赁公司应设置专职的风险总监

在评审委员会集体审议的基础上，风险总监必须承担起对评审项目的决策责任。同时，总裁根据集体评审的表决意见和总裁自己的综合判断，拥有对风险总监决策结果的一票否决权，以便起到最终的制约作用。

(五)租赁业务不同阶段，各部门各司其职

在租赁项目的履行阶段，主要由管理部负责监督管理。租赁合同签约后，管理部要在资金投放前，对项目的投放条件进行认真核查，防止内部管理环节中可能出现的风险。当租金回笼中出现逾期时，业务部门仍然需要承担主要责任。当租金逾期达到两期以上时，业务部门必须将该租赁项目移交法律部，并由法律部及时提请诉讼，最大限度地保全租赁资产。管理部除了及时督促业务部门催讨逾期租金外，还必须定期进行项目风险分析(五级分类)，写出风险分析报告，并制定出相应的防范风险工作计划。

第三节　市场性风险

融资租赁公司的市场性风险，主要是指由于市场竞争而产生的风险，其内容也就是对项目进行优胜劣汰的选择。市场的竞争，既是产生风险的原因，也是推动融资租赁业发展的动力。开拓什么样的市场，选择什么样的项目，采取什么样的业务模式，只能根据市场竞争的结果，因势利导，顺势而为。

一、行业市场的定位

融资租赁公司对自己的市场定位是有一个逐步认识的过程。早期的融资租赁公司不约而同地将以国际贸易为主的进出口租赁业务作为自己的主要发展方向。这与当时"引进国外资

金、引进先进技术、引进先进设备"的大政策是相符合的。但是，随着改革开放的深入，银行系金融租赁公司的出现，商务部所属融资租赁公司的扩大，融资租赁公司分别向着两个方向发展：银行系的金融租赁公司多数实力较强，凭借资金雄厚的优势，其市场定位大多都向飞机的项目、轮船的项目、高速公路的项目、城际地铁的项目等大型国企项目去发展；而融资租赁公司的实力普遍比较弱，但是，其凭借灵活多变的特点，市场定位则向以中小企业为主的设备技改项目去发展。这种发展趋势也是基本符合中国融资租赁行业发展的现实状况。

但是，当改革开放进入深水区后，市场竞争变得更加激烈了。新一轮的洗牌导致大量企业在竞争中陷入困境，甚至关闭、跑路。这些都不可避免地会直接或间接地影响到融资租赁公司的经营。反观融资租赁公司的队伍数量却由于政府支持力度的加大，呈现出了井喷态势。现在，融资租赁公司越来越多，竞争也越来越激烈了。无论是金融租赁公司，还是融资租赁公司的关注焦点，都已经从注册、监管、税收、法律、资金等问题，转移到两个生死攸关的问题上来了，即如何才能控制风险，还有什么项目可做。

其实，这两个问题反映的是同一个矛盾焦点，即融资租赁向何处去。世界租赁年会执行主席、世界租赁专家阿曼伯先生将租赁发展分为六个阶段：出租协议阶段、简单融资租赁阶段、创新性的融资租赁阶段、经营性租赁阶段、租赁的新产品阶段、租赁成熟阶段。并指出"创新性融资租赁阶段的重要特征，就是市场存在着极端的竞争性。只有在这种存在着极端竞争性的市场环境中，出租人(租赁公司)才有可能被迫成为创新性的"。当前，中国的融资租赁业已经走到了一个十字路口。经营风险，已经将融资租赁公司推到了市场竞争的风口浪尖上，逼迫融资租赁公司必须进入创造性融资租赁阶段。

(一)向服务领域转型

随着经济改革的深入，我国已经从一个农业大国，逐步变成了一个制造业大国，从一个"供不应求"的发展中国家，变成了一个"供过于求"的世界第二大经济体国家。同时，闻名于世的"中国制造"，也带来了产品销售市场的残酷竞争。如今，企业成功与否的标准，已经不再以能否"扩大生产经营规模，增加设备技改投入"来衡量了。而如何调整好产业结构，如何从生产加工业向生活服务业转变，如何从低端制造业向高端创新业转变，已经成为经济建设发展新的制高点。融资租赁公司应该顺应时代的发展潮流，将融资租赁业务的市场定位从低端制造业向高端创新业和服务流通领域转型，例如，高端创新项目、旅游租赁项目、车辆租赁项目等。

(二)向专业化租赁发展

融资租赁公司不能再将自己的前途与衰落的传统行业捆绑在一起了。融资租赁公司的业务不能只限于中小企业的设备技改。因为，融资租赁服务于中小企业，并不等于所有的中小企业都适合做租赁客户；融资租赁定位于设备技改项目，也并不等于所有的设备技改项目都适合于做融资租赁。开拓专业化租赁，才是融资租赁业发展的必然趋势。

二、租赁项目的选择

(一)租赁项目的筛选

所有融资租赁公司都希望能够挑选到最好的租赁项目。但是，现实告诉我们：十全十美的租赁项目是不存在的，万无一失的租赁项目也是不存在的，任何租赁项目的好与坏都是相对的。例如，收益高的项目可能风险就会大一些，企业实力弱可能担保单位会强一些，收益低一些的项目却市场前景无限。

对于项目的评审也只是鉴于项目的综合比较而言。总之，100%好的项目是没有的，100%不好的项目也是没有的。评审的目的，也只是比较优劣的多少而已，通过对项目优劣的比较，综合评价项目的得失利弊。因此，租赁项目的评审很难设定出一个统一的标准。因为租赁项目涉及的行业不同，地域不同，条件不同，环境不同，是不可能制定出一个"包罗万象"的评审标准来的。

(二)银行缩贷的影响

项目的尽职调查，不能只限于企业经营状况的调查，还要加强企业信誉方面的调查。承租人的这些信誉风险，往往都与银行有着密切的关系。例如对外担保，几乎所有的银行都要求客户贷款时必须提供第三方担保，这就造成了客户之间的互保关系，有的互保关系甚至是银行强迫客户之间的"拉郎配"。所以，现在往往是一家企业出问题，就会造成一批客户的倒闭。"担保圈"的集体跑路，银行是"功不可没"的。又例如"高利贷"现象，始作俑者也是银行。银行的贷款大多数都在一年以内，到期必须先还后贷，这就逼迫企业只能借高利贷以满足银行续贷的条件。其实，银行才是社会上高利贷横行的幕后推手。再例如"盲目扩张"，虽然主要是由于承租人缺少自律，但是，这也与银行的过度贷款有关。银行不支持弱小企业，却对明星企业"宠爱有加"，银行的盲目放款，使明星企业"财大气粗，忘乎所以"，银行为明星企业的盲目扩张提供了充足的资金保障。最可恨的还是银行的"无理抽贷"。按理讲，银行是信誉机构，应该是最讲信誉的。但是，现在最不可信的就是银行的续贷承诺。银行"海誓山盟"的承诺，往往在收回贷款后就翻脸不认人了。"中枪"的企业，几乎没有生还的可能。

严峻的形势逼迫融资租赁公司必须重新考虑原有的发展战略。融资租赁公司一方面不能再将生产性实体经济作为融资租赁项目的唯一对象了，要开拓服务、流通、医疗、旅游等行业领域的融资租赁业务。同时，另一方面要加强对承租企业信誉方面的调查，特别是关于银行支持企业的信息，高度关注银行可能出现的动向。

三、防范措施的变化

银行贷款的风险防范措施主要是第三方企业担保和房地产资产抵押。融资租赁公司在这些方面难以与银行相比。所以，融资租赁公司除了第三方担保和资产抵押以外，还可以采取一些其他风险防范措施。例如，采取先期主动预防风险和后期被动补救风险措施，或是采取综合比较收益与风险，有针对性的防范措施。具体如利用收取一定金额的保证金规避风险；利用租赁物(设备)的回收规避风险；利用租赁物(设备)的转让规避风险；利用租赁物(设备)的拍卖规避风险。

第四节　风险的管理

融资租赁业务属于非银行的金融业务。既然是金融业务，就必然会存在风险。而风险的结果就是会出现一定比例的不良资产。融资租赁公司经营管理的关键，就在于如何将项目风险控制在一定比例范围之内，将风险资产的金额压缩到最低规模之下。处理不良资产的能力，也是衡量融资租赁公司水平的重要内容之一。

一、不良资产的统计

在正常经营的情况下，融资租赁公司内部只要根据以下的业务统计指标，基本上就可以反映出融资租赁资产的质量情况。

(一)租金回笼比率

由于租赁项目一般每季就会有一期租金回笼，融资租赁公司几百个租赁项目在同时运行，所以，每个月都会有上百笔、上亿元的租金回笼。租金能否按时收回，是直接衡量租赁资产质量的主要指标。在一般情况下，融资租赁公司都应该保证99%以上的租金回笼率。

(二)逾期租金余额

如计划租金没有在当月收回，则被公司租赁信息系统自动列入逾期租金。而逾期租金余额是指逾期租金的累计金额。在租赁业务中出现少量的逾期租金，是属于正常的现象，关键是要保证逾期租金余额不能超过一定比例。

(三)不良资产余额

按融资租赁公司的规定，如果逾期租金超过两期仍未收回，业务部门就必须将该项目移交法律部提出诉讼。根据银监会的要求，对"五级分类"中的后三类资产，划为租赁不良资产。租赁不良资产虽然不等于是已经损失的资产，但是，这部分资产数量的多少，就可以直接反映出整体租赁资产的质量优劣。

融资租赁公司制定了衡量租赁资产风险程度的严格考核指标：
- 资本充足率(≥10%)；
- 租赁资产比例(≤60%)；
- 拆入资金比例(≤100%)；
- 资产分散比例(≤15%)；
- 长期投资比例(≤30%)；
- 对外担保比例(≤200%)；
- 委托租赁比例(≤100%)。

租赁公司长期以来一直是按照"一逾两呆"作为统计租赁资产质量的标准：
- 逾期租金比例(≤8%)；
- 呆滞租金比例(≤5%)；
- 呆账租金比例(≤2%)。

根据银监会的要求，有些融资租赁公司的不良资产统计口径，已经从"一逾两呆"改成了"五级分类"。银监会要求金融租赁公司在"五级分类"的基础上按比例提取风险准备金：
- 正常类计提比例为1%；
- 关注类计提比例为2%；

- 次级类计提比例为 25%；
- 可疑类计提比例为 50%；
- 损失类计提比例为 100%；
- 次级和可疑类资产的损失准备，计提比例可以上下浮动 20%。

"一逾两呆"与"五级分类"各有优劣。"一逾两呆"的特点：

- 数据由租赁信息系统自动生成，没有人为因素的干扰；
- 只统计发生逾期的租金，没有反映该项目未到期风险资产；
- 逾期租金只反映出金额的多少，没有区分出资产风险的大小。

"五级分类"的特点：

- 划分五级分类时受人为因素干扰较大；
- 五级分类不仅统计了逾期租金，还统计了该项目未到期租金；
- 五级分类按风险程度划分了不同资产，为提取准备金奠定了基础。

二、不良资产的处置

融资租赁公司不可能没有不良资产，关键在于如何将不良资产控制在最低水平，如何有效地减少损失，及时处置不良资产。虽然多数金融机构对不良资产都采取五级分类的方式来划分，但是，划分融资租赁公司的不良资产没有那么复杂，在公司内部可以分为逾期租金和诉讼资产两大类。

(一)逾期租金催讨

承租客户出现租金逾期的原因很多，所以不可能有统一、固定的催讨模式。在催讨租金前，必须对逾期情况进行客观、真实的分析，认清承租客户发生逾期的原因。逾期租金大体上可以分为三种：临时性逾期、突发性逾期、亏损性逾期。

- 临时性逾期：基本没有风险，只是因资金调度问题，出现临时性拖欠；
- 突发性逾期：在没有预兆的情况下突然出现的风险，例如银行抽贷，担保诉讼等；
- 亏损性逾期：由于经营不善，严重亏损，无力偿还租金。

融资租赁公司对于突发性逾期和亏损性逾期必须引起高度重视。特别是突发性逾期，当前已经成为各融资租赁公司的"心腹大患"。

当承租客户出现资金紧张、偿还债务有困难时都会"两害相权取其轻，两利相权取其重"。只有认清了这些特点，才能有效地预防和处置风险。

- 还小不还大：优先偿还金额较小的债务，对大金额的债务则能拖就拖；
- 还强不还弱：优先偿还实力较强的债权人，对实力较弱的债权人则能拖就拖；
- 还高不还低：优先偿还融资成本较高的债务，对融资成本较低的债务能拖就拖；
- 还难不还易：优先偿还压力较大的债务(如已诉讼，已查封)，对压力不大的债务则能拖就拖。

融资租赁公司可以根据以上特点，开展有针对性的预防措施和催讨工作。

(二)法律诉讼的案件

法律诉讼是融资租赁公司保护租赁资产的最后防线。长期以来，由于缺少专门的融资租赁法，造成租赁资产难以得到有效的法律保护。2014 年 2 月 24 日最高法院出台了《融资租赁的司法解释》，为保护租赁资产提供了重要的法律依据。

在出现不良资产后，融资租赁公司应及时采取的措施：

- 法律诉讼，取得追索债权的法律保障；
- 查封资产，控制、保全全部租赁资产；
- 冻结账户，冻结账户的存款及往来款；
- 追究担保，追究担保单位的连带责任。

融资租赁公司的法律诉讼，一般都是融资租赁公司起诉承租企业，融资租赁公司当被告的案例是极少的。融资租赁公司起诉承租企业的诉讼请求有两种：中止合同，收回租赁物；履行合同，追索租金债权。融资租赁公司可以根据实际情况，两者只能选择其一。

承租企业因违约被迫诉讼的原因大致可分为两大类：第一类是自身经营出现危机，市场滞销、管理不善、亏损严重，导致无力偿还租金；第二类是对外信誉出现危机，快速扩张、盲目投资、对外担保，造成了资金链断裂。融资租赁公司应该根据不良资产项目的不同情况，具体情况具体分析，制定出不同的不良资产处置方案。一方面，要抓紧催讨、诉讼；另一方面，也可以寻找化解矛盾，减少风险的办法。

思考与练习

1. 什么是决策性风险？它具体包括哪些内容？
2. 什么是管理性风险？它具体包括哪些内容？
3. 什么是系统性风险？它具体包括哪些内容？
4. 如何建立融资租赁公司全程、立体、长效的风险控制架构？
5. 哪些业务统计指标能反映出融资租赁公司租赁资产的质量情况？
6. 试述融资租赁公司如何处置不良资产。

第十三章

融资租赁公司的内部控制

本章提要

　　融资租赁公司的核心竞争力，取决于一支专业人才队伍的素质，来源于公司内部的管理水平和运作机制。本章重点介绍融资租赁公司的组织结构、股权结构、人才体系、规章制度、激励机制以及信息管理系统等内容。

本章结构图

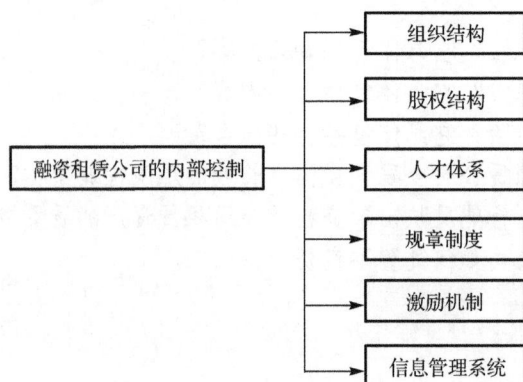

学习目标

● 重点理解并掌握融资租赁公司内部控制的主要内容。

● 掌握融资租赁公司内部控制的方法。

● 了解融资租赁公司内部控制的作用与意义。

资金、业务和管理，是支撑融资租赁公司经营活动的三大支柱。但是，从长远发展的角度来分析，融资租赁公司的内部控制，要比争取资金和开拓业务更为重要。因为，只有企业的内部管理能力，才是融资租赁公司保持长期稳定经营的核心竞争力。融资租赁公司内部控制的主要内容包括：组织结构、股权结构、人才体系、规章制度、激励机制和信息管理系统。

第一节　融资租赁公司的组织结构

2014 年 3 月由银监会公布的《金融租赁公司管理办法》第二章第七条到第十四条中表明了对不同类型的融资租赁公司发起人所应该具备的条件，其中公司部门设置方面规定："有良好的公司治理结构或有效的组织管理方式"和"具有良好的公司治理结构、内部控制机制和健全的风险管理体系"。

一、机构的设置

一般而言，我们将融资租赁公司的部门结构按照职能作两部分划分。一部分是公司的法人治理结构，包括股东会、董事会、监事会等，该部分的职能在于建立科学、合理、高效、规范的公司高层领导机构，保证公司健康发展、规避一定的经营风险；另一部分是公司的组织经营结构，该部分除包括办公室、人力资源、财务等管理部门外，还包括业务部门、风险控制部门、资金筹措机构等跟融资租赁业务相关的部门，该部分是负责融资租赁公司融资租赁业务的主要部门，与具体的融资租赁业务开展息息相关。

某融资租赁公司的部门设置如图 13.1 所示。

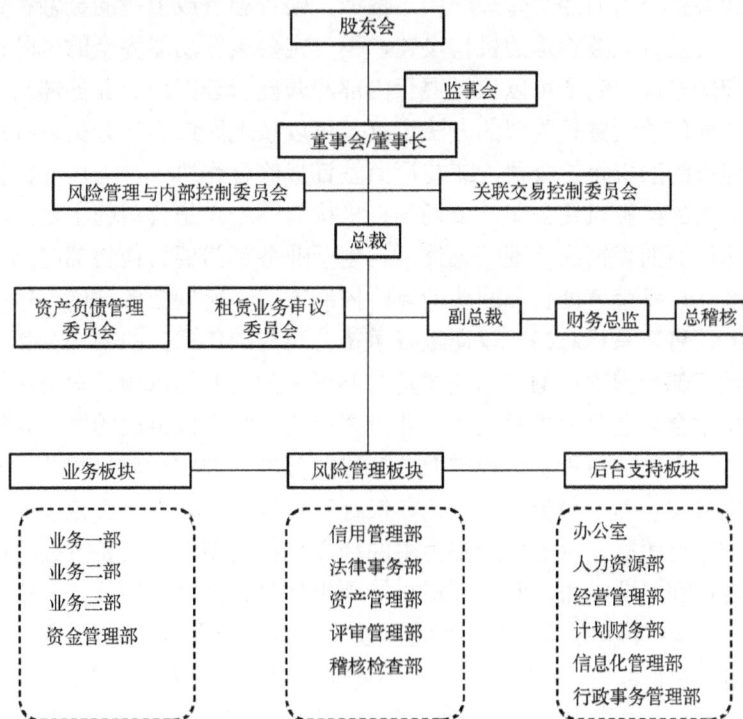

图 13.1　某融资租赁公司的部门设置

图 13.1 中，股东会、监事会、董事长和总裁等属于公司的法人治理结构。2014 年正式实施的《中华人民共和国公司法》对有限责任公司的设立与组织机构做了明确的规定，并就股东大会、董事会、经理和监事会的权力与义务做了明确的规定。公司的组织经营结构包括风险管理与内部控制委员会、关联交易控制委员会、资产负债管理委员会、副总裁、总稽核等，属融资租赁公司的中层管理部门。业务板块、风险管理板块和后台支持板块是公司的组织架构主要构成，无论在人员规模上还是实际业务操作都是公司经营的主要组织部分，其中业务板块和风险管理板块是保证融资租赁业务顺利运作的重要部门。

在实践中，不同类型或者不同机构性质的融资租赁公司的组织结构在其法人治理机构方面与其公司的性质、审批监管部门的要求有一定的关系，不完全是一个模式，主要依据《中华人民共和国公司法》等相关法律进行审定。与之不同的是，组织经营结构的设置则更取决于公司本身所具备的优势以及市场功能定位、客户群体和主要的运作模式等。

就法人治理结构而言，在公司法对股份有限公司、上市公司的规定中，必须设置独立董事，银监会对金融租赁公司也曾要求进行过设置独立董事的试点。对有限责任公司和外商投资企业，目前并没有硬性的法律规定。按照《金融租赁公司管理办法》的规定，金融租赁公司应建立对各项业务的稽核、检查制度，并设立独立于经营管理层的专职稽核部门，直接向董事会负责，以加强内部控制制度的建设。

就经营组织结构而言，融资租赁公司经营管理层面的内部组织结构的设置，除办公室、人力资源、财务等管理部门外，其业务部门、风险控制部门、资金筹措机构的设置则与公司本身所具备的优势以及市场功能定位、客户群体和主要的运作模式有很强的关系。融资租赁公司必须根据公司自身业务开拓、资金筹措的方式、风险控制的特点和企业不同的发展阶段，设立和调整公司的经营管理结构。例如，银行独资或控股的金融租赁公司重点在市场开拓、产品研发、业务管理的机构设置，不一定要设置功能齐全的风险评估和项目评估的终审机构和融资部，完全可以依托银行内部的职能管理部门。业务部门的设置一般也参照与银行信贷部门的设置相类似的方法设置，可以按地区或客户分类进行；由专业厂商设立的独资或控股的融资租赁公司，或与厂商签订战略合作协议、为厂商提供融资租赁外包服务的独立机构的融资租赁公司，市场开拓机构就不一定是公司的主要部门，客户和项目来源可以依托厂商的直销或代理销售体系。由于业务部门要为销售部门制定客户或项目选择的基本标准、设备余值处置和回购的风险控制方案，所以业务部门一般按地区或产品设置，与厂商的销售体系相对接，以便融资租赁公司与销售部门的密切合作。公司财务部或单独设立的融资部承担项目融资的任务是必不可少的；专门以项目融资租赁与资产证券化、银行保理相结合为主要业务模式的专业投资机构、独资或控股的融资租赁公司，其内部经营管理的结构则往往与投资银行类似，一般业务部门都实行项目团队设置，实行决策环节少的扁平化管理。为了与券商、信托、银行等机构沟通，同样应该设立专门的融资部门，服务于各个项目团队。以财务投资为主的独立机构类型的融资租赁公司则必须尽快形成一定的行业定位和专业能力。对由公司直接承担项目还贷风险的项目，融资租赁公司必须根据自身拥有的客户群体的需求特点和专业优势，设立独立的、功能完善的客户资信、项目风险评估机构和融资机构。业务部门的设置往往是根据行业或地区来设置，对大项目、新介入的服务领域还要充分利用专业的咨询、评估、担保机构的专业能力。租赁公司在与中介机构的合作中，逐步积累和提高自身的评估和风险控制水平，提升自身信用，提高融资能力。

二、工作职能

融资租赁业务涉及的主要部门的工作职能如下。

租赁业务审议委员会：由各部门业务负责人和租赁公司内外专家组成的专门为项目评估而设立的机构，负责对项目进行专业性的综合评估，经常为特定的融资项目而成立，负责专业评审。

业务板块：是融资租赁业务中的一线部门，包括业务部和资金管理部，业务部负责开发、从事融资租赁业务；资金管理部门负责融资事项，负责公司业务、融资的统一管理。

风险管理板块：主要负责对融资租赁项目的审核，包括信用管理部、法律事务部、资产管理部门、评审管理部门、稽核检查部门等，为业务部门提供专业技术支持，推进融资租赁业务的开展。

信用管理部门：主要审查承租人资产和信誉情况，一般而言，审查的内容主要集中在用户的资信、经营能力和盈利能力，对承租人是否符合公司的信用标准做出判断。

资产管理部门：对融资租赁中的租赁资产的价值进行评估，为融资租赁交易下的租赁资产提供残值数据等。

评审管理部：除负责一些项目评审外，同时负责所有项目评审材料整理及项目评审人员沟通对接，以及负责公司租赁业务审议委员会的事务，如材料报送、意见反馈、审议会议整理等。

第二节　融资租赁公司的股权结构

融资租赁，是我国改革开放以后才从国外引进的舶来品，所以，融资租赁机构一般都会按照"公司法"的要求，采取较为规范的公司管理体制。

一、股权结构的类别

若按照公司投资人的性质分类，融资租赁公司可以分为国有和民营两大类。其中，国有公司中又可以分为银行投资和非银行投资两种。银行投资的租赁公司称为金融租赁公司，其他的租赁公司，无论是国有的还是民营的，都被称为融资租赁公司。两者主要区别就在于投资主体的不同，而其所经营的融资租赁业务都是一样的。

(一)银行投资的金融租赁公司

目前，几乎所有的银行都成立了其总行直属的金融租赁公司。现在全国已有了约 20 多家银行投资的金融租赁公司，虽然数量不多，约占到 2%左右，但其租赁规模却占到了全国租赁资产的40%以上，已经成为了中国融资租赁业的主力军。

(二)国企投资的融资租赁公司

中国最早的融资租赁公司几乎都是由大型国企投资组建的。例如，中国租赁界的先驱——中国租赁有限公司，就是由中国中信集团公司、国家物资部、中国人民保险集团公司和中国工商银行总行、中国建设银行总行、中国农业银行总行等十家大型国企共同组建的。但是，近年来外企和民企的融资租赁公司占到了大多数，而国企性质的融资租赁公司已经越来越少了。

（三）民企投资的融资租赁公司

民企投资的融资租赁公司是在 2000 年前后才逐步发展起来的。民营融资租赁公司的注册资本规模一般都较小，融资能力也较弱，所以，民营融资租赁公司的资产规模都不大。

（四）外企投资的融资租赁公司

外企投资的融资租赁公司是由外经贸部或商务部审批的。目前，外资融资租赁公司占到全部租赁公司的 80% 以上。但是，除了少数外资融资租赁公司以外，真正由外企投资的融资租赁公司并不多。多数的外资融资租赁公司都是由内资企业在国外的机构转投资国内成立的融资租赁公司。这主要是因为外资融资租赁公司的审批手续要比内资融资租赁公司容易得多。

二、股权结构的变化

融资租赁是随着改革开发的大潮进入中国的。所以，我国最早的融资租赁公司是全外资的融资租赁公司。但是，随着外资融资租赁公司的进入，带动了国内有能力的部门和有实力的公司纷纷效仿，成立了一批"中"字号的国企融资租赁公司。这些公司成为了开拓中国融资租赁事业的第一批先驱。

经过十多年的大浪淘沙，部分国企的融资租赁公司在激烈的市场竞争中败下阵来。从 2000 年开始，民营资本开始大量进入融资租赁领域，"国退民进"成为了大势所趋。虽然民营资本的注入，给融资租赁业的发展带来了新的活力。但是，民营经济同时也存在着急功近利和违规操作的缺陷，由此带来的危害也日益严重。

商务部从 2004 年开始可以审批融资租赁公司。同时，银监会也同意各银行可以重新对外投资。而银行对外投资的首个对象，就是投资融资租赁公司。由于银行拥有其他投资机构所不具备的强大资金实力。所以，银行投资融资租赁公司的资本规模都比较大，一般都在 5 亿～80 亿人民币之间。各家银行不仅投资成立了由总行直接领导的工银租赁、农银租赁、交银租赁等，同时，还收购了多家融资租赁公司。例如，国家开发银行收购了三九租赁公司，注册资本达到了 80 亿人民币，成为了中国规模最大的租赁公司。华融资产管理公司收购了浙江租赁公司，注册资本也达到了 25 亿人民币。"国进民退"的浪潮席卷了整个融资租赁行业。强大的国营资本，将融资租赁的总资产规模推到了一个前所未有的高度。

三、股权结构的趋势

什么样的股权结构最适合于融资租赁公司？这是多年来困惑着众多租赁投资人和租赁经营者的难题。优惠政策究竟应该倾向国有租赁公司，还是应该倾向民营租赁公司？这个问题长期以来也一直困挠着政府部门和银行机构。

其实，国企和民企都是经济发展中不可缺少的组成部分，既没有高低先后之分，也没有好坏贵贱之别。所以，无论是"国退民进"，还是"国进民退"，都不能说明国营租赁公司与民营租赁公司谁好谁坏的问题。国有租赁公司与民营租赁公司各有所长，也各有不足。租赁公司股权结构完善的关键不在于投资者是谁，而是在于以下两点。

① 避免一股独大，发展混合经济实体。一股独大才是企业经营的致命伤。缺少制约，是一股独大的必然结果。无论是国企还是民企，没有制约的经营都是不可取的。十八届三中全会之后，上海出台了"上海国资国企改革20条"，要求加快企业股份制改革，提出了积极发展混合所有制经济。这为今后企业的股权结构改革指出了一条崭新的发展思路。人们不必再去争论"国退民进"或"国进民退"谁对谁错的问题了。国企与民企的相互融合，相互制约，可以实现优势互补，合理竞争。

② 投资经营分离，坚持职业经理体制。根据《公司法》的原则，投资人与经营者应该分离，投资人一般既不参与公司经营活动，也不干涉公司的日常事务处理，而是将公司经营委托给职业经理人负责，这样才能真正实现"董事会领导下的总经理负责制"。

第三节 融资租赁公司的人才体系

融资租赁公司的经营及管理，需要由具体的人来完成。市场的竞争，其实就是人才的竞争。但是，在我国的租赁行业中，租赁人才奇缺，具备了一定实践经验的租赁人才，则更是"凤毛麟角"了。因此，拥有一支由租赁专业人才组成的租赁团队，就成为了租赁市场中竞争最激烈的"稀缺资源"。

一、融资租赁业的人才供需状态

(一)人才需求

与融资租赁行业的高速增长态势相比，行业发展所需的专业技术人才、管理人才数量明显不足。融资租赁行业涉及面宽、覆盖域广、交叉性强，要求从业人员具备金融、财务、法律等多方面的知识储备，才能更好地为企业服务。人才的短缺导致部分企业不能有效开展业务，制约了行业的发展。据初步估计，未来5年，随着租赁行业的迅速发展，整个行业对融资租赁人才需求在5万人左右。

(二)人才供给

然而，针对融资租赁行业的人才培养，天津虽然走在全国的前列，但与社会和行业对融资租赁人才的需求都比，还十分滞后。目前，只有南开大学设有金融学院和天津商业大学设有租赁学院。普通高校中拥有金融相关学科专业的少有开设融资租赁专业，行业从业人员中极少有人经过全面、系统的学习，普遍缺乏全面的专业知识。总体上融资租赁行业的人才培养体系还比较薄弱，人才缺口问题在短时间内将持续存在。

值得一提的是，天津在融资租赁人才培养上已走在全国的前列。为满足天津和整个行业发展对人才的迫切需求，向融资租赁行业提供人才和智力支持，2012年6月天津商业大学与中国国际商会租赁委员会、天津市租赁行业协会三方联合成立中国融资租赁研究与教育中心，同年8月天津商业大学租赁学院正式成立，成为国内高等院校中第一所租赁学院。此外，南开大学从2013年起正式开办融资租赁在职研究生班，至今已招收两届学员，培养了融资租赁高层次人才达到 100 余人，获得国家教育部充分肯定和租赁业的广泛好评。

二、融资租赁业人才需求的标准

为了让人们更加深刻地理解融资租赁的内涵，正确地选拔融资租赁的专业人才，吸引人才、使用人才、管理人才，本研究认为，融资租赁行业所需人才的标准包括以下几个方面。

(一)基本的人才标准

融资租赁属于边缘性产业，因此对人才的要求也是多元化、多技能的。若租赁公司有合作文化、人才的整合能力及管理能力，对人才的多技能要求就可减低。因为专业人才组合在一起就是综合性人才了。否则就需要"多面手""万金油"似的人物。开展融资租赁需要智慧，但是什么样的智慧才是融资租赁人才需要具备的智慧呢？

1. 智商(Intelligence Quotient，IQ)

智商，指认识客观事物并运用知识解决实际问题的能力，包括多个方面，如观察力、记忆力、想象力、分析判断能力、思维能力、应变能力等。基础知识也是同龄人之间智商的考核标准。融资租赁的基本知识，包括金融、贸易、财务管理、会计处理、法律、税收、计算机、外语等多项知识，虽然涉及的领域很广，但内容不会太深奥，一般达普及标准就够，但涉及融资租赁的相关知识要专、要深这才叫专业人才。

2. 情商(Emotional Quotient，EQ)

情商，主要是指人在情绪、情感、意志、耐受挫折等方面的品质。这主要表现在五个方面：一是认识自身的情绪；二是能妥善管理自己的情绪；三是自我激励；四是认知他人的情绪；五是人际关系的管理。人才的特点是：社交能力强，外向而愉快，不易陷入恐惧或伤感，对事业较投入，为人正直，富于同情心，情感生活较丰富但不逾矩，无论是独处还是与许多人在一起时都能怡然自得。

3. 领商(Leader Quotient，LQ)

领商，指一个人的领导能力。看到"领导"许多人误以为"当官的"，这是长期把"领导"当"领导人"称呼造成的。"领导"实际上是一种行为。领导能力实际上是对周围环境进行掌控的能力。租赁项目沟通与策划中许多事情是需要引导和整合的。如果具备领导能力，就可以把可用资源整合在一起，完成结构设计，使项目能够成功。

4. 财商(Financial Quotient，FQ)

财商，指一个人在财务方面的智力，是理财的智慧。它包括两方面的能力：一是正确认识金钱及金钱规律的能力；二是正确应用金钱及金钱规律的能力。这种能力由以下四项主要技能组成：一是财务知识，即阅读理解数字的能力；二是投资战略，即钱生钱的科学；三是市场、供给与需求，即提供市场需要的东西；四是法律规章，即有关会计、法律及税收之类的规定。融资租赁准确的英文名称是 Financial Lease，实际上应该翻译成财务租赁。融资租赁在结构设计上本质是一种财务安排，在操作中涉及大量的财务知识。如果没有点财商，还真的不容易操作。

5. 逆商（Adversity Quotient，AQ）

逆商，指人们面对逆境时的反应方式，即面对挫折、摆脱困境和超越困难的能力。有人认为100%的成功＝20%的IQ+80%的EQ和AQ。做项目时不一定一次就能成功，需要经过几次反复，如果就此放弃，很多成功机会就被错失。因此在沟通时，应该具有项目被多次"枪毙"的心理准备。如果真是有生命力的项目，经充分沟通，一定有机会获得成功。某银行一个典型的租赁案例就是一个很好的项目被"枪毙"6次后才获得成功。

6. 法商（Law Quotient，LQ）

法商，即法治商数。法商应该是一个人对法的内心体认和自觉践行，体现的是人们法律素质的高低，法治意识的强弱，明辨是非的能力，以及依法办事、遵守秩序、崇尚规则的自觉性和主动性。法商包括四个层次：法律认知、法律评价、法律行为和法律意识。融资租赁是最需要市场经济环境才能健康运行的产业，市场经济离不开法律，有关融资的法律法规更多，融资租赁专业人才需要了解这方面的知识，至少知道遇到问题到什么地方去找。同时在开展融资租赁业时一定要遵纪守法，不仅要求自己，也要求承租人和其他合作伙伴。

除此以外还涉及德商（Moral Quotient，MQ）、心商（Mental Quotient，MQ）、胆商（Daring Quotient，DQ）、志商（Will Quotient，WQ）、灵商（Spiritual Quotient，SQ）、健商（Health Quotient，HQ）。商业化社会、商业化产业、商业化人才，在商言商，若没有这些商业系数，就谈不上是市场专业人才。

（二）操作平台需要的人才标准

融资租赁业务的正常运作需要3个平台，即前台、中台和后台。前台指一线的业务操作平台；中台指为开展融资租赁业务提供服务的平台；后台指融资租赁业务的管理，评审、培训、人才选拔与管理的平台。不同的平台对人才的要求是不一样的。

前台人才是租赁项目的开拓人才。租赁项目采集的多少，成功率有多高，都体现在开展融资租赁的业务人员身上。因为业务主要体现在融资租赁公司的核心竞争力的前两部分：项目沟通与项目策划。对于他们的要求应达到标准：要具备表达能力。对项目要有信心，表达时要有吸引力，具有说服的能力、整合能力、项目的采集能力、项目尽职调查能力、编制项目策划图的能力、租赁精算能力和编制租赁报告能力。

中台是为前台服务的平台。如业务进程管理、文件流转管理、租赁物进口许可证的办理、报关、报验、运输、保险等都属于中台业务。对这样的人才要求是敬业、静心、合作，具有服务意识。他们既需要对外的外向型交往能力，也需要安心地管理手头事务的内向性格。因为这类人才属于大宗服务的人才，技术含量不高，只要个性和专长与租赁业务的服务能紧密结合就可以了。

后台属于管理层面，虽说管理也是服务，但这种服务和中台的服务还是有本质上的区别的，与其说是对内的服务，不如说是对外的服务。因此对人才的要求不限制在企业管理的范围，还包括对外服务的方面。如项目评审，真正的融资租赁项目评审应该不是为租赁公司内部的风险控制而评审，而应该是代出资人对资金的安全进行评审。因此评审人员还要具备了解出资动因、诉求并且能整合他们的素质。有资格"枪毙"项目的不是评审人才，而是项目的出资人。项目评审人员应该是公司的租赁业务精英，他们懂得如何为出资人控制风险，如何制定项目开发标准。一旦业务人员出现出轨的地方，他们可以纠正，一旦项目出现内在质量问题，他们想的是如何补救。

三、加快融资租赁人才培养

(一)设立融资租赁人才培养专项资金

为促进融资租赁业加快发展，加快融资租赁人才集聚，建议政府在高校设立融资租赁人才培养专项资金，将培养融资租赁人才纳入"十三五"规划。全面探索校企合作、工学结合和订单培养，把融资租赁的业务流程、工作方式、企业价值观与团队合作理念送进课堂，逐步实现相关专业本科和高职毕业生课堂教学与岗位业务零距离接轨、专业能力与职业能力零距离接轨、毕业与就业零距离接轨。制定政策，支持高等院校对融资租赁所涉专业技能的实验实训环境与条件建设；引导高校改革现有融资租赁人才培养模式，大力开发融资租赁新专业，以满足融资租赁企业对人才的迫切需求。

(二)成立"官产学研"的融资租赁战略联盟

融资租赁行业的监管部门主要涉及银监会、商务部、工商局、国税总局等政府部门，以及租赁行业协会。在融资租赁行业发展上，政府部门应该加强沟通协作，组织协调好与租赁行业协会的关系，支持高校金融学院和经济学院建立融资租赁人才培养基地，支持高校及研究机构设立租赁研究中心开展融资租赁理论与实践的相关研究，支持校企合作，产研结合，重点支持高校融资租赁创新实习实践基地建设，推动"官产学研联盟"的建立。

(三)建立区域性(全国性)的融资租赁人才信息与管理平台

政府可联合租赁行业协会，通过举办国际和国内融资租赁企业与人才洽谈会，建立为企业和个人服务的区域性(全国性)的融资租赁人才信息与管理平台，建立高端融资租赁人力资源储备库，健全企业家服务体系，加强中高级融资租赁专业人才的跟踪和管理，吸引和培育更多具有创新精神和创业意识的融资租赁行业的企业家；实行职业资格准入制，制定相关政策吸引和聘用海外融资租赁高级人才，鼓励海外留学人员回国创业，提升融资租赁业的国际化水平。

采取人才自我培养与"走出去""引进来"相结合的策略，完善人才培养。一方面，建立融资租赁专业学科，从各大高校培养优秀的专业人才，为融资租赁的发展进行人才储备；另一方面，直接聘请国际租赁专家参与企业经营，通过实践培养专业人才，或将具有发展潜力的人才派往国外接受系统的培训和业务实践，完善人才的梯队建设，实现长远发展。

(四)建立多元化的融资租赁人才培养体系

政府在培养一般融资租赁上已给予了大力扶持，但对于中高端的融资租赁人才的培养和引进政策支持还不够，政府应在这点上给予更多支持，如鼓励雇佣国外的融资租赁市场人员、鼓励引进国外的中高端人才，包括聘请退休的国外专家等。同时鼓励融资租赁企业将优秀的员工派到国外进行培养，通过多种方式培养熟悉并能跨越中外文化的融资租赁人才。中层的融资租赁人才培养要以高校为主。融资租赁人才的培养迫切程度客观上要求高校应加强融资租赁的研究和提炼，总结归纳这类业务企业所需人才的独特技能。低层次的融资租赁人才培养要以职业学校为主。

(五)建立多元化的融资租赁人才培养机构

融资租赁人才的培养机构应该是多元化的，高等院校、融资租赁企业、融资租赁基地、各类培训机构、行业协会都积极地参与到融资租赁人才的培养之中。针对不同融资租赁人才层次，针对融资租赁人才所处的成熟阶段，各种机构的作用各有侧重，相辅相成，共同实现各类机构融资租赁人才培养的整体优化。天津除了应该积极建设融资租赁人才培训的硬件基础设施，还应重点搭建各类融资租赁人才培训的公共平台。

(六)加快提升融资租赁现有从业人员的业务能力

面对大部分融资租赁从业人员业务能力不足的现状，企业应该强化业务操作的规范性指导，通过业务实践培养人才，同时，加强同业交流，提升员工的业务素质。首先，完善融资租赁业务操作流程和业务文件的合法合规化制度建设，提升从业人员的专业化水平；其次，由租赁行业监管部门和行业协会牵头，组织经常性的同业专业交流，通过共同切磋、探讨，彼此取长补短，共同进步，同时，加强同国外同行的交流与合作，学习和借鉴国外成熟的融资租赁运作经验；最后，建立员工的岗位轮训和培训机制，使员工熟悉和掌握融资租赁业务的整个流程，进而提升员工的综合能力，促进复合型人才的培养。

第四节　融资租赁公司的规章制度

融资租赁公司为了能够有效地防范风险，应该制定出相应的业务操作、风险防范、资金调度、财务核算、人力资源、绩效考核等行之有效的内部规章制度。规范化的规章制度，构成了融资租赁公司内部经营管理中最重要的基础。融资租赁公司规章制度的制定，应该遵照以下原则：审贷要分离，针对性要强，权责要明确，奖惩要分明。

为了保证租赁业务能够规范操作、安全运行，应该制定以下各类规章制度。

一、评审管理制度

评审管理制度具体包括项目评估工作细则、项目评审工作细则、项目评分工作细则、项目评分工作附表、法律咨询工作细则、价格论证工作细则、集体审议工作细则、项目审批工作细则等。

二、合同管理制度

合同管理制度具体包括租金回笼工作细则、后期监管工作细则、租赁项目资料清单等。

三、资金管理制度

资金管理制度具体包括资金运作工作细则、委托资金工作细则、账户管理工作细则、质押担保工作细则等。

四、财务管理制度

财务管理制度具体包括会计核算管理制度、费用管理工作细则、资产管理工作细则、预算管理工作细则、稽核管理工作细则等。

五、考核管理制度

考核管理制度具体包括绩效考核工作细则、业务部门职责细则、管理部门职责细则、管理岗位职责说明等。

六、诉讼管理制度

诉讼管理制度具体包括风险责任评议工作细则、风险资产认定工作细则、资产残值处理工作细则、资产诉讼保全工作细则等。

七、信息管理制度

信息管理制度具体包括计算机使用工作细则和会计电算化工作细则等。

八、行政管理制度

行政管理制度具体包括印章使用管理细则、劳动合同管理细则、职工上岗管理细则、离岗审计管理细则、医疗费用管理细则、职工考勤管理细则、档案资料管理细则、车辆使用管理细则等。

第五节　融资租赁公司的激励机制

薪酬体系和激励机制是所有公司维持正常经营的重要组成部分。薪酬体系包括固定工资和浮动工资，是体现员工价值的报酬体系。而激励机制则是以利润指标为核心的绩效考核体系，也是决定奖金多少的分配体系。

一、职级的设置

建立"以岗定编、以编定职、以职定责、以责定级、以级定薪、浮动薪酬"为原则的人员编制体系和职工年薪制度。

二、职位的设立

业务部门(前台部门)应该根据其创造效益的贡献，设置岗位和职位。管理部门(中台部门)应该根据其承担职责的大小，设置岗位和职位。支持部门(后台部门)应该根据其职责分工的需要，设置岗位和职位。

三、职务的序列

租赁公司的员工，大致可以分为三个层次：公司经营管理层、部门中层干部、一般普通员工。同时，按照以上层次，将每个层次中的职工，分为若干职级，每个层次中的最高职级，可以与上一层次的最低职级相互重叠。这样，普通员工的最高薪酬职级，就有可能超过一般中层干部的薪酬职级；而中层干部的最高薪酬职级，也有可能超过一般公司领导的薪酬职级。同时，在正常经营期间，各层次的员工如果业绩突出，在没有晋升职务的情况下，也可以通过调整职级，达到提高薪酬的效果。

四、岗位的职责

部门职能和岗位职责，既是业务操作流程中划分责任的基础，也是绩效考核制度中的重要依据。部门职能的主要内容包括：部门名称、分管上级、上属部门、协作部门、部门本职、部门宗旨、主要职能、兼管职能、部门权力、岗位设置等。岗位职责的主要内容包括：岗位名称、分管部门、岗位职级、直接上级、直接下属、本职工作、直接责任、一般责任、领导责任、主要权力、素质要求等。

五、考核的指标

前台部门的主要考核指标是利润指标，结合资金占用、逾期租金、不良资产、费用开支、融资金额、资金成本、存款余额等辅助指标。中台、后台部门的考核指标以考核打分和民主测评为主。考核指标可以按部门统计，也可以考核到个人，甚至考核到每个项目。

六、指标的内容

1. 利润金额

$$利润金额=经营收入-经营成本±风险准备金$$

注：

① 经营收入：租息收入、服务费收入、其他收入。

② 经营成本：融入资金利息支出、管理费用支出、其他费用支出。

③ 服务费收入按权责发生制均摊；租金利息按收付实现制。

④ 按照租赁资产五级分类的标准，确定正常、关注、次级、可疑、损失项目，并按相关的规定，按比例计提风险准备金。

2. 资金占用(年均资金占用量)

实现利润指标，是在结合占用一定比例资金使用量的基础之上，使利润与资金占用量保持在一个合理水平的收益率。

3. 逾期租金(逾期租金余额)

逾期租金=当年计划回笼租金额×(1-计划租金回笼率)。高于或低于逾期余额考核指标的逾期金额，扣减或增加其内部考核利润指标。

4. 不良资产

五级分类所列项目中的后三类属于不良资产。对不良资产的清收分别下达考核指标，根据完成情况，进行相应的奖惩。

5. 费用开支（可变费用）

费用开支包括业务招待费、差旅费、交通费等。各部门的可变费用是根据各部门完成利润额的一定比例提取的费用。对节约或超过业务可变费用的金额，可予以奖励或直接冲抵奖金。

6. 融资金额（年均融入资金量）

要保证一定数量的融入资金额，超过融资量指标发超额奖，低于融资量指标按一定比例扣绩效年薪。

7. 融资成本

设置融资成本的统一利率标准，低于或超过利率标准，予以奖励或处罚。

8. 存款余额（日均存款额）

制定银行存款额的最低限额，低于或超过最低限额的存款，利息冲抵当年考核利润。

第六节　租赁信息的管理系统

融资租赁业务的信息管理是一项信息量很大的管理体系。同时，租赁信息管理系统也可以准确地反映出租赁公司的内部管理水平。融资租赁公司的信息化管理，不仅可以极大地提高业务工作效率，还可以严格规范租赁业务的操作流程。

一、信息系统与规范管理

每家融资租赁公司都希望拥有租赁信息管理系统，各家软件公司也十分热衷于推销自己设计的融资租赁软件系统。但是，融资租赁公司若没有自己成熟的业务流程，没有完善的管理机制，是不可能形成租赁信息管理系统的。如果幻想依靠软件公司设计的租赁信息管理系统，就能够建立起融资租赁的业务流程和管理制度，那只能是"竹篮打水一场空"。中国融资租赁的发展方向还在探索的过程之中，融资租赁法尚未出台，高等院校也没有融资租赁专业，更没有定型的教科书，融资租赁公司的业务情况又各不相同，软件公司又如何能够设计出适合所有租赁公司业务的租赁信息管理系统呢？业务流程和规章制度是信息管理系统的基础，信息管理系统是业务流程和规章制度的总结。租赁管理软件是可以用钱买到的，但是融资租赁的业务流程和规章制度却是用钱买不到的。常言道："学武不练功，到头一场空"。融资租赁公司若想要实现租赁业务的信息化管理，就必须先建立起严谨的业务流程、规范的规章制度，再寻找适合自己流程和制度的租赁信息管理系统。若没有合适的租赁信息管理系统，那就只能请软件公司为自己"量身打造"适合自己的租赁信息管理系统了。

二、业务与财务数据统一

完整的租赁信息管理系统应该包括两大部分：财务管理系统和业务管理系统。其中，根据财税规定，财务管理系统必须采用财政部批准的财务管理软件。而业务管理软件则可以根据租赁公司的业务特点自行设计编程。早期的融资租赁公司都是购买财务软件，同时再请软件公司设计业务管理软件。这样，往往会造成两者之间的数据不统一。并且，若请软件公司(财政部批准)设计出财务软件与业务软件统一的租赁信息管理系统，其费用将是一个天文数字。

三、业务软件内容及功能

融资租赁信息系统的主要内容：项目评审、租赁业务、融资业务、统计报表、绩效考核、人事管理、文档管理、系统管理。其融资租赁信息系统的主要功能包括：①登记，资料登记是信息系统的基础，其关键在于要避免重复登记；②查询，查询是为业务服务的主要功能，其关键在于能够方便搜索；③统计，信息系统的最大优势就是统计，其关键在于统计的口径上。

思考与练习

1. 融资租赁公司组织结构设置有哪些，其职能是什么？
2. 试述融资租赁公司股权结构未来的变化？
3. 融资租赁人才标准有哪些？
4. 试述如何加快我国融资租赁人才培养？
5. 结合具体一家融资租赁企业，谈谈融资租赁公司规章制度建设方面的内容。
6. 融资租赁公司的激励机制包括哪些？
7. 融资租赁信息系统的主要功能有哪些？

第十四章

融资租赁公司的经营方向

本章提要

经营方向、发展战略、方针政策，既是全体员工信念的凝聚力，也是公司共同的奋斗目标。租赁经营失败的最大教训，就是体现在经营思路上的迷失方向。所以，租赁经营的首要任务，就是要端正经营理念、确定市场领域、统一发展思路。本章主要介绍融资租赁公司的经营方向、市场定位等内容。

本章结构图

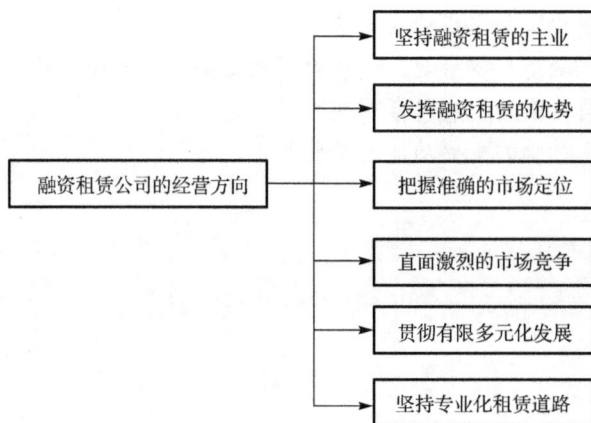

学习目标

● 重点掌握融资租赁公司的经营方向的主要内容。

● 掌握融资租赁公司制定经营方向的原则。

● 了解经营方向对融资租赁公司的作用与意义。

中国的融资租赁道路是"任重而道远"的。我国最早成立的一批租赁公司(包括外商独资及中外合资的租赁公司),在初期的创业过程中,都曾经有过辉煌的业绩。如今,中国的第一批租赁公司已经所剩无几了。即使是成为后起之秀的部分成功租赁公司,也都是历经艰辛,劫后余生的。造成众多租赁公司"失街亭、走麦城"的原因可能会很多。那么,租赁公司面临的最大风险又是什么呢?目前的争论很多。但是,经过认真的反思之后就会发现,真正能够造成租赁公司经营失败的主要原因只有一个,即:租赁公司的发展方向出现了决策性失误。这种决策性的失误,不仅会导致租赁公司在经营理念上出现偏差,还会使租赁公司的整体经营走向失败。

在经营理念上出现失误,是任何公司经营上的大忌,也是导致众多租赁公司失败的根本原因。经营理念,就是把握经营方向的观念。因为,一家公司的经营理念,就好像是一辆汽车的方向盘。如果方向盘出现了问题,轻者会"南辕北辙",重者则会"车毁人亡"。租赁公司的经营理念如果发生偏离,所遭受的损失,就不只是限于个别的租赁项目了,甚至会导致整个公司经营上的崩溃。租赁公司经营理念出现偏差的最突出特征,就是不坚持租赁主业。

第一节　坚持融资租赁的主业

多年以来,在探索融资租赁公司生存、发展的过程中,有些人将资金的来源,当成了限制融资租赁公司发展的主要瓶颈;也有些人认为,法律法规的不健全,才是制约融资租赁公司发展的最大障碍;还有些人将缺少政策扶持,说成是阻碍融资租赁公司发展的关键因素。虽然这些问题,对融资租赁公司来说都很重要,但是,这些问题并非就是制约融资租赁公司发展的决定性因素。事实上,也没有一家融资租赁公司,是因为上述原因而倒闭的。从表面上看,经营上的失误,好像都是因为在资金上出了问题。实际上,在资金方面出现的问题,归根到底也都是因为偏离了租赁主业而造成的。经营融资租赁公司的首要问题,就是应该坚持正确的经营方向,明确租赁的市场定位,制定出科学的发展思路。所以,只要能够坚持以租赁为主的经营方向,融资租赁公司就会有希望。相反,如果放弃了租赁主业,实力再强、条件再好的融资租赁公司,也会逐步走入经营中的"死胡同"。

我国在计划经济向市场经济转型时的一个重要特征,就是资金短缺。资金,成了社会上的"紧俏商品"。在改革开放的初期,国内企业的主要资金渠道,就是银行信贷与引进外资。因此,在早期的融资租赁公司,基本上都具备了银行及外资的背景。这也造成了在贷款压缩,资金紧张的环境下,一些企业误将融资租赁公司当成了"二银行"。而有些融资租赁公司,也将自己的市场定位于"银行贷款的有益补充"。资金的短缺,诱使了部分融资租赁公司以"借贷资金"为主要经营方向,"明为租赁,实为借贷","只有融资,没有租赁",成为了名不符实的"转贷型融资租赁公司"。殊不知,当融资租赁公司与银行同挤在"一座独木桥"上的时候,融资租赁公司就已经走上了一条"不归路"。

同样,资金的短缺,也使得一些"胸怀大志"而"囊中羞涩"的企业家,热衷于投资、控股融资租赁公司,其最终目的却是企图利用融资租赁公司去四处"圈钱",再通过关联交易抽回资金,使融资租赁公司变成单纯的"融资工具"。这已经引起了各级监管部门的高度关注,在2014年新出台的《金融租赁公司管理办法》中,就专门增加了关于限制股东关联交易的条款。当融资租赁公司放弃了自己的主业，而以其他业务取而代之的时候，都会面临着巨大的风险。因为，融资租赁公司的主业，既不应该是"单纯贷款"，更不应该是"变相圈钱"。所以，融资租赁公司是否坚持租赁主业的问题，不仅仅是关系到融资租赁公司发展空间的业务问题，更是一个关系到融资租赁公司生死存亡的根本性问题。

偏离租赁主业的"假租赁"形式有各种各样。其一是将融资租赁做成了变相的贷款形式；其二是将融资租赁当成了对外融资的圈钱工具；其三就是将融资租赁当成了单纯的促销手段。目前，围绕着融资租赁业务究竟是不是属于金融性质产生了激烈的争论。争论的焦点就是：融资租赁与银行信贷究竟是不是一回事？融资租赁业务，是否就是"单纯融资"？从表面上看，这只是一个关于融资租赁性质的理论问题，或者是关于监管部门的归属争论，其实，这却是一个关系到融资租赁公司的主业到底是什么的大问题。

能够左右融资租赁公司经营方向的因素主要有两个：股东的经营思路和公司主要经营者的经营理念。有些股东为了暂时的眼前利益，会迫使租赁公司的经营方向偏离租赁主业，这已经是屡见不鲜的事实。特别是当个别股东占据绝对控股地位的时候，这种趋向就显得更加突出。不可否认，公司经营就是为了实现股东利益的最大化。但是，融资租赁公司不应该成为股东资本运作的手段或简单的销售工具，更不能为此而让融资租赁公司的经营承担巨大的风险。融资租赁公司法人治理结构的严重不合理，就是促成这种"垂帘听政"现象泛滥成灾的主要基础。而融资租赁公司的经营者(包括经营层)，则是负责公司日常经营的主要"掌舵人"。造成融资租赁公司经营者的经营思路出现偏差的主要原因，就在于看不到租赁业的优势，经不起各种市场的诱惑，从而导致公司的经营偏离了租赁主业。

今后，行业监管部门的职责，只是对相应公司的经营主体依法审批，对公司经营活动的合法合规性，进行监督管理。而对于企业的具体经营和"生死存亡"，行业监管部门(无论是银监会，还是商务部)都无须承担责任。现在，国家已经明确规定，人民银行不会再为银行的经营失误承担责任了，当然，更加不会因为金融租赁公司的破产而"买单"。商务部的行业监管也不是"买保险"。相反，市场法则的"监管"和"调节"作用，将会发挥越来越大的作用。市场经济的规律，将逼迫一切企业的经营者，都必须为自己的行为承担全部的责任。

实践证明，融资租赁公司在经营过程中，是能够经得起任何风浪和无情打击的。但是，唯独经不起的，就是公司经营方向上出现的决策性失误。客观环境的限制，虽然会影响到融资租赁公司的发展速度和成长过程。但是，是否能够坚持租赁主业，则是关系到融资租赁公司生死存亡的根本性问题。

融资租赁公司坚持租赁主业，这本应该是天经地义的事情。但是，在融资租赁行业中，"挂羊头脑，卖狗肉"的融资租赁公司却比比皆是。那么，融资租赁公司的主业到底是什么？怎么样才能算是坚持了租赁主业？大概没有几个人能说得清楚。更可悲的是，有的人还会找出一大堆歪理，为融资租赁公司可以不以租赁为主业寻找借口。

融资租赁公司不坚持租赁主业的表现形式有多种：第一是公开放弃租赁业务；第二是虽有租赁的形式，却没有租赁的实质，"貌合神离"，就是其最好的写照。是否放弃了租赁主业，可以通过了解租赁资产所占总资产的比例来辨别。但是，对于"挂羊头，卖狗肉"式的"假租赁"，却是很难分辨得清楚的。是否坚持了租赁主业，不能只看其表面形式，而要看其内在实质。坚持租赁主业的实质，就是要坚持融资租赁的发展方向，就是要发挥出融资租赁的独特优势。

第二节　发挥融资租赁的优势

能否发挥融资租赁的优势，是能否坚持租赁主业的基础。因为，多数偏离租赁主业的错误想法，都是由于看不到融资租赁的优势而造成的。融资租赁究竟有没有优势，融资租赁的优势究竟是什么，这个看似简单的问题，其实却是一个连许多专家都很难讲得清楚的问题。要想使融资租赁公司真正具有竞争优势，首先，要认清只有发挥了融资租赁的优势，才有可能坚持租赁主业；其次，要明白融资租赁的优势是什么；最后，要懂得如何发挥出融资租赁的优势。

一、坚持主业必须发挥租赁优势

一个不具备优势的行业或企业，是很难在残酷的市场竞争环境中生存的。所以，寻找融资租赁优势的目的，实际上就是在论证融资租赁公司生存的可能性和必要性，这也是坚持融资租赁主业最根本的基础所在。

单纯提供资金不是融资租赁公司的优势。融资租赁能够为客户提供一定的资金，这是毫无疑义的，但是，必须清楚融资租赁公司为客户提供的资金，实际上是十分有限的，与银行的贷款根本无法相比。在国内的众多租赁公司中，大家都十分羡慕金融租赁公司的地位，认为只有金融租赁公司，才有可能具备租赁的优势（即资金优势）。但是，号称具有资金优势的第一批金融租赁公司，却在市场竞争中败下阵来，甚至被历史逐步淘汰。实际上，无论是原来"江河日下"的金融租赁公司，还是近期新成立的银行系金融租赁公司，都会感到自己的融资租赁业务，难以与银行的贷款业务相抗衡。在与银行的竞争中，金融租赁公司成了众多金融机构中的"二等公民"，融资租赁业务也只能定位于"银行贷款业务的有益补充"。有些金融租赁公司甚至自卑地认为：金融租赁公司只配捡一些银行挑剩下的二流项目作为租赁的对象。因此，租赁项目的质量不如贷款项目，也就成为"天经地义"的事了。其实，中国的金融租赁公司，并不一定就具备了租赁行业的最大优势。金融租赁公司的所谓"资金优势"，也并不能代表着所有融资租赁公司真正的行业优势。而那些金融租赁公司所拥有的"资金优势"，也仅仅是在"宏观控制，资金紧缺"的特定经济环境下的一种暂时现象而已。因为，即便是再有实力的金融租赁公司，都不可能在资金规模和资金成本上与银行相提并论。

一个行业的优势，可以从多方面来分析。但是，行业优势最重要的评判者应该是市场，应该是客户。所以，我们可以从客户的角度，来分析融资租赁与银行贷款的区别。在客户的眼里，银行无疑是最有钱的机构。银行贷款的优势，主要体现在资金的规模和融资的成本上。所以，如果客户只是单纯为了解决资金问题，在能够取得银行贷款的条件下，一般情况是不会选择融资租赁公司的。但是在实践中，却有越来越多的客户选择了融资租赁公司，分析其原因就会发现客户在发展过程中的需求是多种多样的，资金需求，仅仅是客户的各种需求之一。客户看中融资租赁的原因，更多的是因为融资租赁能够体现出一种综合优势，即能够同时发挥多种作用而体现出来的一种综合优势。

具体以某个企业为例，当该企业向银行申请贷款的时候，主要是为了解决资金需求的问题。而该企业申请融资租赁时，可能需要解决的问题是多方面的。正是这种能够解决多方面需求的能力，体现出了融资租赁的优势所在。目前，我国的融资租赁能够发挥的作用主要体现在三方面，即提供资金、优惠税收、促进销售(实际上应该远远不止这三方面)。

银行贷款在企业发展中的作用无人可及，这是不争的事实。但是，在银行贷款与融资租赁的竞争中也并非"无懈可击"。近年来，人们经常议论关于"中小企业的寿命往往不超过三年半"的话题。追究其原因，就会发现这与银行的贷款方式有着密切联系：一是中小企业为了适应市场竞争的需要，必须不断地进行设备技术改造(一般都在三、五年)。而现在银行对中小企业的贷款，全部都只限于一年期的流动资金贷款。中小企业的设备技改投入是不可能在短期内偿还全部贷款的，中小企业在一年后必须向银行申请续贷的支持，否则将陷入灭顶之灾。二是银行贷款的偿还方式往往都是整贷整还，中小企业根本没有能力筹集巨资用于集中偿还。为了获得银行的续贷，"高利贷"就成为了中小企业的唯一选择。这也是目前"高利贷"四处横行的主要原因。三是民营的中小企业的设备技术改造计划往往缺少科学性，特别是在经营顺利时容易缺少自我约束。而有些银行却偏偏喜欢在中小企业发展顺利时超规模发放贷款；而在央行紧缩时又采取惜贷政策，而且首先拿中小企业开刀，全然不顾中小企业的死活。"中小企业的寿命往往不超过三年半"的形成，既有中小企业自身的原因，也有银行贷款"推波助澜"的功劳。所以，中小企业对于银行贷款，往往是"爱恨交加"。

相比之下，融资租赁比银行贷款更适合支持民营中小企业的设备技术改造。因为融资租赁的资金用途十分明确，就是用于购买设备，其金额也是与设备价格完全一致的。融资租赁的期限一般都是三年，完全适合中小企业偿还设备技改的年限。融资租赁的偿还，多是采取按季或按月的分期偿还，中小企业每次偿还资金的压力相对较小。

所以，虽然融资租赁从资金规模和资金成本上无法与银行贷款相比，但是，对于支持中小企业的设备技术改造而言，融资租赁比银行贷款更具有优势，更适合设备技改。这也是越来越多的中小企业在进行设备技术改造时选择融资租赁，而不选择银行贷款的主要原因。

根据财政部、国家税务总局的财工字(1996)41号文件规定："企业技术改造采取融资租赁方式租入的机器设备，折旧年限可按租赁期限和国家规定的折旧年限孰短的原则确定，但最短折旧年限不短于三年。"因此，融资租赁可以促进企业设备的加速折旧。加速折旧所增加的经营成本，必定会导致经营利润的减少。而经营利润的减少，就会使企业当年上交的税金相应减少。因此，融资租赁就具有了相当于"税前还贷"功能的优惠政策。而银行贷款的"税前还贷"政策，早在多年前就已经被取消了。通过融资租赁享受税收优惠政策，这也是许多客户选择融资租赁的重要原因。但是，必须说明的是，融资租赁的加速折旧政策，并没有减少国家的税收金额，充其量也只是一种"放水养鱼，培养税源"的缓税形式而已。

若企业采取经营性租赁方式，则可以将租金作为费用直接计入成本，而且租赁资产不进入承租企业的负债，就可以大大降低承租企业的资产负债比例。

融资租赁是集融资与融物为一体的业务。在租期内，融资租赁公司拥有租赁物的所有权，出租的是租赁物的使用权。所以，融资租赁公司对租赁物(租赁设备)的了解程度，远远要高于银行。融资租赁公司在租赁过程中，不仅要清楚设备的厂商、设备的价格、设备的质量、设备的特点，还要了解企业的产品销售、盈利水平、税收政策、市场前景、发展规划等。由于融资租赁公司能够代表多家承租企业面对设备生产厂商，所以，融资租赁公司就具备了与设备生产厂商全面讨价还价的基础。融资租赁公司还可以为客户争取到更优惠的批发价格，甚至可以与设备生产厂商建立长期合作协议，以保障租赁设备的优质价廉，并提供更好的维修服务和升级换代服务。同时，设备生产厂商也可以通过融资租赁方式促进其产品的销售。由于融资租赁公司在租期内拥有租赁物的所有权，具备了远高于银行其他抵押形式的风险防范能力。甚至在企业倒闭时，融资租赁公司也可以直接收回租赁资产，因为租赁资产不必参加企业的破产程序。

单就融资租赁某一方面的作用而言，融资租赁公司并无绝对优势可言。但是，当融资租赁公司将三方面，甚至更多方面的作用融为一体时，其发挥的效应就能够展现出巨大的优势来。试想当融资租赁公司除了能够为企业发展提供一定的资金以外，还可以通过融资租赁享受到税收政策优惠，并且可以通过融资租赁公司批发采购到低价、优质的设备，再加上灵活多变的偿还方式和中长期的租赁期限，这时候融资租赁公司所体现出来的优势，就不会输给任何银行、财务公司或物流企业了。

二、租赁的优势，来源于租赁的特征

形成融资租赁综合优势的根本原因，就在于融资租赁所具有的行业特征。而融资租赁的行业特征，就是租赁行业与其他行业的区别之处，也是其他行业所不具备的特点。同时，它还是构成融资租赁优势的基本条件。所以，只有认清了融资租赁行业的特征，才有可能真正了解融资租赁公司的长处，发挥出融资租赁的优势。

(一)两权分离，既是租赁的特点，也是租赁的优势

因为无论是融资性租赁，还是经营性租赁，甚至包括原始的实物出租，都具有"两权分离"的特征。而由"两权分离"特征形成的租赁经营形式，与其他任何经营形式完全不同。以"两权分离"为特征的经营形式所产生的经营效果，更是其他经营形式难以实现的。"两权分离"不仅仅是一种经营方式，它更是一种"重使用、轻占有"的经营理念。而正是这种适合现代经济发展的经营理念，才使得租赁业务得以渗透于各行各业，并可以通过各种各样的方式，发挥出巨大的杠杆效应。

(二)涉足面广，也是租赁的特点之一

融资租赁能够通过资金纽带，把"重使用、轻占有"的经营理念传播到各行各业。同时，融资租赁还可以将各行各业的需求和资源，进行有机的组合，达到取长补短的目的，从而发挥出意想不到的作用。这种独特的性质和条件，使得融资租赁业可以涉足几乎所有行业、领域。在国外，租赁行业是无所不在的，甚至连"人"都可以租赁。

(三)杠杆效应

在国内，无论是融资租赁公司的数量，还是租赁资产的规模，在各行业中所占的比例，都小得可怜。但是，在国外的租赁占有率，却一点都不逊色于银行贷款。融资租赁业是与银行信贷业、证券保险业并肩的三大金融领域之一。融资租赁完全可以利用其涉足面广的

特点，充分发挥出金融中介的各种服务作用，将各方面的资源、优势，进行有效的组合，以"四两拨千斤"的方式，创造出数倍于自身实力的租赁业务。"借力发力"，既是租赁的特征，也是租赁的优势。否则，仅以融资租赁公司的实力去拼市场，其效果肯定是微不足道的，其融资租赁的优势，也就荡然无存了。

三、先进的经营理念，才是租赁的真正优势

多年以来，人们不习惯使用不属于自己的东西。甚至鄙视使用他人资产的行为，就连政府也将"既无内债，又无外债"当作引以为豪的荣誉。正是这种小农经济式的经营理念，严重地束缚了我们的思维，也极大地阻碍了我国经济的发展。

"占有、使用、赢利，再占有、再使用、再赢利"，这是一种常规的经营理念。正是这种落后的经营理念，将"占有"视为财富的象征，把"占有"当成经营的前提。而融资租赁却揭示了一个被人们忽视了的事实：占有，不能产生效益；使用，才会实现赢利。

在开拓融资租赁业务时，业务人员都会遇到一个同样的现象，即与初次接触融资租赁业务的客户的谈判都特别困难。但是，与多数老承租客户的谈判却容易得多。其实，这当中最大的问题，就是让客户接受融资租赁的理念，即"轻占有、重使用"的现代经营理念。洽谈融资租赁业务，实际上就是在宣传融资租赁的理念。当客户接受了融资租赁业务的时候，实际上就是认可了"轻占有，重使用"的经营理念。"轻占有、重使用"的经营理念，能够使人们认识到最愚蠢的经营方式是"占有不使用"，最聪明的经营方式是"使用不占有"。因为"占有不使用"就是最大的浪费和损失，而"使用不占有"才是最经济、最科学的经营方式。

经济发达地区与经济欠发达地区的重要区别之一，就是观念上的区别。要想快速发展经济，首先就要解放思想，更新观念。而融资租赁"两权分离"特征所体现出来的这种"轻占有、重使用"的现代经营理念，正是解放思想、更新观念的最主要内容之一。

在现代经济社会的发展中，这种"轻占有、重使用"的经营理念，肯定会被越来越多的行业、领域和地区所接受。当更多的行业、领域和地区接受了这种经营理念时，融资租赁的市场会才会更加广阔，融资租赁业势必也会更加兴旺发达。

多年以来，金融机构一直在分业管理与混业经营的争论中徘徊。当前，混业经营已经成为世界金融行业的一种发展趋势。而融资租赁，则正是一种最好的，能够组合多种经营优势的混业经营方式，也是一种具有融和了多种行业特点的边缘学科性质的经济形式。融资租赁公司的所谓"资金优势""税收优势""融资融物优势""灵活多变优势"等，其实都是充分体现了"轻占有、重使用"经营理念的各种表现形式和最终产物。

"轻占有、重使用"的经营理念，使融资租赁成为了一种能够整合各种资源的"黏合剂"。它能够将各种行业的优势，通过租赁方式进行重新整合，并以最低的成本，发挥出数倍于原有效果的杠杆效应。因此，融资租赁，也是一种能够充分体现出多种资源有机结合的经营模式。

第三节　把握准确的市场定位

什么样的行业才是最适合融资租赁发展的市场？什么样的项目才最适合融资租赁的

业务？什么样的客户才是融资租赁公司最理想的承租人？总之，融资租赁公司的市场定位是什么，这是摆在每个租赁公司面前的首要问题。

一、机械设备应该是最合适的租赁标的物

融资融物，既是融资租赁的基本特征之一，也是融资租赁的主要优势。在国外，租赁物的含义要广泛得多。但是，在国内，租赁物的被定义为固定资产，实际上则被局限于有形动产。其他的无形资产或不动产，则被列为不适合融资租赁的范围。这样，融资租赁的标的物，就只剩下了机械设备。因此，人们也称融资租赁为设备租赁。

经过改革开放后的中国，在很长一段时间内成为了加工制造的"世界工厂"。而加工制造业的基础，就是大量的机械设备。从引进国外的机械设备，到仿造、制造、创造先进的机械设备，设备技改，几乎成为了先进生产力的代名词。所以，融资租赁以机械设备为主要的租赁标的物，既可以满足企业设备技改的需求，又符合国家改革开放的方向。至于无形资产或不动产，由于经济环境和相关政策的限制，暂时还不适合作为融资租赁的标的物。

二、设备技改项目最适合融资租赁业务

企业要持续发展，要扩大生产能力，首先就要淘汰落后的机械设备，更新换代先进的机械设备，这就是企业必须不断地进行设备技改的动力和原因。但是，仅仅依靠资产折旧和资本积累，是难以满足企业设备更新的资金需求的，所以，企业在进行设备更新时必须求助于银行贷款。

现在多数的银行都热衷于土地抵押、房产抵押和大企业担保，对设备的保值性兴趣不大。多数企业，特别是民营企业几乎都不可能从银行获得固定资产长期贷款，而流动资金贷款的期限又都在一年以内。所以，企业若能够从银行取得贷款，在一年内也是无法完成设备更新的，更无力偿还银行的流动资金贷款。相比之下，融资租赁更适合促进企业的设备技改。虽然融资租赁公司的实力有限，无法完成新建项目全部的大规模投资。但是，对于在企业发展过程中的设备技改项目，融资租赁则显得游刃有余。设备技改项目是在原有资产基础上的设备更新，投资规模有限，技改项目的设备又是融资租赁最理想的标的物，融资租赁的期限一般都在三年左右，也完全符合企业技改项目的偿还年限。所以，设备技改项目才是最合适的融资租赁项目。

三、民营的中小企业应该是理想的客户

融资租赁公司在中国的诞生，来源于改革开放的政策，来源于市场经济的需求。中国从计划经济向市场经济转变的同时，也催生出大量的中小型民营企业。这些中小型民营企业凭借着体制上的优势，向国有企业发起了全面的挑战。目前，民营的中小型企业已经成为了我国经济体系中重要的组成部分。

大型的国有企业与中小型的民营企业相比，中小型民营企业更容易接受融资租赁的业务模式。①规模上，融资租赁公司难以满足大型国有企业的资金需求，而对于中小型民营企业的设备技改项目，融资租赁公司则完全可以胜任。②税收上，大型国有企业对于只能

够起到缓税作用的融资租赁业务兴趣不大，而中小型民营企业却更欢迎能够加速折旧的融资租赁业务。③方式上，银行的多数贷款政策主要是针对大型国有企业的需求而制定的，但是对于中小型民营企业的需求，银行的重视则远远不够。虽然银行也在提倡为中小企业服务，但是在实际操作中，却仍然难以摆脱陈旧的贷款观念。融资租赁公司与中小民营企业都是我国改革开放的产物，双方存在着天生的联系，灵活务实是双方共同的特点。④风控上，银行控制风险的主要手段是放在风险转嫁上，"土地抵押、房产抵押和大企业担保"是所有银行贷款的主要条件。而融资租赁公司虽然也要求承租人提供第三方担保，但是，融资租赁公司控制风险的主要手段是放在互惠共赢上，是放在帮助企业增加收益和促进发展上，即融资租赁公司控制风险的关键在于如何使企业实现产生效益的最大可能性，从而避免或减少融资租赁公司的风险。

四、政府融资平台不是理想的租赁项目

当前，各地的政府融资平台成为了各金融机构眼中的"香饽饽"。一些银行认为把资金借给地方政府融资平台，虽然收益不高，但风险较小，万一出了问题，领导也不会追究责任。其实，这些项目大部分在短期内都不会产生效益，资金使用缺少监管，政府领导四年一换，完全是依靠政府的信誉在支撑着。现在部分融资租赁公司也跟随这股风潮，不管这类项目是否适合融资租赁业务，都争先恐后地将大量资金投放到地方政府融资平台的所谓"租赁项目"中。但是，应该看到地方政府融资平台并不是万无一失的"防空洞"，反而极有可能是一个没有底的"黑洞"。中央三令五申地限制金融机构贷款给地方政府的融资平台是有原因的。因为地方政府融资平台的融资，已经成为了国内金融行业中规模最大的、不受监管的体外循环资金。当银行向地方政府融资平台贷款都受到限制的时候，融资租赁公司却"勇敢"地冲了进去，其结果应该是显而易见的。

五、服务流通等民生民计领域前途广阔

民营中小企业在改革开放后得到急速发展，无疑是一个潜力巨大的租赁市场。但是，也必须要高度重视民营中小企业中存在的问题：盲目扩张、重复建设，低能高耗，信誉度差等。虽然融资租赁公司可以将机械设备作为理想的租赁物，也可以将设备技改项目作为理想的租赁项目，还可以将民营中小企业作为理想的承租人。但是，融资租赁公司必须要清醒的认识到：不可能将所有的机械设备都视为理想的租赁物；也不可能将所有的设备技改项目视为理想的租赁项目；更不可能将所有的民营中小企业都视为理想的承租人。

所以，融资租赁公司的市场定位，除了开拓民营中小企业的融资租赁业务，还应该积极推动国有企业和外资企业的融资租赁业务，融资租赁的项目除了原有的传统租赁项目，还要完成从投资型融资租赁向服务型融资租赁的转变，要将拓展融资租赁业务的重心，逐步转向关系到民生、民计的服务、流通领域。

第四节 直面激烈的市场竞争

"适者生存"，这是市场化经济的无情法则，也是一个人所共知的客观规律。在市场经

济的环境中，决定企业生死存亡的决定性因素，应该是市场竞争。世界租赁年会执行主席、世界租赁专家阿曼伯（Amembal）先生，将租赁发展分为六个阶段：出租协议阶段、简单融资租赁阶段、创新性的融资租赁阶段、经营性租赁阶段、租赁的新产品阶段、租赁成熟阶段。当时他就认为：没有理由认为中国正处在创造性融资租赁的阶段。因为，创造性融资租赁阶段的重要特征，就是市场存在着极端的竞争性。只有在这种存在着极端竞争性的市场环境中，出租人（租赁公司）才有可能被迫成为创造性的。而目前中国并没有存在着极端竞争性的租赁市场环境。如果从表面上看，这仅仅是阿曼伯先生当年对中国租赁现状的个人看法和初步认识。其实，这恰恰说明了一个现实：中国融资租赁业的发展，最缺少的就是市场竞争。

一、租赁公司的生存，必须面对市场的竞争

融资租赁公司的生死存亡，也应该由租赁市场来决定。实际上，在中国租赁业发展的二十多年历史中，还是存在着不少竞争的。但是，这种竞争并不是阿曼伯先生所指的那种竞争，而是各家租赁公司与审批部门、监管部门之间的竞争。现在，有许多租赁公司都十分热衷于争取各种各样的经营特权和优惠政策，这本无可厚非，但是，如果把这些经营特权和优惠政策，当成是逃避市场竞争的避难所，那就是经营中的"鸵鸟"行为。因为，在各种经营特权和优惠政策的保护下，有些租赁公司就可能成为"温室里的花朵"，成为只会"撒娇的孩子"。没有资金来源，找主管部门；没有优惠政策，找政府部门；没有法律保障，找监管部门。在这种情况下，各家租赁公司就会将主要的注意力都盯在了各级政府部门身上。同时，自然而然地也就会产生出一种依赖心理，即租赁公司的命运，是维系在这些相关部门的手里。

租赁行业的前途和融资租赁公司的命运，究竟掌握在谁的手里，这是每个融资租赁公司都不能回避、必须面对的一个重大问题。租赁公司的竞争对手，应该是租赁公司；租赁公司的衣食父母，应该是租赁客户；租赁公司的生存空间，应该是市场需求。

所以，那些将机构审批、资金来源、法律法规、优惠政策等客观因素，当成是能够决定融资租赁公司命运的观点是片面的。融资租赁公司能否生存，既不是审批机构能够说了算的，也不是银行的贷款能够决定的，更不是政府部门的优惠政策所能够左右的。融资租赁公司的生存，完全取决于市场对融资租赁的需求，只要市场存在着巨大的租赁需求，融资租赁公司就一定会产生，会生存，会发展。这是一个不以人们意志而转移的客观事实。只要有融资租赁市场的需求存在，即使是融资租赁公司的发展暂时受到了各种限制，各种各样的融资租赁公司，照样还是会不断地涌现。但是，如果没有了融资租赁市场的需求，也就是说所有的客户对融资租赁都没有兴趣了，那时，即使得到了机构审批、银行贷款、优惠政策的大力支持，融租赁公司在无人上门的情况下，又能够维持多久呢？

二、租赁行业的竞争，就是争夺客户的竞争

虽然，融资租赁公司的直接竞争对手，应该是其他融资租赁公司，但是，真正能够决定融资租赁公司胜负的"裁判"，却是融资租赁公司的客户。只有租赁客户，才能够代表着租赁的市场。因为租赁市场，就是租赁客户；租赁市场的需求，就是租赁客户对租赁公司

的需求。开发租赁市场，就是调查租赁客户对租赁公司的需求。占领租赁市场，就是租赁公司拥有的一大批长期、稳定的租赁客户。

为了融资租赁公司的前途，我们反复研究政策、资金、法律等因素对融资租赁公司的影响。但是，又有多少人在重视租赁市场的作用，研究租赁客户的需求呢？轻视市场作用的企业，必定会遭到市场法则的无情惩罚。在融资租赁公司生死存亡的关头，不能老是埋怨环境恶劣，乞求政策倾斜。融资租赁公司应该学会自谋生路，在市场中求生存，向客户找活路。融资租赁公司要存在、要发展，就必须要有相应的租赁市场来支撑。要开拓、培育融资租赁公司赖以生存的租赁市场，就必须要尊重租赁客户，重视租赁客户的需求。

三、市场竞争的能力，就是解决客户需求的能力

世界租赁专家阿曼伯先生曾经这样论述过："每个人都懂得什么是买方市场。如果是一个苹果的买方市场，假设所有的苹果都有着同样的质量，那么客户基本上将只关注一件事，那就是价格。"这段论述说明了这样一个道理：租赁市场的竞争，不应该只是价格上的竞争，而应该在如何使"苹果具有不同的质量"上进行竞争。这里"不同质量的苹果"，就是指租赁的服务功能，就是租赁公司解决租赁需求的能力，它也体现了租赁公司的市场竞争力。

从某种意义上可以这样理解：租赁客户的需求是无限的，所以，租赁的市场也是无限的。但是，融资租赁公司能够解决客户需求的能力却是有限的。因此，一家融资租赁公司拥有租赁市场的大小，其实也是这家融资租赁公司解决客户需求能力(即经营能力)大小的体现。融资租赁公司开拓市场的过程，实际上也是一个不断提高自己满足市场需求能力的过程。

融资租赁公司满足客户需求的能力越强，就说明了它开拓市场的能力越大，也就能够证明它存在、发展、壮大的必然性越多。融资租赁公司只能依靠开拓市场去争取生存的权力，依靠解决客户的需求，去追求公司发展的空间。

第五节　贯彻有限多元化发展

"融资租赁公司应该坚持有限多元化的发展战略"，这是著名的罗兰·贝格咨询管理公司为融资租赁公司精心策划的战略发展规划中最重要的内容之一。在"有限多元化的发展战略"中，"多元化"是条件，而"有限"才是精髓。"多元化"，是指融资租赁公司能够涉足众多的行业、领域，为融资租赁公司确定最有前途的发展方向，提供了一个可以广泛选择的基础；而"有限"，则指出了融资租赁公司不可能，也没有必要，更没有能力去涉足所有的行业、领域。

多元化的全面发展，是众多企业的梦想，也是许多企业"兵败滑铁卢"的重要原因之一。融资租赁公司要想在市场竞争中具有优势，就必须充分利用多元化的条件，坚持有限的专业化发展战略。

一、集中力量，重点发展

目前，国内各家融资租赁公司(包括金融租赁公司)的规模都明显偏小，其业务量还赶

不上一般银行的支行规模，其资源(资金及规模)也十分有限。所以，融资租赁公司必须将有限的资源，用在最关键的地方。

在市场经济环境中，有前途、能赚钱的行业领域很多。但是，就一家融资租赁公司而言，真正能够令其发挥作用的行业、领域却是有限的。所以，融资租赁公司只能在某一部分有潜力、又能够发挥租赁优势的行业、领域中，去寻求发展。即使在能够发挥作用的行业、领域中，也只能选择在最适合各家融资租赁公司自身现状的行业、领域中去发展，因为，每家融资租赁公司的自身条件差别很大。

二、突出特色，做精做透

企业要进一步发展，就必须做精、做透，有特长。上世纪80年代中期，德国管理学家赫尔曼·西蒙从德国充满活力的中小企业中，找到了德国经济高速成长的秘密，提出了"隐形冠军"的概念，并指出：企业单纯追求做强、做大不一定能救命，而"隐形冠军"式的企业，才是最具有生命力的。所以，不能单纯将做强、做大作为融资租赁公司的奋斗目标，而做专、做精、做透，有特长、有特色、要领先，才是衡量融资租赁公司的经营是否成功的标准。

融资租赁公司不应该提倡涉足所有的行业、领域，而是要有选择、有重点的进入部分行业、领域。要创建有特色品牌的租赁，不开"百货公司"，要开"专卖店"。租赁，也是一种产品，也需要品牌。品牌是由特色和竞争力所组成的，没有特色，没有竞争力，就没有品牌，就不可能领先，也就没有了生命力。

融资租赁的发展应该做实、做专、做强。做实：立足实体，贴近实物，融入实业；做专：要专业，要专注，要专一；做强：抗风险能力强，竞争能力强，专业团队强。

三、特色租赁的业务模式

租赁的业务模式，不可能都是千篇一律的，不同的租赁理念，不同的经营环境，不同的客观条件，就会创造出不同的租赁业务模式。但是，无论多么成功的租赁业务模式，都不可能是能够适应所有租赁项目的标准模式。学习成功的租赁业务模式，并不等于将成功的租赁业务模式，硬套用在所有融资租赁公司的经营方式上。

不同特色的租赁项目，不仅应该有各自的业务模式，而且还应该有专门的评审标准、收费标准、风控措施、管理方式等。所以，无论是开展哪类的租赁业务，都应该探索适合其业务特色的经营模式，而不能只局限于现成、统一的经营模式。

第六节　坚持专业化租赁道路

世界租赁专家阿曼伯(Amembal)先生是这样论述专业化租赁的："如果所有的租赁协议都一模一样，客户将只关注一件事：利率。想要避免这种情况的发生，有四种技巧：产品的差别化；产品的细分(开发新产品)；提供增值服务；专业化发展。"

一、专业化是一种经营思路

有些人将专业化单纯地理解为是对不同行业的划分。其实这是对专业化发展的一种误解。若是从统计局的角度出发，将专业化按照行业划分是没有错的。但是，对于从事融资租赁实际经营者而言，专业化就不再是简单的行业划分了，而是一种经营思路。首先，专业化租赁是一种可复制性的业务创新；其次，专业化租赁是一种可持续性的操作流程；再次，专业化租赁是对行业了解、熟悉的程度；最后，专业化租赁是对行业上下游的全面开拓。

二、专业化发展的优势所在

(一)专业化租赁有利于形成局部优势

一家融资租赁公司的能力和资源都是有限的，如果想要全面进入各行各业，肯定是无法形成优势的，而只会将有限的资源白白地浪费掉。根据"集中优势兵力打歼灭战"的原则，融资租赁公司只有将主要的资源(或资金)，集中投向重点的行业、领域，才有可能在局部上形成优势，相对扩大在该行业、领域中的影响，逐步提高在该行业、领域里的知名度，进而取得该行业、领域的信任和理解，并获得该行业主管部门的重视和支持。

(二)专业化发展有利于控制资产风险

融资租赁公司通过租赁业务的专业化发展，还可以进一步加深对该行业、领域的了解，提高本公司业务人员、评审人员和管理人员的专业知识水平，从而增强在该行业、领域的风险防范能力。同时，专业化租赁还能够促进融资租赁公司在该行业、领域的长期合作。稳定的合作，能够更好地维护合作双方的互惠互利关系。共同的利益，也有利于租赁项目在该行业、领域的风险防范。

(三)专业化能够满足不同客户的需求

租赁不可能像贷款一样，对各行各业的客户，都采取同一种业务方式，甚至不可能只使用一种合同文本。因为无论哪种行业的客户，到银行贷款都只是为了解决一种需求，即资金需求。银行与客户之间的关系相对简单。银行对企业具体经营活动的介入程度，更是相对有限。而融资租赁立足于帮助客户解决多种需求，所以，融资租赁公司不仅需要了解租赁客户的财务状况，还需要广泛了解租赁客户的设备、成本、产品、市场、销售、原材料等。但是，常言道"隔行如隔山"，融资租赁公司要熟悉所有行业、领域的企业经营情况是不可能的。因此，融资租赁公司只能选择少部分相对熟悉的行业、领域，集中精力开拓专业化租赁。

(四)专业化租赁有利于租赁市场开拓

由于各家融资租赁公司的条件不一样，经营的特色也就会各不相同。例如，深圳融资租赁公司以飞机租赁业务为主；浙江金融租赁公司以乡镇企业的设备租赁业务为主；远东租赁公司则以医疗设备的租赁业务为主。所以，开展什么样的专业租赁业务，都要根据融资租赁公司自身的条件来确定。融资租赁公司应该尽量避免盲目进入那些不了解情况、不熟悉行情，不具备优势的行业、领域。

思考与练习

1. 为什么说融资租赁公司必须坚持租赁主业？
2. 融资租赁行业的特征与优势有哪些？
3. 融资租赁的创新阶段和成熟阶段各有什么特点？
4. 以某融资租赁公司为例，简述这家公司的市场定位。
5. 为什么说中国融资租赁市场缺少市场竞争？
6. 什么是有限多元化发展战略？
7. 融资租赁公司为什么要坚持专业化道路？

第十五章
融资租赁公司的发展规划

本章提要

融资租赁公司在经营中，必须制定出符合发展规划的近期、中期和长期规划，并根据规划制定相应的财务预算。本章主要介绍如何制定租赁的规模目标，如何确定经营的利润指标，如何控制资产的风险程度，如何调整合理的资金结构，如何设计近期、中期和长期总体经营方案等内容。

本章结构图

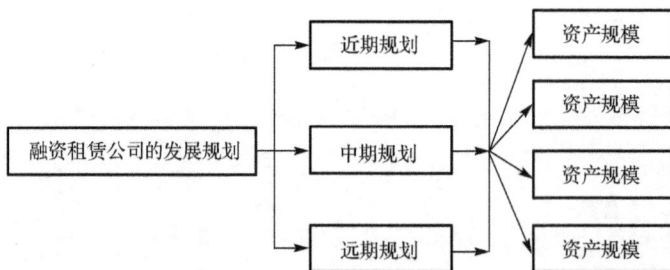

学习目标

● 重点掌握融资租赁公司经营的四大类指标。
● 掌握融资租赁公司发展规划制定的方法。
● 了解融资租赁公司制定发展规划的意义。

融资租赁公司的经营规划，应该是能够体现股东会利益、落实董事会决议精神的经营方案。在正常情况下，股东会及董事会都会将实现股东利益的最大化，作为公司的主要经营目标。为了实现经营目标，在融资租赁公司的经营规划中，一般包含四个方面的内容，即资产规模、经营效益、风险程度和资金结构。企业的发展规划，需要通过各项具体的经营指标，去实现董事会的最终目标。融资租赁公司主要的经营指标分资产规模、经营效益、风险程度和资金结构四大类。

第一节　资产规模

资产规模，是衡量融资租赁公司实力的最直观的标准之一。因为，融资租赁公司只有达到了一定的资产规模，才有可能实现相应的经营效益。融资租赁公司的资产规模，一般都不是指业务发生额，而是指资产余额。当然，资产余额也有三种统计口径，即总资产余额、租赁资产余额和租赁净资产余额。

"做强、做大"，是许多企业所追求的经营目标。但是，对于企业的资本利润率而言，并非资产规模越大越好。决定是否能够取得理想经营效益的最重要因素，应该是融资租赁公司的资产倍率（权益比率）即租赁资产规模究竟达到了所有者权益的几倍。衡量融资租赁公司的经营能力和赢利水平，主要取决于公司资产倍率的变化。2014年出台的《金融租赁公司管理办法》中规定：资本充足率符合注册地金融监管机构要求且不低于 8%。如果按照这个规定的标准，金融租赁公司的资产规模，则被允许扩大到所有者权益的12.5倍。而对于商务部审批的融资租赁公司，商务部、税务总局联合颁发的商建发[2004]560 号文件中第 9 条规定：融资租赁试点企业的风险资产（含担保余额）不得超过资本总额的 10 倍。由于在经营正常的情况下，只有资产倍率越高，融资租赁公司的经营效益才有可能越好。因此，融资租赁公司最主要的经营目标，应该是在能够控制风险的前提下，在最短的期限内，争取使租赁资产的规模，达到所有者权益的 10 倍。

融资租赁公司的资产倍率直接决定着公司的收益水平（暂未考虑风险因素），所以，利用资产的倍率，来制定融资租赁公司的发展规划，应更为直观、科学。

资产规模的增长，是决定融资租赁经营各项指标的关键内容。而融资租赁公司的资产规模变化，则是由资金投放金额与租金回笼金额之间的差额所决定的，即投放金额大，回笼金额小，资产规模就会扩大；相反，投放金额小，回笼金额大，资产规模就会萎缩。所以，融资租赁公司每年度的投放金额与回笼金额的比例，直接决定着融资租赁公司资产规模的变化。

融资租赁项目的租金是根据租期年限分期回笼的。融资租赁合同的期限，一般都在三年以内。单纯就一个三年期的租赁项目而言，第一年回笼本金约占到项目金额的33%，第二年回笼本金会占到项目金额的33%，第三年回笼本金可以占到项目金额的34%。但是，若从公司整体经营的角度，这个比例就不一样了。由于各个项目的投放不可能在年初一次性完成，所以，第一年的实际回笼本金只会占到项目投放金额的17%，第二年回笼本金会占到项目投放金额的33%，第三年回笼本金可以占到项目投放金额的33%，第四年回笼本金才会收回项目投放金额所剩下的17%。

融资租赁公司要想达到一定的资产规模，就必须要保持长期稳定的资金投放量。在经营初期(第一年)的资金投放量，可以按照[(资本金+融入资金)/资金占用率]+(回笼再投放/资金占用率)来计算。以后历年的测算，都可以参照超过上年度投放量的增长幅度。

要想完成较大规模的资金投放量，就必须保证充足的资金来源和项目市场。同时，还要能够有效地控制经营风险。所以，新成立的融资租赁公司，在短期内就想要达到较大的规模经营，实现高额的利润，实际上是不现实的。融资租赁公司的市场要逐步开发，资产规模要连续积累，经营利润才有可能逐渐提高。

租金回笼量的大小，决定着资产周转速度的快慢。项目期限过长，租金回笼量太少，资金周转太慢，则会给融资造成压力，经营效益也不高。但是，若项目期限过短，租金回笼量太大，资金周转过快，也会形成租赁资产的租期太短，不利于资产规模的持久稳定。由于融资租赁公司的经营具有连续、滚动的性质，所以，租赁经营就像是一个大滚轮：启动困难，停止也困难。融资租赁公司如果突然中止经营，就会造成公司资产运转的崩溃。同样，融资租赁公司要想实现规模经营的效益，也一定要经过若干年的积累。

- **资产规模**：资产余额:(上年资产余额－当年回笼租金+当年投放资金)
  资产倍率：（资产规模÷所有者权益）
  资金投放量：（投放资金累计金额）
  租金回笼量：（回笼租金累计金额）

第二节　经营效益

虽然，决定融资租赁公司赢利水平的关键因素，是资产规模与注册资本的倍数(资产倍率或权益比例)，但是，资产的平均收益率，对于融资租赁公司的赢利水平，也同样起着十分重要的作用。融资成本的高低、营业费用的多少、租赁收费的标准、无效资金的存量，都会直接影响到资金平均收益率的变化。

能够直接决定融租赁公司的经营利润指标，就是经营收入与经营支出的差额。其中，融资租赁公司的经营收入，主要是租息收入和服务费收入。租息收入相对稳定，其数量和比例都会随着资产规模的逐年增大而相应增大。但是，服务费的收入则变化较大，会受到当年业务投放量的直接影响。

在财务处理上，无论是采取收付实现制还是权责发生制，租息收入都是按权责发生制分期收回的。但是，服务费收入就不同了。若按收付实现制，服务费收入则会在当年利润中全部反映出来。而按权责发生制，服务费收入则会在三年内分期作为收入，利润也就会分期体现了。

融资租赁公司的经营成本，主要包括财务成本和管理成本。

在融资租赁公司的经营成本中，最大的成本支出就是财务费用，即融入资金的利息支出。融资租赁公司融入资金成本的下降，会直接促使融资租赁公司利润的增加。

随着金融体制改革的不断深入，银行贷款利率的成本，已经越来越透明，企业融资的成本，也已经越来越稳定了。能够影响融资成本的唯一因素，就是风险程度。经营风险越低，融资就越容易，融资成本也会越低。反之，经营风险越高，融资就越困难，融资成本也就会越高。因此，如何降低租赁经营风险，利用优质资产进行再融资，就成了能否降低融资成本的关键。

同时，融资租赁公司的经营效益，也来源于资金的周转率。所以，资金使用效率的高低，也决定着融资租赁公司经营效益的好坏。租赁收益水平，与融资租赁公司在经营中的资金使用率，有着直接关系。如果融资租赁公司在银行账户上长期保持着大量存款，沉淀了巨额资金，就会因为资金使用率低的原因，将辛辛苦苦赚来的利润，拱手奉送给银行。而这种因为资金沉淀过多而造成的收益损失，在财务报表上根本就反映不出来。所以，在保证对外偿还信誉的前提下，将银行账户的存款余额压缩到最低水平，同样是融资租赁公司的一条生财之道。

管理成本的开支，是融资租赁公司的第二大金额的支出科目。一般情况下，管理成本分为固定费用和可变费用。固定费用是必须支出的管理费用，如固定资产折旧和房租水电费等。而可变费用则是变化较大的费用支出，如工资、奖金、招待费、差旅费、交通费等。融资租赁公司的管理水平，会在一定程度上影响管理成本(尤其是可变费用)的变化。

管理成本的比例，是与租赁资产规模成反比的，即租赁资产规模越大，管理成本的比例越低；租赁资产规模越小，管理成本的比例就越高。因此，在融资租赁公司成立初期，管理成本的比例会高达 3%～4%。而随着公司资产规模的增加，管理成本的比例则会下降到 2%以内。

可以参考以下的经营指标，制定公司的发展规划：①资本收益率会随着权益比例的变化而变化；②租赁资产收益率要在 3%左右；③融资成本控制在 5.5%以内(或贷款基准利率浮动 20%)；③银行存款余额控制在租赁资产规模的 0.5%～1%以内；④管理成本要控制在租赁规模的 2%以内。

● **经营效益**：经营收入：(租息收入+服务费收入+其他收入)

经营支出：(财务费用支出+管理费用支出+其他费用支出)

净利润：(经营收入–经营支出)

资产收益率：(利润÷总资产)

资本收益率：(利润÷资本金)

第三节　风险程度

对经营风险的防范，是融资租赁公司最为重要的工作之一。对租赁经营风险的监控，可以分为两个层次：一是相关监管部门对融资租赁公司的经营风险进行监管；二是融资租赁公司对日常经营中的风险进行监控。

相关监管部门的风险监管指标主要有资本充足率、单个项目规模、关联交易、五级分类的不良资产等。

融资租赁公司对自身经营中的风险监控，主要是对租金回笼情况的监控。而能够反映租金回笼情况的指标有逾期租金余额、租金回笼率、不良资产余额。

可以参考以下的风险指标，制定公司的发展规划：①租金回笼率达到 99%以上；②逾期租金余额控制在资产规模的 1%以内；③不良资产余额在资产规模的 0.5%以内。

● **风险程度**：租金回笼率：(月/年实际回笼租金÷月/年计划回笼租金)

逾期租金余额：(逾期过月未能收回的租金累计余额)

不良资产余额：(超过三个月未能收回的逾期租金余额)

第四节　资金结构

　　融资租赁公司想要扩大自己的资产规模，就必须要具备相应的资金来源。事实证明，单纯依靠银行贷款，已经难以满足融资租赁公司的资金需求了。发挥租赁优势，利用资产再融资，将公司的资金结构调整到最合理的比例，才是保障融资租赁公司资金来源的关键。

　　融资租赁公司资金来源大致可以分为三类，即所有者权益、融入资金和保证金。

　　根据目前的形势分析，融资租赁公司在银行贷款的难度越来越大，当贷款（各个银行的总额）超过融资租赁公司注册资本时，银行就会变的小心翼翼。目前，银行对融资租赁公司的贷款主要分为两类：一是根据担保条件，限于资本规模的信用贷款；二是根据租赁公司实力，以租赁应收款质押的贷款。

　　租赁保证金，在融资租赁公司的资金结构中，占有极其重要的地位。就单个项目而言，保证金能够占到总资金占用量中的50%。就公司整体经营而言，在一般情况下，租赁保证金也能够占到融资租赁公司资产总额的30%～40%。

　　因此，能否提高融入资金和租赁保证金在资金结构中的比例，就成为改善融资租赁公司资金结构的关键环节。

　　可以参考以下的资金指标，制定公司的发展规划：①资本金必须全部到位；②融入资金要达到资本金的40%～50%；③保证金要达到总资产的30%～40%。

- 资金结构：融入资金比例：（信用贷款＋抵押融资＋其他融资）

　　　　　　　保证金比例：（保证金÷资产规模）

第五节　规划方案

一、设计方案

　　资金，是融资租赁公司经营的"血液"。融资方案，则是融资租赁公司启动业务的基础。融资租赁公司应根据自己的发展速度，实事求是地制定公司的发展规划。这里假设在9年的时间内，争取达到融资租赁公司的理想经营状态，即资产权益比例达到10倍来测算各项经营指标，为融资租赁公司的发展提供相关的参考数据。

二、经营规划

第一年：

(1)经营规划：

- 第一年的投放资金主要由资本金和少量的保证金组成，再加上当年回笼租金的再投放。
- 当年融入资金的可能性极小。
- 资金占用率不超过69%（保证金不低于租赁资产的31%）。
- 回笼租金约占当年投放额的17%。
- 资产平均收益率达到租赁资产的2.64%。

- 经营费用不超过租赁资产的 4%。

(2)资金构成：资本金 1 亿元+融入资金 0.07 亿元+保证金 0.48 亿元=1.55 亿元

(3)投放资金：10 000 万元÷69%=14 492 万元(资本金投放)

　　　　　　(14 492 万元×17%)÷69%=3570 万元(回笼后再投放)

　　　　　　14 492 万元+3570 万元=18062 万元

(4)回笼租金：14 492 万元×17%=2463 万元

(5)租赁规模：14 492 万元+3570 万元−2463 万元=15599 万元

(6)净利润：15 599 万元×2.64%=412 万元

(7)保证金：15 599 万元×31%=4835 万元

(8)资产收益率：412 万元÷15 599 万元=2.64%

　　资本收益率：412 万元÷10 000 万元=4.12%

(9)收益较低的主要原因：

- 第一年不可能做到全年平均投放。

- 规模较小时，无法达到规模效益。

- 人员培训，熟悉流程，开拓市场。

第二年：

(1)经营规划：

- 第二年的投放资金主要由回笼租金和融入资金组成。

- 投放金额按上年投放金额的 120%计算。

- 融入资金达到总资产的 31%。

- 资金占用率不超过 68%(保证金不低于总资产的 32%)。

- 回笼租金占当年回笼本金的 17%；第二年回笼本金 33%。

- 资本收益率达到总资产的 4.8%。

- 经营费用不超过总资产的 3%。

(2)资金构成：资本金 1 亿元+融入资金 0.84 亿元+保证金 0.86 亿元=2.7 亿元

(3)投放资金：18 062 万元×120%= 21 674 万元

(4)回笼租金：(18 062 万元×33%)+(21 674 万元×17%)=9644 万元

(5)租赁规模：(18 062 万元×50%)+(21 674 万元×83%)=27020 万元

(6)净利润：27 020 万元×1.83%=494 万元

(7)保证金：27 020 万元×32%=8646 万元

(8)融入资金：27 020 万元×31%=8376 万元

(9)资产收益率：494 万元÷27 020 万元=1.83%

　　资本收益率：494 万元÷10 208 万元=4.84%

第三年：

(1)经营规划：

- 第三年的投放资金主要由回笼租金和融入资金组成。

- 投放金额按上年投放金额的 122%计算。

- 融入资金达到总资产的 39%。

- 资金占用率不超过 67%(保证金不低于租赁资产的 33%)。

- 回笼租金占当年回笼本金的17%；第二年回笼本金33%；第三年回笼本金33%。
- 资本收益率达到总资产的6.33%。
- 经营费用不超过总资产的2.5%。

(2) 资金构成：资本金1亿元+融入资金1.4亿元+保证金1.18亿元=资产规模3.58亿元

(3) 投放资金：(21 674万元×122%)=26 442万元

(4) 回笼租金：(18 062万元×33%)+(21 674万元×33%)+(26 442万元×17%)=17 607万元

(5) 租赁规模：(18 062万元×17%)+(21 674万元×50%)+(26 442万元×83%)=35 853万元

(6) 净利润：35 853万元×1.85%=663万元

(7) 保证金：35 853万元×33%=11 831万元

(8) 融入资金：35 853万元×39%=13 982万元

(9) 资产收益率：663万元÷35 853万元=1.85%

　　资本收益率：663万元÷10 465万元=6.33%

第四年：

(1) 经营规划：

- 第四年的投放资金主要由回笼租金和融入资金组成。
- 投放金额按上年投放金额的124%计算。
- 融入资金达到总资产的43%。
- 资金占用率不超过66%。(保证金不低于租赁资产的34%)
- 回笼租金占当年回笼本金的17%；第二年回笼本金33%；第三年回笼本金33%；
  第四年回笼本金17%。
- 资本收益率达到总资产的8.36%。
- 经营费用不超过总资产的2%。

(2) 资金构成：资本金1亿元+融入资金1.91亿元+保证金1.5亿元=资产规模4.41亿元

(3) 投放资金：(26 442万元×124%)=32 788万元

(4) 回笼租金：(18 062万元×17%)+(21 674万元×33%)+(26 442万元×33%)+
　　　　　　 (32 788万元×17%)=24 522万元

(5) 租赁规模：(21 674万元×17%)+(26 442万元×50%)+(32 788万元×83%)=44 119万元

(6) 净利润：44 119万元×2.05%=904万元

(7) 保证金：44 119万元×34%=15 000万元

(8) 融入资金：44 119万元×43.29%=19 099万元

(9) 资产收益率：904万元÷44 119万元=2.05%

　　资本收益率：904万元÷10 810万元=8.36%

第五年：

(1) 经营规划：

- 第五年的投放资金主要由回笼租金和融入资金组成。
- 投放金额按上年投放金额的126%计算。

- 融入资金达到总资产的 46%。
- 资金占用率不超过 65%（保证金不低于租赁资产的 35%）。
- 回笼租金占当年回笼本金的 17%；第二年回笼本金 33%；第三年回笼本金 33%；第四年回笼本金 17%。
- 资本收益率达到总资产的 10.7%。
- 经营费用不超过总资产的 1.5%。

(2) 资金构成：资本金 1 亿元+融入资金 2.58 亿元+保证金 1.93 亿元=资产规模 5.51 亿元

(3) 投放资金：32 788 万元×126%=41 312 万元

(4) 回笼租金：(21 674 万元×17%)+(26 442 万元×33%)+(32 788 万元×33%)+(41 312 万元×17%)=30 253 万元

(5) 租赁规模：(26 442 万元×17%)+(32 788 万元×50%)+(41 312 万元×83%)=55 178 万元

(6) 净利润：55 178 万元×2.19%=1208 万元

(7) 保证金：55 178 万元×35%=19 312 万元

(8) 融入资金：55 178 万元×46.75%=25 795 万元

(9) 资产收益率：1208 万元÷55 178 万元=2.19%

　　资本收益率：1208 万元÷11 288 万元=10.70%

理想状态：（第十年）

(1) 资金构成：资本金 1.70 亿元+融资 8.72 亿元+保证金 6.95 亿元=资产规模 17.37 亿元

(2) 权益比例：10.19 倍

(3) 当年投放：172 000 万元

(4) 当年回笼：114 000 万元

(5) 租赁规模：173 730 万元

(6) 净利润：4841 万元

(7) 保证金：69 492 万元

(8) 融入资金：87 200 万元

(9) 资产收益率：2.79%

(10) 资本净收益率：28.40%

三、经营数据预测表

表 14.1　经营数据预测表（单位：万元人民币）

指　　标	第一年	第二年	第三年	第四年	第五年	理想状态
所有者权益	10 000	10 205	10 454	10 785	11 237	17043
资产倍数	1.56	2.64	3.49	4.22	5.07	10.19
资产规模	15 600	26 988	36 434	45 542	56 928	173 730
当年投放	18 795	22 554	27 516	34 119	42 991	172 085
当年回笼	3195	10 036	18 323	25 518	31 482	114 333
营业收入	1192	2062	2784	3480	4350	13 275
服务费	468	810	1093	1366	1708	5212
租赁利息	624	1080	1457	1822	2277	6949
经营支出	642	1402	1901	2274	2736	6820

指标	第一年	第二年	第三年	第四年	第五年	理想状态
财务费用	43	473	793	1071	1404	4317
管理费用	499	756	874	911	968	1390
净利润	412	495	662	904	1210	4841
资本净利率	4.12%	4.85%	6.34%	8.38%	10.77%	28.40%

进一步提高经营收益的关键在于：①使租赁资产规模达到资本金的 10 倍（税后利润有可能接近 30%）；②提高保证金在租赁资产中的比例（有可能达到总资产的 40%以上）；③增加融入资金的比例（有可能达到总资产的 50%）；④提高资金的平均收益率（有可能达到 3%）；⑤压缩经营费用的比例（可能控制在总资产的 1%以内）；⑥降低融入资金的成本（有可能保持或低于银行贷款利率）。

思考与练习

1. 融资租赁公司主要的经营指标包括哪几类，具体指标有哪些？
2. 什么是资产规模？该指标对于融资租赁公司来讲有何意义？
3. 什么是经营效益？该指标对于融资租赁公司来讲有何意义？
4. 什么是风险程度？该指标对于融资租赁公司来讲有何意义？
5. 什么是资金结构？该指标对于融资租赁公司来讲有何意义？
6. 结合某一融资租赁公司发展现状，谈谈如何制定该公司发展规划。

附录 A 《关于加快融资租赁业发展的指导意见》

国办发〔2015〕68 号

各省、自治区、直辖市人民政府，国务院各部委、各直属机构：

近年来，我国融资租赁业取得长足发展，市场规模和企业竞争力显著提高，在推动产业创新升级、拓宽中小微企业融资渠道、带动新兴产业发展和促进经济结构调整等方面发挥着重要作用。但总体上看，融资租赁对国民经济各行业的覆盖面和市场渗透率远低于发达国家水平，行业发展还存在管理体制不适应、法律法规不健全、发展环境不完善等突出问题。为进一步加快融资租赁业发展，更好地发挥融资租赁服务实体经济发展、促进经济稳定增长和转型升级的作用，经国务院同意，现提出以下意见。

一、总体要求

(一)指导思想。深入贯彻党的十八大和十八届二中、三中、四中全会精神，认真落实党中央、国务院的决策部署，充分发挥市场在资源配置中的决定性作用，完善法律法规和政策扶持体系，建立健全事中事后监管机制，转变发展方式，建立专业高效、配套完善、竞争有序、稳健规范、具有国际竞争力的现代融资租赁体系，引导融资租赁企业服务实体经济发展、中小微企业创业创新、产业转型升级和产能转移等，为打造中国经济升级版贡献力量。

(二)基本原则。坚持市场主导与政府支持相结合，着力完善发展环境，充分激发市场主体活力；坚持发展与规范相结合，引导企业依法合规、有序发展；坚持融资与融物相结合，提高专业化水平，服务实体经济发展；坚持国内与国外相结合，在服务国内市场的同时，大力拓展海外市场。

(三)发展目标。到 2020 年，融资租赁业务领域覆盖面不断扩大，融资租赁市场渗透率显著提高，成为企业设备投资和技术更新的重要手段；一批专业优势突出、管理先进、国际竞争力强的龙头企业基本形成，统一、规范、有效的事中事后监管体系基本建立，法律法规和政策扶持体系初步形成，融资租赁业市场规模和竞争力水平位居世界前列。

二、主要任务

(四)改革制约融资租赁发展的体制机制。

加快推进简政放权。进一步转变管理方式，简化工作流程，促进内外资融资租赁公司协同发展。支持自由贸易试验区在融资租赁方面积极探索、先行先试。对融资租赁公司设立子公司，不设最低注册资本限制。允许融资租赁公司兼营与主营业务有关的商业保理业务。

理顺行业管理体制。加强行业统筹管理，建立内外资统一的融资租赁业管理制度和事中事后监管体系，实现经营范围、交易规则、监管指标、信息报送、监督检查等方面的统一。引导和规范各类社会资本进入融资租赁业，支持民间资本发起设立融资租赁公司，支持独立第三方服务机构投资设立融资租赁公司，促进投资主体多元化。

完善相关领域管理制度。简化相关行业资质管理，减少对融资租赁发展的制约。进口租赁物涉及配额、许可证、自动进口许可证等管理的，在承租人已具备相关配额、许可证、自动进口许可证的前提下，不再另行对融资租赁公司提出购买资质要求。根据融资租赁特点，便利融资租赁公司申请医疗器械经营许可或办理备案。除法律法规另有规定外，承租人通过融资租赁方式获得设备与自行购买设备在资质认定时享受同等待遇。支持融资租赁公司依法办理融资租赁交易相关担保物抵(质)押登记。完善和创新管理措施，支持融资租赁业务开展。规范机动车交易和登记管理，简化交易登记流程，便利融资租赁双方当事人办理业务。完善船舶登记制度，进一步简化船舶出入境备案手续，便利融资租赁公司开展船舶租赁业务。对注册在中国(广东)自由贸易试验区、中国(天津)自由贸易试验区海关特殊监管区域内的融资租赁企业进出口飞机、船舶和海洋工程结构物等大型设备涉及跨关区的，在确保有效监管和执行现行相关税收政策的前提下，按物流实际需要，实行海关异地委托监管。按照相关规定，将有接入意愿且具备接入条件的融资租赁公司纳入金融信用信息基础数据库，实现融资租赁业务的信用信息报送及查询。

(五)加快重点领域融资租赁发展。

积极推动产业转型升级。鼓励融资租赁公司积极服务"一带一路"、京津冀协同发展、长江经济带、"中国制造2025"和新型城镇化建设等国家重大战略。鼓励融资租赁公司在飞机、船舶、工程机械等传统领域做大做强，积极拓展新一代信息技术、高端装备制造、新能源、节能环保和生物等战略性新兴产业市场，拓宽文化产业投融资渠道。鼓励融资租赁公司参与城乡公用事业、污水垃圾处理、环境治理、广播通信、农田水利等基础设施建设。在公交车、出租车、公务用车等领域鼓励通过融资租赁发展新能源汽车及配套设施。鼓励融资租赁公司支持现代农业发展，积极开展面向种粮大户、家庭农场、农业合作社等新型农业经营主体的融资租赁业务，解决农业大型机械、生产设备、加工设备购置更新资金不足问题。积极稳妥发展居民家庭消费品租赁市场，发展家用轿车、家用信息设备、耐用消费品等融资租赁，扩大国内消费。

加快发展中小微企业融资租赁服务。鼓励融资租赁公司发挥融资便利、期限灵活、财务优化等优势，提供适合中小微企业特点的产品和服务。支持设立专门面向中小微企业的融资租赁公司。探索发展面向个人创业者的融资租赁服务，推动大众创业、万众创新。推进融资租赁公司与创业园区、科技企业孵化器、中小企业公共服务平台等合作，加大对科技型、创新型和创业型中小微企业的支持力度，拓宽中小微企业融资渠道。

大力发展跨境租赁。鼓励工程机械、铁路、电力、民用飞机、船舶、海洋工程装备及其他大型成套设备制造企业采用融资租赁方式开拓国际市场，发展跨境租赁。支持通过融资租赁方式引进国外先进设备，扩大高端设备进口，提升国内技术装备水平。引导融资租赁公司加强与海外施工企业合作，开展施工设备的海外租赁业务，积极参与重大跨国基础设施项目建设。鼓励境外工程承包企业通过融资租赁优化资金、设备等资源配置，创新工程设备利用方式。探索在援外工程建设中引入工程设备融资租赁模式。鼓励融资租赁公司"走出去"发展，积极拓展海外租赁市场。鼓励融资租赁公司开展跨境人民币业务。支持有实力的融资租赁公司开展跨境兼并，培育跨国融资租赁企业集团，充分发挥融资租赁对我国企业开拓国际市场的支持和带动作用。

（六）支持融资租赁创新发展。

推动创新经营模式。支持融资租赁公司与互联网融合发展，加强与银行、保险、信托、基金等金融机构合作，创新商业模式。借鉴发达国家经验，引导融资租赁公司加快业务创新，不断优化产品组合、交易结构、租金安排、风险控制等设计，提升服务水平。在风险可控前提下，稳步探索将租赁物范围扩大到生物资产等新领域。支持融资租赁公司在自由贸易试验区、海关特殊监管区域设立专业子公司和特殊项目公司开展融资租赁业务。探索融资租赁与政府和社会资本合作(PPP)融资模式相结合。

加快发展配套产业。加快建立标准化、规范化、高效运转的租赁物与二手设备流通市场，支持建立融资租赁公司租赁资产登记流转平台，完善融资租赁资产退出机制，盘活存量租赁资产。支持设立融资租赁相关中介服务机构，加快发展为融资租赁公司服务的专业咨询、技术服务、评估鉴定、资产管理、资产处置等相关产业。

提高企业核心竞争力。引导融资租赁公司明确市场定位，集中力量发展具有比较优势的特定领域，实现专业化、特色化、差异化发展。支持各类融资租赁公司加强合作，实现优势互补。鼓励企业兼并重组。鼓励融资租赁公司依托适宜的租赁物开展业务，坚持融资与融物相结合，提高融资租赁全产业链经营和资产管理能力。指导融资租赁公司加强风险控制体系和内控管理制度建设，积极运用互联网、物联网、大数据、云计算等现代科学技术提升经营管理水平，建立健全客户风险评估机制，稳妥发展售后回租业务，严格控制经营风险。

（七）加强融资租赁事中事后监管。

完善行业监管机制。落实省级人民政府属地监管责任。建立监管指标体系和监管评级制度，鼓励融资租赁公司进行信用评级。加强行业风险防范，利用现场与非现场结合的监管手段，强化对重点环节及融资租赁公司吸收存款、发放贷款等违法违规行为的监督，对违法违规融资租赁公司及时要求整改或进行处罚，加强风险监测、分析和预警，切实防范区域性、系统性金融风险。建立企业报送信息异常名录和黑名单制度，加强融资租赁公司信息报送管理，要求融资租赁公司通过全国融资租赁企业管理信息系统及时、准确报送信息，利用信息化手段加强事中事后监管。建立部门间工作沟通协调机制，加强信息共享与监管协作。

发挥行业组织自律作用。加快全国性行业自律组织建设，履行协调、维权、自律、服务职能，鼓励融资租赁公司加入行业自律组织。加强行业自我约束机制建设，鼓励企业积极承担社会责任，大力提升行业的国际影响力。

三、政策措施

（八）建设法治化营商环境。积极推进融资租赁立法工作，提高立法层级。研究出台融资租赁行业专门立法，建立健全融资租赁公司监管体系，完善租赁物物权保护制度。研究建立规范的融资租赁物登记制度，发挥租赁物登记的风险防范作用。规范融资租赁行业市场秩序，营造公平竞争的良好环境。推动行业诚信体系建设，引导企业诚实守信、依法经营。

（九）完善财税政策。为鼓励企业采用融资租赁方式进行技术改造和设备购置提供公平的政策环境。加大政府采购支持力度，鼓励各级政府在提供公共服务、推进基础设施建设和运营中购买融资租赁服务。通过融资租赁方式获得农机的实际使用者可享受农机购置补贴。鼓励地方政府探索通过风险补偿、奖励、贴息等政策工具，引导融资租赁公司加大对中小微企业的融资支持力度。落实融资租赁相关税收政策，促进行业健康发展。对开展融资租赁业务(含融资性售后回租)签订的融资租赁合同，按照其所载明的租金总额比照"借款合同"税目计税贴花。鼓励保险机构开发融资租赁保险品种，扩大融资租赁出口信用保险规模和覆盖面。

（十）拓宽融资渠道。鼓励银行、保险、信托、基金等各类金融机构在风险可控前提下加大对融资租赁公司的支持力度。积极鼓励融资租赁公司通过债券市场募集资金，支持符合条件的融资租赁公司通过发行股票和资产证券化等方式筹措资金。支持内资融资租赁公司利用外债，调整内资融资租赁公司外债管理政策。简化程序，放开回流限制，支持内资融资租赁公司发行外债试行登记制管理。支持融资租赁公司开展人民币跨境融资业务。支持融资租赁公司利用外汇进口先进技术设备，鼓励商业银行利用外汇储备委托贷款支持跨境融资租赁项目。研究保险资金投资融资租赁资产。支持设立融资租赁产业基金，引导民间资本加大投入。

（十一）完善公共服务。逐步建立统一、规范、全面的融资租赁业统计制度和评价指标体系，完善融资租赁统计方法，提高统计数据的准确性和及时性。依托企业信用信息公示系统等建立信息共享机制，加强统计信息交流。建立融资租赁业标准化体系，制订融资租赁交易等方面的标准，加强标准实施和宣传贯彻，提高融资租赁业标准化、规范化水平。研究制定我国融资租赁行业景气指数，定期发布行业发展报告，引导行业健康发展。

（十二）加强人才队伍建设。加强融资租赁从业人员职业能力建设，支持有条件的高校自主设置融资租赁相关专业。支持企业组织从业人员开展相关培训，采取措施提高从业人员综合素质，培养一批具有国际视野和专业能力的融资租赁人才。支持行业协会开展培训、教材编写、水平评测、经验推广、业务交流等工作。加大对融资租赁理念和知识的宣传与普及力度，不断提高融资租赁业的社会影响力和认知度，为行业发展营造良好的社会氛围。

各地区、各有关部门要充分认识加快融资租赁业发展的重要意义，加强组织领导，健全工作机制，强化部门协同和上下联动，协调推动融资租赁业发展。各地区要根据本意见，结合地方实际研究制定具体实施方案，细化政策措施，确保各项任务落到实处。有关部门要抓紧研究制定配套政策和落实分工任务的具体措施，为融资租赁业发展营造良好环境。商务部与银监会等相关部门要加强协调，密切配合，共同做好风险防范工作。商务部要做好融资租赁行业管理工作，会同相关部门对本意见的落实情况进行跟踪分析和督促指导，重大事项及时向国务院报告。

国务院办公厅

2015 年 8 月 31 日

附录B 《关于促进金融租赁行业健康发展的指导意见》

国办发〔2015〕69号

各省、自治区、直辖市人民政府，国务院各部委、各直属机构：

金融租赁是与实体经济紧密结合的一种投融资方式，是推动产业创新升级、促进社会投资和经济结构调整的积极力量。近年来，我国金融租赁行业取得长足发展，综合实力显著提升，行业贡献与社会价值逐步体现。但总体上看，金融租赁行业对国民经济的渗透率和行业覆盖率仍然较低，外部环境不够完善，行业竞争力有待提高。为进一步促进金融租赁行业健康发展，创新金融服务，支持产业升级，拓宽中小微企业融资渠道，有效服务实体经济，经国务院同意，现提出以下意见。

一、加快金融租赁行业发展，发挥其对促进国民经济转型升级的重要作用

金融租赁公司是为具有一定生产技术和管理经验但生产资料不足的企业和个人提供融资融物服务的金融机构。通过设备租赁，可以直接降低企业资产负债率；通过实物转租，可以直接促进产能转移、企业重组和生产资料更新换代升级；通过回购返租，可以直接提高资金使用效率。

要充分认识金融租赁服务实体经济的重要作用，把金融租赁放在国民经济发展整体战略中统筹考虑。加快建设金融租赁行业发展长效机制，积极营造有利于行业发展的外部环境，进一步转变行业发展方式，力争形成安全稳健、专业高效、充满活力、配套完善、具有国际竞争力的现代金融租赁体系。充分发挥金融租赁提高资源配置效率、增强产业竞争能力和推动产能结构调整的引擎作用，努力将其打造成为优化资源配置、促进经济转型升级的有效工具。

二、突出金融租赁特色，增强公司核心竞争力

深化体制机制改革，引导各类社会资本进入金融租赁行业，支持民间资本发起设立风险自担的金融租赁公司，扩大服务覆盖面。引导金融租赁公司明确市场定位，突出融资和融物相结合的特色，根据自身发展战略、企业规模、财务实力以及管理能力，深耕具有比较优势的特定领域，实现专业化、特色化、差异化发展。支持金融租赁公司顺应"互联网+"发展趋势，利用物联网、云计算、大数据等技术，提升金融服务水平。建立完善的公司治理结构和内部控制体系，推动有条件的金融租赁公司依法合规推进混合所有制改革，优化激励约束

机制，形成权责明晰、制衡有效、激励科学、运转高效的内部治理体系。在风险可控前提下，鼓励金融租赁公司自主创新发展，加快专业化人才队伍培养，积极培育核心竞争力。

三、发挥产融协作优势，支持产业结构优化调整

鼓励金融租赁公司发挥扩大设备投资、支持技术进步、促进产品销售、增加服务集成等作用，创新业务协作和价值创造模式，积极服务"一带一路"、京津冀协同发展、长江经济带、"中国制造 2025"等国家重大战略，推动大众创业、万众创新。积极支持新一代信息技术、高端装备制造、新能源、新材料、节能环保和生物等战略性新兴产业发展。加大对教育、文化、医药卫生等民生领域支持力度。在飞机、船舶、工程机械等传统领域培育一批具有国际竞争力的金融租赁公司。在公交车、出租车、公务用车等领域鼓励通过金融租赁发展新能源汽车及其配套设施。鼓励金融租赁公司利用境内综合保税区、自由贸易试验区现行税收政策和境外优惠政策，设立专业子公司开展金融租赁业务，提升专业化经营服务水平。支持金融租赁公司开拓国际市场，为国际产能和装备制造合作提供配套服务。鼓励通过金融租赁引入国外先进设备，提升国内技术装备水平，同时要注重支持使用国产设备。

四、提升金融租赁服务水平，加大对薄弱环节支持力度

支持设立面向"三农"、中小微企业的金融租赁公司。鼓励金融租赁公司发挥融资便利、期限灵活、财务优化等优势，开发适合"三农"特点、价格公允的产品和服务，积极开展大型农机具金融租赁试点，支持农业大型机械、生产设施、加工设备更新。探索将生物资产作为租赁物的可行性。允许符合条件的金融租赁公司享受财政贴息和财政奖励。允许租赁农机等设备的实际使用人按规定享受农机购置补贴。加大对科技型、创新型、创业型中小微企业支持力度。允许金融租赁公司使用地方人民政府建立的中小微企业信贷风险补偿基金，参与中小微企业信用体系建设。鼓励地方人民政府通过奖励、风险补偿等方式，引导金融租赁公司加大对"三农"、中小微企业融资支持力度。支持符合条件的金融租赁公司发行"三农"、小微企业金融债券。适当提高中小微企业金融租赁业务不良资产容忍度。

五、加强基础设施建设，夯实行业发展基础

逐步完善金融租赁行业法律法规，研究建立具有法律效力的租赁物登记制度，发挥租赁物的风险保障作用，维护金融租赁公司的合法权益。落实金融租赁税收政策，切实促进行业健康发展。推动建设租赁物二手流通市场，拓宽租赁物处置渠道，丰富金融租赁公司盈利模式。加大政府采购支持力度，鼓励各级人民政府在提供公共服务、推进基础设施建设和运营中购买金融租赁服务。将通过金融租赁方式进行的企业技术改造和设备购置纳入鼓励政策适用范围。

六、完善配套政策体系，增强持续发展动力

允许符合条件的金融租赁公司上市和发行优先股、次级债，丰富金融租赁公司资本补

充渠道。允许符合条件的金融租赁公司通过发行债券和资产证券化等方式多渠道筹措资金。研究保险资金投资金融租赁资产。适度放开外债额度管理要求，简化外债资金审批程序。支持金融租赁公司开展跨境人民币业务，给予金融租赁公司跨境人民币融资额度。积极运用外汇储备委托贷款等多种方式，加大对符合条件金融租赁公司的支持力度。建立形式多样的租赁产业基金，为金融租赁公司提供长期稳定资金来源。规范机动车交易和登记管理，简化交易登记流程，便利金融租赁公司办理业务。完善船舶登记制度，促进船舶金融租赁业务健康发展。

七、加强行业自律，优化行业发展环境

加强金融租赁行业自律组织建设，履行协调、维权、自律、服务职能，建立健全行业自我约束机制，积极承担社会责任，维护行业整体形象。加强对金融租赁理念、知识的宣传和普及，提升公众和企业认知度。强化信息披露，定期发布金融租赁行业数据。积极与高等院校等开展合作，培育专业化金融租赁人才。支持金融租赁行业共同组建市场化的金融租赁登记流转平台，为各类市场主体自愿参与提供服务，活跃金融租赁资产的交易转让，盘活存量金融租赁资产，更好地服务实体经济。

八、完善监管体系，增强风险管理能力

全面加强金融租赁公司风险管理，强化实物资产处置能力。建立健全风险监测预警机制，深入排查各类风险隐患，完善风险应急预案。完善资产分类和拨备管理，增强风险抵御能力。加强合规体系建设，增强金融租赁行业合规经营意识，建立健全合规管理长效机制。落实简政放权、放管结合、优化服务工作要求，着力加强事中事后监管，优化监管资源配置，加强行业顶层制度建设。有关部门要加强协调配合，防止风险交叉传染。完善以风险为本、资本监管为核心，适合行业特点的监管体系，在风险可控前提下，促进金融租赁行业健康发展，守住不发生系统性区域性金融风险底线。

国务院办公厅

2015 年 9 月 1 日

附录 C 《金融租赁公司管理办法》

2014 年第 3 号

第一章 总 则

第一条 为促进融资租赁业务发展,规范金融租赁公司的经营行为,根据《中华人民共和国银行业监督管理法》、《中华人民共和国公司法》等法律法规,制定本办法。

第二条 本办法所称金融租赁公司,是指经银监会批准,以经营融资租赁业务为主的非银行金融机构。

金融租赁公司名称中应当标明"金融租赁"字样。未经银监会批准,任何单位不得在其名称中使用"金融租赁"字样。

第三条 本办法所称融资租赁,是指出租人根据承租人对租赁物和供货人的选择或认可,将其从供货人处取得的租赁物按合同约定出租给承租人占有、使用,向承租人收取租金的交易活动。

第四条 适用于融资租赁交易的租赁物为固定资产,银监会另有规定的除外。

第五条 本办法所称售后回租业务,是指承租人将自有物件出卖给出租人,同时与出租人签订融资租赁合同,再将该物件从出租人处租回的融资租赁形式。售后回租业务是承租人和供货人为同一人的融资租赁方式。

第六条 银监会及其派出机构依法对金融租赁公司实施监督管理。

第二章 机构设立、变更与终止

第七条 申请设立金融租赁公司,应当具备以下条件:

(一)有符合《中华人民共和国公司法》和银监会规定的公司章程;

(二)有符合规定条件的发起人;

(三)注册资本为一次性实缴货币资本,最低限额为 1 亿元人民币或等值的可自由兑换货币;

(四)有符合任职资格条件的董事、高级管理人员,并且从业人员中具有金融或融资租赁工作经历 3 年以上的人员应当不低于总人数的 50%;

(五)建立了有效的公司治理、内部控制和风险管理体系;

(六)建立了与业务经营和监管要求相适应的信息科技架构,具有支撑业务经营的必要、安全且合规的信息系统,具备保障业务持续运营的技术与措施;

(七)有与业务经营相适应的营业场所、安全防范措施和其他设施;

(八)银监会规定的其他审慎性条件。

第八条 金融租赁公司的发起人包括在中国境内外注册的具有独立法人资格的商业银行,在中国境内注册的、主营业务为制造适合融资租赁交易产品的大型企业,在中国境外注册的融资租赁公司以及银监会认可的其他发起人。

银监会认可的其他发起人是指除符合本办法第九条至第十一条规定的发起人以外的其他境内法人机构和境外金融机构。

第九条 在中国境内外注册的具有独立法人资格的商业银行作为金融租赁公司发起人，应当具备以下条件：

(一)满足所在国家或地区监管当局的审慎监管要求；

(二)具有良好的公司治理结构、内部控制机制和健全的风险管理体系；

(三)最近 1 年年末总资产不低于 800 亿元人民币或等值的可自由兑换货币；

(四)财务状况良好，最近 2 个会计年度连续盈利；

(五)为拟设金融租赁公司确定了明确的发展战略和清晰的盈利模式；

(六)遵守注册地法律法规，最近 2 年内未发生重大案件或重大违法违规行为；

(七)境外商业银行作为发起人的，其所在国家或地区金融监管当局已经与银监会建立良好的监督管理合作机制；

(八)入股资金为自有资金，不得以委托资金、债务资金等非自有资金入股；

(九)承诺 5 年内不转让所持有的金融租赁公司股权、不将所持有的金融租赁公司股权进行质押或设立信托，并在拟设公司章程中载明；

(十)银监会规定的其他审慎性条件。

第十条 在中国境内注册的、主营业务为制造适合融资租赁交易产品的大型企业作为金融租赁公司发起人，应当具备以下条件：

(一)有良好的公司治理结构或有效的组织管理方式；

(二)最近 1 年的营业收入不低于 50 亿元人民币或等值的可自由兑换货币；

(三)财务状况良好，最近 2 个会计年度连续盈利；

(四)最近 1 年年末净资产不低于总资产的 30%；

(五)最近 1 年主营业务销售收入占全部营业收入的 80%以上；

(六)为拟设金融租赁公司确定了明确的发展战略和清晰的盈利模式；

(七)有良好的社会声誉、诚信记录和纳税记录；

(八)遵守国家法律法规，最近 2 年内未发生重大案件或重大违法违规行为；

(九)入股资金为自有资金，不得以委托资金、债务资金等非自有资金入股；

(十)承诺 5 年内不转让所持有的金融租赁公司股权、不将所持有的金融租赁公司股权进行质押或设立信托，并在拟设公司章程中载明；

(十一)银监会规定的其他审慎性条件。

第十一条 在中国境外注册的具有独立法人资格的融资租赁公司作为金融租赁公司发起人，应当具备以下条件：

(一)具有良好的公司治理结构、内部控制机制和健全的风险管理体系；

(二)最近 1 年年末总资产不低于 100 亿元人民币或等值的可自由兑换货币；

(三)财务状况良好，最近 2 个会计年度连续盈利；

(四)遵守注册地法律法规，最近 2 年内未发生重大案件或重大违法违规行为；

(五)所在国家或地区经济状况良好；

(六)入股资金为自有资金，不得以委托资金、债务资金等非自有资金入股；

(七)承诺 5 年内不转让所持有的金融租赁公司股权、不将所持有的金融租赁公司股权进行质押或设立信托，并在拟设公司章程中载明；

(八)银监会规定的其他审慎性条件。

第十二条　金融租赁公司至少应当有一名符合第九条至第十一条规定的发起人，且其出资比例不低于拟设金融租赁公司全部股本的 30%。

第十三条　其他境内法人机构作为金融租赁公司发起人，应当具备以下条件：

(一)有良好的公司治理结构或有效的组织管理方式；

(二)有良好的社会声誉、诚信记录和纳税记录；

(三)经营管理良好，最近 2 年内无重大违法违规经营记录；

(四)财务状况良好，且最近 2 个会计年度连续盈利；

(五)入股资金为自有资金，不得以委托资金、债务资金等非自有资金入股；

(六)承诺 5 年内不转让所持有的金融租赁公司股权，不将所持有的金融租赁公司股权进行质押或设立信托，并在公司章程中载明；

(七)银监会规定的其他审慎性条件；

其他境内法人机构为非金融机构的，最近 1 年年末净资产不得低于总资产的 30%；

其他境内法人机构为金融机构的，应当符合与该类金融机构有关的法律、法规、相关监管规定要求。

第十四条　其他境外金融机构作为金融租赁公司发起人，应当具备以下条件：

(一)满足所在国家或地区监管当局的审慎监管要求；

(二)具有良好的公司治理结构、内部控制机制和健全的风险管理体系；

(三)最近 1 年年末总资产原则上不低于 10 亿美元或等值的可自由兑换货币；

(四)财务状况良好，最近 2 个会计年度连续盈利；

(五)入股资金为自有资金，不得以委托资金、债务资金等非自有资金入股；

(六)承诺 5 年内不转让所持有的金融租赁公司股权、不将所持有的金融租赁公司股权进行质押或设立信托，并在公司章程中载明；

(七)所在国家或地区金融监管当局已经与银监会建立良好的监督管理合作机制；

(八)具有有效的反洗钱措施；

(九)所在国家或地区经济状况良好；

(十)银监会规定的其他审慎性条件。

第十五条　有以下情形之一的企业不得作为金融租赁公司的发起人：

(一)公司治理结构与机制存在明显缺陷；

(二)关联企业众多、股权关系复杂且不透明、关联交易频繁且异常；

(三)核心主业不突出且其经营范围涉及行业过多；

(四)现金流量波动受经济景气影响较大；

(五)资产负债率、财务杠杆率高于行业平均水平；

(六)其他对金融租赁公司产生重大不利影响的情况。

第十六条　金融租赁公司发起人应当在金融租赁公司章程中约定，在金融租赁公司出现支付困难时，给予流动性支持；当经营损失侵蚀资本时，及时补足资本金。

第十七条　金融租赁公司根据业务发展的需要，经银监会批准，可以设立分公司、子公司。设立分公司、子公司的具体条件由银监会另行制定。

第十八条　金融租赁公司董事和高级管理人员实行任职资格核准制度。

第十九条　金融租赁公司有下列变更事项之一的，须报经银监会或其派出机构批准。

(一)变更公司名称；

(二)变更组织形式；

(三)调整业务范围；

(四)变更注册资本；

(五)变更股权或调整股权结构；

(六)修改公司章程；

(七)变更公司住所或营业场所；

(八)变更董事和高级管理人员；

(九)合并或分立；

(十)银监会规定的其他变更事项。

第二十条　金融租赁公司变更股权及调整股权结构，拟投资入股的出资人需符合本办法第八条至第十六条规定的新设金融租赁公司发起人条件。

第二十一条　金融租赁公司有以下情况之一的，经银监会批准可以解散：

(一)公司章程规定的营业期限届满或者公司章程规定的其他解散事由出现；

(二)股东决定或股东(大)会决议解散；

(三)因公司合并或者分立需要解散；

(四)依法被吊销营业执照、责令关闭或者被撤销；

(五)其他法定事由。

第二十二条　金融租赁公司有以下情形之一的，经银监会批准，可以向法院申请破产：

(一)不能支付到期债务，自愿或债权人要求申请破产的；

(二)因解散或被撤销而清算，清算组发现财产不足以清偿债务，应当申请破产的。

第二十三条　金融租赁公司不能清偿到期债务，并且资产不足以清偿全部债务或者明显缺乏清偿能力的，银监会可以向人民法院提出对该金融租赁公司进行重整或者破产清算的申请。

第二十四条　金融租赁公司因解散、依法被撤销或被宣告破产而终止的，其清算事宜，按照国家有关法律法规办理。

第二十五条　金融租赁公司设立、变更、终止和董事及高管人员任职资格核准的行政许可程序，按照银监会相关规定执行。

第三章　业　务　范　围

第二十六条　经银监会批准，金融租赁公司可以经营下列部分或全部本外币业务：

(一)融资租赁业务；

(二)转让和受让融资租赁资产；

(三)固定收益类证券投资业务；

(四)接受承租人的租赁保证金；

(五)吸收非银行股东 3 个月(含)以上定期存款；

(六)同业拆借;

(七)向金融机构借款;

(八)境外借款;

(九)租赁物变卖及处理业务;

(十)经济咨询。

第二十七条　经银监会批准,经营状况良好、符合条件的金融租赁公司可以开办下列部分或全部本外币业务:

(一)发行债券;

(二)在境内保税地区设立项目公司开展融资租赁业务;

(三)资产证券化;

(四)为控股子公司、项目公司对外融资提供担保;

(五)银监会批准的其他业务。

金融租赁公司开办前款所列业务的具体条件和程序,按照有关规定执行。

第二十八条　金融租赁公司业务经营中涉及外汇管理事项的,需遵守国家外汇管理有关规定。

第四章　经 营 规 则

第二十九条　金融租赁公司应当建立以股东或股东(大)会、董事会、监事(会)、高级管理层等为主体的组织架构,明确职责划分,保证相互之间独立运行、有效制衡,形成科学高效的决策、激励和约束机制。

第三十条　金融租赁公司应当按照全面、审慎、有效、独立原则,建立健全内部控制制度,防范、控制和化解风险,保障公司安全稳健运行。

第三十一条　金融租赁公司应当根据其组织架构、业务规模和复杂程度建立全面的风险管理体系,对信用风险、流动性风险、市场风险、操作风险等各类风险进行有效的识别、计量、监测和控制,同时还应当及时识别和管理与融资租赁业务相关的特定风险。

第三十二条　金融租赁公司应当合法取得租赁物的所有权。

第三十三条　租赁物属于国家法律法规规定所有权转移必须到登记部门进行登记的财产类别,金融租赁公司应当进行相关登记。租赁物不属于需要登记的财产类别,金融租赁公司应当采取有效措施保障对租赁物的合法权益。

第三十四条　售后回租业务的租赁物必须由承租人真实拥有并有权处分。金融租赁公司不得接受已设置任何抵押、权属存在争议或已被司法机关查封、扣押的财产或所有权存在瑕疵的财产作为售后回租业务的租赁物。

第三十五条　金融租赁公司应当在签订融资租赁合同或明确融资租赁业务意向的前提下,按照承租人要求购置租赁物。特殊情况下需提前购置租赁物的,应当与自身现有业务领域或业务规划保持一致,且与自身风险管理能力和专业化经营水平相符。

第三十六条　金融租赁公司应当建立健全租赁物价值评估和定价体系,根据租赁物的价值、其他成本和合理利润等确定租金水平。

售后回租业务中,金融租赁公司对租赁物的买入价格应当有合理的、不违反会计准则的定价依据作为参考,不得低值高买。

第三十七条　金融租赁公司应当重视租赁物的风险缓释作用，密切监测租赁物价值对融资租赁债权的风险覆盖水平，制定有效的风险应对措施。

第三十八条　金融租赁公司应当加强租赁物未担保余值的估值管理，定期评估未担保余值，并开展减值测试。当租赁物未担保余值出现减值迹象时，应当按照会计准则要求计提减值准备。

第三十九条　金融租赁公司应当加强未担保余值风险的限额管理，根据业务规模、业务性质、复杂程度和市场状况，对未担保余值比例较高的融资租赁资产设定风险限额。

第四十条　金融租赁公司应当加强对租赁期限届满返还或因承租人违约而取回的租赁物的风险管理，建立完善的租赁物处置制度和程序，降低租赁物持有期风险。

第四十一条　金融租赁公司应当严格按照会计准则等相关规定，真实反映融资租赁资产转让和受让业务的实质和风险状况。

第四十二条　租赁公司应当建立健全集中度风险管理体系，有效防范和分散经营风险。

第四十三条　租赁公司应当建立严格的关联交易管理制度，其关联交易应当按照商业原则，以不优于非关联方同类交易的条件进行。

第四十四条　租赁公司与其设立的控股子公司、项目公司之间的交易，不适用本办法对关联交易的监管要求。

第四十五条　租赁公司的重大关联交易应当经董事会批准。

重大关联交易是指金融租赁公司与一个关联方之间单笔交易金额占金融租赁公司资本净额 5%以上，或金融租赁公司与一个关联方发生交易后金融租赁公司与该关联方的交易余额占金融租赁公司资本净额 10%以上的交易。

第四十六条　租赁公司所开展的固定收益类证券投资业务，不得超过资本净额的20%。

第四十七条　金融租赁公司开办资产证券化业务，可以参照信贷资产证券化相关规定。

第五章　监 督 管 理

第四十八条　金融租赁公司应当遵守以下监管指标的规定：

(一)资本充足率。金融租赁公司资本净额与风险加权资产的比例不得低于银监会的最低监管要求。

(二)单一客户融资集中度。金融租赁公司对单一承租人的全部融资租赁业务余额不得超过资本净额的30%。

(三)单一集团客户融资集中度。金融租赁公司对单一集团的全部融资租赁业务余额不得超过资本净额的50%。

(四)单一客户关联度。金融租赁公司对一个关联方的全部融资租赁业务余额不得超过资本净额的30%。

(五)全部关联度。金融租赁公司对全部关联方的全部融资租赁业务余额不得超过资本净额的50%。

(六)单一股东关联度。对单一股东及其全部关联方的融资余额不得超过该股东在金融租赁公司的出资额，且应同时满足本办法对单一客户关联度的规定。

(七)同业拆借比例。金融租赁公司同业拆入资金余额不得超过资本净额的100%。

经银监会认可，特定行业的单一客户融资集中度和单一集团客户融资集中度要求可以适当调整。

银监会根据监管需要可以对上述指标做出适当调整。

第四十九条 金融租赁公司应当按照银监会的相关规定构建资本管理体系，合理评估资本充足状况，建立审慎、规范的资本补充、约束机制。

第五十条 金融租赁公司应当按照监管规定建立资产质量分类制度。

第五十一条 金融租赁公司应当按照相关规定建立准备金制度，在准确分类的基础上及时足额计提资产减值损失准备，增强风险抵御能力。未提足准备的，不得进行利润分配。

第五十二条 金融租赁公司应当建立健全内部审计制度，审查评价并改善经营活动、风险状况、内部控制和公司治理效果，促进合法经营和稳健发展。

第五十三条 金融租赁公司应当执行国家统一的会计准则和制度，真实记录并全面反映财务状况和经营成果等信息。

第五十四条 金融租赁公司应当按规定报送会计报表及银监会及其派出机构要求的其他报表，并对所报报表、资料的真实性、准确性和完整性负责。

第五十五条 金融租赁公司应当建立定期外部审计制度，并在每个会计年度结束后的4个月内，将经法定代表人签名确认的年度审计报告报送银监会或其派出机构。

第五十六条 金融租赁公司违反本办法有关规定的，银监会及其派出机构应当依法责令限期整改；逾期未整改的，或者其行为严重危及该金融租赁公司的稳健运行、损害客户合法权益的，可以区别情形，依照《中华人民共和国银行业监督管理法》等法律法规，采取暂停业务、限制股东权利等监管措施。

第五十七条 金融租赁公司已经或者可能发生信用危机，严重影响客户合法权益的，银监会依法对其实行托管或者督促其重组，问题严重的，有权予以撤销。

第五十八条 凡违反本办法有关规定的，银监会及其派出机构依照《中华人民共和国银行业监督管理法》等有关法律法规进行处罚。金融租赁公司对处罚决定不服的，可以依法申请行政复议或者向人民法院提起行政诉讼。

第六章 附 则

第五十九条 除特别说明外，本办法中各项财务指标要求均为合并会计报表口径。

第六十条 本办法由银监会负责解释。

第六十一条 本办法自公布之日起施行，原《金融租赁公司管理办法》(中国银行业监督管理委员会令 2007 年第 1 号)同时废止。

附录D 《金融租赁公司专业子公司管理暂行规定》

银监办发[2014]198号

第一章 总 则

第一条 为提高金融租赁公司专业化经营管理水平，规范金融租赁公司设立专业子公司融资租赁业务行为，促进金融租赁行业健康发展，根据《中华人民共和国银行业监督管理法》、《中华人民共和国公司法》、《金融租赁公司管理办法》等法律法规，制定本规定。

第二条 本规定所称专业子公司，是指金融租赁公司依照相关法律法规在中国境内自由贸易区、保税地区及境外，为从事特定领域融资租赁业务而设立的专业化租赁子公司。

本规定所称的特定领域，是指金融租赁公司已开展、且运营相对成熟的融资租赁业务领域，包括飞机、船舶以及经银监会认可的其他租赁业务领域。

专业子公司的名称，应当体现所属金融租赁公司以及所从事的特定融资租赁业务领域。

第二章 专业子公司设立、变更与终止

第一节 境内专业子公司

第三条 金融租赁公司申请设立境内专业子公司，应当具备以下条件：

(一)具有良好的公司治理结构，风险管理和内部控制健全有效；

(二)具有良好的并表管理能力；

(三)《金融租赁公司管理办法》规定的各项监管指标达标；

(四)权益性投资余额原则上不超过净资产(合并会计报表口径)的50%；

(五)在业务存量、人才储备等方面具备一定优势，在专业化管理、项目公司业务开展等方面具有成熟的经验，能够有效支持专业子公司开展特定领域的融资租赁业务；

(六)入股资金为自有资金，不得以委托资金、债务资金等非自有资金入股；

(七)遵守国家法律法规，最近2年内未发生重大案件或重大违法违规行为；

(八)银监会规定的其他审慎性条件。

第四条 金融租赁公司设立的境内专业子公司应当具备以下条件：

(一)有符合《中华人民共和国公司法》和银监会规定的公司章程；

(二)有符合规定条件的发起人；

(三)注册资本最低限额为5000万元人民币或等值的可自由兑换货币；

(四)有符合任职资格条件的董事、高级管理人员和熟悉融资租赁业务的从业人员；

(五)有健全的公司治理、内部控制和风险管理体系，以及与业务经营相适应的管理信息系统；

(六)有与业务经营相适应的营业场所、安全防范措施和其他设施；

(七)银监会规定的其他审慎性条件。

第五条　金融租赁公司设立境内专业子公司原则上应 100%控股，有特殊情况需引进其他投资者的，金融租赁公司的持股比例不得低于51%。引进的其他投资者应符合《金融租赁公司管理办法》规定的金融租赁公司的发起人条件，且在专业子公司经营的特定领域有所专长，在业务开拓、租赁物管理等方面具有比较优势，有助于提升专业子公司的业务拓展能力和风险管理水平。

第六条　金融租赁公司申请设立境内专业子公司须经筹建和开业两个阶段。金融租赁公司应在收到开业核准文件并领取金融许可证后，办理工商登记，领取营业执照。

第七条　境内专业子公司董事、高级管理人员实行任职资格核准制度。

第八条　金融租赁公司境内专业子公司有下列变更事项之一的，应报经银行业监督管理机构批准：

(一)变更公司名称；

(二)变更注册资本；

(三)变更股权或调整股权结构；

(四)修改公司章程；

(五)变更董事和高级管理人员；

(六)银监会规定的其他变更事项。

第九条　金融租赁公司境内专业子公司有以下情况之一的，经银监会批准可以解散：

(一)公司章程规定的营业期限届满或者其他解散事由出现；

(二)股东决定或股东(大)会决议解散；

(三)因合并或者分立需要解散；

(四)其他法定事由。

第二节　境外专业子公司

第十条　境外专业子公司的发起人为金融租赁公司。

第十一条　金融租赁公司申请设立境外专业子公司，除适用本规定第三条规定的条件外，还应当具备以下条件：

(一)确有业务发展需要，具备清晰的海外发展战略；

(二)内部管理水平和风险管控能力与境外业务发展相适应；

(三)具备与境外经营环境相适应的专业人才队伍；

(四)经营状况良好，最近两个会计年度连续盈利；

(五)所提申请符合有关国家或地区的法律法规。

第十二条　金融租赁公司申请设立境外专业子公司，需由银行业监督管理机构批准后，再按照拟注册地国家或地区的法律法规提出申请。

第十三条　境外专业子公司董事、高级管理人员实行任职资格核准制度。

第十四条　境外专业子公司发生本规定第八条第四项变更事项的，应在相关事项发生后十个工作日内，向金融租赁公司所在地银行业监督管理机构书面报备。本规定第八条其他变更事项和本规定第九条事项，应报经银行业监督管理机构批准。

第十五条　金融租赁公司应在境外专业子公司正式设立十五个工作日内向银监会及其派出机构报告，报告内容包括公司名称、成立时间、注册地点、注册资本、注资币种，以及银监会认为必要的其他内容。

第三章　业务经营规则

第十六条　金融租赁公司可以在其业务范围内，根据审慎经营原则对所设立专业子公司的业务范围进行授权，并报银行业监督管理机构备案。同业拆借和固定收益类证券投资业务不在授权范围内。

第十七条　专业子公司开展融资租赁业务所涉及领域，须与其公司名称中所体现的特定融资租赁业务领域相匹配。

第十八条　专业子公司可以在境外设立项目公司开展融资租赁业务。专业子公司在境外设立项目公司开展融资租赁业务时，应遵循项目公司所在地法律法规，并参照执行金融租赁公司在境内保税地区设立项目公司开展融资租赁业务的相关报告规定。

第十九条　境外专业子公司应在符合注册地国家或地区监管要求的前提下，开展本规定第十六、十八条规定的相关业务。

第二十条　专业子公司开展各类业务和关联交易时的具体要求和程序，按照金融租赁公司开展业务的有关规定执行。

第二十一条　专业子公司发行境外债券、设立的境外项目公司开展融资租赁业务后，应按季向所在地银监局及金融租赁公司所在地银监局报告。

第二十二条　专业子公司应按照金融租赁公司风险管理和内控要求进行管理，建立完善的法人治理组织架构，明确部门之间的职责划分，确保部门之间独立运行、有效制衡，形成科学、高效的决策、激励和约束机制。

第二十三条　专业子公司主要负责人原则上应由金融租赁公司的高级管理人员兼任。

第四章　监　督　管　理

第二十四条　银监会及其派出机构依法对金融租赁公司专业子公司实施监督管理。

第二十五条　银监会对金融租赁公司专业子公司实施并表监管，金融租赁公司根据并表口径统一执行银监会针对金融租赁公司的相关监管指标要求。银监会可以根据监管需要，针对专业子公司制定具体监管规定。

第二十六条　境内专业子公司资本净额与风险加权资产的比例不得低于银监会最低监管要求。

第二十七条　金融租赁公司应将下属专业子公司各项业务数据合并纳入统计范围，根据银监会要求填报有关报表。

第二十八条　境内专业子公司应当按规定向所在地银监局报送会计报表和银监会及其派出机构要求的其他报表，并对所报报表、资料的真实性、准确性和完整性负责。

第二十九条　金融租赁公司应按季度以专项报告形式向银监会或其派出机构报送下

属专业子公司有关情况。报告内容包括业务开展情况和规模、财务状况和经营成果、经营环境和风险分析、运行管理和风险控制措施、境外负债和境内外项目公司业务情况等。

第三十条 专业子公司应参照银监会对金融租赁公司的相关规定，构建资本管理体系、资产质量分类制度、准备金制度和内部审计制度等。

第三十一条 境外专业子公司发生的重大事项，包括公司遭受的重大损失、发生的重大诉讼、所在国家或地区监管要求变化等情况，金融租赁公司应在十五个工作日内向银监会及其派出机构报告。

第三十二条 金融租赁公司违反本规定设立专业子公司，或者专业子公司违规经营的，银行业监督管理机构依据《中华人民共和国银行业监督管理法》、《金融租赁公司管理办法》等法律法规采取监管措施或实施处罚。

第三十三条 金融租赁公司在香港特别行政区、澳门特别行政区和台湾地区设立的专业子公司，比照本规定境外专业子公司进行管理。我国法律、行政法规另有规定的，依照其规定执行。

附录E 《融资租赁企业监督管理办法》

商流通发[2013]337号

第一章 总 则

第一条 为促进我国融资租赁业健康发展，规范融资租赁企业的经营行为，防范经营风险，根据《合同法》、《物权法》、《公司法》等法律法规及商务部有关规定，制订本办法。

第二条 本办法所称融资租赁企业是指根据商务部有关规定从事融资租赁业务的企业。

本办法所称融资租赁业务是指出租人根据承租人对出卖人、租赁物的选择，向出卖人购买租赁物，提供给承租人使用，承租人支付租金的交易活动。

融资租赁直接服务于实体经济，在促进装备制造业发展、中小企业融资、企业技术升级改造、设备进出口、商品流通等方面具有重要的作用，是推动产融结合、发展实体经济的重要手段。

第三条 融资租赁企业应具备与其业务规模相适应的资产规模、资金实力和风险管控能力。申请设立融资租赁企业的境外投资者，还须符合外商投资的相关规定。

第四条 融资租赁企业应配备具有金融、贸易、法律、会计等方面专业知识、技能和从业经验并具有良好从业记录的人员，拥有不少于三年融资租赁、租赁业务或金融机构运营管理经验的总经理、副总经理、风险控制主管等高管人员。

第五条 融资租赁企业开展经营活动，应当遵守中华人民共和国法律、法规、规章和本办法的规定，不得损害国家利益和社会公共利益。

第六条 商务部对全国融资租赁企业实施监督管理。省级商务主管部门负责监管本行政区域内的融资租赁企业。

本办法所称省级商务主管部门是指省、自治区、直辖市、计划单列市及新疆生产建设兵团商务主管部门。

第七条 鼓励融资租赁企业通过直接租赁等方式提供租赁服务，增强资产管理综合能力，开展专业化和差异化经营。

第二章 经营规则

第八条 融资租赁企业可以在符合有关法律、法规及规章规定的条件下采取直接租赁、转租赁、售后回租、杠杆租赁、委托租赁、联合租赁等形式开展融资租赁业务。

第九条 融资租赁企业应当以融资租赁等租赁业务为主营业务，开展与融资租赁和租赁业务相关的租赁财产购买、租赁财产残值处理与维修、租赁交易咨询和担保、向第三方机构转让应收账款、接受租赁保证金及经审批部门批准的其他业务。

第十条　融资租赁企业开展融资租赁业务应当以权属清晰、真实存在且能够产生收益权的租赁物为载体。

融资租赁企业不得从事吸收存款、发放贷款、受托发放贷款等金融业务。未经相关部门批准，融资租赁企业不得从事同业拆借等业务。严禁融资租赁企业借融资租赁的名义开展非法集资活动。

第十一条　融资租赁企业进口租赁物涉及配额、许可等管理的，应由购买租赁物方或产权所有方按有关规定办理相关手续。

融资租赁企业经营业务过程中涉及外汇管理事项的，应当遵守国家外汇管理有关规定。

第十二条　融资租赁企业应当按照相关规定，建立健全财务会计制度，真实记录和反映企业的财务状况、经营成果和现金流量。

第十三条　融资租赁企业应当建立完善的内部风险控制体系，形成良好的风险资产分类管理制度、承租人信用评估制度、事后追偿和处置制度以及风险预警机制等。

第十四条　为控制和降低风险，融资租赁企业应当对融资租赁项目进行认真调查，充分考虑和评估承租人持续支付租金的能力，采取多种方式降低违约风险，并加强对融资租赁项目的检查及后期管理。

第十五条　融资租赁企业应当建立关联交易管理制度。融资租赁企业在对承租人为关联企业的交易进行表决或决策时，与该关联交易有关联关系的人员应当回避。

融资租赁企业在向关联生产企业采购设备时，有关设备的结算价格不得明显低于该生产企业向任何第三方销售的价格或同等批量设备的价格。

第十六条　融资租赁企业对委托租赁、转租赁的资产应当分别管理，单独建账。融资租赁企业和承租人应对与融资租赁业务有关的担保、保险等事项进行充分约定，维护交易安全。

第十七条　融资租赁企业应加强对重点承租人的管理，控制单一承租人及承租人为关联方的业务比例，注意防范和分散经营风险。

第十八条　按照国家法律规定租赁物的权属应当登记的，融资租赁企业须依法办理相关登记手续。若租赁物不属于需要登记的财产类别，鼓励融资租赁企业在商务主管部门指定的系统进行登记，明示租赁物所有权。

第十九条　售后回租的标的物应为能发挥经济功能，并能产生持续经济效益的财产。融资租赁企业开展售后回租业务时，应注意加强风险防控。

第二十条　融资租赁企业不应接受承租人无处分权的、已经设立抵押的、已经被司法机关查封扣押的或所有权存在其他瑕疵的财产作为售后回租业务的标的物。

融资租赁企业在签订售后回租协议前，应当审查租赁物发票、采购合同、登记权证、付款凭证、产权转移凭证等证明材料，以确认标的物权属关系。

第二十一条　融资租赁企业应充分考虑并客观评估售后回租资产的价值，对标的物的买入价格应有合理的、不违反会计准则的定价依据作为参考，不得低值高买。

第二十二条　融资租赁企业的风险资产不得超过净资产总额的 10 倍。

第二十三条　融资租赁企业应严格按照国家有关规定按时缴纳各种税款，严禁偷逃税款或将非融资租赁业务作为融资租赁业务进行纳税。

第三章　监督管理

第二十四条　商务部及省级商务主管部门依照法律、法规、规章和商务部有关规定，依法履行监管职责。

各级商务主管部门在履行监管职责的过程中，应依法加强管理，对所知悉的企业商业秘密应严格保密。

第二十五条　省级商务主管部门应通过多种方式加强对融资租赁企业的监督管理，对企业经营状况及经营风险进行持续监测；加强监管队伍建设，按照监管要求和职责配备相关人员，加强业务培训，提高监管人员监管水平。

第二十六条　省级商务主管部门应当建立重大情况通报机制、风险预警机制和突发事件应急处置机制，及时、有效地处置融资租赁行业突发事件。

第二十七条　在日常监管中，省级商务主管部门应当重点对融资租赁企业是否存在吸收存款、发放贷款、超范围经营等违法行为进行严格监督管理。一旦发现应及时提报相关部门处理并将情况报告商务部。

第二十八条　省级商务主管部门要定期对企业关联交易比例、风险资产比例、单一承租人业务比例、租金逾期率等关键指标进行分析。对于相关指标偏高、潜在经营风险加大的企业应给予重点关注。

商务主管部门可以根据工作需要委托行业协会等中介组织协助了解有关情况。

第二十九条　省级商务主管部门应于每年 6 月 30 日前向商务部书面上报上一年度本行政区域内融资租赁企业发展情况以及监管情况。如发现重大问题应立即上报。

第三十条　商务部建立、完善"全国融资租赁企业管理信息系统"，运用信息化手段对融资租赁企业的业务活动、内部控制和风险状况等情况进行了解和监督管理，提高融资租赁企业经营管理水平和风险控制能力。

第三十一条　融资租赁企业应当按照商务部的要求使用全国融资租赁企业管理信息系统，及时如实填报有关数据。每季度结束后 15 个工作日内填报上一季度经营情况统计表及简要说明；每年 4 月 30 日前填报上一年经营情况统计表、说明，报送经审计机构审计的上一年度财务会计报告(含附注)。

第三十二条　融资租赁企业变更名称、异地迁址、增减注册资本金、改变组织形式、调整股权结构等，应事先通报省级商务主管部门。外商投资企业涉及前述变更事项，应按有关规定履行审批、备案等相关手续。

融资租赁企业应在办理变更工商登记手续后 5 个工作日内登录全国融资租赁企业管理信息系统修改上述信息。

第三十三条　商务主管部门要重视发挥行业协会作用，鼓励行业协会积极开展行业培训、从业人员资质认定、理论研究、纠纷调解等活动，支持行业协会加强行业自律和依法维护行业权益，配合主管部门进行行业监督管理，维护公平有序的市场竞争环境。

第三十四条　融资租赁企业如违反我国有关法律、法规、规章以及本办法相关规定的，按照有关规定处理。

第四章　附　　则

第三十五条　本办法由商务部负责解释。

第三十六条　本办法自 2013 年 10 月 1 日起施行。

附录F 《外商投资租赁业管理办法》

(2015 年 10 月 28 日修正)

第一条 为促进外商投资租赁业的健康发展，规范外商投资租赁业的经营行为，防范经营风险，根据《中华人民共和国合同法》、《中华人民共和国公司法》、《中华人民共和国外资企业法》、《中华人民共和国中外合资经营企业法》、《中华人民共和国中外合作经营企业法》等有关法律、法规，制定本办法。

第二条 外国公司、企业和其他经济组织(以下简称外国投资者)在中华人民共和国境内以中外合资、中外合作以及外商独资的形式设立从事租赁业务、融资租赁业务的外商投资企业，开展经营活动，适用本办法。

第三条 外商投资租赁业可以采取有限责任公司或股份有限公司的形式。

从事租赁业务的外商投资企业为外商投资租赁公司；从事融资租赁业务的外商投资企业为外商投资融资租赁公司。

第四条 外商投资租赁公司及外商投资融资租赁公司应遵守中华人民共和国有关法律、法规及规章的规定，其正当经营活动及合法权益受中国法律保护。

商务部是外商投资租赁业的行业主管部门和审批管理部门。

第五条 本办法所称租赁业务系指出租人将租赁财产交付承租人使用、收益，并向承租人收取租金的业务。

本办法所称融资租赁业务系指出租人根据承租人对出卖人、租赁物的选择，向出卖人购买租赁财产，提供给承租人使用，并向承租人收取租金的业务。

外商投资融资租赁公司可以采取直接租赁、转租赁、回租赁、杠杆租赁、委托租赁、联合租赁等不同形式开展融资租赁业务。

第六条 本办法所称租赁财产包括：

(一)生产设备、通信设备、医疗设备、科研设备、检验检测设备、工程机械设备、办公设备等各类动产；

(二)飞机、汽车、船舶等各类交通工具；

(三)本条(一)、(二)项所述动产和交通工具附带的软件、技术等无形资产，但附带的无形资产价值不得超过租赁财产价值的 1/2。

第七条 外商投资租赁公司和外商投资融资租赁公司的外国投资者的总资产不得低于 500 万美元。

第八条 外商投资租赁公司应当符合下列条件：

(一)注册资本符合《公司法》的有关规定；

(二)符合外商投资企业注册资本和投资总额的有关规定；

(三)有限责任公司形式的外商投资租赁公司的经营期限一般不超过 30 年。

第九条　外商投资融资租赁公司应当符合下列条件：

(一)有限责任公司形式的外商投资融资租赁公司的经营期限一般不超过 30 年。

(二)拥有相应的专业人员，高级管理人员应具有相应专业资质和不少于 3 年的从业经验。

第十条　设立外商投资租赁公司和外商投资融资租赁公司应向审批部门报送下列材料：

(一)申请书；

(二)投资各方签署的可行性研究报告；

(三)合同、章程(外资企业只报送章程)；

(四)投资各方的银行资信证明、注册登记证明(复印件)、法定代表人身份证明(复印件)；

(五)投资各方经会计师事务所审计的最近 1 年的审计报告；

(六)董事会成员名单及投资各方董事委派书；

(七)高级管理人员的资历证明；

(八)工商行政管理部门出具的企业名称预先核准通知书；

申请成立股份有限公司的，还应提交有关规定要求提交的其他材料。

第十一条　设立外商投资租赁公司和外商投资融资租赁公司，应按照以下程序办理：

(一)设立有限责任公司形式的外商投资租赁公司，应由投资者向拟设立企业所在地的省级商务主管部门报送本办法第十条规定的全部材料，省级商务主管部门应自收到全部申请材料之日起 45 个工作日内做出是否批准的决定，批准设立的，颁发《外商投资企业批准证书》，不予批准的，应书面说明原因。省级商务主管部门应当在批准外商投资租赁公司设立后 7 个工作日内将批准文件报送商务部备案。股份有限公司形式的外商投资租赁公司的设立按照有关规定办理。

(二)设立外商投资融资租赁公司，应由投资者向拟设立企业所在地的省级商务主管部门报送本办法第十条规定的全部材料，省级商务主管部门对报送的申请文件进行初审后，自收到全部申请文件之日起 15 个工作日内将申请文件和初审意见上报商务部。商务部应自收到全部申请文件之日起 45 个工作日内做出是否批准的决定，批准设立的，颁发《外商投资企业批准证书》，不予批准的，应书面说明原因。

(三)已设立的外商投资企业申请从事租赁业务的，应当符合本办法规定的条件，并按照本条第(一)项规定的程序，依法变更相应的经营范围。

第十二条　外商投资租赁公司和外商投资融资租赁公司应当在收到《外商投资企业批准证书》之日起 30 个工作日内到工商行政管理部门办理登记注册手续。

第十三条　外商投资租赁公司可以经营下列业务：

(一)租赁业务；

(二)向国内外购买租赁财产；

(三)租赁财产的残值处理及维修；

(四)经审批部门批准的其他业务。

第十四条　外商投资融资租赁公司可以经营下列业务：

(一)融资租赁业务；

(二)租赁业务；

(三)向国内外购买租赁财产；

(四)租赁财产的残值处理及维修；

(五)租赁交易咨询和担保;

(六)经审批部门批准的其他业务。

第十五条　外商投资融资租赁公司根据承租人的选择,进口租赁财产涉及配额、许可证等专项政策管理的,应由承租人或融资租赁公司按有关规定办理申领手续。

外商投资租赁公司进口租赁财产,应按现行外商投资企业进口设备的有关规定办理。

第十六条　为防范风险,保障经营安全,外商投资融资租赁公司的风险资产一般不得超过净资产总额的 10 倍。风险资产按企业的总资产减去现金、银行存款、国债和委托租赁资产后的剩余资产总额确定。

第十七条　外商投资融资租赁公司应在每年 3 月 31 日之前向商务部报送上 1 年业务经营情况报告和上 1 年经会计师事务所审计的财务报告。

第十八条　中国外商投资企业协会租赁业委员会是对外商投资租赁业实行同业自律管理的行业性组织。鼓励外商投资租赁公司和外商投资融资租赁公司加入该委员会。

第十九条　外商投资租赁公司及外商投资融资租赁公司如有违反中国法律、法规和规章的行为,按照有关规定处理。

第二十条　香港特别行政区、澳门特别行政区、台湾地区的公司、企业和其他经济组织在内地设立外商投资租赁公司和外商投资融资租赁公司,参照本办法执行。

第二十一条　本办法中所称省级商务主管部门是指各省、自治区、直辖市、计划单列市及新疆生产建设兵团商务主管部门。

第二十二条　本办法由商务部负责解释。

第二十三条　本办法自 2005 年 3 月 5 日起施行。原外经贸部 2001 年第 3 号令《外商投资租赁公司审批管理暂行办法》同时废止。

附录G 《中华人民共和国合同法——第十四章 融资租赁合同》

第二百三十七条 融资租赁合同是出租人根据承租人对出卖人、租赁物的选择，向出卖人购买租赁物，提供给承租人使用，承租人支付租金的合同。

第二百三十八条 融资租赁合同的内容包括租赁物名称、数量、规格、技术性能、检验方法、租赁期限、租金构成及其支付期限和方式、币种、租赁期间届满租赁物的归属等条款。

融资租赁合同应当采用书面形式。

第二百三十九条 出租人根据承租人对出卖人、租赁物的选择订立的买卖合同，出卖人应当按照约定向承租人交付标的物，承租人享有与受领标的物有关的买受人的权利。

第二百四十条 出租人、出卖人、承租人可以约定，出卖人不履行买卖合同义务的，由承租人行使索赔的权利。承租人行使索赔权利的，出租人应当协助。

第二百四十一条 出租人根据承租人对出卖人、租赁物的选择订立的买卖合同，未经承租人同意，出租人不得变更与承租人有关的合同内容。

第二百四十二条 出租人享有租赁物的所有权。承租人破产的，租赁物不属于破产财产。

第二百四十三条 融资租赁合同的租金，除当事人另有约定的以外，应当根据购买租赁物的大部分或者全部成本以及出租人的合理利润确定。

第二百四十四条 租赁物不符合约定或者不符合使用目的的，出租人不承担责任，但承租人依赖出租人的技能确定租赁物或者出租人干预选择租赁物的除外。

第二百四十五条 出租人应当保证承租人对租赁物的占有和使用。

第二百四十六条 承租人占有租赁物期间，租赁物造成第三人的人身伤害或者财产损害的，出租人不承担责任。

第二百四十七条 承租人应当妥善保管、使用租赁物。承租人应当履行占有租赁物期间的维修义务。

第二百四十八条 承租人应当按照约定支付租金。承租人经催告后在合理期限内仍不支付租金的，出租人可以要求支付全部租金；也可以解除合同，收回租赁物。

第二百四十九条 当事人约定租赁期间届满租赁物归承租人所有，承租人已经支付大部分租金，但无力支付剩余租金，出租人因此解除合同收回租赁物的，收回的租赁物的价值超过承租人欠付的租金以及其他费用的，承租人可以要求部分返还。

第二百五十条 出租人和承租人可以约定租赁期间届满租赁物的归属。对租赁物的归属没有约定或者约定不明确，依照本法第六十一条的规定仍不能确定的，租赁物的所有权归出租人。

附录 H 《企业会计准则 第21号——租赁》

第一章 总 则

第一条 为了规范租赁的确认、计量和相关信息的列报，根据《企业会计准则——基本准则》，制定本准则。

第二条 租赁，是指在约定的期间内，出租人将资产使用权让与承租人，以获取租金的协议。

第三条 下列各项适用其他相关会计准则。

(一)出租人以经营租赁方式租出的土地使用权和建筑物，适用《企业会计准则第3号——投资性房地产》。

(二)电影、录像、剧本、文稿、专利和版权等项目的许可使用协议，适用《企业会计准则第6号——无形资产》。

(三)出租人因融资租赁形成的长期债权的减值，适用《企业会计准则第22号——金融工具确认和计量》。

第二章 租赁的分类

第四条 承租人和出租人应当在租赁开始日将租赁分为融资租赁和经营租赁。

租赁开始日，是指租赁协议日与租赁各方就主要租赁条款作出承诺日中的较早者。

第五条 融资租赁，是指实质上转移了与资产所有权有关的全部风险和报酬的租赁。其所有权最终可能转移，也可能不转移。

第六条 符合下列一项或数项标准的，应当认定为融资租赁。

(一)在租赁期届满时，租赁资产的所有权转移给承租人。

(二)承租人有购买租赁资产的选择权，所订立的购买价款预计将远低于行使选择权时租赁资产的公允价值，因而在租赁开始日就可以合理确定承租人将会行使这种选择权。

(三)即使资产的所有权不转移，但租赁期占租赁资产使用寿命的大部分。

(四)承租人在租赁开始日的最低租赁付款额现值，几乎相当于租赁开始日租赁资产公允价值；出租人在租赁开始日的最低租赁收款额现值，几乎相当于租赁开始日租赁资产公允价值。

(五)租赁资产性质特殊，如果不作较大改造，只有承租人才能使用。

第七条 租赁期，是指租赁合同规定的不可撤销的租赁期间。租赁合同签订后一般不可撤销，但下列情况除外。

（一）经出租人同意。

（二）承租人与原出租人就同一资产或同类资产签订了新的租赁合同。

（三）承租人支付一笔足够大的额外款项。

（四）发生某些很少会出现的或有事项。

承租人有权选择续租该资产，并且在租赁开始日就可以合理确定承租人将会行使这种选择权，不论是否再支付租金，续租期也包括在租赁期之内。

第八条　最低租赁付款额，是指在租赁期内，承租人应支付或可能被要求支付的款项（不包括或有租金和履约成本），加上由承租人或与其有关的第三方担保的资产余值。

承租人有购买租赁资产选择权，所订立的购买价款预计将远低于行使选择权时租赁资产的公允价值，因而在租赁开始日就可以合理确定承租人将会行使这种选择权的，购买价款应当计入最低租赁付款额。

或有租金，是指金额不固定、以时间长短以外的其他因素（如销售量、使用量、物价指数等）为依据计算的租金。

履约成本，是指租赁期内为租赁资产支付的各种使用费用，如技术咨询和服务费、人员培训费、维修费、保险费等。

第九条　最低租赁收款额，是指最低租赁付款额加上独立于承租人和出租人的第三方对出租人担保的资产余值。

第十条　经营租赁是指除融资租赁以外的其他租赁。

第三章　融资租赁中承租人的会计处理

第十一条　在租赁期开始日，承租人应当将租赁开始日租赁资产公允价值与最低租赁付款额现值两者中较低者作为租入资产的入账价值，将最低租赁付款额作为长期应付款的入账价值，其差额作为未确认融资费用。

承租人在租赁谈判和签订租赁合同过程中发生的，可归属于租赁项目的手续费、律师费、差旅费、印花税等初始直接费用，应当计入租入资产价值。

租赁期开始日，是指承租人有权行使其使用租赁资产权利的开始日。

第十二条　承租人在计算最低租赁付款额的现值时，能够取得出租人租赁内含利率的，应当采用租赁内含利率作为折现率；否则，应当采用租赁合同规定的利率作为折现率。承租人无法取得出租人的租赁内含利率且租赁合同没有规定利率的，应当采用同期银行贷款利率作为折现率。

第十三条　租赁内含利率，是指在租赁开始日，使最低租赁收款额的现值与未担保余值的现值之和等于租赁资产公允价值与出租人的初始直接费用之和的折现率。

第十四条　担保余值，就承租人而言，是指由承租人或与其有关的第三方担保的资产余值；就出租人而言，是指就承租人而言的担保余值加上独立于承租人和出租人的第三方担保的资产余值。

资产余值，是指在租赁开始日估计的租赁期届满时租赁资产的公允价值。

未担保余值，是指租赁资产余值中扣除就出租人而言的担保余值以后的资产余值。

第十五条　未确认融资费用应当在租赁期内各个期间进行分摊。

承租人应当采用实际利率法计算确认当期的融资费用。

第十六条　承租人应当采用与自有固定资产相一致的折旧政策计提租赁资产折旧。

能够合理确定租赁期届满时取得租赁资产所有权的，应当在租赁资产使用寿命内计提折旧。

无法合理确定租赁期届满时能够取得租赁资产所有权的，应当在租赁期与租赁资产使用寿命两者中较短的期间内计提折旧。

第十七条　或有租金应当在实际发生时计入当期损益。

第四章　融资租赁中出租人的会计处理

第十八条　在租赁期开始日，出租人应当将租赁开始日最低租赁收款额与初始直接费用之和作为应收融资租赁款的入账价值，同时记录未担保余值；将最低租赁收款额、初始直接费用及未担保余值之和与其现值之和的差额确认为未实现融资收益。

第十九条　未实现融资收益应当在租赁期内各个期间进行分配。

出租人应当采用实际利率法计算确认当期的融资收入。

第二十条　出租人至少应当于每年年度终了，对未担保余值进行复核。

未担保余值增加的，不作调整。

有证据表明未担保余值已经减少的，应当重新计算租赁内含利率，将由此引起的租赁投资净额的减少，计入当期损益；以后各期根据修正后的租赁投资净额和重新计算的租赁内含利率确认融资收入。

租赁投资净额是融资租赁中最低租赁收款额及未担保余值之和与未实现融资收益之间的差额。

已确认损失的未担保余值得以恢复的，应当在原已确认的损失金额内转回，并重新计算租赁内含利率，以后各期根据修正后的租赁投资净额和重新计算的租赁内含利率确认融资收入。

第二十一条　或有租金应当在实际发生时计入当期损益。

第五章　经营租赁中承租人的会计处理

第二十二条　对于经营租赁的租金，承租人应当在租赁期内各个期间按照直线法计入相关资产成本或当期损益；其他方法更为系统合理的，也可以采用其他方法。

第二十三条　承租人发生的初始直接费用，应当计入当期损益。

第二十四条　或有租金应当在实际发生时计入当期损益。

第六章　经营租赁中出租人的会计处理

第二十五条　出租人应当按资产的性质，将用作经营租赁的资产包括在资产负债表中的相关项目内。

第二十六条　对于经营租赁的租金，出租人应当在租赁期内各个期间按照直线法确认为当期损益；其他方法更为系统合理的，也可以采用其他方法。

第二十七条　出租人发生的初始直接费用，应当计入当期损益。

第二十八条　对于经营租赁资产中的固定资产，出租人应当采用类似资产的折旧政策计提折旧；对于其他经营租赁资产，应当采用系统合理的方法进行摊销。

第二十九条 或有租金应当在实际发生时计入当期损益。

第七章 售后租回交易

第三十条 承租人和出租人应当根据本准则第二章的规定,将售后租回交易认定为融资租赁或经营租赁。

第三十一条 售后租回交易认定为融资租赁的,售价与资产账面价值之间的差额应当予以递延,并按照该项租赁资产的折旧进度进行分摊,作为折旧费用的调整。

第三十二条 售后租回交易认定为经营租赁的,售价与资产账面价值之间的差额应当予以递延,并在租赁期内按照与确认租金费用相一致的方法进行分摊,作为租金费用的调整。但是,有确凿证据表明售后租回交易是按照公允价值达成的,售价与资产账面价值之间的差额应当计入当期损益。

第八章 列 报

第三十三条 承租人应当在资产负债表中,将与融资租赁相关的长期应付款减去未确认融资费用的差额,分别长期负债和一年内到期的长期负债列示。

第三十四条 承租人应当在附注中披露与融资租赁有关的下列信息。

(一)各类租入固定资产的期初和期末原价、累计折旧额。

(二)资产负债表日后连续三个会计年度每年将支付的最低租赁付款额,以及以后年度将支付的最低租赁付款额总额。

(三)未确认融资费用的余额,以及分摊未确认融资费用所采用的方法。

第三十五条 出租人应当在资产负债表中,将应收融资租赁款减去未实现融资收益的差额,作为长期债权列示。

第三十六条 出租人应当在附注中披露与融资租赁有关的下列信息。

(一)资产负债表日后连续三个会计年度每年将收到的最低租赁收款额,以及以后年度将收到的最低租赁收款额总额。

(二)未实现融资收益的余额,以及分配未实现融资收益所采用的方法。

第三十七条 承租人对于重大的经营租赁,应当在附注中披露下列信息。

(一)资产负债表日后连续三个会计年度每年将支付的不可撤销经营租赁的最低租赁付款额。

(二)以后年度将支付的不可撤销经营租赁的最低租赁付款额总额。

第三十八条 出租人对经营租赁,应当披露各类租出资产的账面价值。

第三十九条 承租人和出租人应当披露各售后租回交易以及售后租回合同中的重要条款。

参 考 文 献

[1] 巴尔·克莱夫. 欧洲私法的原则、定义与示范规则：欧洲示范民法典草案(第 4 卷)［M］. 于庆生等，译. 北京: 法律出版社，2014.

[2] 陈建中. 融资租赁理论与业务创新研究[D]. 长沙：中南大学，2009.

[3] 丁纯. 中国融资租赁税收政策研究[D]. 北京：首都经济贸易大学，2013.

[4] 郝昭成、高世星.融资租赁的税收[M]. 北京：当代中国出版社，2007.

[5] 罗伯特·E·普里查德，托马斯·J·欣德兰. 租赁还是购买?——分析与决策［M］. 徐振挥，译. 上海: 上海翻译出版公司，1985.

[6] 史树林，乐沸佛. 融资租赁制度总论[M]. 北京: 中国金融出版社，2011.

[7] 史燕平. 融资租赁及其宏观经济效应分析[M]. 北京：对外经济贸易大学出版社，2004.

[8] 王涵生. 金融租赁国际比较研究[D]. 保定：河北大学，2010.

[9] 夏斌斌. 价值链视角下融资租赁企业税务筹划研究[D]. 天津：天津商业大学，2015.

[10] 中国融资租赁三十人论坛.中国融资租赁行业 2014 年度报告[M]. 北京：中国经济出版社，2014.

[11] 中华人民共和国财政部，国家税务总局. 营业税改征增值税试点实施办法[S]. 北京：财政部国家税务总局，2013.

[12] 刘辉群. 中国融资租赁税收政策研究[M]. 厦门: 厦门大学出版社，2017.

[13] 刘辉群译，Peter K. Nevitt 著.设备租赁[M]. 北京:电子工业版社，2016.

[14] 郑蕾，刘辉群. 融资租赁：中国(天津)自贸区发展的特色牌[J]. 现代商贸工业，2015(11).

[15] 刘辉群，赵承先. 滨海新区融资租赁产业基地建设的优势和对策[J]. 当代经济，2013(13).

[16] 刘辉群，邱立成. 将滨海新区建成我国融资租赁产业极地[J]. 天津经济，2013(6).

[17] James Ang, Pample P. Peterson. The Leasing Puzzle [J]. Journal of Finance，1984(5): 24-67.

[18] Barclay M.J.，C.W.Smith. The Priority Structure of Corporate Liabilities [J]. Journal of Finance，1995(50): 129-154.

[19] Daniel Hemel. The Economic Logic of the Lease [J]. The Yale Law Journal，2011(120):143-165.

[20] Finucane T.J. Empirical Evidence on the use of Financial Leases [J]. Journal of Financial Research，1988(43):342-359.

[21] Graham J.R. Debt and the Marginal Tax Rates [J]. Journal of Financial Economics，1996(25):124-153.

[22] Hamid Mehran，Robert A.Taggart，David Yermack. CEO Ownership，Leasing，and Debt Financing [J]. Financial Management，1999(28): 46-54

[23] James Schallheim. Debt，Leases，Taxes and the Endogeneity of Corporate Tax Status [J]. The Journal of Finance，1998(13): 146-189.

[24] Krishnan V.S，R.C.Moyer. Bankruptcy Costs and the Financial Leasing Decision [J]. Financial

Management，1994(9)：146-197.

[25] Lasfer M.，Levis M. The Determinants of the Leasing Decision of Small Large Companies，Working Paper，City University Business School，London，1998.

[26] Mehran. H，R.A. Taggart. Determinants of Corporate Leasing and Borrowing Activity [J]. Northwestern University，Working Paper，1996.

[27] Michael E. Porter. Competitive Strategy [M]. Simon & Schuster，1980:78-79.

[28] Mukherjee T.K. A Survey of Corporate Leasing Analysis [J]. Financial Management，1991(43)：124-153

[29] Myers S.C.，Determinants of Corporate Borrowing[J]. Journal of Financial Economics, 1977(12)：146-154

[30] Sharpe S.，Hien Nguyen. Capital Market Imperfections and the Incentive to Lease [J]. Journal of Financial Economics，1995(39):271-294

[31] Shawn Holladay. A Guide To Equipment Leasing [J]. Carpediem Consulting Corporation，1998(18)：246-261.

[32] Smith C.W.，L.M. Wakeman. Determinants of Corporate Leasing Policy[J]. Journal of Finance, 1985 (14)：243-267.

[33] Stewart C. Myers，David A.Dili, Alberto J.Bautista. Valuation of Financial Lease Contracts [J]. The Journal of Finance，1976(18)：83-103

[34] Sudhir P. Amembal. International Leasing: the complete Guide [M]. U.S.A.: Amembal and Associates，2000.

[35] Sudhir. P. Amembal. The Handbook of Equipment Leasing[J]. Institute of America Inc, 1995(12):253-289

[36] Whincup Michael. Contract Law and Practice: the English System and Continental Comparisons [J]. Kluwer Law International, 1996(28)：59-82.

[37] White Clarke Group. Global Leasing Report 2015 [M]. U.S.A.: World Leasing Yearbook，2015.

[38] White Clarke Group. The world will never be the same again: global leasing faces its greatest challenge [M]. U.S.A.: World Leasing Yearbook，2009.